И. С. ТУРГЕНЕВ

СОБРАНИЕ СОЧИНЕНИЙ
В ДВУХ ТОМАХ

Том I

Рудин

Дворянское гнездо

Накануне

ПОЛИГРАФРЕСУРСЫ
Москва
1999

В 75/02/

БИБЛИОТЕКА ШКОЛЬНИКА

ANIKAN JAMES. MAtAGj

Федеральная программа
книгоиздания России

И. С. Тургенев. Собрание сочинений в двух томах. I том романы: «Рудин», «Дворянское гнездо», «Накануне».

ISBN 5-87548-012-2

ПРЕДИСЛОВИЕ К РОМАНАМ

Решившись в предстоящем издании поместить все написанные мною романы («Рудин», «Дворянское гнездо», «Накануне», «Отцы и дети», «Дым» и «Новь») в последовательном порядке, считаю нелишним объяснить, в немногих словах, почему я это сделал. Мне хотелось дать тем из моих читателей, которые возьмут на себя труд прочесть эти шесть романов сподряд, возможность наглядно убедиться, насколько справедливы критики, упрекавшие меня в изменении однажды принятого направления, в отступничестве и т. п. Мне, напротив, кажется, что меня скорее можно упрекнуть в излишнем постоянстве и как бы прямолинейности направления. Автор «Рудина», написанного в 1855-м году, и автор «Нови», написанной в 1876-м, является одним и тем же человеком. В течение всего этого времени я стремился, насколько хватало сил и умения, добросовестно и беспристрастно изобразить и воплотить в надлежащие типы и то, что Шекспир называет: «the body and pressure of time»[1], и ту быстро изменявшуюся физиономию русских людей культурного слоя, который преимущественно служил предметом моих наблюдений. Насколько это мне удалось — не мне судить: но смею думать, что читатели не усомнятся теперь в искренности и однородности моих стремлений.

Позволю себе прибавить несколько кратких замечаний о каждом из этих шести романов — замечаний, не лишенных, быть может, некоторого интереса.

«Рудин», написанный мною в деревне, в самый разгар Крымской кампании, имел успех чисто литературный не столько в самой редакции «Современника», где он был помещен, сколько вне ее. Помнится, покойный Некрасов, выслушав мое чтение, сказал мне: «Ты затеял что-то новое; но между нами, по секрету, скучен твой „Рудин"». Правда, несколько недель спустя тот же Некрасов, говоря со мною о только что написанной им поэме «Саша», заметил, что «ты,

---

[1] «самый образ и давление времени».

3

мол, увидишь, я в ней до некоторой степени подражаю твоему „Рудину“ — но ведь ты не рассердишься». Помню также, что меня очень изумило письмо Сеньковского (барона Брамбеуса), которого я чуждался, как вся тогдашняя молодая школа, и который отнесся к «Рудину» с великим сочувствием.

«Дворянское гнездо» имело самый большой успех, который когда-либо выпал мне на долю. Со времени появления этого романа я стал считаться в числе писателей, заслуживающих внимание публики.

Гораздо меньший успех имело «Накануне», хотя ни один из моих романов не вызвал столько статей в журналах. (Самою выдающеюся была, конечно, статья Добролюбова.) Покойный Н. Ф. Павлов сильно раскритиковал меня, а другому, ныне также покойному критику, некоему Дарагану дали даже обед по подписке в благодарность за весьма строгую статью о «Накануне», в которой он особенно настаивал на безнравственности главных действующих лиц. Появилось несколько эпиграмм; одна острота особенно часто повторялась: мое произведение потому-де названо «Накануне», что оно вышло накануне хорошего романа.

Прошу позволения у читателей рассказать — именно по поводу этого «Накануне» — небольшой эпизод из моей литературной жизни.

Почти весь 55-й год (так же как предшествовавшие три года) я безвыездно провел в своей деревне, во Мценском уезде́ Орловской губернии. Из числа моих соседей самым мне близким человеком был некто Василий Каратеев, молодой помещик двадцати пяти лет. Каратеев был романтик, энтузиаст, большой любитель литературы и музыки, одаренный притом своеобразным юмором, влюбчивый, впечатлительный и прямой. Он воспитывался в Московском университете и жил в деревне у своего отца, на которого каждые три года находила хандра вроде сумасшествия. У Каратеева была сестра — очень замечательное существо,— которая тоже кончила сумасшествием. Все эти лица давно уже умерли; оттого я так свободно говорю о них. Каратеев заставлял себя заниматься хозяйством, в котором ровно ничего не смыслил, и особенно любил чтение да разговоры с людьми ему симпатичными. Таких людей оказывалось немного. Соседям он не нравился за вольнодумство и насмешливый язык; к тому ж они боялись знакомить его с своими дочерьми и женами, так как за ним упрочилась репутация — в сущности вовсе им не заслуженная, — репутация опасного волокиты. Ко мне он ездил часто — и его посещения доставляли мне почти единственное развлечение и удовольствие в тогдашнюю, для меня не слишком веселую, пору.

Когда настала Крымская война и произошел рекрутский набор на дворянство, названный ополчением, не жаловавшие Каратеева дворяне нашего уезда согласились, как говорится, упечь его — и выбрали его в офицеры этого самого ополчения. Узнав о своем назначении, Каратеев приехал ко мне. Меня тотчас поразил его расстроенный и встревоженный вид. Первым его словом было: «Я оттуда не вернусь; я этого не вынесу; я умру там». Здоровьем он похвалиться не мог; грудь у него постоянно болела, и сложения он был слабого. Хотя я сам боялся за него всех трудностей похода, однако я постарался рассеять его мрачные предчувствия и начал уверять его, что не пройдет и года — и мы снова сойдемся в нашем захолустье, будем опять видеться, толковать и спорить по-прежнему. Но он упорно настаивал на своем — и после довольно продолжительной прогулки в моем саду вдруг обратился ко мне с следующими словами: «У меня есть до вас просьба. Вы знаете, что я провел несколько лет в Москве, — но вы не знаете, что со мной произошла там история, которая возбудила во мне желание рассказать ее — и самому себе и другим. Я попытался это сделать; но я должен был убедиться, что у меня нет никакого литературного таланта, и всё дело разрешилось тем, что я написал эту тетрадку, которую я передаю в ваши руки». Сказавши это, он вынул из кармана небольшую тетрадку, страниц в пятнадцать. «Так как я уверен, — продолжал он, — несмотря на все ваши дружеские утешения, что я не вернусь из Крыма, то будьте так добры, возьмите эти наброски и сделайте из них что-нибудь, чтó бы не пропало бесследно, как пропаду я!» Я стал было отказываться, но, видя, что мой отказ его огорчает, дал ему слово исполнить его волю и в тот же вечер, по отъезде Каратеева, пробежал оставленную им тетрадку. В ней беглыми штрихами было намечено то, что составило потом содержание «Накануне». Рассказ, впрочем, не был доведен до конца и обрывался круто. Каратеев, во время своего пребывания в Москве, влюбился в одну девушку, которая отвечала ему взаимностью; но, познакомившись с болгарином Катрановым (лицом, как я узнал впоследствии, некогда весьма известным и до сих пор не забытым на своей родине), полюбила его и уехала с ним в Болгарию, где он вскоре умер. История этой любви была передана искренне — хотя неумело. Каратеев действительно не был рожден литератором. Однако только сцена, именно поездка в Царицыно, была набросана довольно живо — и я в моем романе сохранил ее главные черты. Правда, в то время в моей голове вращались другие образы: я собирался писать «Рудина»; но та задача, которую я потом постарался выполнить в «Накануне», изредка возникала передо мною. Фигура главной героини, Елены, тогда еще нового типа в русской жизни, довольно ясно обрисовывалась в моем воображении; но недоставало героя, такого лица, которому Елена, при ее еще смутном, хотя сильном стремлении к свободе, могла предаться. Прочтя тетрадку Каратеева, я невольно воскликнул: «Вот тот герой, которого я искал!» Между тогдашними русскими такого еще не было. Когда на следующий день я увидел Каратеева, я не только подтвердил ему мое решение исполнить его просьбу, но и поблагодарил его за то, что он вывел меня из затруднения и внес луч света в мои, еще до тех пор темные, соображения и измышления. Каратеев этому обрадовался и, повторив еще раз: «Не дайте этому всему умереть», уехал на службу в Крым, откуда он, к глубокому моему сожаленью, не вернулся. Предчувствия его сбылись. Он умер от тифа на стоянке близ Гнилого моря, где было помещено — в землянках — наше орловское ополчение, не видавшее во всё время войны ни одного неприятеля и тем не менее потерявшее от различных болезней около половины своих людей. Я, однако, отложил исполнение своего обещания: я занялся другой работой; кончивши «Рудина», я принялся за «Дворянское гнездо»; и только зимою, с 58-го на 59-й год, очутившись снова в той же деревне и в той же обстановке, как и во время моего знакомства с Каратеевым, я почувствовал, что уснувшие впечатления зашевелились; я отыскал, я перечел его тетрадку; отступившие на второй план образы выступили снова на первый — и я тотчас же принялся за перо. Некоторым из моих знакомых тогда же стало известным всё то, что я теперь рассказал; но я считаю своей обязанностью ныне, при окончательном издании моих романов, поделиться этим и с публикой и тем заплатить хотя позднюю дань памяти моего бедного молодого друга.

И вот каким образом болгарин сделался героем моего романа. А господа критики дружно упрекали меня в деланности и безжизненности этого лица, удивлялись моей странной затее выбрать именно болгарина, спрашивали: «Почему? С какой стати? Какой смысл?» Ларчик просто открывался — но я не почел тогда нужным входить в дальнейшие объяснения.

Об «Отцах и детях», кажется, нет нужды говорить подробно: этому роману посвящена целая глава моих «Литературных и житейских воспоминаний». Замечу одно: вот уже семнадцать лет прошло со времени появления «Отцов и детей», а, сколько можно судить, взгляд критики на это произведение всё еще не устанавливался — и не далее как в прошлом году я, по поводу Базарова, мог прочесть в одном журнале, что я не что иное, как «башибузук, добивающий не им раненных». Правда, это сказал тот самый г. Антонович, который, вскоре после появления «Отцов и детей», утверждал, что г. Аскоченский предвосхитил содержание моего романа.

«Дым» хотя успех имел довольно значительный, однако большое возбудил против меня негодованье. Особенно сильны были упреки в недостатке патриотизма, в оскорблении родного края и т. п. Опять появились эпиграммы. Сам Ф. И. Тютчев, дружбой которого я всегда гордился и горжусь доныне, — счел нужным написать стихотворение, в котором оплакивал ложную дорогу, избранную мною. Оказалось, что я одинаково, хотя с различных точек зрения, оскорбил и правую и левую сторону нашей читающей публики. Я несколько усомнился в самом себе и умолк на некоторое время.

Что же касается до «Нови» — то, я полагаю, не для чего настаивать на том, каким дружным осуждением было встречено это мое последнее, столь трудно доставшееся мне произведение. За исключением двух-трех отзывов — писаных, не печатных — я ни от кого не слышал ничего, кроме хулы. Сперва уверяли, что я всё это выдумал; что, живя почти постоянно за границей, я потерял всякое понимание русской жизни, русского человека; что одно лишь мелкое самолюбие да склонность к популярничанью водили моим пером; один журналист поспешил объявить, что всякий порядочный человек должен непременно плюнуть на мою книгу и тут же попрать ее ногами[1]. А потом, после известного процесса, оправдавшего бо́льшую часть того, что называли моими выдумками, судьи мои принялись толковать другое: будто я сам чуть ли не участвовал в тех неблагонамеренных замыслах и, уж конечно, знал о них, ибо в противном случае — как бы мог я предвидеть и предсказать заранее?! и т. д. и т. д. Всё это потом пришло понемногу в равновесие; и во время моего последнего пребывания в России я мог убедиться, что, не отступая от некоторых, несомненно справедливых обвинений, главным образом основанных на моем удалении от родины, большинство моих соотечественников не считает мой последний роман вполне бесполезным, или вредным, или достойным одного презрения.

---

[1] Один рецензент пошел еще далее. По поводу некоторых статей о переводах «Нови», появившихся за границей, он произнес следующее изречение: «Пускай иностранцы о нем статьи пишут; а мы даже плюнуть на него не хотим». Экая скупость, подумаешь!

Так и оправдались на мне слова покойного Белинского, которые он часто любил повторять: «Всякий человек рано или поздно попадает на свою полочку».

«Was ist der langen Rede kurzer Sinn?» — К чему клонится вся эта речь? — спросит, пожалуй, иной читатель. Во-первых, к оправданию того намерения, которое было выражено мною в первых же строках настоящего предисловия; а во-вторых, к следующему выводу, внушенному мне многолетним опытом:

Критика наша, особенно в последнее время, не может предъявить притязания на непогрешимость — и тот писатель, кто слушается *ее одной,* подвергается опасности испортить свое дарование. Главный ее грех состоит в том, что она несвободна. Не могу кстати не высказать своего мнения о «бессознательном и сознательном творчестве», о «предвзятых идеях и тенденциях», о «пользе объективности, непосредственности и наивности» — обо всех этих «жалких» словах, которые, из каких бы авторитетных уст они ни исходили, всегда казались мне общими местами, ходячей риторической монетой, которая потому только не считается за фальшивую, что ее слишком многие принимают за настоящую. Всякий писатель, *не лишенный таланта* (это, конечно, первое условие),— всякий писатель, говорю, старается прежде всего верно и живо воспроизводить впечатления, вынесенные им из собственной и чужой жизни; всякий читатель имеет право судить, насколько он в этом успел и где ошибся; но кто имеет право указывать ему, какие именно впечатления годятся в литературу и какие — нет? Коли он правдив — значит, он прав; а коли у него нет таланта — никакая «объективность» ему не поможет. У нас теперь развелись сочинители, которые сами почитают себя «бессознательными творцами» и выбирают все «жизненные» сюжеты; а между тем насквозь проникнуты именно этой злополучной «тенденцией». Всем известно изречение: *поэт мыслит образами*; это изречение совершенно неоспоримо и верно; но на каком основании вы, его критик и судья, дозволяете ему образно воспроизводить картину природы, что ли, народную жизнь, цельную натуру (вот еще *жалкое* слово!), а коснись он чего-нибудь смутного, психологически сложного, даже болезненного — особенно если это не частный факт, а выдвинуто из глубины недр своих тою же самой народной, общественной жизнью,— вы кричите: стой! Это никуда не годится, это рефлексия, предвзятая идея, это политика! публицистика! Вы утверждаете, что у публициста и у поэта задачи разные... Нет! Они могут быть совершенно одинаковы у обоих; только публицист смотрит на них глазами публициста, а поэт — глазами поэта. В деле искусства вопрос: как? — важнее вопроса: что? Если всё отвергаемое вами — *образом*, заметьте: *образом* — ложится в душу писателя,— то с какой стати вы заподазриваете его намерения, почему выталкиваете его вон из того храма, где на разубранных алтарях восседают жрецы «бессознательного» искусства — на алтарях, перед которыми курится фимиам, часто зажженный собственными руками этих самых жрецов? Поверьте: талант настоящий никогда не служит посторонним целям и в самом себе находит удовлетворение; окружающая его жизнь дает ему содержание — он является ее *сосредоточенным отражением*; но он так же мало способен написать панегирик, как и пасквиль... В конце концов — это ниже его. Подчиниться заданной теме или проводить программу могут только те, которые другого, лучшего не умеют.

Париж. 1879. Август.

РУДИН

1855

ыло тихое летнее утро. Солнце уже довольно высоко стояло на чистом небе; но поля еще блестели росой, из недавно проснувшихся долин веяло душистой свежестью, и в лесу, еще сыром и не шумном, весело распевали ранние птички. На вершине пологого холма, сверху донизу покрытого только что зацветшею рожью, виднелась небольшая деревенька. К этой деревеньке, по узкой проселочной дорожке, шла молодая женщина, в белом кисейном платье, круглой соломенной шляпе и с зонтиком в руке. Казачок издали следовал за ней.

Она шла не торопясь и как бы наслаждаясь прогулкой. Кругом, по высокой, зыбкой ржи, переливаясь то серебристо-зеленой, то красноватой рябью, с мягким шелестом бежали длинные волны; в вышине звенели жаворонки. Молодая женщина шла из собственного своего села, отстоявшего не более версты от деревеньки, куда она направляла путь; звали ее Александрой Павловной Липиной. Она была вдова, бездетна и довольно богата, жила вместе с своим братом, отставным штаб-ротмистром Сергеем Павлычем

Волынцевым. Он не был женат и распоряжался ее имением.

Александра Павловна дошла до деревеньки, остановилась у крайней избушки, весьма ветхой и низкой, и, подозвав своего казачка, велела ему войти в нее и спросить о здоровье хозяйки. Он скоро вернулся в сопровождении дряхлого мужика с белой бородой.

— Ну, что? — спросила Александра Павловна.

— Жива еще...— проговорил старик.

— Можно войти?

— Отчего же? можно.

Александра Павловна вошла в избу. В ней было и тесно, и душно, и дымно... Кто-то закопошился и застонал на лежанке. Александра Павловна оглянулась и увидела в полумраке желтую и сморщенную голову старушки, повязанной клетчатым платком. Покрытая по самую грудь тяжелым армяком, она дышала с трудом, слабо разводя худыми руками.

Александра Павловна приблизилась к старушке и прикоснулась пальцами до ее лба... он так и пылал.

— Как ты себя чувствуешь, Матрена? — спросила она, наклонившись над лежанкой.

— О-ох! — простонала старушка, всмотревшись в Александру Павловну.— Плохо, плохо, родная! Смертный часик пришел, голубушка!

— Бог милостив, Матрена: может быть, ты поправишься. Ты приняла лекарство, которое я тебе прислала?

Старушка тоскливо заохала и не отвечала. Она не расслышала вопроса.

— Приняла,— проговорил старик, остановившийся у двери.

Александра Павловна обратилась к нему.

— Кроме тебя при ней никого нет? — спросила она.

— Есть девочка — ее внучка, да всё вот отлучается. Не посидит: такая егозливая. Воды подать испить бабке — и то лень. А я сам стар: куда мне?

— Не перевезти ли ее ко мне в больницу?

— Нет! зачем в больницу! всё одно помирать-то. Пожила довольно; видно, уж так Богу угодно. С лежанки не сходит. Где ж ей в больницу! Ее станут поднимать, она и помрет.

— Ох,— застонала больная,— красавица-барыня, сироточку-то мою не оставь; наши господа далеко, а ты...

Старушка умолкла. Она говорила через силу.

— Не беспокойся,— промолвила Александра Павловна,— всё будет сделано. Вот я тебе чаю и сахару принесла.

Если захочется, выпей... Ведь самовар у вас есть? — прибавила она, взглянув на старика.

— Самовар-то? Самовара у нас нету, а достать можно.

— Так достань, а то я пришлю свой. Да прикажи внучке, чтобы она не отлучалась. Скажи ей, что это стыдно.

Старик ничего не отвечал, а сверток с чаем и сахаром взял в обе руки.

— Ну, прощай, Матрена! — проговорила Александра Павловна,— я к тебе еще приду, а ты не унывай и лекарство принимай аккуратно...

Старуха приподняла голову и потянулась к Александре Павловне.

— Дай, барыня, ручку,— пролепетала она.

Александра Павловна не дала ей руки, нагнулась и поцеловала ее в лоб.

— Смотри же,— сказала она, уходя, старику,— лекарство ей давайте непременно, как написано... И чаем ее напойте...

Старик опять ничего не отвечал и только поклонился.

Свободно вздохнула Александра Павловна, очутившись на свежем воздухе. Она раскрыла зонтик и хотела было идти домой, как вдруг из-за угла избушки выехал, на низеньких беговых дрожках, человек лет тридцати, в старом пальто из серой коломянки и такой же фуражке. Увидев Александру Павловну, он тотчас остановил лошадь и обернулся к ней лицом. Широкое, без румянца, с небольшими бледно-серыми глазками и белесоватыми усами, оно подходило под цвет его одежды.

— Здравствуйте,— проговорил он с ленивой усмешкой,— что это вы тут такое делаете, позвольте узнать?

— Я навещала больную... А вы откуда, Михайло Михайлыч?

Человек, называвшийся Михайло Михайлычем, посмотрел ей в глаза и опять усмехнулся.

— Это вы хорошо делаете,— продолжал он,— что больную навещаете; только не лучше ли вам ее в больницу перевезти?

— Она слишком слаба: ее нельзя тронуть.

— А больницу свою вы не намерены уничтожить?

— Уничтожить? зачем?

— Да так.

— Что за странная мысль! С чего это вам в голову пришло?

— Да вы вот с Ласунской всё знаетесь и, кажется, находитесь под ее влиянием. А по ее словам, больницы, училища — это всё пустяки, ненужные выдумки. Благотворение должно быть личное, просвещение тоже: это всё дело души... так, кажется, она выражается. С чьего это голоса она поет, желал бы я знать?

Александра Павловна засмеялась.

— Дарья Михайловна умная женщина, я ее очень люблю и уважаю; но и она может ошибаться, и я не каждому ее слову верю.

— И прекрасно делаете,— возразил Михайло Михайлыч, всё не слезая с дрожек,— потому что она сама словам своим плохо верит. А я очень рад, что встретил вас.

— А что?

— Хорош вопрос! Как будто не всегда приятно вас встретить! Сегодня вы так же свежи и милы, как это утро.

Александра Павловна опять засмеялась.

— Чему же вы смеетесь?

— Как чему? Если б вы могли видеть, с какой вялой и холодной миной вы произнесли ваш комплимент! Удивляюсь, как вы не зевнули на последнем слове.

— С холодной миной... Вам всё огня нужно; а огонь никуда не годится. Вспыхнет, надымит и погаснет.

— И согреет,— подхватила Александра Павловна.

— Да... и обожжет.

— Ну, что ж, что обожжет! И это не беда. Всё же лучше, чем...

— А вот я посмотрю, то ли вы заговорите, когда хоть раз хорошенько обожжетесь,— перебил ее с досадой Михайло Михайлыч и хлопнул вожжой по лошади.— Прощайте!

— Михайло Михайлыч, постойте! — закричала Александра Павловна,— когда вы у нас будете?

— Завтра; поклонитесь вашему брату.

И дрожки покатились.

Александра Павловна посмотрела вслед Михайлу Михайловичу.

«Какой мешок!» — подумала она. Сгорбленный, запыленный, с фуражкой на затылке, из-под которой беспорядочно торчали косицы желтых волос, он действительно походил на большой мучной мешок.

Александра Павловна отправилась тихонько назад по дороге домой. Она шла с опущенными глазами. Близкий топот лошади заставил ее остановиться и поднять голову... Ей навстречу ехал ее брат верхом; рядом с ним шел молодой человек небольшого роста, в легоньком сюртучке нараспашку, легоньком галстучке и легонькой серой шляпе, с тросточкой в руке. Он уже давно улыбался Александре Павловне, хотя и видел, что она шла в раздумье, ничего не замечая, а как только она остановилась, подошел к ней и радостно, почти нежно произнес:

— Здравствуйте, Александра Павловна, здравствуйте!

— А! Константин Диомидыч! здравствуйте! — ответила она.— Вы от Дарьи Михайловны?

— Точно так-с, точно так-с,— подхватил с сияющим лицом молодой человек,— от Дарьи Михайловны. Дарья Михайловна послала меня к вам-с; я предпочел идти пешком... Утро такое чудесное, всего четыре версты расстояния. Я прихожу — вас дома нет-с. Мне ваш братец говорит, что вы пошли в Семеновку, и сами собираются в поле; я вот с ними и пошел-с, к вам навстречу. Да-с. Как это приятно!

Молодой человек говорил по-русски чисто и правильно, но с иностранным произношением, хотя трудно было определить, с каким именно. В чертах лица его было нечто азиатское. Длинный нос с горбиной, большие неподвижные глаза навыкате, крупные красные губы, покатый лоб, черные как смоль волосы — всё в нем изобличало восточное происхождение; но молодой человек именовался по фамилии Пандалевским и называл своею родиной Одессу, хотя и воспитывался где-то в Белоруссии, на счет благодетельной и богатой вдовы. Другая вдова определила его на службу. Вообще дамы средних лет охотно покровительствовали Константину Диомидычу: он умел искать, умел находить в них. Он и теперь жил у богатой помещицы, Дарьи Михайловны Ласунской, в качестве приемыша или нахлебника. Он был весьма ласков, услужлив, чувствителен и втайне сластолюбив, обладал приятным голосом, порядочно играл на фортепьяно и имел привычку, когда говорил с кем-нибудь, так и впиваться в него глазами. Он одевался очень чистенько и платье носил чрезвычайно долго, тщательно выбривал свой широкий подбородок и причесывал волосок к волоску.

Александра Павловна выслушала его речь до конца и обратилась к брату:

— Сегодня мне всё встречи: сейчас я разговаривала с Лежневым.

— А, с ним! Он ехал куда-нибудь?

— Да; и вообрази, на беговых дрожках, в каком-то полотняном мешке, весь в пыли... Какой он чудак!

— Да, быть может; только он славный человек.

— Кто это? Г-н Лежнев? — спросил Пандалевский, как бы удивясь.

— Да, Михайло Михайлыч Лежнев,— возразил Волынцев.— Однако прощай, сестра: мне пора ехать в поле; у тебя гречиху сеют. Г-н Пандалевский тебя проведет домой...

И Волынцев пустил лошадь рысью.

— С величайшим удовольствием! — воскликнул Константин Диомидыч и предложил Александре Павловне руку.

Она подала ему свою, и оба отправились по дороге в ее усадьбу.

———

Вести под руку Александру Павловну доставляло, по-видимому, большое удовольствие Константину Диомидычу; он выступал маленькими шагами, улыбался, а восточные глаза его даже покрылись влагой, что, впрочем, с ними случалось нередко: Константину Диомидычу ничего не стоило умилиться и пролить слезу. И кому бы не было приятно вести под руку хорошенькую женщину, молодую и стройную? Об Александре Павловне вся ...ая губерния единогласно говорила, что она прелесть, и ...ая губерния не ошибалась. Один ее прямой, чуть-чуть вздернутый носик мог свести с ума любого смертного, не говоря уже о ее бархатных карих глазках, золотисто-русых волосах, ямках на круглых щечках и других красотах. Но лучше всего в ней было выражение ее миловидного лица: доверчивое, добродушное и кроткое, оно и трогало, и привлекало. Александра Павловна глядела и смеялась, как ребенок; барыни находили ее простенькой... Можно ли было чего-нибудь еще желать?

— Вас Дарья Михайловна ко мне прислала, говорите вы? — спросила она Пандалевского.

— Да-с, прислала-с,— отвечал он, выговаривая букву «с», как английское «th»,— оне непременно желают и велели вас убедительно просить, чтобы вы пожаловали сегодня к ним обедать... Оне (Пандалевский, когда говорил о третьем лице, особенно о даме, строго придерживался множественного числа) — оне ждут к себе нового гостя, с которым непременно желают вас познакомить.

— Кто это?

— Некто Муффель, барон, камер-юнкер из Петербурга. Дарья Михайловна недавно с ним познакомились у князя Гарина и с большой похвалой о нем отзываются, как о любезном и образованном молодом человеке. Г-н барон занимаются также литературой, или, лучше сказать... ах, какая прелестная бабочка! извольте обратить ваше внимание... лучше сказать, политической экономией. Он написал статью о каком-то очень интересном вопросе — и желает подвергнуть ее на суд Дарье Михайловне.

— Политико-экономическую статью?

— С точки зрения языка-с, Александра Павловна, с точки зрения языка-с. Вам, я думаю, известно, что и в этом Дарья Михайловна знаток-с. Жуковский с ними советовался, а благодетель мой, проживающий в Одессе благопотребный старец Роксолан Медиарович Ксандрыка... Вам, наверное, известно имя этой особы?

— Нисколько, и не слыхивала.

— Не слыхивали о таком муже? Удивительно! Я хотел сказать, что и Роксолан Медиарович очень был всегда высокого мнения о познаниях Дарьи Михайловны в российском языке.

— А не педант этот барон? — спросила Александра Павловна.

— Никак нет-с; Дарья Михайловна рассказывают, что, напротив, светский человек в нем сейчас виден. О Бетховене говорил с таким красноречием, что даже старый князь почувствовал восторг... Это я, признаюсь, послушал бы: ведь это по моей части. Позвольте вам предложить этот прекрасный полевой цветок.

Александра Павловна взяла цветок и, пройдя несколько шагов, уронила его на дорогу... До дому ее оставалось шагов двести, не более. Недавно выстроенный и выбеленный, он приветливо выглядывал своими широкими светлыми окнами из густой зелени старинных лип и кленов.

— Так как же-с прикажете доложить Дарье Михайловне,— заговорил Пандалевский, слегка обиженный участью поднесенного им цветка,— пожалуете вы к обеду? Оне и братца вашего просят.

— Да, мы приедем, непременно. А что Наташа?

— Наталья Алексеевна, слава Богу, здоровы-с... Но мы уже прошли поворот к именью Дарьи Михайловны. Позвольте мне раскланяться.

Александра Павловна остановилась.

— А вы разве не зайдете к нам? — спросила она нерешительным голосом.

— Душевно бы желал-с, но боюсь опоздать. Дарье Михайловне угодно послушать новый этюд Тальберга: так надо приготовиться и подучить. Притом я, признаюсь, сомневаюсь, чтобы моя беседа могла доставить вам какое-нибудь удовольствие.

— Да нет... почему же...

Пандалевский вздохнул и выразительно опустил глаза.

— До свидания, Александра Павловна! — проговорил он, помолчав немного, поклонился и отступил шаг назад.

Александра Павловна повернулась и пошла домой.

Константин Диомидыч также пустился восвояси. С лица его тотчас исчезла вся сладость: самоуверенное, почти суровое выражение появилось на нем. Даже походка Константина Диомидыча изменилась; он теперь и шагал шире и наступал тяжелее. Он прошел версты две, развязно помахивая палочкой, и вдруг опять осклабился: он увидел возле дороги молодую, довольно смазливую крестьянскую девушку, которая выгоняла телят из овса. Константин Диомидыч осторожно, как кот, подошел к девушке и заговорил с ней. Та сперва молчала, краснела и посмеивалась, наконец закрыла губы рукавом, отворотилась и промолвила:

— Ступай, барин, право...

Константин Диомидыч погрозил ей пальцем и велел ей принести себе васильков.

— На что тебе васильков? венки, что ль, плесть? — возразила девушка,— да ну, ступай же, право...

— Послушай, моя любезная красоточка,— начал было Константин Диомидыч...

— Да ну, ступай,— перебила его девушка,— баричи вон идут.

Константин Диомидыч оглянулся. Действительно, по дороге бежали Ваня и Петя, сыновья Дарьи Михайловны; за ними шел их учитель, Басистов, молодой человек двадцати двух лет, только что окончивший курс. Басистов был рослый малый, с простым лицом, большим носом, крупными губами и свиными глазками, некрасивый и неловкий, но добрый, честный и прямой. Он одевался небрежно, не стриг волос,— не из щегольства, а от лени; любил поесть, любил поспать, но любил также хорошую книгу, горячую беседу и всей душой ненавидел Пандалевского.

Дети Дарьи Михайловны обожали Басистова и уж нисколько его не боялись; со всеми остальными в доме он был на короткой ноге, что не совсем нравилось хозяйке, как она ни толковала о том, что для нее предрассудков не существует.

— Здравствуйте, мои миленькие! — заговорил Константин Диомидыч,— как вы рано сегодня гулять пошли! А я,— прибавил он, обращаясь к Басистову,— уже давно вышел; моя страсть — наслаждаться природой.

— Видели мы, как вы наслаждаетесь природой,— пробормотал Басистов.

— Вы материалист: уже сейчас Бог знает что думаете. Я вас знаю.

Пандалевский, когда говорил с Басистовым или подобными ему людьми, легко раздражался и букву «с» произносил чисто, даже с маленьким свистом.

— Что же, вы у этой девки, небось, дорогу спрашивали? — проговорил Басистов, поводя глазами и вправо и влево.

Он чувствовал, что Пандалевский глядит ему прямо в лицо, а это ему было крайне неприятно.

— Я повторяю: вы материалист и больше ничего. Вы непременно желаете во всем видеть одну прозаическую сторону...

— Дети! — скомандовал вдруг Басистов,— видите вы на лугу ракиту; посмотрим, кто скорее до нее добежит... Раз! два! три!

И дети бросились во все ноги к раките. Басистов устремился за ними.

«Мужик! — подумал Пандалевский,— испортит он этих мальчишек... Совершенный мужик!»

И, с самодовольствием окинув взглядом свою собственную опрятную и изящную фигурку, Константин Диомидыч ударил раза два растопыренными пальцами по рукаву сюртука, встряхнул воротником и отправился далее. Вернувшись к себе в комнату, он надел старенький халат и с озабоченным лицом сел за фортепьяно.

II

Дом Дарьи Михайловны Ласунской считался чуть ли не первым по всей ...ой губернии. Огромный, каменный, сооруженный по рисункам Растрелли во вкусе прошедшего столетия, он величественно возвышался на вершине холма, у подошвы которого протекала одна из главных рек средней России. Сама Дарья Михайловна была знатная и богатая барыня, вдова тайного советника. Хотя Пандалевский и рассказывал про нее, что она знает всю Европу, да и Европа ее знает! — однако Европа ее знала мало, даже в Петербурге она важной роли не играла; зато в Москве ее все знали и ездили к ней. Она принадлежала к высшему свету и слыла за женщину несколько странную, не совсем добрую, но чрезвычайно умную. В молодости она была очень хороша собою. Поэты писали ей стихи, молодые люди в нее влюблялись, важные господа волочились за ней. Но с тех пор прошло лет двадцать пять или тридцать, и прежних прелестей не осталось и следа. «Неужели,— спрашивал себя невольно всякий, кто только видел ее в первый раз,— неужели эта худенькая, желтенькая, востроносая и еще не старая женщина была когда-то красавицей? Неужели это она, та самая, о которой бряцали лиры?..» И всякий внутренно удивлялся переменчивости всего земного. Правда, Пандалевский находил, что у Дарьи Михайловны удивительно сохранились ее великолепные глаза; но ведь тот же Пандалевский утверждал, что ее вся Европа знает.

Дарья Михайловна приезжала каждое лето к себе в деревню с своими детьми (у нее их было трое: дочь Наталья, семнадцати лет, и два сына, десяти и девяти лет) и жила открыто, то есть принимала мужчин, особенно холостых; провинциальных барынь она терпеть не могла. Зато и доставалось же ей от этих барынь! Дарья Михайловна, по их словам, была и горда, и безнравственна, и тиранка страшная; а главное — она позволяла себе такие вольности в разговоре, что ужасти! Дарья Михайловна действительно не любила стеснять себя в деревне, и в свободной простоте ее обхождения замечался легкий оттенок презрения столичной львицы к окружавшим ее, довольно темным и мелким существам... Она и с городскими знакомыми обходилась очень развязно, даже насмешливо; но оттенка презрения не было.

Кстати, читатель, заметили ли вы, что человек, необыкновенно рассеянный в кружке подчиненных, никогда не бывает рассеян с лицами высшими? Отчего бы это? Впрочем, подобные вопросы ни к чему не ведут.

Когда Константин Диомидыч, вытвердив, наконец, тальберговский этюд, спустился из своей чистой и веселенькой комнаты в гостиную, он уже застал всё домашнее общество собранным. Салон уже начался. На широкой кушетке, подобрав под себя ноги и вертя в руках новую французскую брошюру, расположилась хозяйка; у окна за пяльцами сидели: с одной стороны дочь Дарьи Михайловны, а с другой m-lle Boncourt[1] — гувернантка, старая и сухая дева лет шестидесяти, с накладкой черных волос под разноцветным чепцом и хлопчатой бумагой в ушах; в углу, возле двери, поместился Басистов и читал газету, подле него Петя и Ваня играли в шашки, а прислонясь к печке и заложив руки за спину, стоял господин небольшого роста, взъерошен-

---

[1] м-ль Бонкур (фр.).

ный и седой, с смуглым лицом и беглыми черными глазками — некто Африкан Семеныч Пигасов.

Странный человек был этот господин Пигасов. Озлобленный противу всего и всех — особенно против женщин,— он бранился с утра до вечера, иногда очень метко, иногда довольно тупо, но всегда с наслаждением. Раздражительность его доходила до ребячества; его смех, звук его голоса, всё его существо казалось пропитанным желчью. Дарья Михайловна охотно принимала Пигасова: он потешал ее своими выходками. Они точно были довольно забавны. Всё преувеличивать было его страстью. Например: о каком бы несчастье при нем ни говорили — рассказывали ли ему, что громом зажгло деревню, что вода прорвала мельницу, что мужик себе топором руку отрубил,— он всякий раз с сосредоточенным ожесточением спрашивал: «А как ее зовут?» — то есть как зовут женщину, от которой произошло то несчастие, потому что, по его уверениям, всякому несчастию причиной женщина, стóит только хорошенько вникнуть в дело. Он однажды бросился на колени перед почти незнакомой ему барыней, которая приставала к нему с угощением, и начал слезно, но с написанной на лице яростью умолять ее, чтобы она его пощадила, что он ничем перед ней не провинился и вперед у ней никогда не будет. Раз лошадь помчала под гору одну из прачек Дарьи Михайловны, опрокинула ее в ров и чуть не убила. Пигасов с тех пор иначе не называл эту лошадь, как добрый, добрый конек, а самую гору и ров находил чрезвычайно живописными местами. Пигасову в жизни не повезло — он эту дурь и напустил на себя. Он происходил от бедных родителей. Отец его занимал разные мелкие должности, едва знал грамоте и не заботился о воспитании сына; кормил, одевал его — и только. Мать его баловала, но скоро умерла. Пигасов сам себя воспитывал, сам определил себя в уездное училище, потом в гимназию, выучился языкам, французскому, немецкому и даже латинскому, и, выйдя из гимназии с отличным аттестатом, отправился в Дерпт, где постоянно боролся с нуждою, но выдержал трехгодичный курс до конца. Способности Пигасова не выходили из разряда обыкновенных; терпением и настойчивостью он отличался, но особенно сильно было в нем чувство честолюбия, желание попасть в хорошее общество, не отстать от других, назло судьбе. Он и учился прилежно и в Дерптский университет поступил из честолюбия. Бедность сердила его и развила в нем наблюдательность и лукавство. Он выражался своеобразно; он смолоду присвоил себе особый род желчного и раздражительного красноречия. Мысли его не возвышались над общим уровнем; а говорил он так, что мог казаться не только умным, но даже очень умным человеком. Получив степень кандидата, Пигасов решился посвятить себя ученому званию: он понял, что на всяком другом поприще он бы никак не мог угнаться за своими товарищами (он старался выбирать их из высшего круга и умел к ним подделаться, даже льстил им, хотя всё ругался). Но тут в нем, говоря попросту, материала не хватило. Самоучка не из любви к науке, Пигасов в сущности знал слишком мало. Он жестоко провалился в диспуте, между тем как живший с ним в одной комнате другой студент, над которым он постоянно смеялся, человек весьма ограниченный, но получивший правильное и прочное воспитание, восторжествовал вполне. Неудача эта взбесила Пигасова: он бросил в огонь все свои книги и тетради и поступил на службу. Сначала дело пошло недурно: чиновник он был хоть куда, не очень распорядительный, зато крайне самоуверенный и бойкий; но ему захотелось поскорее выскочить в люди — он запутался, споткнулся и принужден был выйти в отставку. Года три просидел он у себя в благоприобретенной деревеньке и вдруг женился на богатой, полуобразованной помещице, которую поймал на удочку своих развязных и насмешливых манер. Но нрав Пигасова уже слишком раздражился и окис; он тяготился семейной жизнью... Жена его, пожив с ним несколько лет, уехала тайком в Москву и продала какому-то ловкому аферисту свое имение, а Пигасов только что построил в нем усадьбу. Потрясенный до основания этим последним ударом, Пигасов затеял было тяжбу с женою, но ничего не выиграл... Он доживал свой век одиноко, разъезжал по соседям, которых бранил за глаза и даже в глаза и которые принимали его с каким-то напряженным полухохотом, хотя серьезного страха он им не внушал,— и никогда книги в руки не брал. У него было около ста душ; мужики его не бедствовали.

— A! Constantin! — проговорила Дарья Михайловна, как только Пандалевский вошел в гостиную,— Alexandrine будет?

— Александра Павловна велели вас благодарить и за особенное удовольствие себе поставляют,— возразил Константин Диомидыч, приятно раскланиваясь на все стороны и прикасаясь толстой, но белой ручкой с ногтями, остриженными треугольником, к превосходно причесанным волосам.

— И Волынцев тоже будет?

— И они-с.

— Так как же, Африкан Семеныч,— продолжала Дарья Михайловна, обратясь к Пигасову,— по-вашему, все барышни неестественны?

У Пигасова губы скрутились набок, и он нервически задергал локтем.

— Я говорю,— начал он неторопливым голосом — он в самом сильном припадке ожесточения говорил медленно и отчетливо,— я говорю, что барышни вообще — о присутствующих, разумеется, я умалчиваю...

— Но это не мешает вам и о них думать,— перебила Дарья Михайловна.

— Я о них умалчиваю,— повторил Пигасов.— Все барышни вообще неестественны в высшей степени — неестественны в выражении чувств своих. Испугается ли, например, барышня, обрадуется ли чему, или опечалится, она непременно сперва придаст телу своему какой-нибудь эдакий изящный изгиб (и Пигасов пребезобразно выгнул свой стан и оттопырил руки) и потом уж крикнет: ах! или засмеется, или заплачет. Мне, однако (и тут Пигасов самодовольно улыбнулся), удалось-таки добиться однажды истинного, неподдельного выражения ощущения от одной замечательно неестественной барышни!

— Каким это образом?

Глаза Пигасова засверкали.

— Я ее хватил в бок осиновым колом сзади. Она как взвизгнет, а я ей: браво! браво! Вот это голос природы, это был естественный крик. Вы и вперед всегда так поступайте.

Все в комнате засмеялись.

— Что вы за пустяки говорите, Африкан Семеныч! — воскликнула Дарья Михайловна.— Поверю ли я, что вы станете девушку толкать колом в бок!

— Ей-Богу, колом, пребольшим колом, вроде тех, которые употребляются при защите крепостей.

— Mais c'est une horreur ce que vous dites là, monsieur[1],— возопила m-lle Boncourt, грозно посматривая на расхохотавшихся детей.

— Да не верьте ему,— промолвила Дарья Михайловна,— разве вы его не знаете?

Но негодующая француженка долго не могла успокоиться и всё что-то бормотала себе под нос.

— Вы можете мне не верить,— продолжал хладно-

---

[1] Да ведь это ужас, что вы говорите, сударь (*фр.*).

25

кровным голосом Пигасов,— но я утверждаю, что я сказал сущую правду. Кому ж это знать, коли не мне? После этого вы, пожалуй, также не поверите, что наша соседка Чепузова, Елена Антоновна, сама, заметьте, сама, мне рассказала, как она уморила своего родного племянника?

— Вот еще выдумали!

— Позвольте, позвольте! Выслушайте и судите сами. Заметьте, я на нее клеветать не желаю, я ее даже люблю, насколько, то есть, можно любить женщину; у ней во всем доме нет ни одной книги, кроме календаря, и читать она не может иначе как вслух — чувствует от этого упражнения испарину и жалуется потом, что у ней глаза пупом полезли... Словом, женщина она хорошая, и горничные у ней толстые. Зачем мне на нее клеветать?

— Ну! — заметила Дарья Михайловна,— взобрался Африкан Семеныч на своего конька — теперь не слезет с него до вечера.

— Мой конек... А у женщин их целых три, с которых они никогда не слезают — разве когда спят.

— Какие же это три конька?

— Попрек, намек и упрек.

— Знаете ли что, Африкан Семеныч,— начала Дарья Михайловна,— вы недаром так озлоблены на женщин. Какая-нибудь, должно быть, вас...

— Обидела, вы хотите сказать? — перебил ее Пигасов.

Дарья Михайловна немного смутилась; она вспомнила о несчастном браке Пигасова... и только головой кивнула.

— Меня одна женщина, точно, обидела,— промолвил Пигасов,— хоть и добрая была, очень добрая...

— Кто же это такая?

— Мать моя,— произнес Пигасов, понизив голос.

— Ваша мать? Чем же она могла вас обидеть?

— А тем, что родила...

Дарья Михайловна наморщила брови.

— Мне кажется,— заговорила она,— разговор наш принимает невеселый оборот... Constantin, сыграйте нам новый этюд Тальберга... Авось, звуки музыки укротят Африкана Семеныча. Орфей укрощал же диких зверей.

Константин Диомидыч сел за фортепьяно и сыграл этюд весьма удовлетворительно. Сначала Наталья Алексеевна слушала со вниманием, потом опять принялась за работу.

— Merci, c'est charmant[1],— промолвила Дарья Михай-

---

[1] Благодарю, это очаровательно (фр.).

ловна,— люблю Тальберга. Il est si distingué[1]. Что вы задумались, Африкан Семеныч?

— Я думаю,— начал медленно Пигасов,— что есть три разряда эгоистов: эгоисты, которые сами живут и жить дают другим; эгоисты, которые сами живут и не дают жить другим; наконец, эгоисты, которые и сами не живут и другим не дают... Женщины большею частию принадлежат к третьему разряду.

— Как это любезно! Одному я только удивляюсь, Африкан Семеныч, какая у вас самоуверенность в суждениях: точно вы никогда ошибиться не можете.

— Кто говорит! и я ошибаюсь; мужчина тоже может ошибаться. Но знаете ли, какая разница между ошибкою нашего брата и ошибкою женщины? Не знаете? Вот какая: мужчина может, например, сказать, что дважды два — не четыре, а пять или три с половиною; а женщина скажет, что дважды два — стеариновая свечка.

— Я уже это, кажется, слышала от вас... Но позвольте спросить, какое отношение имеет ваша мысль о трех родах эгоистов к музыке, которую вы сейчас слышали?

— Никакого, да я и не слушал музыки.

— Ну, ты, батюшка, я вижу, неисправим, хоть брось,— возразила Дарья Михайловна, слегка искажая грибоедовский стих.— Что же вы любите, коли вам и музыка не нравится? литературу, что ли?

— Я литературу люблю, да только не нынешнюю.

— Почему?

— А вот почему. Я недавно переезжал через Оку на пароме с каким-то барином. Паром пристал к крутому месту: надо было втаскивать экипаж на руках. У барина была коляска претяжелая. Пока перевозчики надсаживались, втаскивая коляску на берег, барин так кряхтел, стоя на пароме, что даже жалко его становилось... Вот, подумал я, новое применение системы разделения работ! Так и нынешняя литература: другие везут, дело делают, а она кряхтит.

Дарья Михайловна улыбнулась.

— И это называется воспроизведением современного быта,— продолжал неугомонный Пигасов,— глубоким сочувствием к общественным вопросам и еще как-то... Ох, уж эти мне громкие слова!

— А вот женщины, на которых вы так нападаете,— те по крайней мере не употребляют громких слов.

Пигасов пожал плечом.

---

[1] Он так изыскан (*фр.*).

— Не употребляют, потому что не умеют.

Дарья Михайловна слегка покраснела.

— Вы начинаете дерзости говорить, Африкан Семеныч! — заметила она с принужденной улыбкой.

Всё затихло в комнате.

— Где это Золотоноша? — спросил вдруг один из мальчиков у Басистова.

— В Полтавской губернии, мой милейший,— подхватил Пигасов,— в самой Хохландии. (Он обрадовался случаю переменить разговор.) — Вот мы толковали о литературе,— продолжал он,— если б у меня были лишние деньги, я бы сейчас сделался малороссийским поэтом.

— Это что еще? хорош поэт! — возразила Дарья Михайловна,— разве вы знаете по-малороссийски?

— Нимало; да оно и не нужно.

— Как не нужно?

— Да так же, не нужно. Стóит только взять лист бумаги и написать наверху: Дума; потом начать так: Гой, ты доля моя, доля! или: Седе казачино Наливайко на кургане!, а там: По-пид горою, по-пид зеленóю, грае, грае воропае, гоп! гоп! или что-нибудь в этом роде. И дело в шляпе. Печатай и издавай. Малоросс прочтет, подопрет рукою щеку и непременно заплачет,— такая чувствительная душа!

— Помилуйте! — воскликнул Басистов.— Что вы это такое говорите? Это ни с чем не сообразно. Я жил в Малороссии, люблю ее и язык ее знаю... «грае, грае воропае» — совершенная бессмыслица.

— Может быть, а хохол все-таки заплачет. Вы говорите: язык... Да разве существует малороссийский язык? Я попросил раз одного хохла перевести следующую первую попавшуюся мне фразу: грамматика есть искусство правильно читать и писать. Знаете, как он это перевел: храматыка е выскусьтво правыльно чытаты ы пысаты... Что ж, это язык, по-вашему? самостоятельный язык? Да скорей, чем с этим согласиться, я готов позволить лучшего своего друга истолочь в ступе...

Басистов хотел возражать.

— Оставьте его,— промолвила Дарья Михайловна,— ведь вы знаете, от него, кроме парадоксов, ничего не услышишь.

Пигасов язвительно улыбнулся. Лакей вошел и доложил о приезде Александры Павловны и ее брата.

Дарья Михайловна встала навстречу гостям.

— Здравствуйте, Alexandrine! — заговорила она, подхо-

28

дя к ней,— как вы умно сделали, что приехали... Здравствуйте, Сергей Павлыч!

Волынцев пожал Дарье Михайловне руку и подошел к Наталье Алексеевне.

— А что, этот барон, наш новый знакомый, приедет сегодня? — спросил Пигасов.

— Да, приедет.

— Он, говорят, великий филозо́ф: так Гегелем и брызжет.

Дарья Михайловна ничего не отвечала, усадила Александру Павловну на кушетку и сама поместилась возле нее.

— Философия,— продолжал Пигасов,— высшая точка зрения! Вот еще смерть моя — эти высшие точки зрения. И что можно увидать сверху? Небось, коли захочешь лошадь купить, не с каланчи на нее смотреть станешь!

— Вам этот барон хотел привезти статью какую-то? — спросила Александра Павловна.

— Да, статью,— отвечала с преувеличенною небрежностью Дарья Михайловна,— об отношениях торговли к промышленности в России... Но не бойтесь: мы ее здесь читать не станем... я вас не за тем позвала. Le baron est aussi aimable que savant[1]. И так хорошо говорит по-русски! C'est un vrai torrent... il vous entraîne[2].

— Так хорошо по-русски говорит,— проворчал Пигасов,— что заслуживает французской похвалы.

— Поворчите еще, Африкан Семеныч, поворчите... Это очень идет к вашей взъерошенной прическе... Однако что же он не едет? Знаете ли что, messieurs et mesdames,— прибавила Дарья Михайловна, взглянув кругом,— пойдемте в сад... До обеда еще около часу осталось, а погода славная...

Всё общество поднялось и отправилось в сад.

Сад у Дарьи Михайловны доходил до самой реки. В нем было много старых липовых аллей, золотисто-темных и душистых, с изумрудными просветами по концам, много беседок из акаций и сирени.

Волынцев вместе с Натальей и m-lle Boncourt забрались в самую глушь сада. Волынцев шел рядом с Натальей и молчал. M-lle Boncourt следовала немного поодаль.

— Что же вы делали сегодня? — спросил, наконец,

---

[1] Барон столь же любезен, сколь и учен *(фр.)*.

[2] Это настоящий поток... он так и увлекает вас *(фр.)*.

Волынцев, подергивая концы своих прекрасных темно-русых усов.

Он чертами лица очень походил на сестру; но в выражении их было меньше игры и жизни, и глаза его, красивые и ласковые, глядели как-то грустно.

— Да ничего,— отвечала Наталья,— слушала, как Пигасов бранится, вышивала по канве, читала.

— А что такое вы читали?

— Я читала... историю крестовых походов,— проговорила Наталья с небольшой запинкой.

Волынцев посмотрел на нее.

— А! — произнес он наконец,— это должно быть интересно.

Он сорвал ветку и начал вертеть ею по воздуху. Они прошли еще шагов двадцать.

— Что это за барон, с которым ваша матушка познакомилась? — спросил опять Волынцев.

— Камер-юнкер, приезжий; maman его очень хвалит.

— Ваша матушка способна увлекаться.

— Это доказывает, что она еще очень молода сердцем,— заметила Наталья.

— Да. Я скоро пришлю вам вашу лошадь. Она уже почти совсем выезжена. Мне хочется, чтобы она с места поднимала в галоп, и я этого добьюсь.

— Merci... Однако мне совестно. Вы сами ее выезжаете... это, говорят, очень трудно...

— Чтобы доставить вам малейшее удовольствие, вы знаете, Наталья Алексеевна, я готов... я... и не такие пустяки...

Волынцев замялся.

Наталья дружелюбно взглянула на него и еще раз сказала: merci.

— Вы знаете,— продолжал Сергей Павлыч после долгого молчания,— что нет такой вещи... Но к чему я это говорю! ведь вы всё знаете.

В это мгновение в доме прозвенел колокол.

— Ah! la cloche du dîner! — воскликнула m-lle Boncourt.— Rentrons[1].

«Quel dommage,— подумала про себя старая француженка, взбираясь на ступеньки балкона вслед за Волынцевым и Натальей,— quel dommage que ce charmant garçon ait si peu de ressources dans la conversation...»[2],— что по-русски

---

[1] Ах! звонят к обеду! Вернемся *(фр.)*.

[2] «Как жаль, что этот очаровательный молодой человек так ненаходчив в разговоре...» *(фр.)*

можно так перевести: ты, мой милый, мил, но плох немножко.

Барон к обеду не приехал. Его прождали с полчаса. Разговор за столом не клеился. Сергей Павлыч только посматривал на Наталью, возле которой сидел, и усердно наливал ей воды в стакан. Пандалевский тщетно старался занять соседку свою, Александру Павловну: он весь закипал сладостью, а она чуть не зевала.

Басистов катал шарики из хлеба и ни о чем не думал; даже Пигасов молчал и, когда Дарья Михайловна заметила ему, что он очень нелюбезен сегодня, угрюмо ответил: «Когда же я бываю любезным? Это не мое дело...» и, усмехнувшись горько, прибавил: «Потерпите маленько. Ведь я квас, du prostoï русский квас; а вот ваш камер-юнкер...»

— Браво! — воскликнула Дарья Михайловна.— Пигасов ревнует, заранее ревнует!

Но Пигасов ничего не ответил ей и только посмотрел исподлобья.

Пробило семь часов, и все опять собрались в гостиную.

— Видно, не будет,— сказала Дарья Михайловна.

Но вот раздался стук экипажа, небольшой тарантас въехал на двор, и через несколько мгновений лакей вошел в гостиную и подал Дарье Михайловне письмо на серебряном блюдечке. Она пробежала его до конца и, обратясь к лакею, спросила:

— А где же господин, который привез это письмо?

— В экипаже сидит-с. Прикажете принять-с?

— Проси.

Лакей вышел.

— Вообразите, какая досада,— продолжала Дарья Михайловна,— барон получил предписание тотчас вернуться в Петербург. Он прислал мне свою статью с одним господином Рудиным, своим приятелем. Барон хотел мне его представить — он очень его хвалил. Но как это досадно! Я надеялась, что барон поживет здесь...

— Дмитрий Николаевич Рудин,— доложил лакей.

III

Вошел человек лет тридцати пяти, высокого роста, несколько сутуловатый, курчавый, смуглый, с лицом неправильным, но выразительным и умным, с жидким блеском в быстрых темно-синих глазах, с прямым широким носом и красиво очерченными губами. Платье на нем было не ново и узко, словно он из него вырос.

Он проворно подошел к Дарье Михайловне и, поклонясь коротким поклоном, сказал ей, что он давно желал иметь честь представиться ей и что приятель его, барон, очень сожалел о том, что не мог проститься лично.

Тонкий звук голоса Рудина не соответствовал его росту и его широкой груди.

— Садитесь... очень рада,— промолвила Дарья Михайловна и, познакомив его со всем обществом, спросила, здешний ли он, или заезжий.

— Мое имение в Т...ой губернии,— отвечал Рудин, держа шляпу на коленях,— а здесь я недавно. Я приехал по делу и поселился пока в вашем уездном городе.

— У кого?

— У доктора. Он мой старинный товарищ по университету.

— А! у доктора... Его хвалят. Он, говорят, свое дело разумеет. А с бароном вы давно знакомы?

— Я нынешней зимой в Москве с ним встретился и теперь провел у него около недели.

— Он очень умный человек — барон.

— Да-с.

Дарья Михайловна понюхала узелок носового платка, напитанный одеколоном.

— Вы служите? — спросила она.

— Кто? я-с?

— Да.

— Нет... Я в отставке.

Наступило небольшое молчание. Общий разговор возобновился.

— Позвольте полюбопытствовать,— начал Пигасов, обратясь к Рудину,— вам известно содержание статьи, присланной господином бароном?

— Известно.

— Статья эта трактует об отношениях торговли... или нет, бишь, промышленности к торговле, в нашем отечестве... Так, кажется, вы изволили выразиться, Дарья Михайловна?

— Да, она об этом,— проговорила Дарья Михайловна и приложила руку ко лбу.

— Я, конечно, в этих делах судья плохой,— продолжал Пигасов,— но я должен сознаться, что мне самое заглавие статьи кажется чрезвычайно... как бы это сказать поделикатнее?.. чрезвычайно темным и запутанным.

— Почему же оно вам так кажется?

Пигасов усмехнулся и посмотрел вскользь на Дарью Михайловну.

— А вам оно ясно? — проговорил он, снова обратив свое лисье личико к Рудину.

— Мне? Ясно.

— Гм... Конечно, это вам лучше знать.

— У вас голова болит? — спросила Александра Павловна Дарью Михайловну.

— Нет. Это у меня так... C'est nerveux[1].

— Позвольте полюбопытствовать,— заговорил опять носовым голоском Пигасов,— ваш знакомец, господин барон Муффель... так, кажется, их зовут?

— Точно так.

— Господин барон Муффель специально занимается политической экономией или только так, посвящает этой интересной науке часы досуга, остающегося среди светских удовольствий и занятий по службе?

Рудин пристально посмотрел на Пигасова.

— Барон в этом деле дилетант,— отвечал он, слегка краснея,— но в его статье много справедливого и любопытного.

— Не могу спорить с вами, не зная статьи... Но, смею спросить, сочинение вашего приятеля, барона Муффеля, вероятно, более придерживается общих рассуждений, нежели фактов?

— В нем есть и факты и рассуждения, основанные на фактах.

— Так-с, так-с. Доложу вам, по моему мнению... а я могу-таки, при случае, свое слово молвить; я три года в Дерпте выжил... все эти так называемые общие рассуждения, гипотезы там, системы... извините меня, я провинциал, правду-матку режу прямо... никуда не годятся. Это всё одно умствование — этим только людей морочат. Передавайте, господа, факты, и будет с вас.

— В самом деле! — возразил Рудин.— Ну, а смысл фактов передавать следует?

— Общие рассуждения! — продолжал Пигасов,— смерть моя эти общие рассуждения, обозрения, заключения! Всё это основано на так называемых убеждениях; всякий толкует о своих убеждениях и еще уважения к ним требует, носится с ними... Эх!

---

[1] Это нервное *(фр.)*.

И Пигасов потряс кулаком в воздухе. Пандалевский рассмеялся.

— Прекрасно! — промолвил Рудин,— стало быть, по-вашему, убеждений нет?

— Нет — и не существует.

— Это ваше убеждение?

— Да.

— Как же вы говорите, что их нет? Вот вам уже одно, на первый случай.

Все в комнате улыбнулись и переглянулись.

— Позвольте, позвольте, однако,— начал было Пигасов...

Но Дарья Михайловна захлопала в ладоши, воскликнула: «Браво, браво, разбит Пигасов, разбит!» — и тихонько вынула шляпу из рук Рудина.

— Погодите радоваться, сударыня: успеете! — заговорил с досадой Пигасов.— Недостаточно сказать с видом превосходства острое словцо: надобно доказать, опровергнуть... Мы отбились от предмета спора.

— Позвольте,— хладнокровно заметил Рудин,— дело очень просто. Вы не верите в пользу общих рассуждений, вы не верите в убеждения...

— Не верю, не верю, ни во что не верю.

— Очень хорошо. Вы скептик.

— Не вижу необходимости употреблять такое ученое слово. Впрочем...

— Не перебивайте же! — вмешалась Дарья Михайловна.

«Кусь, кусь, кусь!» — сказал про себя в это мгновенье Пандалевский и весь осклабился.

— Это слово выражает мою мысль,— продолжал Рудин.— Вы его понимаете: отчего же не употреблять его? Вы ни во что не верите... Почему же верите вы в факты?

— Как почему? вот прекрасно! Факты — дело известное, всякий знает, что такое факты... Я сужу о них по опыту, по собственному чувству.

— Да разве чувство не может обмануть вас! Чувство вам говорит, что солнце вокруг земли ходит... или, может быть, вы не согласны с Коперником? Вы и ему не верите?

Улыбка опять промчалась по всем лицам, и глаза всех устремились на Рудина. «А он человек неглупый»,— подумал каждый.

— Вы всё изволите шутить,— заговорил Пигасов.— Конечно, это очень оригинально, но к делу нейдет.

— В том, что я сказал до сих пор,— возразил Рудин,—

к сожалению, слишком мало оригинального. Это всё очень давно известно и тысячу раз было говорено. Дело не в том...

— А в чем же? — спросил не без наглости Пигасов.

В споре он сперва подтрунивал над противником, потом становился грубым, а наконец дулся и умолкал.

— Вот в чем,— продолжал Рудин,— я, признаюсь, не могу не чувствовать искреннего сожаления, когда умные люди при мне нападают...

— На системы? — перебил Пигасов.

— Да, пожалуй, хоть на системы. Что вас пугает так это слово? Всякая система основана на знании основных законов, начал жизни...

— Да их узнать, открыть их нельзя... помилуйте!

— Позвольте. Конечно, не всякому они доступны, и человеку свойственно ошибаться. Однако вы, вероятно, согласитесь со мною, что, например, Ньютон открыл хотя некоторые из этих основных законов. Он был гений, положим; но открытия гениев тем и велики, что становятся достоянием всех. Стремление к отысканию общих начал в частных явлениях есть одно из коренных свойств человеческого ума, и вся наша образованность...

— Вот вы куда-с! — перебил растянутым голосом Пигасов.— Я практический человек и во все эти метафизические тонкости не вдаюсь и не хочу вдаваться.

— Прекрасно! Это в вашей воле. Но заметьте, что самое ваше желание быть исключительно практическим человеком есть уже своего рода система, теория...

— Образованность! говорите вы,— подхватил Пигасов,— вот еще чем удивить вздумали! Очень нужна она, эта хваленая образованность! Гроша медного не дам я за вашу образованность!

— Однако как вы дурно спорите, Африкан Семеныч! — заметила Дарья Михайловна, внутренно весьма довольная спокойствием и изящной учтивостью нового своего знакомца.— «C'est un homme comme il faut[1],— подумала она, с доброжелательным вниманием взглянув в лицо Рудину.— Надо его приласкать». Эти последние слова она мысленно произнесла по-русски.

— Образованность я защищать не стану,— продолжал, помолчав немного, Рудин,— она не нуждается в моей защите. Вы ее не любите... у всякого свой вкус. Притом, это завело бы нас слишком далеко. Позвольте вам только

---

[1] Это светский человек (фр.)

напомнить старинную поговорку: «Юпитер, ты сердишься: стало быть, ты виноват». Я хотел сказать, что все эти нападения на системы, на общие рассуждения и т. д. потому особенно огорчительны, что вместе с системами люди отрицают вообще знание, науку и веру в нее, стало быть, и веру в самих себя, в свои силы. А людям нужна эта вера: им нельзя жить одними впечатлениями, им грешно бояться мысли и не доверять ей. Скептицизм всегда отличался бесплодностью и бессилием...

— Это всё слова! — пробормотал Пигасов.

— Может быть. Но позвольте вам заметить, что, говоря: «Это всё слова!» — мы часто сами желаем отделаться от необходимости сказать что-нибудь подельнее одних слов.

— Чего-с? — спросил Пигасов и прищурил глаза.

— Вы поняли, что́ я хотел сказать вам,— возразил с невольным, но тотчас сдержанным нетерпением Рудин.— Повторяю, если у человека нет крепкого начала, в которое он верит, нет почвы, на которой он стоит твердо, как может он дать себе отчет в потребностях, в значении, в будущности своего народа? как может он знать, что́ он должен сам делать, если...

— Честь и место! — отрывисто проговорил Пигасов, поклонился и отошел в сторону, ни на кого не глядя.

Рудин посмотрел на него, усмехнулся слегка и умолк.

— Ага! обратился в бегство! — заговорила Дарья Михайловна.— Не беспокойтесь, Дмитрий... Извините,— прибавила она с приветливой улыбкой,— как вас по батюшке?

— Николаич.

— Не беспокойтесь, любезный Дмитрий Николаич! Он никого из нас не обманул. Он желает показать вид, что не *хочет* больше спорить... Он чувствует, что не *может* спорить с вами. А вы лучше подсядьте-ка к нам поближе, да поболтаемте.

Рудин пододвинул свое кресло.

— Как это мы до сих пор не познакомились? — продолжала Дарья Михайловна.— Это меня удивляет... Читали ли вы эту книгу? C'est de Tocqueville, vous savez?[1]

И Дарья Михайловна протянула Рудину французскую брошюру.

Рудин взял тоненькую книжонку в руки, перевернул в ней несколько страниц и, положив ее обратно на стол, отвечал, что собственно этого сочинения г. Токвиля он не читал, но часто размышлял о затронутом им вопросе. Разго-

---

[1] Это Токвиля, вы знаете? *(фр.)*

36

вор завязался. Рудин сперва как будто колебался, не решался высказаться, не находил слов, но, наконец, разгорелся и заговорил. Через четверть часа один его голос раздавался в комнате. Все столпились в кружок около него.

Один Пигасов оставался в отдалении, в углу, подле камина. Рудин говорил умно, горячо, дельно; выказал много знания, много начитанности. Никто не ожидал найти в нем человека замечательного... Он был так посредственно одет, о нем так мало ходило слухов. Всем непонятно казалось и странно, каким это образом вдруг, в деревне, мог проявиться такой умница. Тем более удивил он и, можно сказать, очаровал всех, начиная с Дарьи Михайловны... Она гордилась своей находкой и уже заранее думала о том, как она выведет Рудина в свет. В первых ее впечатлениях было много почти детского, несмотря на ее года. Александра Павловна, правду сказать, поняла мало изо всего, что говорил Рудин, но была очень удивлена и обрадована; брат ее тоже дивился; Пандалевский наблюдал за Дарьей Михайловной и завидовал; Пигасов думал: «Дам пятьсот рублей — еще лучше соловья достану!»... Но больше всех были поражены Басистов и Наталья. У Басистова чуть дыханье не захватило; он сидел всё время с раскрытым ртом и выпученными глазами — и слушал, слушал, как отроду не слушал никого, а у Натальи лицо покрылось алой краской, и взор ее, неподвижно устремленный на Рудина, и потемнел и заблистал...

— Какие у него славные глаза! — шепнул ей Волынцев.

— Да, хороши.

— Жаль только, что руки велики и красны.

Наталья ничего не отвечала.

Подали чай. Разговор стал более общим, но уже по одной внезапности, с которой все замолкали, лишь только Рудин раскрывал рот, можно было судить о силе произведенного им впечатления. Дарье Михайловне вдруг захотелось подразнить Пигасова. Она подошла к нему и вполголоса проговорила: «Что же вы молчите и только улыбаетесь язвительно? Попытайтесь-ка, схватитесь с ним опять», — и, не дождавшись его ответа, подозвала рукою Рудина.

— Вы про него еще одной вещи не знаете, — сказала она ему, указывая на Пигасова, — он ужасный ненавистник женщин, беспрестанно нападает на них; пожалуйста, обратите его на путь истины.

Рудин посмотрел на Пигасова... поневоле свысока: он был выше его двумя головами. Пигасова чуть не покоробило со злости, и желчное лицо его побледнело.

— Дарья Михайловна ошибается,— начал он неверным голосом,— я не на одних женщин нападаю: я до всего человеческого рода не большой охотник.

— Что же вам могло дать такое дурное мнение о нем? — спросил Рудин.

Пигасов глянул ему прямо в глаза.

— Вероятно, изучение собственного сердца, в котором я с каждым днем открываю всё более и более дряни. Я сужу о других по себе. Может быть, это и несправедливо, и я гораздо хуже других; но что прикажете делать? привычка!

— Я вас понимаю и сочувствую вам,— возразил Рудин.— Какая благородная душа не испытала жажды самоуничижения? Но не следует останавливаться на этом безвыходном положении.

— Покорно благодарю за выдачу моей душе аттестата в благородстве,— возразил Пигасов,— а положение мое — ничего, недурно, так что если даже есть из него выход, то Бог с ним! я его искать не стану.

— Но это значит — извините за выражение — предпочитать удовлетворение своего самолюбия желанию быть и жить в истине...

— Да еще бы! — воскликнул Пигасов,— самолюбие — это и я понимаю, и вы, надеюсь, понимаете, и всякий понимает; а истина — что такое истина? Где она, эта истина?

— Вы повторяетесь, предупреждаю вас,— заметила Дарья Михайловна.

Пигасов поднял плечи.

— Так что ж за беда? Я спрашиваю: где истина? Даже философы не знают, что она такое. Кант говорит, вот она, мол, что; а Гегель — нет, врешь, она вот что.

— А вы знаете, что́ говорит о ней Гегель? — спросил, не возвышая голоса, Рудин.

— Я повторяю,— продолжал разгорячившийся Пигасов,— что я не могу понять, что такое истина. По-моему, ее вовсе и нет на свете, то есть, слово-то есть, да самой вещи нету.

— Фи! фи! — воскликнула Дарья Михайловна,— как вам не стыдно это говорить, старый вы грешник! Истины нет? Для чего же жить после этого на свете?

— Да уж я думаю, Дарья Михайловна,— возразил с досадой Пигасов,— что вам, во всяком случае, легче было бы жить без истины, чем без вашего повара Степана, который такой мастер варить бульоны! И на что вам истина, скажите на милость? Ведь чепчика из нее сшить нельзя!

— Шутка не возражение,— заметила Дарья Михайловна,— особенно, когда сбивается на клевету...

— Не знаю, как истина, а правда, видно, глаза колет,— пробормотал Пигасов и с сердцем отошел в сторону.

А Рудин заговорил о самолюбии, и очень дельно заговорил. Он доказывал, что человек без самолюбия ничтожен, что самолюбие — архимедов рычаг, которым землю с места можно сдвинуть, но что в то же время тот только заслуживает название человека, кто умеет овладеть своим самолюбием, как всадник конем, кто свою личность приносит в жертву общему благу...

— Себялюбие,— так заключил он,— самоубийство. Себялюбивый человек засыхает словно одинокое, бесплодное дерево; но самолюбие, как деятельное стремление к совершенству, есть источник всего великого... Да! человеку надо надломить упорный эгоизм своей личности, чтобы дать ей право себя высказывать!

— Не можете ли вы одолжить мне карандашика? — обратился Пигасов к Басистову.

Басистов не тотчас понял, что у него спрашивал Пигасов.

— Зачем вам карандаш? — проговорил он наконец.

— Хочу записать вот эту последнюю фразу г. Рудина Не записав, позабудешь, чего доброго! А согласитесь сами, такая фраза все равно, что большой шлем в ералаши.

— Есть вещи, над которыми смеяться и трунить грешно, Африкан Семеныч! — с жаром проговорил Басистов и отвернулся от Пигасова.

Между тем Рудин подошел к Наталье. Она встала: лицо ее выразило замешательство.

Волынцев, сидевший подле нее, тоже встал.

— Я вижу фортепьяно,— начал Рудин мягко и ласково, как путешествующий принц,— не вы ли играете на нем?

— Да, я играю,— проговорила Наталья,— но не очень хорошо. Вот Константин Диомидыч гораздо лучше меня играет.

Пандалевский выставил свое лицо и оскалил зубы.

— Напрасно вы это говорите, Наталья Алексеевна: вы играете нисколько не хуже меня.

— Знаете ли вы «Erlkönig»[1] Шуберта? — спросил Рудин.

— Знает, знает! — подхватила Дарья Михайловна.—

_____

«Лесной царь» _(нем.)._

39

Садитесь, Constantin... А вы любите музыку, Дмитрий Николаич?

Рудин только наклонил слегка голову и провел рукой по волосам, как бы готовясь слушать... Пандалевский заиграл.

Наталья встала возле фортепьяно, прямо напротив Рудина. С первым звуком лицо его приняло прекрасное выражение. Его темно-синие глаза медленно блуждали, изредка останавливаясь на Наталье. Пандалевский кончил.

Рудин ничего не сказал и подошел к раскрытому окну. Душистая мгла лежала мягкой пеленою над садом; дремотной свежестью дышали близкие деревья. Звезды тихо теплились. Летняя ночь и нежилась и нежила. Рудин поглядел в темный сад — и обернулся.

— Эта музыка и эта ночь,— заговорил он,— напомнили мне мое студенческое время в Германии: наши сходки, наши серенады...

— А вы были в Германии? — спросила Дарья Михайловна.

— Я провел год в Гейдельберге и около года в Берлине.

— И одевались студентом? Говорят, они там как-то особенно одеваются.

— В Гейдельберге я носил большие сапоги со шпорами и венгерку со шнурками и волосы отрастил до самых плеч... В Берлине студенты одеваются, как все люди.

— Расскажите нам что-нибудь из вашей студенческой жизни,— промолвила Александра Павловна.

Рудин начал рассказывать. Рассказывал он не совсем удачно. В описаниях его недоставало красок. Он не умел смешить. Впрочем, Рудин от рассказов своих заграничных похождений скоро перешел к общим рассуждениям о значении просвещения и науки, об университетах и жизни университетской вообще. Широкими и смелыми чертами набросал он громадную картину. Все слушали его с глубоким вниманием. Он говорил мастерски, увлекательно, не совсем ясно... но самая эта неясность придавала особенную прелесть его речам.

Обилие мыслей мешало Рудину выражаться определительно и точно. Образы сменялись образами; сравнения, то неожиданно смелые, то поразительно верные, возникали за сравнениями. Не самодовольной изысканностью опытного говоруна — вдохновением дышала его нетерпеливая импровизация. Он не искал слов: они сами послушно и свободно приходили к нему на уста, и каждое слово, казалось, так и лилось прямо из души, пылало всем жаром убеждения. Рудин владел едва ли не высшей тайной — музыкой красноречия. Он умел, ударяя по одним струнам сердец, заставлять смутно звенеть и дрожать все другие. Иной слушатель, пожалуй, и не понимал в точности, о чем шла речь; но грудь его высоко поднималась, какие-то завесы разверзались перед его глазами, что-то лучезарное загоралось впереди.

Все мысли Рудина казались обращенными в будущее; это придавало им что-то стремительное и молодое... Стоя у окна, не глядя ни на кого в особенности, он говорил — и, вдохновенный общим сочувствием и вниманием, близостью молодых женщин, красотою ночи, увлеченный потоком собственных ощущений, он возвысился до красноречия, до поэзии... Самый звук его голоса, сосредоточенный и тихий, увеличивал обаяние; казалось, его устами говорило что-то высшее, для него самого неожиданное... Рудин говорил о том, что придает вечное значение временной жизни человека.

— Помню я одну скандинавскую легенду, — так кончил он. — Царь сидит с своими воинами в темном и длинном сарае, вокруг огня. Дело происходит ночью, зимой. Вдруг небольшая птичка влетает в раскрытые двери и вылетает в другие. Царь замечает, что эта птичка, как человек в мире: прилетела из темноты и улетела в темноту, и не долго побыла в тепле и свете... «Царь, — возражает самый старый из воинов, — птичка и во тьме не пропадет и гнездо свое сыщет...» Точно, наша жизнь быстра и ничтожна; но всё великое совершается через людей. Сознание быть орудием тех высших сил должно заменить человеку все другие радости: в самой смерти найдет он свою жизнь, свое гнездо...

Рудин остановился и потупил глаза с улыбкой невольного смущения.

— Vous êtes un poète[1], — вполголоса проговорила Дарья Михайловна.

И все с ней внутренно согласились — все, исключая Пигасова. Не дождавшись конца длинной речи Рудина, он тихонько взял шляпу и, уходя, озлобленно прошептал стоявшему близ двери Пандалевскому:

— Нет! поеду к дуракам!

Впрочем, никто его не удерживал и не заметил его отсутствия.

Люди внесли ужин, и, полчаса спустя, все разъехались и разошлись. Дарья Михайловна упросила Рудина остаться

---

[1] Вы — поэт (фр.).

41

ночевать. Александра Павловна, возвращаясь с братом домой в карете, несколько раз принималась ахать и удивляться необыкновенному уму Рудина. Волынцев соглашался с ней, однако заметил, что он иногда выражается немного темно... то есть не совсем вразумительно, прибавил он, желая, вероятно, пояснить свою мысль; но лицо его омрачилось, и взгляд, устремленный в угол кареты, казался еще грустнее.

Пандалевский, ложась спать и снимая свои вышитые шелком помочи, проговорил вслух: «Очень ловкий человек!» — и вдруг, сурово взглянув на своего казачка-камердинера, приказал ему выйти. Басистов целую ночь не спал и не раздевался, он до самого утра всё писал письмо к одному своему товарищу в Москву; а Наталья хотя и разделась и легла в постель, но тоже ни на минуту не уснула и не закрывала даже глаз. Подперши голову рукою, она глядела пристально в темноту; лихорадочно бились ее жилы, и тяжелый вздох часто приподнимал ее грудь.

IV

На другое утро Рудин только что успел одеться, как явился к нему человек от Дарьи Михайловны с приглашением пожаловать к ней в кабинет и откушать с ней чай. Рудин застал ее одну. Она очень любезно с ним поздоровалась, осведомилась, хорошо ли он провел ночь, сама налила ему чашку чаю, спросила даже, довольно ли сахару, предложила ему папироску и раза два опять повторила, что удивляется, как она давно с ним не познакомилась. Рудин сел было несколько поодаль; но Дарья Михайловна указала ему на небольшое патé, стоявшее подле ее кресла, и, слегка наклонясь в его сторону, начала расспрашивать его об его семействе, об его намерениях и предположениях. Дарья Михайловна говорила небрежно, слушала рассеянно; но Рудин очень хорошо понимал, что она ухаживала за ним, чуть не льстила ему. Недаром же она устроила это утреннее свидание, недаром оделась просто, но изящно, à la madame Récamier![1] Впрочем, Дарья Михайловна скоро перестала его расспрашивать: она начала ему рассказывать о себе, о своей молодости, о людях, с которыми она зналась. Рудин с участием внимал ее разглагольствованиям, хотя — странное дело! — о каком бы лице ни заговорила Дарья Михайловна, на первом плане оставалась все-таки она, она одна, а то лицо как-то скрадывалось и исчезало. Зато Рудин узнал в

_____

наподобие госпожи Рекамье! _(фр.)_

подробности, что́ именно Дарья Михайловна говорила такому-то известному сановнику, какое она имела влияние на такого-то знаменитого поэта. Судя по рассказам Дарьи Михайловны, можно было подумать, что все замечательные люди последнего двадцатипятилетия только о том и мечтали, как бы повидаться с ней, как бы заслужить ее расположение. Она говорила о них просто, без особенных восторгов и похвал, как о своих, называя иных чудаками. Она говорила о них, и, как богатая оправа вокруг драгоценного камня, имена их ложились блестящей каймой вокруг главного имени — вокруг Дарьи Михайловны...

А Рудин слушал, покуривал папироску и молчал, лишь изредка вставляя в речь разболтавшейся барыни небольшие замечания. Он умел и любил говорить; вести разговор было не по нем, но он умел также слушать. Всякий, кого он только не запугивал сначала, доверчиво распускался в его присутствии: так охотно и одобрительно следил он за нитью чужого рассказа. В нем было много добродушия,— того особенного добродушия, которым исполнены люди, привыкшие чувствовать себя выше других. В спорах он редко давал высказываться своему противнику и подавлял его своей стремительной и страстной диалектикой.

Дарья Михайловна изъяснялась по-русски. Она щеголяла знанием родного языка, хотя галлицизмы, французские словечки попадались у ней частенько. Она с намерением употребляла простые народные обороты, но не всегда удачно. Ухо Рудина не оскорблялось странной пестротою речи в устах Дарьи Михайловны, да и вряд ли имел он на это ухо.

Дарья Михайловна утомилась наконец и, прислонясь головой к задней подушке кресел, устремила глаза на Рудина и умолкла.

— Я теперь понимаю,— начал медленным голосом Рудин,— я понимаю, почему вы каждое лето приезжаете в деревню. Вам этот отдых необходим; деревенская тишина, после столичной жизни, освежает и укрепляет вас. Я уверен, что вы должны глубоко сочувствовать красотам природы.

Дарья Михайловна искоса посмотрела на Рудина.

— Природа... да... да, конечно... я ужасно ее люблю; но знаете ли, Дмитрий Николаич, и в деревне нельзя без людей. А здесь почти никого нет. Пигасов самый умный человек здесь.

— Вчерашний сердитый старик? — спросил Рудин.

— Да, этот. В деревне, впрочем, и он годится — хоть рассмешит иногда.

— Он человек неглупый,— возразил Рудин,— но он на

ложной дороге. Я не знаю, согласитесь ли вы со мною, Дарья Михайловна, но в отрицании — в отрицании полном и всеобщем — нет благодати. Отрицайте всё, и вы легко можете прослыть за умницу: это уловка известная. Добродушные люди сейчас готовы заключить, что вы стойте выше гого, что отрицаете. А это часто неправда. Во-первых, во всем можно сыскать пятна, а во-вторых, если даже вы и дело говорите, вам же хуже: ваш ум, направленный на одно отрица е, беднеет, сохнет. Удовлетворяя ваше самолюбие, вы лишаетесь истинных наслаждений созерцания; жизнь — сущность жизни — ускользает от вашего мелкого и желчного наблюдения, и вы кончите тем, что будете лаяться и смешить. Порицать, бранить имеет право только тот, кто любит.

— Voilà m-r Pigassoff enterré[1],— проговорила Дарья Михайловна.— Какой вы мастер определять человека! Впрочем, Пигасов, вероятно, и не понял бы вас. А любит он только собственную свою особу.

— И бранит ее для того, чтобы иметь право бранить других,— подхватил Рудин.

Дарья Михайловна засмеялась.

— С больной... как это говорится... с больного на здорового. Кстати, что вы думаете о бароне?

— О бароне? Он хороший человек, с добрым сердцем и знающий... но в нем нет характера... и он весь свой век останется полуученым, полусветским человеком, т. е. дилетантом, т. е., говоря без обиняков,— ничем... А жаль!

— Я сама того же мнения,— возразила Дарья Михайловна.— Я читала его статью... Entre nous... cela a assez peu de fond[2].

— Кто же еще у вас тут есть? — спросил, помолчав, Рудин.

Дарья Михайловна отряхнула пятым пальцем пепел с пахитоски.

— Да больше почти никого нет. Липина, Александра Павловна, которую вы вчера видели: она очень мила, но и только. Брат ее — тоже прекрасный человек, un parfait honnête homme[3]. Князя Гарина вы знаете. Вот и всё. Есть еще два-три соседа, но те уже совсем ничего. Либо ломаются — претензии страшные,— либо дичатся, или уж некстати развязны. Барынь я, вы знаете, не вижу. Есть еще один сосед, очень, говорят, образованный, даже ученый человек,

---

[1] Вот господин Пигасов и уничтожен *(фр.)*.
[2] Между нами... это не очень основательно *(фр.)*.
[3] вполне порядочный человек *(фр.)*.

но чудак ужасный, фантазер. Alexandrine его знает и, кажется, к нему неравнодушна... Вот вам бы заняться ею, Дмитрий Николаич: это милое существо; ее надо только развить немножко, непременно надо ее развить!

— Она очень симпатична,— заметил Рудин.

— Совершенное дитя, Дмитрий Николаич, ребенок настоящий. Она была замужем, mais c'est tout comme[1]. Если б я была мужчина, я только в таких бы женщин влюблялась.

— Неужели?

— Непременно. Такие женщины по крайней мере свежи, а уж под свежесть подделаться нельзя.

— А подо всё другое можно? — спросил Рудин и засмеялся, что с ним случалось очень редко. Когда он смеялся, лицо его принимало странное, почти старческое выражение, глаза ежились, нос морщился...

— А кто же такой этот, как вы говорите, чудак, к которому г-жа Липина неравнодушна? — спросил он.

— Некто Лежнев, Михайло Михайлыч, здешний помещик.

Рудин изумился и поднял голову.

— Лежнев, Михайло Михайлыч? — спросил он,— разве он сосед ваш?

— Да. А вы его знаете?

Рудин помолчал.

— Я его знавал прежде... тому давно. Ведь он, кажется, богатый человек? — прибавил он, пощипывая рукою бахрому кресла.

— Да, богатый, хотя одевается ужасно и ездит на беговых дрожках, как приказчик. Я желала залучить его к себе: он, говорят, умен; у меня же с ним дело есть... Ведь, вы знаете, я сама распоряжаюсь моим имением.

Рудин наклонил голову.

— Да, сама,— продолжала Дарья Михайловна,— я никаких иностранных глупостей не ввожу, придерживаюсь своего, русского, и, видите, дела, кажется, идут недурно,— прибавила она, проведя рукой кругом.

— Я всегда был убежден,— заметил вежливо Рудин,— в крайней несправедливости тех людей, которые отказывают женщинам в практическом смысле.

Дарья Михайловна приятно улыбнулась.

— Вы очень снисходительны,— промолвила она,— но что, бишь, я хотела сказать? О чем мы говорили? Да! о Лежневе. У меня с ним дело по размежеванию. Я его несколько

---

[1] но это всё равно, что ничего *(фр.)*.

раз приглашала к себе, и даже сегодня я его жду; но он, Бог его знает, не едет... такой чудак!

Полог перед дверью тихо распахнулся, и вошел дворецкий, человек высокого роста, седой и плешивый, в черном фраке, белом галстухе и белом жилете.

— Что ты? — спросила Дарья Михайловна и, слегка обратясь к Рудину, прибавила вполголоса: — N'est-ce pas, comme il ressemble à Canning?[1]

— Михайло Михайлыч Лежнев приехали,— доложил дворецкий,— прикажете принять?

— Ах, Боже мой! — воскликнула Дарья Михайловна,— вот легок на помине. Проси!

Дворецкий вышел.

— Такой чудак, приехал наконец, и то некстати: наш разговор перервал.

Рудин поднялся с места, но Дарья Михайловна его остановила.

— Куда же вы? Мы можем толковать и при вас. А я желаю, чтобы вы и его определили, как Пигасова. Когда вы говорите, vous gravez comme avec un burin[2]. Останьтесь.

Рудин хотел было что-то сказать, но подумал и остался.

Михайло Михайлыч, уже знакомый читателю, вошел в кабинет. На нем было то же серое пальто, и в загорелых руках он держал ту же старую фуражку. Он спокойно поклонился Дарье Михайловне и подошел к чайному столу.

— Наконец-то вы пожаловали к нам, мосьё Лежнев! — проговорила Дарья Михайловна.— Прошу садиться. Вы, я слышала, знакомы,— продолжала она, указывая на Рудина.

Лежнев взглянул на Рудина и как-то странно улыбнулся.

— Я знаю господина Рудина,— промолвил он с небольшим поклоном.

— Мы вместе были в университете,— заметил вполголоса Рудин и опустил глаза.

— Мы и после встречались,— холодно проговорил Лежнев.

Дарья Михайловна посмотрела с некоторым изумлением на обоих и попросила Лежнева сесть. Он сел.

— Вы желали меня видеть,— начал он,— насчет размежевания?

— Да, насчет размежевания, но я и так-таки желала

---

[1] Не правда ли, как он похож на Каннинга? *(фр.)*
[2] вы точно резцом высекаете *(фр.)*.

вас видеть. Ведь мы близкие соседи и чуть ли не сродни.

— Очень вам благодарен,— возразил Лежнев,— что же касается до размежевания, то мы с вашим управляющим совершенно покончили это дело: я на все его предложения согласен.

— Я это знала.

— Только он мне сказал, что без личного свидания с вами бумаги подписать нельзя.

— Да; это у меня уж так заведено. Кстати, позвольте спросить, ведь у вас, кажется, все мужики на оброке?

— Точно так.

— И вы сами хлопочете о размежевании? Это похвально.

Лежнев помолчал.

— Вот я и явился для личного свидания,— проговорил он.

Дарья Михайловна усмехнулась.

— Вижу, что явились. Вы говорите это таким тоном... Вам, должно быть, очень не хотелось ко мне ехать.

— Я никуда не езжу,— возразил флегматически Лежнев.

— Никуда? А к Александре Павловне вы ездите?

— Я с ее братом давно знаком.

— С ее .братом! Впрочем, я никого не принуждаю... Но, извините меня, Михайло Михайлыч, я старше вас годами и могу вас пожурить: что вам за охота жить этаким бирюком? Или собственно *мой* дом вам не нравится? я вам не нравлюсь?

— Я вас не знаю, Дарья Михайловна, и потому вы мне не нравиться не можете. Дом у вас прекрасный; но, признаюсь вам откровенно, я не люблю стеснять себя. У меня и фрака порядочного нет, перчаток нет; да я и не принадлежу к вашему кругу.

— По рождению, по воспитанию вы принадлежите к нему, Михайло Михайлыч! vous êtes des nôtres[1].

— Рождение и воспитание в сторону, Дарья Михайловна! Дело не в том...

— Человек должен жить с людьми, Михайло Михайлыч! Что за охота сидеть, как Диоген в бочке?

— Во-первых, ему там было очень хорошо; а во-вторых, почему вы знаете, что я не с людьми живу?

Дарья Михайловна закусила губы.

— Это другое дело! Мне остается только сожалеть о

---

[1] вы нашего круга *(фр.)*.

47

том, что я не удостоилась попасть в число людей, с которыми вы знаетесь.

— Мосьё Лежнев,— вмешался Рудин,— кажется, преувеличивает весьма похвальное чувство — любовь к свободе.

Лежнев ничего не ответил и только взглянул на Рудина. Наступило небольшое молчание.

— Итак-с,— начал Лежнев, поднимаясь,— я могу считать наше дело поконченным и сказать вашему управляющему, чтобы он прислал ко мне бумаги.

— Можете... хотя, признаться, вы так нелюбезны... мне бы следовало отказать вам.

— Да ведь это размежевание гораздо выгоднее для вас, чем для меня.

Дарья Михайловна пожала плечами.

— Вы не хотите даже позавтракать у меня? — спросила она.

— Покорно вас благодарю: я никогда не завтракаю, да и тороплюсь домой.

Дарья Михайловна встала.

— Я вас не удерживаю,— промолвила она, подходя к окну,— не смею вас удерживать.

Лежнев начал раскланиваться.

— Прощайте, мосьё Лежнев! Извините, что обеспокоила вас.

— Ничего, помилуйте,— возразил Лежнев и вышел.

— Каков? — спросила Дарья Михайловна у Рудина.— Я слыхала про него, что он чудак; но ведь уж это из рук вон!

— Он страдает той же болезнью, как и Пигасов,— проговорил Рудин,— желаньем быть оригинальным. Тот прикидывается Мефистофелем, этот — циником. Во всем этом много эгоизма, много самолюбия и мало истины, мало любви. Ведь это тоже своего рода расчет: надел на себя человек маску равнодушия и лени, авось, мол, кто-нибудь подумает: вот человек, столько талантов в себе погубил! А поглядеть попристальнее — и талантов-то в нем никаких нет.

— Et de deux![1] — промолвила Дарья Михайловна.— Вы ужасный человек на определения. От вас не скроешься.

— Вы думаете? — промолвил Рудин.— Впрочем,— продолжал он,— по-настоящему, мне бы не следовало говорить о Лежневе; я его любил, любил, как друга... но потом, вследствие различных недоразумений...

---

[1] Вот и второй! *(фр.)*

— Вы рассорились?

— Нет. Но мы расстались, и расстались, кажется, навсегда.

— То-то, я заметила, вы во всё время его посещения были как будто не по себе... Однако я весьма вам благодарна за сегодняшнее утро. Я чрезвычайно приятно провела время. Но надо же и честь знать. Отпускаю вас до завтрака, а сама иду заниматься делами. Мой секретарь, вы его видели — Constantin, c'est lui qui est mon secrétaire[1],— должно быть, уже ждет меня. Рекомендую его вам: он прекрасный, преуслужливый молодой человек и в совершенном восторге от вас. До свидания, cher[2] Дмитрий Николаич! Как я благодарна барону за то, что он познакомил меня с вами!

И Дарья Михайловна протянула Рудину руку. Он сперва пожал ее, потом поднес к губам и вышел в залу, а из залы на террасу. На террасе он встретил Наталью.

V

Дочь Дарьи Михайловны, Наталья Алексеевна, с первого взгляда могла не понравиться. Она еще не успела развиться, была худа, смугла, держалась немного сутуловато. Но черты ее лица были красивы и правильны, хотя слишком велики для семнадцатилетней девушки. Особенно хорош был ее чистый и ровный лоб над тонкими, как бы надломленными посередине бровями. Она говорила мало, слушала и глядела внимательно, почти пристально,— точно она себе во всем хотела дать отчет. Она часто оставалась неподвижной, опускала руки и задумывалась; на лице ее выражалась тогда внутренняя работа мыслей... Едва заметная улыбка появится вдруг на губах и скроется; большие темные глаза тихо подымутся... «Qu'avez-vous?»[3] — спросит ее m-lle Boncourt и начнет бранить ее, говоря, что молодой девице неприлично задумываться и принимать рассеянный вид. Но Наталья не была рассеянна: напротив, она училась прилежно, читала и работала охотно. Она чувствовала глубоко и сильно, но тайно; она и в детстве редко плакала, а теперь даже вздыхала редко, и только бледнела слегка, когда что-нибудь ее огорчало. Мать ее считала добронравной, благоразумной девушкой, называла ее в шутку: mon honnête homme de fille[4], но не была слишком высокого

---

[1] Константин, ведь это мой секретарь *(фр.)*.
[2] дорогой *(фр.)*.
[3] «Что с вами?» *(фр.)*
[4] мой честный малый — дочка *(фр.)*.

мнения об ее умственных способностях. «Наташа у меня, к счастью, холодна,— говаривала она,— не в меня... тем лучше. Она будет счастлива». Дарья Михайловна ошибалась. Впрочем, редкая мать понимает дочь свою.

Наталья любила Дарью Михайловну и не вполне ей доверяла.

— Тебе нечего от меня скрывать,— сказала ей однажды Дарья Михайловна,— а то бы ты скрытничала: ты-таки себе на уме...

Наталья поглядела матери в лицо и подумала: «Для чего же не быть себе на уме?»

Когда Рудин встретил ее на террасе, она вместе с m-lle Boncourt шла в комнату, чтобы надеть шляпку и отправиться в сад. Утренние ее занятия уже кончились. Наталью перестали держать, как девочку, m-lle Boncourt давно уже не давала ей уроков из мифологии и географии; но Наталья должна была каждое утро читать исторические книги, путешествия и другие назидательные сочинения — при ней. Выбирала их Дарья Михайловна, будто бы придерживаясь особой, своей системы. На самом деле она просто передавала Наталье всё, что ей присылал француз-книгопродавец из Петербурга, исключая, разумеется, романов Дюма-фиса¹ и комп. Эти романы Дарья Михайловна читала сама. M-lle Boncourt особенно строго и кисло посматривала через очки свои, когда Наталья читала исторические книги: по понятиям старой француженки, вся история была наполнена непозволительными вещами, хотя она сама из великих мужей древности знала почему-то только одного Камбиза, а из новейших времен — Людовика XIV и Наполеона, которого терпеть не могла. Но Наталья читала и такие книги, существования которых m-lle Boncourt не подозревала: она знала наизусть всего Пушкина...

Наталья слегка покраснела при встрече с Рудиным.

— Вы идете гулять? — спросил он ее.

— Да. Мы идем в сад.

— Можно идти с вами?

Наталья взглянула на m-lle Boncourt.

— Mais certainement, monsieur, avec plaisir²,— поспешно проговорила старая дева.

Рудин взял шляпу и пошел вместе с ними.

Наталье было сперва неловко идти рядом с Рудиным по одной дорожке; потом ей немного легче стало. Он начал

---

¹ Дюма-сына (Dumas-fils) *(фр.)*.
² Ну, конечно, сударь, с удовольствием *(фр.)*.

расспрашивать ее о ее занятиях, о том, как ей нравится деревня. Она отвечала не без робости, но без той торопливой застенчивости, которую так часто и выдают и принимают за стыдливость. Сердце у ней билось.

— Вы не скучаете в деревне? — спросил Рудин, окидывая ее боковым взором.

— Как можно скучать в деревне? Я очень рада, что мы здесь. Я здесь очень счастлива.

— Вы счастливы... Это великое слово. Впрочем, это понятно: вы молоды.

Рудин произнес это последнее слово как-то странно: не то он завидовал Наталье, не то он сожалел о ней.

— Да! молодость! — прибавил он.— Вся цель науки — дойти сознательно до того, что молодости дается даром.

Наталья внимательно посмотрела на Рудина: она не поняла его.

— Я сегодня целое утро разговаривал с вашей матушкой,— продолжал он,— она необыкновенная женщина. Я понимаю, почему все наши поэты дорожили ее дружбой. А вы любите стихи? — прибавил он, помолчав немного.

«Он меня экзаменует»,— подумала Наталья и промолвила:

— Да, очень люблю.

— Поэзия — язык богов. Я сам люблю стихи. Но не в одних стихах поэзия: она разлита везде, она вокруг нас... Взгляните на эти деревья, на это небо — отовсюду веет красотою и жизнью; а где красота и жизнь, там и поэзия.

— Сядемте здесь, на скамью,— продолжал он.— Вот так. Мне почему-то кажется, что когда вы попривыкнете ко мне (и он с улыбкой посмотрел ей в лицо), мы будем приятели с вами. Как вы полагаете?

«Он обращается со мной, как с девочкой»,— подумала опять Наталья и, не зная, что сказать, спросила его, долго ли он намерен остаться в деревне.

— Всё лето, осень, а может быть, и зиму. Я, вы знаете, человек очень небогатый; дела мои расстроены, да и притом мне уже наскучило таскаться с места на место. Пора отдохнуть.

Наталья изумилась.

— Неужели вы находите, что вам пора отдыхать? — спросила она робко.

Рудин повернулся лицом к Наталье.

— Что вы хотите этим сказать?

— Я хочу сказать,— возразила она с некоторым смущеньем,— что отдыхать могут другие; а вы... вы должны трудиться, стараться быть полезным. Кому же, как не вам...

— Благодарю за лестное мнение,— перебил ее Рудин.— Быть полезным... легко сказать! (Он провел рукою по лицу.) Быть полезным! — повторил он.— Если б даже было во мне твердое убеждение: как я могу быть полезным — если б я даже верил в свои силы,— где найти искренние, сочувствующие души?..

И Рудин так безнадежно махнул рукою и так печально поник головою, что Наталья невольно спросила себя: полно, его ли восторженные, дышащие надеждой речи она слышала накануне?

— Впрочем, нет,— прибавил он, внезапно встряхнув своей львиной гривой,— это вздор, и вы правы. Благодарю вас, Наталья Алексеевна, благодарю вас искренно. (Наталья решительно не знала, за что он ее благодарит.) Ваше одно слово напомнило мне мой долг, указало мне мою дорогу... Да, я должен действовать. Я не должен скрывать свой талант, если он у меня есть; я не должен растрачивать свои силы на одну болтовню, пустую, бесполезную болтовню, на одни слова...

И слова его полились рекою. Он говорил прекрасно, горячо, убедительно — о позоре малодушия и лени, о необходимости делать дело. Он осыпал самого себя упреками, доказывал, что рассуждать наперед о том, что хочешь сделать, так же вредно, как накалывать булавкой наливающийся плод, что это только напрасная трата сил и соков. Он уверял, что нет благородной мысли, которая бы не нашла себе сочувствия, что непонятными остаются только те люди, которые либо еще сами не знают, чего хотят, либо не стоят того, чтобы их понимали. Он говорил долго и окончил тем, что еще раз поблагодарил Наталью Алексеевну и совершенно неожиданно стиснул ей руку, промолвив: «Вы прекрасное, благородное существо!»

Эта вольность поразила m-lle Boncourt, которая, несмотря на сорокалетнее пребывание в России, с трудом понимала по-русски и только удивлялась красивой быстроте и плавности речи в устах Рудина. Впрочем, он в ее глазах был чем-то вроде виртуоза или артиста; а от подобного рода людей, по ее понятиям, невозможно было требовать соблюдения приличий.

Она встала и, порывисто поправив на себе платье, объявила Наталье, что пора идти домой, тем более, что monsieur Volinsoff (так она называла Волынцева) хотел быть к завтраку.

— Да вот и он! — прибавила она, взглянув в одну из аллей, ведущих от дому.

Действительно, Волынцев показался невдалеке.

Он подошел нерешительным шагом, издали раскланялся со всеми и, с болезненным выражением на лице обратясь к Наталье, проговорил:

— А! вы гуляете?

— Да, — отвечала Наталья, — мы уже шли домой.

— А! — произнес Волынцев. — Что ж, пойдемте.

И все пошли к дому.

— Как здоровье вашей сестры? — спросил каким-то особенно ласковым голосом Рудин у Волынцева. Он и накануне был очень с ним любезен.

— Покорно благодарю. Она здорова. Она сегодня, может быть, будет... Вы, кажется, о чем-то рассуждали, когда я подошел?

— Да, у нас был разговор с Натальей Алексеевной. Она мне сказала одно слово, которое сильно на меня подействовало...

Волынцев не спросил, какое это было слово, и все в глубоком молчании возвратились в дом Дарьи Михайловны.

———

Перед обедом опять составился салон. Пигасов, однако, не приехал. Рудин не был в ударе: он всё заставлял Пандалевского играть из Бетховена. Волынцев молчал и поглядывал на пол. Наталья не отходила от матери и то задумывалась, то принималась за работу. Басистов не спускал глаз с Рудина, всё выжидая, не скажет ли он чего-нибудь умного. Так прошло часа три довольно однообразно. Александра Павловна не приехала к обеду — и Волынцев, как только встали из-за стола, тотчас велел заложить свою коляску и ускользнул, не простясь ни с кем.

Ему было тяжело. Он давно любил Наталью и всё собирался сделать ей предложение... Она к нему благоволила — но сердце ее оставалось спокойным: он это ясно видел. Он и не надеялся внушить ей чувство более нежное и ждал только мгновенья, когда она совершенно привыкнет к нему, сблизится с ним. Что же могло взволновать его? какую перемену заметил он в эти два дня? Наталья обращалась с ним точно так же, как и прежде...

Запала ли ему в душу мысль, что он, быть может, вовсе не знает нрава Натальи, что она ему еще более чужда, чем он думал, ревность ли проснулась в нем, смутно ли почуял он что-то недоброе... но только он страдал, как ни уговаривал самого себя.

Когда он вошел к своей сестре, у ней сидел Лежнев.

— Что это ты так рано вернулся? — спросила Александра Павловна.

— Так! соскучилось.

— Рудин там?

— Там.

Волынцев бросил фуражку и сел.

Александра Павловна с живостью обратилась к нему.

— Пожалуйста, Сережа, помоги мне убедить этого упрямого человека (она указала на Лежнева) в том, что Рудин необыкновенно умен и красноречив.

Волынцев промычал что-то.

— Да я нисколько с вами не спорю,— начал Лежнев,— я не сомневаюсь в уме и красноречии г. Рудина; я говорю только, что он мне не нравится.

— А ты его разве видел? — спросил Волынцев.

— Видел сегодня поутру, у Дарьи Михайловны. Ведь *он* у ней теперь великим визирем. Придет время, она и с ним расстанется,— она с одним Пандалевским никогда не расстанется,— но теперь он царит. Видел его, как же! Он сидит — а она меня ему показывает: глядите, мол, батюшка, какие у нас водятся чудаки. Я не заводская лошадь — к выводке не привык. Я взял да уехал.

— Да зачем ты был у ней?

— По размежеванию; да это вздор: ей просто хотелось посмотреть на мою физиономию. Барыня — известно!

— Вас оскорбляет его превосходство — вот что! — заговорила с жаром Александра Павловна,— вот что вы ему простить не можете. А я уверена, что, кроме ума, у него и сердце должно быть отличное. Вы взгляните на его глаза, когда он...

— «О честности высокой говорит...» — подхватил Лежнев.

— Вы меня рассердите, и я заплáчу. Я от души сожалею, что не поехала к Дарье Михайловне и осталась с вами. Вы этого не стóите. Полноте дразнить меня,— прибавила она жалобным голосом.— Вы лучше расскажите мне об его молодости.

— О молодости Рудина?

— Ну да. Ведь вы мне сказали, что хорошо его знаете и давно с ним знакомы.

Лежнев встал и прошелся по комнате.

— Да,— начал он,— я его хорошо знаю. Вы хотите, чтобы я рассказал вам его молодость? Извольте. Родился он в Т...ве от бедных помещиков. Отец его скоро умер. Он остался один у матери. Она была женщина добрейшая и души в нем не чаяла: толокном одним питалась и все какие были у ней денежки употребляла на него. Получил он свое воспитание в Москве, сперва на счет какого-то дяди, а потом, когда он подрос и оперился, на счет одного богатого князька, с которым снюхался... ну, извините, не буду... с которым сдружился. Потом он поступил в университет. В университете я узнал его и сошелся с ним очень тесно. О нашем тогдашнем житье-бытье я поговорю с вами когда-нибудь после. Теперь не могу. Потом он уехал за границу...

Лежнев продолжал расхаживать по комнате; Александра Павловна следила за ним взором.

— Из-за границы,— продолжал он,— Рудин писал к своей матери чрезвычайно редко и посетил ее всего один раз, дней на десять... Старушка и скончалась без него, на чужих руках, но до самой смерти не спускала глаз с его портрета. Я к ней езжал, когда проживал в Т...ве. Добрая была женщина и прегостеприимная, вишневым вареньем, бывало, всё меня потчевала. Она любила своего Митю без памяти. Господа печоринской школы скажут вам, что мы всегда любим тех, которые сами мало способны любить; а *мне* так кажется, что все матери любят своих детей, особенно отсутствующих. Потом я встретился с Рудиным за границей. Там к нему одна барыня привязалась из наших русских, синий чулок какой-то, уже немолодой и некрасивый, как оно и следует синему чулку. Он довольно долго с ней возился и, наконец, ее бросил... или нет, бишь, виноват: она его бросила. И я тогда его бросил. Вот и всё.

Лежнев умолк, провел рукою по лбу и, словно усталый, опустился на кресло.

— А знаете ли что, Михайло Михайлыч,— начала Александра Павловна,— вы, я вижу, злой человек; право, вы не лучше Пигасова. Я уверена, что всё, что вы сказали, правда, что вы ничего не присочинили, и между тем в каком неприязненном свете вы всё это представили! Эта бедная старушка, ее преданность, ее одинокая смерть, эта барыня... К чему это всё?.. Знаете ли, что можно жизнь самого лучшего человека изобразить в таких красках — и ничего не прибавляя, заметьте,— что всякий ужаснется! Ведь это тоже своего рода клевета!

Лежнев встал и опять прошелся по комнате.

— Я вовсе не желал заставить вас ужаснуться, Александра Павловна,— проговорил он наконец.— Я не клеветник. А впрочем,— прибавил он, подумав немного,— действительно, в том, что вы сказали, есть доля правды. Я не клеветал на Рудина; но — кто знает! — может быть, он с тех пор успел измениться — может быть, я несправедлив к нему.

— А! вот видите... Так обещайте же мне, что вы возобновите с ним знакомство, узнаете его хорошенько и тогда уже выскажете мне свое окончательное мнение о нем.

— Извольте... Но что же ты молчишь, Сергей Павлыч?

Волынцев вздрогнул и поднял голову, как будто его разбудили.

— Что мне говорить? Я его не знаю. Притом у меня сегодня голова болит.

— Ты, точно, что-то бледен сегодня,— заметила Александра Павловна,— здоров ли ты?

— У меня голова болит,— повторил Волынцев и вышел вон.

Александра Павловна и Лежнев посмотрели ему вслед и обменялись взглядом, но ничего не сказали друг другу. Ни для него, ни для нее не было тайной, что происходило в сердце Волынцева.

VI

Прошло два месяца с лишком. В течение всего этого времени Рудин почти не выезжал от Дарьи Михайловны. Она не могла обойтись без него. Рассказывать ему о себе, слушать его рассуждения стало для нее потребностью. Он однажды хотел уехать, под тем предлогом, что у него вышли все деньги: она дала ему пятьсот рублей. Он занял также у Волынцева рублей двести. Пигасов гораздо реже прежнего посещал Дарью Михайловну: Рудин давил его своим присутствием. Впрочем, давление это испытывал не один Пигасов.

— Не люблю я этого умника,— говаривал он,— выражается он неестественно, ни дать ни взять, лицо из русской повести; скажет: «Я», и с умилением остановится... «Я, мол, я...» Слова употребляет всё такие длинные. Ты чихнешь, он тебе сейчас станет доказывать, почему ты именно чихнул, а не кашлянул... Хвалит он тебя, точно в чин производит... Начнет самого себя бранить, с грязью себя смешает — ну, думаешь, теперь на свет Божий глядеть не станет. Какое! повеселеет даже, словно горькой водкой себя попотчевал.

Пандалевский побаивался Рудина и осторожно за ним ухаживал. Волынцев находился в странных отношениях с ним. Рудин называл его рыцарем, превозносил его в глаза и за глаза; но Волынцев не мог полюбить его и всякий раз чувствовал невольное нетерпение и досаду, когда тот принимался в его же присутствии разбирать его достоинства. «Уж не смеется ли он надо мною?» — думал он, и враждебно шевелилось в нем сердце. Волынцев старался переломить себя; но он ревновал его к Наталье. Да и сам Рудин, хотя всегда шумно приветствовал Волынцева, хотя называл его рыцарем и занимал у него деньги, едва ли был к нему расположен. Трудно было бы определить, что́ собственно чувствовали эти два человека, когда, стискивая по-приятельски один другому руки, они глядели друг другу в глаза...

Басистов продолжал благоговеть перед Рудиным и ловить на лету каждое его слово. Рудин мало обращал на него внимания. Как-то раз он провел с ним целое утро, толковал с ним о самых важных мировых вопросах и задачах и возбудил в нем живейший восторг, но потом он его бросил... Видно, он только на словах искал чистых и преданных душ. С Лежневым, который начал ездить к Дарье Михайловне, Рудин даже в спор не вступал и как будто избегал его. Лежнев также обходился с ним холодно, а впрочем, не высказывал своего окончательного мнения о нем, что очень смущало Александру Павловну. Она преклонялась перед Рудиным; но и Лежневу она верила. Все в доме Дарьи Михайловны покорялись прихоти Рудина: малейшие желания его исполнялись. Порядок дневных занятий от него зависел. Ни одна partie de plaisir[1] не составлялась без него. Впрочем, он не большой был охотник до всяких внезапных поездок и затей и участвовал в них, как взрослые в детских играх, с ласковым и слегка скучающим благоволением. Зато он входил во всё: толковал с Дарьей Михайловной о распоряжениях по имению, о воспитании детей, о хозяйстве, вообще о делах; выслушивал ее предположения, не тяготился даже мелочами, предлагал преобразования и нововведения. Дарья Михайловна восхищалась ими на словах — и только. В деле хозяйства она придерживалась советов своего управляющего, пожилого одноглазого малоросса, добродушного и хитрого плута. «Старенькое-то жирненько, молоденькое худенько»,— говаривал он, спокойно ухмыляясь и подмигивая своим единственным глазом.

---

[1] увеселительная прогулка (фр.).

После самой Дарьи Михайловны Рудин ни с кем так часто и так долго не беседовал, как с Натальей. Он тайком давал ей книги, поверял ей свои планы, читал ей первые страницы предполагаемых статей и сочинений. Смысл их часто оставался недоступным для Натальи. Впрочем, Рудин, казалось, и не очень заботился о том, чтобы она его понимала — лишь бы слушала его. Близость его с Натальей была не совсем по нутру Дарье Михайловне. «Но,— думала она,— пускай она с ним поболтает в деревне. Она забавляет его, как девочка. Беды большой нет, а она все-таки поумнеет... В Петербурге я это всё переменю...»

Дарья Михайловна ошибалась. Не как девочка болтала Наталья с Рудиным; она жадно внимала его речам, она старалась вникнуть в их значение, она повергала на суд его свои мысли, свои сомнения; он был ее наставником, ее вождем. Пока — одна голова у ней кипела... но молодая голова недолго кипит одна. Какие сладкие мгновения переживала Наталья, когда, бывало, в саду, на скамейке, в легкой, сквозной тени ясеня, Рудин начнет читать ей гётевского «Фауста», Гофмана, или «Письма» Беттины, или Новалиса, беспрестанно останавливаясь и толкуя то, что ей казалось темным! Она по-немецки говорила плохо, как почти все наши барышни, но понимала хорошо, а Рудин был весь погружен в германскую поэзию, в германский романтический и философский мир и увлекал ее за собой в те заповедные страны. Неведомые, прекрасные, раскрывались они перед ее внимательным взором; со страниц книги, которую Рудин держал в руках, дивные образы, новые, светлые мысли так и лились звенящими струями ей в душу, и в сердце ее, потрясенном благородной радостью великих ощущений, тихо вспыхивала и разгоралась святая искра восторга...

— Скажите, Дмитрий Николаич,— начала она однажды, сидя у окна за пяльцами,— ведь вы на зиму поедете в Петербург?

— Не знаю,— возразил Рудин, опуская на колени книгу, которую перелистывал,— если соберусь со средствами, поеду.

Он говорил вяло: он чувствовал усталость и бездействовал с самого утра.

— Мне кажется, как не найти вам средства?

Рудин покачал головой.

— Вам так кажется!

И он значительно глянул в сторону.

Наталья хотела было что-то сказать и удержалась.

— Посмотрите,— начал Рудин и указал ей рукой в окно,— видите вы эту яблоню: она сломилась от тяжести и множества своих собственных плодов. Верная эмблема гения...

— Она сломилась оттого, что у ней не было подпоры,— возразила Наталья.

— Я вас понимаю, Наталья Алексеевна; но человеку не так легко сыскать ее, эту подпору.

— Мне кажется, сочувствие других... во всяком случае, одиночество...

Наталья немного запуталась и покраснела.

— И что вы будете делать зимой в деревне? — поспешно прибавила она.

— Что я буду делать? Окончу мою большую статью — вы знаете — о трагическом в жизни и в искусстве — я вам третьего дня план рассказывал — и пришлю ее вам.

— И напечатаете?

— Нет.

— Как нет? Для кого же вы будете трудиться?

— А хоть бы для вас.

Наталья опустила глаза.

— Это не по моим силам, Дмитрий Николаич!

— О чем, позвольте спросить, статья? — скромно спросил Басистов, сидевший поодаль.

— О трагическом в жизни и в искусстве,— повторил Рудин.— Вот и г. Басистов прочтет. Впрочем, я не совсем еще сладил с основной мыслью. Я до сих пор еще не довольно уяснил самому себе трагическое значение любви.

Рудин охотно и часто говорил о любви. Сначала при слове: любовь — m-lle Boncourt вздрагивала и навастривала уши, как старый полковой конь, заслышавший трубу, но потом привыкла и только, бывало, съежит губы и с расстановкой понюхает табаку.

— Мне кажется,— робко заметила Наталья,— трагическое в любви — это несчастная любовь.

— Вовсе нет! — возразил Рудин,— это скорее комическая сторона любви... Вопрос этот надобно совсем иначе поставить... надо поглубже зачерпнуть... Любовь! — продолжал он,— в ней всё тайна: как она приходит, как развивается, как исчезает. То является она вдруг, несомненная, радостная, как день; то долго тлеет, как огонь под золой, и пробивается пламенем в душе, когда уже всё разрушено; то вползет она в сердце, как змея, то вдруг выскользнет

59

из него вон... Да, да; это вопрос важный. Да и кто любит в наше время? кто дерзает любить?

И Рудин задумался.

— Что это Сергея Павлыча давно не видать? — спросил он вдруг.

Наталья вспыхнула и нагнула голову к пяльцам.

— Не знаю,— прошептала она.

— Какой это прекраснейший, благороднейший человек! — промолвил Рудин, вставая.— Это один из лучших образцов настоящего русского дворянина...

M-lle Boncourt посмотрела на него вкось своими французскими глазками.

Рудин прошелся по комнате.

— Заметили ли вы,— заговорил он, круто повернувшись на каблуках,— что на дубе — а дуб крепкое дерево — старые листья только тогда отпадают, когда молодые начнут пробиваться?

— Да,— медленно возразила Наталья,— заметила.

— Точно то же случается и с старой любовью в сильном сердце: она уже вымерла, но всё еще держится; только другая, новая любовь может ее выжить.

Наталья ничего не ответила.

«Что это значит?» — подумала она.

Рудин постоял, встряхнул волосами и удалился.

А Наталья пошла к себе в комнату. Долго сидела она в недоумении на своей кроватке, долго размышляла о последних словах Рудина и вдруг сжала руки и горько заплакала. О чем она плакала — Бог ведает! Она сама не знала, отчего у ней так внезапно полились слезы. Она утирала их, но они бежали вновь, как вода из давно накопившегося родника.

В тот же самый день и у Александры Павловны происходил разговор о Рудине с Лежневым. Сперва он всё отмалчивался; но она решилась добиться толку.

— Я вижу,— сказала она ему,— вам Дмитрий Николаевич по-прежнему не нравится. Я нарочно до сих пор вас не расспрашивала; но вы теперь уже успели убедиться, произошла ли в нем перемена, и я желаю знать, почему он вам не нравится.

— Извольте,— возразил с обычной флегмой Лежнев,— коли уж вам так не терпится; только, смотрите, не сердитесь...

— Ну, начинайте, начинайте.

— И дайте мне выговорить всё до конца.

— Извольте, извольте, начинайте.

— Итак-с,— начал Лежнев, медлительно опускаясь на диван,— доложу вам, мне Рудин действительно не нравится. Он умный человек...

— Еще бы!

— Он замечательно умный человек, хотя в сущности пустой...

— Это легко сказать!

— Хотя в сущности пустой,— повторил Лежнев,— но это еще не беда: все мы пустые люди. Я даже не ставлю в вину ему то, что он деспот в душе, ленив, не очень сведущ...

Александра Павловна всплеснула руками.

— Не очень сведущ! Рудин! — воскликнула она.

— Не очень сведущ,— точно тем же голосом повторил Лежнев,— любит пожить на чужой счет, разыгрывает роль, и так далее... это всё в порядке вещей. Но дурно то, что он холоден, как лед.

— Он, эта пламенная душа, холоден? — перебила Александра Павловна.

— Да, холоден, как лед, и знает это и прикидывается пламенным. Худо то,— продолжал Лежнев, постепенно оживляясь,— что сн играет опасную игру,— опасную не для него, разумеется; сам копейки, волоска не ставит на карту — а другие ставят душу...

— О ком, о чем вы говорите? Я вас не понимаю,— проговорила Александра Павловна.

— Худо то, что он не честен. Ведь он умный человек: он должен же знать цену слов своих,— а произносит их так, как будто они ему что-нибудь стоят... Спору нет, он красноречив; только красноречие его не русское. Да и, наконец, красно говорить простительно юноше, а в его года стыдно тешиться шумом собственных речей, стыдно рисоваться!

— Мне кажется, Михайло Михайлыч, для слушателя всё равно, рисуетесь ли вы, или нет...

— Извините, Александра Павловна, не всё равно. Иной скажет мне слово, меня всего проймет, другой то же самое слово скажет или еще красивее,— я и ухом не поведу. Отчего это?

— То есть *вы* не поведете,— перебила Александра Павловна.

— Да, не поведу,— возразил Лежнев,— хотя, может быть, у меня и большие уши. Дело в том, что слова Рудина так и остаются словами и никогда не станут поступком —

а между тем эти самые слова могут смутить, погубить молодое сердце.

— Да о ком, о ком вы говорите, Михайло Михайлыч?

Лежнев остановился.

— Вы желаете знать, о ком я говорю? О Наталье Алексеевне.

Александра Павловна смутилась на мгновение, но тотчас же усмехнулась.

— Помилуйте,— начала она,— какие у вас всегда странные мысли! Наталья еще ребенок; да, наконец, если б что-нибудь и было, неужели вы думаете, что Дарья Михайловна...

— Дарья Михайловна, во-первых, эгоистка и живет для себя; а во-вторых, она так уверена в своем уменье воспитывать детей, что ей и в голову не приходит беспокоиться о них. Фи! как можно! одно мановенье, один величественный взгляд — и всё пойдет как по ниточке. Вот что думает эта барыня, которая и меценаткой себя воображает, и умницей, и Бог знает чем, а на деле она больше ничего, как светская старушонка. А Наталья не ребенок; она, поверьте, чаще и глубже размышляет, чем мы с вами. И надобно же, чтобы этакая честная, страстная и горячая натура наткнулась на такого актера, на такую кокетку! Впрочем, и это в порядке вещей.

— Кокетка! Это вы его называете кокеткой?

— Конечно его... Ну, скажите сами, Александра Павловна, что за роль его у Дарьи Михайловны? Быть идолом, оракулом в доме, вмешиваться в распряжения, в семейные сплетни и дрязги — неужели это достойно мужчины?

Александра Павловна с изумлением посмотрела Лежневу в лицо.

— Я не узнаю вас, Михайло Михайлыч,— проговорила она.— Вы покраснели, вы пришли в волнение. Право, тут что-нибудь должно скрываться другое...

— Ну, так и есть! Ты говоришь женщине дело, по убеждению; а она до тех пор не успокоится, пока не придумает какой-нибудь мелкой, посторонней причины, заставляющей тебя говорить именно так, а не иначе.

Александра Павловна рассердилась.

— Право, мосьё Лежнев! вы начинаете преследовать женщин не хуже г. Пигасова; но, воля ваша, как вы ни проницательны, все-таки мне трудно поверить, чтобы вы в такое короткое время могли всех и всё понять. Мне кажется, вы ошибаетесь. По-вашему, Рудин — Тартюф какой-то.

— В том-то и дело, что он даже не Тартюф. Тартюф, тот по крайней мере знал, чего добивался; а этот, при всем своем уме...

— Что же, что же он? Доканчивайте вашу речь, несправедливый, гадкий человек!

Лежнев встал.

— Послушайте, Александра Павловна,— начал он,— несправедливы-то вы, а не я. Вы досадуете на меня за мои резкие суждения о Рудине: я имею право говорить о нем резко! Я, может быть, не дешевой ценой купил это право! Я хорошо его знаю: я долго жил с ним вместе. Помните, я обещался рассказать вам когда-нибудь наше житье в Москве. Видно, придется теперь это сделать. Но будете ли вы иметь терпение меня выслушать?

— Говорите, говорите!

— Ну, извольте.

Лежнев принялся ходить медленными шагами по комнате, изредка останавливаясь и наклоняя голову вперед.

— Вы, может быть, знаете,— заговорил он,— а может быть, и не знаете, что я осиротел рано и уже на семнадцатом году не имел над собою на́большего. Я жил в доме тетки в Москве и делал что хотел. Малый я был довольно пустой и самолюбивый, любил порисоваться и похвастать. Вступив в университет, я вел себя, как школьник, и скоро попался в историю. Я вам ее рассказывать не стану: не сто́ит. Я солгал, и довольно гадко солгал... Меня вывели на свежую воду, уличили, пристыдили... Я потерялся и заплакал, как дитя. Это происходило на квартире одного знакомого, в присутствии многих товарищей. Все принялись хохотать надо мною, все, исключая одного студента, который, заметьте, больше прочих негодовал на меня, пока я упорствовал и не сознавался в своей лжи. Жаль ему, что ли, меня стало, только он взял меня за руку и увел к себе.

— Это был Рудин? — спросила Александра Павловна.

— Нет, это не был Рудин... это был человек... он уже теперь умер... это был человек необыкновенный. Звали его Покорским. Описать его в немногих словах я не в силах, а начав говорить о нем, уже ни о ком другом говорить не захочешь. Это была высокая, чистая душа, и ума такого я уже не встречал потом. Покорский жил в маленькой, низенькой комнатке, в мезонине старого деревянного домика. Он был очень беден и перебивался кое-как уроками. Бывало, он даже чашкой чаю не мог попотчевать гостя; а единственный его диван до того провалился, что стал похож на лодку. Но, несмотря на эти неудобства, к нему ходило множество народа. Его все любили, он привлекал к себе сердца. Вы не поверите, как сладко и весело было сидеть в его бедной комнатке! У него я познакомился с Рудиным. Он уже отстал тогда от своего князька.

— Что же было такого особенного в этом Покорском? — спросила Александра Павловна.

— Как вам сказать? Поэзия и правда — вот что влекло всех к нему. При уме ясном, обширном, он был мил и забавен, как ребенок. У меня до сих пор звенит в ушах его светлое хохотанье, и в то же время он

> Пылал полуночной лампадой
> Перед святынею добра...

Так выразился о нем один полусумасшедший и милейший поэт нашего кружка.

— А как он говорил? — спросила опять Александра Павловна.

— Он говорил хорошо, когда был в духе, но не удивительно. Рудин и тогда был в двадцать раз красноречивее его.

Лежнев остановился и скрестил руки.

— Покорский и Рудин не походили друг на друга. В Рудине было гораздо больше блеску и треску, больше фраз и, пожалуй, больше энтузиазма. Он казался гораздо даровитее Покорского, а на самом деле он был бедняк в сравнении с ним. Рудин превосходно развивал любую мысль, спорил мастерски; но мысли его рождались не в его голове: он брал их у других, особенно у Покорского. Покорский был на вид тих и мягок, даже слаб — и любил женщин до безумия, любил покутить и не дался бы никому в обиду. Рудин казался полным огня, смелости, жизни, а в душе был холоден и чуть ли не робок, пока не задевалось его самолюбие: тут он на стены лез. Он всячески старался покорить себе людей, но покорял он их во имя общих начал и идей и действительно имел влияние сильное на многих. Правда, никто его не любил; один я, может быть, привязался к нему. Его иго носили... Покорскому все отдавались сами собой. Зато Рудин никогда не отказывался толковать и спорить с первым встречным... Он не слишком много прочел книг, но во всяком случае гораздо больше, чем Покорский и чем все мы; притом, ум имел систематический, память огромную, а ведь это-то и действует на молодежь! Ей выводы подавай, итоги, хоть неверные, да итоги! Совершенно добросовестный человек на это не годится. Попытайтесь сказать молодежи, что вы не можете дать ей полной истины, потому что сами не владеете ею... молодежь вас и слушать не станет. Но обмануть вы ее тоже не можете. Надобно, чтобы вы сами хотя наполовину верили, что обладаете истиной... Оттого-то Рудин и действовал так сильно на нашего брата. Видите ли, я вам сейчас сказал, что он прочел немного, но читал он философские книги, и голова у него так была устроена, что он тотчас же из прочитанного извлекал всё общее, хватался за самый корень дела и уже потом проводил от него во все стороны светлые, правильные нити мысли, открывал духовные перспективы. Наш кружок состоял тогда, говоря по совести, из мальчиков — и недоученных мальчиков. Философия, искусство, наука, самая жизнь — всё это для нас были одни слова, пожалуй, даже понятия, заманчивые, прекрасные, но разбросанные, разъединенные. Общей связи этих понятий, общего закона мирового мы не сознавали, не осязали, хотя смутно толковали о нем, силились отдать себе в нем отчет... Слушая Рудина, нам впервые показалось, что мы, наконец, схватили ее, эту общую связь, что поднялась, наконец, завеса! Положим, он говорил не свое — что за дело! — но стройный порядок водворялся во всем, что мы знали, всё разбросанное вдруг соединялось, складывалось, вырастало перед нами, точно здание, всё светлело, дух веял всюду... Ничего не оставалось бессмысленным, случайным: во всем высказывалась разумная необходимость и красота, всё получало значение ясное и, в то же время, таинственное, каждое отдельное явление жизни звучало аккордом, и мы сами, с каким-то священным ужасом благоговения, с сладким сердечным трепетом, чувствовали себя как бы живыми сосудами вечной истины, орудиями ее, призванными к чему-то великому... Вам всё это не смешно?

— Нисколько! — медленно возразила Александра Павловна,— почему вы это думаете? Я вас не совсем понимаю, но мне не смешно.

— Мы с тех пор успели поумнеть, конечно,— продолжал Лежнев,— всё это нам теперь может казаться детством... Но, я повторяю, Рудину мы тогда были обязаны многим. Покорский был несравненно выше его, бесспорно; Покорский вдыхал в нас всех огонь и силу, но он иногда чувствовал себя вялым и молчал. Человек он был нервический, нездоровый; зато когда он расправлял свои крылья — Боже! куда не залетал он! в самую глубь и лазурь неба! А в Рудине, в этом красивом и статном малом, было много мелочей; он даже сплетничал; страсть его была во всё вмешиваться, всё определять и разъяснять. Его хлопотливая деятельность никогда не унималась... политическая натура-с! Я о нем говорю, каким я его знал тогда. Впрочем,

65

он, к несчастию, не изменился. Зато он и в верованиях своих не изменился... в тридцать пять лет!.. Не всякий может сказать это о себе.

— Сядьте,— проговорила Александра Павловна,— что вы, как маятник, по комнате ходите?

— Этак мне лучше,— возразил Лежнев.— Ну-с, попав в кружок Покорского, я, доложу вам, Александра Павловна, я совсем переродился: смирился, расспрашивал, учился, радовался, благоговел — одним словом, точно в храм какой вступил. Да и в самом деле, как вспомню я наши сходки, ну, ей-Богу же, много в них было хорошего, даже трогательного. Вы представьте, сошлись человек пять-шесть мальчиков, одна сальная свеча горит, чай подается прескверный и сухари к нему старые-престарые; а посмотрели бы вы на все наши лица, послушали бы речи наши! В глазах у каждого восторг, и щеки пылают, и сердце бьется, и говорим мы о Боге, о правде, о будущности человечества, о поэзии — говорим мы иногда вздор, восхищаемся пустяками; но что за беда!.. Покорский сидит, поджав ноги, подпирает бледную щеку рукой, а глаза его так и светятся. Рудин стоит посередине комнаты и говорит, говорит прекрасно, ни дать ни взять молодой Демосфен перед шумящим морем; взъерошенный поэт Субботин издает по временам, и как бы во сне, отрывистые восклицания; сорокалетний бурш, сын немецкого пастора, Шеллер, прослывший между нами за глубочайшего мыслителя по милости своего вечного, ничем не нарушимого молчанья, как-то особенно торжественно безмолвствует; сам веселый Щитов, Аристофан наших сходок, утихает и только ухмыляется; два-три новичка слушают с восторженным наслаждением... А ночь летит тихо и плавно, как на крыльях. Вот уж и утро сереет, и мы расходимся, тронутые, веселые, честные, трезвые (вина у нас и в помине тогда не было), с какой-то приятной усталостью на душе... Помнится, идешь по пустым улицам, весь умиленный, и даже на звезды как-то доверчиво глядишь, словно они и ближе стали и понятнее... Эх! славное было время тогда, и не хочу я верить, чтобы оно пропало даром! Да оно и не пропало,— не пропало даже для тех, которых жизнь опошлила потом... Сколько раз мне случалось встретить таких людей, прежних товарищей! Кажется, совсем зверем стал человек, а стоит только произнести при нем имя Покорского — и все остатки благородства в нем зашевелятся, точно ты в грязной и темной комнате раскупоривал забытую стклянку с духами...

Лежнев умолк; его бесцветное лицо раскраснелось.

— Но отчего же, когда вы поссорились с Рудиным? — заговорила Александра Павловна, с изумлением глядя на Лежнева.

— Я с ним не поссорился; я с ним расстался, когда узнал его окончательно за границей. А уже в Москве я бы мог рассориться с ним. Он со мной уже тогда сыграл недобрую штуку.

— Что такое?

— А вот что. Я... как бы это сказать?.. к моей фигуре оно нейдет... но я всегда был очень способен влюбиться.

— Вы?

— Я. Это странно, не правда ли? А между тем оно так... Ну-с, вот я и влюбился тогда в одну очень миленькую девочку... Да что вы на меня так глядите? Я бы мог сказать вам о себе вещь гораздо более удивительную.

— Какую это вещь, позвольте узнать?

— А хоть бы вот какую вещь. Я, в то, московское-то время, хаживал по ночам на свидание... с кем бы вы думали? с молодой липой на конце моего сада. Обниму ее тонкий и стройный ствол, и мне кажется, что я обнимаю всю природу, а сердце расширяется и млеет так, как будто действительно вся природа в него вливается... Вот-с я был какой!.. Да что! Вы, может, думаете, я стихов не писал? Писал-с, и даже целую драму сочинил, в подражание «Манфреду». В числе действующих лиц был призрак с кровью на груди, и не с своей кровью, заметьте, а с кровью человечества вообще... Да-с, да-с, не извольте удивляться... Но я начал рассказывать о моей любви. Я познакомился с одной девушкой...

— И перестали ходить на свидание с липой? — спросила Александра Павловна.

— Перестал. Девушка эта была предобренькое и прехорошенькое существо, с веселыми, ясными глазками и звенящим голосом.

— Вы хорошо описываете,— заметила с усмешкой Александра Павловна.

— А вы очень строгий критик,— возразил Лежнев.— Ну-с, жила эта девушка со стариком отцом... Впрочем, я в подробности вдаваться не стану. Скажу вам только, что эта девушка была точно предобренькая — вечно, бывало, нальет тебе три четверти стакана чаю, когда ты просишь только половину!.. На третий день, после первой встречи с ней, я уже пылал, а на седьмой день не выдержал и во всем сознался Рудину. Молодому человеку, влюбленному, невозможно не проболтаться; а я Рудину исповедовался во всем. Я тогда находился весь под его влиянием, и это влияние, скажу без обиняков, было благотворно во многом. Он первый не побрезгал мною, обтесал меня. Покорского я любил страстно и ощущал некоторый страх перед его душевной чистотой; а к Рудину я стоял ближе. Узнав о моей любви, он пришел в восторг неописанный: поздравил, обнял меня и тотчас же пустился вразумлять меня, толковать мне всю важность моего нового положения. Я уши развесил... Ну, да ведь вы знаете, как он умеет говорить. Слова его подействовали на меня необыкновенно. Уважение я к себе вдруг возымел удивительное, вид принял серьезный и смеяться перестал. Помнится, я даже ходить начал тогда осторожнее, точно у меня в груди находился сосуд, полный драгоценной влаги, которую я боялся расплескать... Я был очень счастлив, тем более, что ко мне благоволили явно. Рудин пожелал познакомиться с моим предметом; да чуть ли не я сам настоял на том, чтобы представить его.

— Ну, вижу, вижу теперь, в чем дело,— перебила Александра Павловна.— Рудин отбил у вас ваш предмет, и вы до сих пор простить не можете... Держу пари, что не ошиблась!

— И проиграли бы пари, Александра Павловна: вы ошибаетесь. Рудин не отбил у меня моего предмета, да он и не хотел его у меня отбивать, а все-таки он разрушил мое счастье, хотя, рассудив хладнокровно, я теперь готов сказать ему спасибо за это. Но тогда я чуть не рехнулся. Рудин нисколько не желал повредить мне,— напротив! Но вследствие своей проклятой привычки каждое движение жизни, и своей и чужой, пришпиливать словом, как бабочку булавкой, он пустился обоим нам объяснять нас самих, наши отношения, как мы должны вести себя, деспотически заставлял отдавать себе отчет в наших чувствах и мыслях, хвалил нас, порицал, вступил даже в переписку с нами, вообразите!.. Ну, сбил нас с толку совершенно! Я бы едва ли женился тогда на моей барышне (столько-то во мне еще здравого смысла оставалось), но по крайней мере мы бы с ней славно провели несколько месяцев, вроде Павла и Виргинии; а тут пошли недоразумения, напряженности всякие — чепуха пошла, одним словом. Кончилось тем, что Рудин в одно прекрасное утро договорился до того убеждения, что ему, как другу, предстоит священнейший долг известить обо всем старика отца,— и он это сделал.

— Неужели? — воскликнула Александра Павловна.

— Да, и, заметьте, с моего согласия сделал — вот что чудно!.. Помню до сих пор, какой хаос носил я тогда в голове: просто всё кружилось и переставлялось, как в камер-обскуре: белое казалось черным, черное — белым, ложь — истиной, фантазия — долгом... Э! даже и теперь совестно вспоминать об этом! Рудин — тот не унывал... куда! носится, бывало, среди всякого рода недоразумений и путаницы, как ласточка над прудом.

— И так вы и расстались с вашей девицей? — спросила Александра Павловна, наивно склонив головку набок и приподняв брови.

— Расстался... и нехорошо расстался, оскорбительно, неловко, гласно, и без нужды гласно... Сам я плакал, и она плакала, и чёрт знает что произошло... Гордиев узел какой-то затянулся — пришлось перерубить, а больно было! Впрочем, всё на свете устроивается к лучшему. Она вышла замуж за хорошего человека и благоденствует теперь...

— А признайтесь, вы все-таки не могли простить Рудину...— начала было Александра Павловна.

— Какое! — перебил Лежнев,— я плакал, как ребенок, когда провожал его за границу. Однако, правду сказать, семя там у меня на душе залегло тогда же. И когда я встретил его потом за границей... ну, я тогда уже и постарел... Рудин предстал мне в настоящем своем свете.

— Что же именно вы открыли в нем?

— Да всё то, о чем я говорил вам с час тому назад. Впрочем, довольно о нем. Может быть, всё обойдется благополучно. Я только хотел доказать вам, что если я сужу о нем строго, так не потому, что его не знаю... Что же касается до Натальи Алексеевны, я не буду тратить лишних слов; но вы обратите внимание на вашего брата.

— На моего брата! А что?

— Да посмотрите на него. Разве вы ничего не замечаете?

Александра Павловна потупилась.

— Вы правы,— промолвила она,— точно... брат... с некоторых пор я его не узнаю... Но неужели вы думаете...

— Тише! он, кажется, идет сюда,— произнес шёпотом Лежнев.— А Наталья не ребенок, поверьте мне, хотя, к несчастию, неопытна, как ребенок. Вы увидите, эта девочка удивит всех нас.

— Каким это образом?

— А вот каким образом... Знаете ли, что именно такие девочки топятся, принимают яду и так далее? Вы не глядите, что она такая тихая: страсти в ней сильные и характер тоже ой-ой!

— Ну, уж это, мне кажется, вы в поэзию вдаетесь. Такому флегматику, как вы, пожалуй, и я покажусь вулканом.

— Ну, нет! — проговорил с улыбкой Лежнев... — А что до характера — у вас, слава Богу, характера нет вовсе.

— Это еще что за дерзость?

— Это? Это величайший комплимент, помилуйте...

Волынцев вошел и подозрительно посмотрел на Лежнева и на сестру. Он похудел в последнее время. Они оба заговорили с ним; но он едва улыбался в ответ на их шутки и глядел, как выразился о нем однажды Пигасов, грустным зайцем. Впрочем, вероятно, не было еще на свете человека, который, хотя раз в жизни, не глядел еще хуже того. Волынцев чувствовал, что Наталья от него удалялась, а вместе с ней, казалось, и земля бежала у него из-под ног.

VII

На другой день было воскресенье, и Наталья поздно встала. Накануне она была очень молчалива до самого вечера, втайне стыдилась слез своих и очень дурно спала. Сидя, полуодетая, перед своим маленьким фортепьяно, она то брала аккорды, едва слышные, чтобы не разбудить m-lle Boncourt, то приникала лбом к холодным клавишам и долго оставалась неподвижной. Она всё думала — не о самом Рудине, но о каком-нибудь слове, им сказанном, и погружалась вся в свою думу. Изредка приходил ей Волынцев на память. Она знала, что он ее любит. Но мысль ее тотчас его покидала... Странное она чувствовала волнение. Утром она поспешно оделась, сошла вниз и, поздоровавшись с своею матерью, улучила время и ушла одна в сад... День был жаркий, светлый, лучезарный день, несмотря на перепадавшие дождики. По ясному небу плавно неслись, не закрывая солнца, низкие, дымчатые тучи и по временам роняли на поля обильные потоки внезапного и мгновенного ливня. Крупные, сверкающие капли сыпались быстро, с каким-то сухим шумом, точно алмазы; солнце играло сквозь их мелькающую сетку; трава, еще недавно взволнованная ветром, не шевелилась, жадно поглощая влагу; орошенные деревья томно трепетали всеми своими листочками; птицы не переставали петь, и отрадно было слушать их болтливое щебетанье при свежем гуле и ропоте пробегавшего дождя. Пыльные дороги дымились и слегка пестрели под резкими ударами частых брызг. Но вот тучка пронеслась, запорхал ветерок, изумрудом и золотом начала переливать трава... Прилипая друг к дружке, засквозили листья деревьев... Сильный запах поднялся отовсюду...

Небо почти всё очистилось, когда Наталья пошла в сад. От него веяло свежестью и тишиной, той кроткой и счастливой тишиной, на которую сердце человека отзывается сладким томлением тайного сочувствия и неопределенных желаний...

Наталья шла вдоль пруда по длинной аллее серебристых тополей; внезапно перед нею, словно из земли, вырос Рудин.

Она смутилась. Он посмотрел ей в лицо.

— Вы одни? — спросил он.

— Да, я одна,— отвечала Наталья,— впрочем, я вышла на минуту... Мне пора домой.

— Я вас провожу.

И он пошел с ней рядом.

— Вы как будто печальны? — промолвил он.

— Я?.. А я хотела вам заметить, что вы, мне кажется, не в духе.

— Может быть... это со мною бывает. Мне это извинительнее, чем вам.

— Почему же? Разве вы думаете, что мне не от чего быть печальной?

— В ваши годы надо наслаждаться жизнью.

Наталья сделала несколько шагов молча.

— Дмитрий Николаевич! — проговорила она.

— Что?

— Помните вы... сравнение, которое вы сделали вчера... помните... с дубом.

— Ну да, помню. Что же?

Наталья взглянула украдкой на Рудина.

— Зачем вы... что вы хотели сказать этим сравнением?

Рудин наклонил голову и устремил глаза вдаль.

— Наталья Алексеевна! — начал он с свойственным ему сдержанным и значительным выражением, которое всегда заставляло слушателя думать, что Рудин не высказывал и десятой доли того, что теснилось ему в душу,— Наталья Алексеевна! вы могли заметить, я мало говорю о своем прошедшем. Есть некоторые струны, до которых я не касаюсь вовсе. Мое сердце... кому какая нужда знать о том, что в нем происходило? Выставлять это напоказ мне всегда казалось святотатством. Но с вами я откровенен: вы возбуждаете мое доверие... Не могу утаить от вас, что и я любил и страдал, как все... Когда и как? Об этом говорить не стóит; но сердце мое испытало много радостей и много горестей...

Рудин помолчал немного.

— То, что я вам сказал вчера,— продолжал он,— может быть до некоторой степени применено ко мне, к теперешнему моему положению. Но опять-таки об этом говорить не стóит. Эта сторона жизни для меня уже исчезла. Мне остается теперь тащиться по знойной и пыльной дороге, со станции до станции, в тряской телеге... Когда я доеду, и доеду ли — Бог знает... Поговоримте лучше о вас.

— Неужели же, Дмитрий Николаевич,— перебила его Наталья,— вы ничего не ждете от жизни?

— О, нет! я жду многого, но не для себя... От деятельности, от блаженства деятельности я никогда не откажусь, но я отказался от наслаждения. Мои надежды, мои мечты — и собственное мое счастие не имеют ничего общего. Любовь (при этом слове он пожал плечом)... любовь — не для меня; я... ее не стою; женщина, которая любит, вправе требовать всего человека, а я уж весь отдаться не могу. Притом нравиться — это дело юношей: я слишком стар. Куда мне кружить чужие головы? Дай Бог свою сносить на плечах!

— Я понимаю,— промолвила Наталья,— кто стремится к великой цели, уже не должен думать о себе; но разве женщина не в состоянии оценить такого человека? Мне кажется, напротив, женщина скорее отвернется от эгоиста... Все молодые люди, эти юноши, по-вашему, все — эгоисты, все только собою заняты, даже когда любят. Поверьте, женщина не только способна понять самопожертвование: она сама умеет пожертвовать собою.

Щеки Натальи слегка зарумянились, и глаза ее заблестели. До знакомства с Рудиным она никогда бы не произнесла такой длинной речи и с таким жаром.

— Вы не раз слышали мое мнение о призвании женщин,— возразил с снисходительной улыбкой Рудин.— Вы знаете, что, по-моему, одна Жанна д'Арк могла спасти Францию... Но дело не в том. Я хотел поговорить о вас. Вы стоите на пороге жизни... Рассуждать о вашей будущности и весело, и не бесплодно... Послушайте: вы знаете, я ваш друг; я принимаю в вас почти родственное участие...

А потому я надеюсь, вы не найдете моего вопроса нескромным: скажите, ваше сердце до сих пор совершенно спокойно?

Наталья вся вспыхнула и ничего не сказала. Рудин остановился, и она остановилась.

— Вы не сердитесь на меня? — спросил он.

— Нет,— проговорила она,— но я никак не ожидала...

— Впрочем,— продолжал он,— вы можете не отвечать мне. Ваша тайна мне известна.

Наталья почти с испугом взглянула на него.

— Да... да; я знаю, кто вам нравится. И я должен сказать — лучшего выбора вы сделать не могли. Он человек прекрасный; он сумеет оценить вас; он не измят жизнью — он прост и ясен душою... он составит ваше счастье.

— О ком говорите вы, Дмитрий Николаич?

— Будто вы не понимаете, о ком я говорю? Разумеется, о Волынцеве. Что ж? разве это неправда?

Наталья отвернулась немного от Рудина. Она совершенно растерялась.

— Разве он не любит вас? Помилуйте! он не сводит с вас глаз, следит за каждым вашим движением; да и, наконец, разве можно скрыть любовь? И вы сами разве не благосклонны к нему? Сколько я мог заметить, и матушке вашей он также нравится... Ваш выбор...

— Дмитрий Николаич! — перебила его Наталья, в смущении протягивая руку к близ стоявшему кусту,— мне, право, так неловко говорить об этом, но я вас уверяю... вы ошибаетесь.

— Я ошибаюсь? — повторил Рудин.— Не думаю... Я с вами познакомился недавно; но я уже хорошо вас знаю. Что же значит перемена, которую я вижу в вас, вижу ясно? Разве вы такая, какою я застал вас шесть недель тому назад?.. Нет, Наталья Алексеевна, сердце ваше не спокойно.

— Может быть,— ответила Наталья едва внятно,— но вы все-таки ошибаетесь.

— Как это? — спросил Рудин.

— Оставьте меня, не спрашивайте меня! — возразила Наталья и быстрыми шагами направилась к дому.

Ей самой стало страшно всего того, что она вдруг почувствовала в себе.

Рудин догнал и остановил ее.

— Наталья Алексеевна! — заговорил он,— этот разговор не может так кончиться: он слишком важен и для меня... Как мне понять вас?

— Оставьте меня! — повторила Наталья.

— Наталья Алексеевна, ради Бога!

На лице Рудина изобразилось волнение. Он побледнел.

— Вы всё понимаете, вы и меня должны понять! — сказала Наталья, вырвала у него руку и пошла не оглядываясь.

— Одно только слово! — крикнул ей вслед Рудин.

Она остановилась, но не обернулась.

— Вы меня спрашивали, что́ я хотел сказать вчерашним сравнением. Знайте же, я обманывать вас не хочу. Я говорил о себе, о своем прошедшем — и о вас.

Как? обо мне?

Да, о вас; я, повторяю, не хочу вас обманывать. Вы теперь знаете, о каком чувстве, о каком новом чувстве я говорил тогда... До нынешнего дня я никогда бы не решился...

Наталья вдруг закрыла лицо руками и побежала к дому.

Она так была потрясена неожиданной развязкой разговора с Рудиным, что и не заметила Волынцева, мимо которого пробежала. Он стоял неподвижно, прислонясь спиною к дереву. Четверть часа тому назад он приехал к Дарье Михайловне и застал ее в гостиной, сказал слова два, незаметно удалился и отправился отыскивать Наталью. Руководимый чутьем, свойственным влюбленным людям, он пошел прямо в сад и наткнулся на нее и на Рудина в то самое мгновение, когда она вырвала у него руку. У Волынцева потемнело в глазах. Проводив Наталью взором, он отделился от дерева и шагнул раза два, сам не зная куда и зачем. Рудин увидел его, поравнявшись с ним. Оба посмотрели друг другу в глаза, поклонились и разошлись молча.

«Это так не кончится», — подумали оба.

Волынцев пошел на самый конец сада. Ему горько и тошно стало; а на сердце залег свинец, и кровь по временам поднималась злобно. Дождик стал опять накрапывать. Рудин вернулся к себе в комнату. И он не был спокоен: вихрем кружились в нем мысли. Доверчивое, неожиданное прикосновение молодой, честной души смутит хоть кого.

За столом всё шло как-то неладно. Наталья, вся бледная, едва держалась на стуле и не поднимала глаз. Волынцев сидел, по обыкновению, возле нее и время от времени принужденно заговаривал с нею. Случилось так, что Пигасов в тот день обедал у Дарьи Михайловны. Он больше всех говорил за столом. Между прочим он начал доказывать, что людей, как собак, можно разделить на куцых и длиннохвостых. «Куцыми бывают люди,— говорил он,— и от рождения и по собственной вине. Куцым плохо: им ничего не удается — они не имеют самоуверенности. Но человек, у которого длинный пушистый хвост,— счастливец. Он может быть и плоше и слабее куцего, да уверен в себе; распустит хвост — все любуются. И ведь вот что достойно удивления: ведь хвост — совершенно бесполезная часть тела, согласитесь; на что может пригодиться хвост? а все судят о ваших достоинствах по хвосту».

— Я,— прибавил он со вздохом,— принадлежу к числу куцых, и, что досаднее всего, я сам отрубил себе хвост

— То есть вы хотите сказать,— заметил небрежно Рудин,— что, впрочем, уже давно до вас сказал Ларошфуко: будь уверен в себе, другие в тебя поверят. К чему тут было примешивать хвост, я не понимаю.

— Позвольте же каждому,— резко заговорил Волынцев, и глаза его загорелись,— позвольте каждому выражаться, как ему вздумается. Толкуют о деспотизме... По-моему, нет хуже деспотизма так называемых умных людей. Чёрт бы их побрал!

Всех изумила выходка Волынцева, все притихли. Рудин посмотрел было на него, но не выдержал его взора, отворотился, улыбнулся и рта не разинул.

«Эге! да и ты куц!» — подумал Пигасов; а у Натальи душа замерла от страха. Дарья Михайловна долго, с недоумением посмотрела на Волынцева и, наконец, первая заговорила: начала рассказывать о какой-то необыкновенной собаке ее друга, министра NN...

Волынцев уехал скоро после обеда. Раскланиваясь с Натальей, он не вытерпел и сказал ей:

— Отчего вы так смущены, словно виноваты? Вы ни перед кем виноваты быть не можете!..

Наталья ничего не поняла и только посмотрела ему вслед. Перед чаем Рудин подошел к ней и, нагнувшись над столом, как будто разбирая газеты, шепнул:

— Всё это как сон, не правда ли? Мне непременно нужно видеть вас наедине... хотя минуту.— Он обратился к m-lle Boncourt.— Вот,— сказал он ей,— тот фельетон, который вы искали,— и, снова наклонясь к Наталье, прибавил шёпотом:— Постарайтесь быть около десяти часов возле террасы, в сиреневой беседке: я буду ждать вас...

Героем вечера был Пигасов. Рудин уступил ему поле сражения. Он очень смешил Дарью Михайловну; сперва он рассказывал об одном своем соседе, который, состоя лет тридцать под башмаком жены, до того обабился, что, переходя однажды, в присутствии Пигасова, мелкую лужицу, занес назад руку и отвел вбок фалды сюртука, как женщины это делают со своими юбками. Потом он обратился к другому помещику, который сначала был масоном, потом меланхоликом, потом желал быть банкиром.

— Как же это вы были масоном, Филипп Степаныч? — спросил его Пигасов.

— Известно как: я носил длинный ноготь на пятом пальце.

Но больше всего смеялась Дарья Михайловна, когда Пигасов пустился рассуждать о любви и уверять, что и о нем вздыхали, что одна пылкая немка называла его даже «аппетитным Африканчиком и хрипунчиком». Дарья Михайловна смеялась, а Пигасов не лгал: он действительно имел право хвастаться своими победами. Он утверждал, что ничего не может быть легче, как влюбить в себя какую угодно женщину: стóит только повторять ей десять дней сряду, что у ней в устах рай, а в очах блаженство и что остальные женщины перед ней простые тряпки, и на одиннадцатый день она сама скажет, что у ней в устах рай и в очах блаженство, и полюбит вас. Всё на свете бывает. Почему знать? может быть, Пигасов и прав.

В половине десятого Рудин уже был в беседке. В далекой и бледной глубине неба только что проступали звездочки; на западе еще алело — там и небосклон казался ясней и чище; полукруг луны блестел золотом сквозь черную сетку плакучей березы. Другие деревья либо стояли угрюмыми великанами, с тысячью просветов, наподобие глаз, либо сливались в сплошные мрачные громады. Ни один листок не шевелился; верхние ветки сиреней и акаций как будто прислушивались к чему-то и вытягивались в теплом воздухе. Дом темнел вблизи; пятнами красноватого света рисовались на нем освещенные длинные окна. Кроток и тих был вечер; но сдержанный, страстный вздох чудился в этой тишине.

Рудин стоял, скрестив руки на груди, и слушал с напряженным вниманием. Сердце в нем билось сильно, и он невольно удерживал дыхание. Наконец ему послышались легкие, торопливые шаги, и в беседку вошла Наталья.

Рудин бросился к ней, взял ее за руки. Они были холодны, как лед.

— Наталья Алексеевна! — заговорил он трепетным шёпотом,— я хотел вас видеть... я не мог дождаться завтрашнего дня. Я должен вам сказать, чего я не подозревал, чего я не сознавал даже сегодня утром: я люблю вас.

Руки Натальи слабо дрогнули в его руках.

— Я люблю вас,— повторил он,— и как я мог так долго обманываться, как я давно не догадался, что люблю вас!.. А вы?.. Наталья Алексеевна, скажите, вы?..

Наталья едва переводила дух.

— Вы видите, я пришла сюда,— проговорила она наконец.

— Нет, скажите, вы любите меня?

— Мне кажется... да...— прошептала она.

Рудин еще крепче стиснул ее руки и хотел было привлечь ее к себе...

Наталья быстро оглянулась.

— Пустите меня, мне страшно — мне кажется, кто-то нас подслушивает... Ради Бога, будьте осторожны. Волынцев догадывается.

— Бог с ним! Вы видели, я и не отвечал ему сегодня... Ах, Наталья Алексеевна, как я счастлив! Теперь уже ничто нас не разъединит!

Наталья взглянула ему в глаза.

— Пустите меня,— прошептала она,— мне пора.

— Одно мгновенье,— начал Рудин...

— Нет, пустите, пустите меня...

— Вы как будто меня боитесь?

— Нет; но мне пора...

— Так повторите по крайней мере еще раз...

— Вы говорите, вы счастливы? — спросила Наталья.

— Я? Нет человека в мире счастливее меня! Неужели вы сомневаетесь?

Наталья приподняла голову. Прекрасно было ее бледное лицо, благородное, молодое и взволнованное — в таинственной тени беседки, при слабом свете, падавшем с ночного неба.

— Знайте же,— сказала она,— я буду ваша.

— О, Боже! — воскликнул Рудин...

Но Наталья уклонилась и ушла. Рудин постоял немного, потом вышел медленно из беседки. Луна ясно осветила его лицо; на губах его блуждала улыбка.

— Я счастлив,— произнес он вполголоса.— Да, я счастлив,— повторил он, как бы желая убедить самого себя.

Он выпрямил свой стан, встряхнул кудрями и пошел проворно в сад, весело размахивая руками.

А между тем в сиреневой беседке тихонько раздвинулись кусты и показался Пандалевский. Он осторожно оглянулся, покачал головой, сжал губы, произнес значительно: «Вот как-с. Это надобно будет довести до сведения Дарьи Михайловны»,— и скрылся.

VIII

Возвратясь домой, Волынцев был так уныл и мрачен, так неохотно отвечал своей сестре и так скоро заперся к себе в кабинет, что она решилась послать гонца за Лежневым. Она прибегала к нему во всех затруднительных случаях. Лежнев велел ей сказать, что приедет на следующий день.

Волынцев и к утру не повеселел. Он хотел было после чаю отправиться на работы, но остался, лег на диван и принялся читать книгу, что с ним случалось не часто. Волынцев к литературе влечения не чувствовал, а стихов просто боялся. «Это непонятно, как стихи», — говаривал он и, в подтверждение слов своих, приводил следующие строки поэта Айбулата:

> И до конца печальных дней
> Ни гордый опыт, ни рассудок
> Не изомнут рукой своей
> Кровавых жизни незабудок.

Александра Павловна тревожно посматривала на своего брата, но не беспокоила его вопросами. Экипаж подъехал к крыльцу. «Ну, — подумала она, — слава Богу, Лежнев...» Слуга вошел и доложил о приезде Рудина.

Волынцев бросил книгу на пол и поднял голову.

— Кто приехал? — спросил он.

— Рудин, Дмитрий Николаич, — повторил слуга.

Волынцев встал.

— Проси, — промолвил он, — а ты, сестра, — прибавил он, обратясь к Александре Павловне, — оставь нас.

— Да почему же? — начала она.

— Я знаю, — перебил он с запальчивостью, — я прошу тебя.

Вошел Рудин. Волынцев холодно поклонился ему, стоя посреди комнаты, и не протянул ему руки.

— Вы меня не ждали, признайтесь, — начал Рудин и поставил шляпу на окно.

Губы его слегка подергивало. Ему было неловко; но он старался скрыть свое замешательство.

— Я вас не ждал, точно, — возразил Волынцев, — я скорее, после вчерашнего дня, мог ждать кого-нибудь — с поручением от вас.

— Я понимаю, что́ вы хотите сказать, — промолвил Рудин, садясь, — и очень рад вашей откровенности. Этак гораздо лучше. Я сам приехал к вам, как к благородному человеку

— Нельзя ли без комплиментов? — заметил Волынцев.

— Я желаю объяснить вам, зачем я приехал.

— Мы с вами знакомы: почему же вам и не приехать ко мне? Притом же вы не в первый раз удостоиваете меня своим посещением.

— Я приехал к вам, как благородный человек к благородному человеку, — повторил Рудин, — и хочу теперь сослаться на собственный ваш суд... Я доверяю вам вполне...

— Да в чем дело? — проговорил Волынцев, который все еще стоял в прежнем положении и сумрачно глядел на Рудина, изредка подергивая концы усов.

— Позвольте... я приехал затем, чтобы объясниться, конечно; но все-таки это нельзя разом.

— Отчего же нельзя?

— Здесь замешано третье лицо...

— Какое третье лицо?

— Сергей Павлыч, вы меня понимаете.

— Дмитрий Николаич, я вас нисколько не понимаю.

— Вам угодно...

— Мне угодно, чтобы вы говорили без обиняков! — подхватил Волынцев.

Он начинал сердиться не на шутку.

Рудин нахмурился.

— Извольте... мы одни... Я должен вам сказать — впрочем, вы вероятно, уже догадываетесь (Волынцев нетерпеливо пожал плечами), — я должен вам сказать, что я люблю Наталью Алексеевну и имею право предполагать, что и она меня любит.

Волынцев побледнел, но ничего не ответил, отошел к окну и отвернулся.

— Вы понимаете, Сергей Павлыч, — продолжал Рудин, — что если бы я не был уверен...

— Помилуйте! — поспешно перебил Волынцев, — я нисколько не сомневаюсь... Что ж! на здоровье! Только я удивляюсь, с какого дьявола вам вздумалось ко мне с этим известием пожаловать... Я-то тут что? Что мне за дело, кого вы любите и кто вас любит? Я просто не могу понять.

Волынцев продолжал глядеть в окно. Голос его звучал глухо.

Рудин встал.

— Я вам скажу, Сергей Павлыч, почему я решился приехать к вам, почему я не почел себя даже вправе скрыть от вас нашу... наше взаимное расположение. Я слишком глубоко уважаю вас — вот почему я приехал; я не хотел...

мы оба не хотели разыгрывать перед вами комедию. Чувство ваше к Наталье Алексеевне было мне известно... Поверьте, я знаю себе цену: я знаю, как мало достоин я того, чтобы заменить вас в ее сердце; но если уж этому суждено было случиться, неужели же лучше хитрить, обманывать, притворяться? Неужели лучше подвергаться недоразумениям или даже возможности такой сцены, какая произошла вчера за обедом? Сергей Павлыч, скажите сами.

Волынцев скрестил руки на груди, как бы усиливаясь укротить самого себя.

— Сергей Павлыч! — продолжал Рудин,— я огорчил вас, я это чувствую... но поймите нас... поймите, что мы не имели другого средства доказать вам наше уважение, доказать, что мы умеем ценить ваше прямодушное благородство. Откровенность, полная откровенность со всяким другим была бы неуместна, но с вами она становится обязанностью. Нам приятно думать, что наша тайна в ваших руках...

Волынцев принужденно захохотал.

— Спасибо за доверенность! — воскликнул он,— хотя, прошу заметить, я не желал ни знать вашей тайны, ни своей вам выдать, а вы ею распоряжаетесь, как своим добром. Но, позвольте, вы говорите как бы от общего лица. Стало быть, я могу предполагать, что Наталье Алексеевне известно ваше посещение и цель этого посещения?

Рудин немного смутился.

— Нет, я не сообщил Наталье Алексеевне моего намерения; но, я знаю, она разделяет мой образ мыслей.

— Всё это прекрасно,— заговорил, помолчав немного, Волынцев и забарабанил пальцами по стеклу,— хотя, признаться, было бы гораздо лучше, если бы вы поменьше меня уважали. Мне, по правде сказать, ваше уважение ни к чёрту не нужно; но что же вы теперь хотите от меня?

— Я ничего не хочу... или, нет! я хочу одного: я хочу, чтобы вы не считали меня коварным и хитрым человеком, чтобы вы поняли меня... Я надеюсь, что вы теперь уже не можете сомневаться в моей искренности... Я хочу, Сергей Павлыч, чтобы мы расстались друзьями... чтобы вы по-прежнему протянули мне руку...

И Рудин приблизился к Волынцеву.

— Извините меня, милостивый государь,— промолвил Волынцев, обернувшись и отступив шаг назад,— я готов отдать полную справедливость вашим намерениям, всё это прекрасно, положим даже возвышенно, но мы люди простые, едим пряники неписаные, мы не в состоянии следить за полетом таких великих умов, каков ваш... Что вам кажется искренним, нам кажется навязчивым 'и нескромным... Что для вас просто и ясно, для нас запутанно и темно... Вы хвастаетесь тем, что мы скрываем: где же нам понять вас! Извините меня: ни другом я вас считать не могу, ни руки я вам не подам... Это, может быть, мелко; да ведь я сам мелок.

Рудин взял шляпу с окна.

— Сергей Павлыч! — проговорил он печально,— прощайте; я обманулся в своих ожиданиях. Посещение мое действительно довольно странно; но я надеялся, что вы (Волынцев сделал нетерпеливое движение)... Извините, я больше говорить об этом не стану. Сообразив всё, я вижу, точно: вы правы и иначе поступить не могли. Прощайте и позвольте по крайней мере еще раз, в последний раз, уверить вас в чистоте моих намерений... В вашей скромности я убежден...

— Это уже слишком! — воскликнул Волынцев и затрясся от гнева,— я нисколько не напрашивался на ваше доверие, а потому рассчитывать на мою скромность вы не имеете никакого права!

Рудин хотел что-то сказать, но только руками развел, поклонился и вышел, а Волынцев бросился на диван и повернулся лицом к стене.

— Можно войти к тебе? — послышался у двери голос Александры Павловны.

Волынцев не тотчас отвечал и украдкой провел рукой по лицу.

— Нет, Саша,— проговорил он слегка изменившимся голосом,— погоди еще немножко.

Полчаса спустя Александра Павловна опять подошла к двери.

— Михайло Михайлыч приехал,— сказала она,— хочешь ты его видеть?

— Хочу,— ответил Волынцев,— пошли его сюда.

Лежнев вошел.

— Что — ты нездоров? — спросил он, усаживаясь на кресла возле дивана.

Волынцев приподнялся, оперся на локоть, долго, долго посмотрел своему приятелю в лицо и тут же передал ему весь свой разговор с Рудиным, от слова до слова. Он никогда до тех пор и не намекал Лежневу о своих чувствах к Наталье, хотя и догадывался, что они для него не были скрыты.

— Ну, брат, удивил ты меня,— проговорил Лежнев, как только Волынцев кончил свой рассказ.— Много странностей ожидал я от него, но уж это... Впрочем, узнаю́ его и тут.

— Помилуй! — говорил взволнованный Волынцев,— ведь это просто наглость! Ведь я чуть-чуть его за окно не выбросил! Похвастаться, что ли, он хотел передо мной, или струсил? Да с какой стати? Как решиться ехать к человеку...

Волынцев закинул руки за голову и умолк.

— Нет, брат, это не то,— спокойно возразил Лежнев.— Ты вот мне не поверишь, а ведь он это сделал из хорошего побуждения. Право... Оно, вишь ты, и благородно, и откровенно, ну, да и поговорить представляется случай, красноречие в ход пустить; а ведь нам вот чего нужно, вот без чего мы жить не в состоянии... Ох, язык его — враг его... Ну, зато же он и слуга ему.

— С какой торжественностью он вошел и говорил, ты себе представить не можешь!..

— Ну, да без этого уж нельзя. Он сюртук застегивает, словно священный долг исполняет. Я бы посадил его на необитаемый остров и посмотрел бы из-за угла, как бы он там распоряжаться стал. А всё толкует о простоте!

— Да скажи мне, брат, ради Бога,— спросил Волынцев,— что это такое, философия, что ли?

— Как тебе сказать? с одной стороны, пожалуй, это, точно, философия — а с другой, уж это совсем не то. На философию всякий вздор сваливать тоже не приходится.

Волынцев взглянул на него.

— А не солгал ли он, как ты думаешь?

— Нет, сын мой, не солгал. А впрочем, знаешь ли что? Довольно рассуждать об этом. Давай-ка, братец, закурим трубки да попросим сюда Александру Павловну... При ней и говорится лучше, и молчится легче. Она нас чаем напоит.

— Пожалуй,— возразил Волынцев.— Саша, войди! — крикнул он.

Александра Павловна вошла. Он схватил ее руку и крепко прижал ее к своим губам.

———

Рудин вернулся домой в состоянии духа смутном и странном. Он досадовал на себя, упрекал себя в непростительной опрометчивости, в мальчишестве. Недаром сказал кто-то: нет ничего тягостнее сознания только что сделанной глупости.

Раскаяние грызло Рудина.

«Чёрт меня дернул,— шептал он сквозь зубы,— съездить к этому помещику! Вот пришла мысль! Только на дерзости напрашиваться!..»

А в доме Дарьи Михайловны происходило что-то необыкновенное. Сама хозяйка целое утро не показывалась и к обеду не вышла: у ней, по уверению Пандалевского, единственного допущенного до ней лица, голова болела. Наталью Рудин также почти не видал: она сидела в своей комнате с m-lle Boncourt... Встретясь с ним в столовой, она так печально на него посмотрела, что у него сердце дрогнуло. Ее лицо изменилось, словно несчастье обрушилось на нее со вчерашнего дня. Тоска неопределенных предчувствий начала томить Рудина. Чтобы как-нибудь развлечься, он занялся с Басистовым, много с ним разговаривал и нашел в нем горячего, живого малого, с восторженными надеждами и не тронутой еще верой. К вечеру Дарья Михайловна появилась часа на два в гостиной. Она была любезна с Рудиным, но держалась как-то отдаленно и то посмеивалась, то хмурилась, говорила в нос и всё больше намеками... Так от нее придворной дамой и веяло. В последнее время она как будто охладела немного к Рудину. «Что за загадка?» — думал он, глядя сбоку на ее закинутую головку.

Он недолго дожидался разрешения этой загадки. Возвращаясь, часу в двенадцатом ночи, в свою комнату, шел он по темному коридору. Вдруг кто-то сунул ему в руку записку. Он оглянулся: от него удалялась девушка, как ему показалось, Натальина горничная. Он пришел к себе, услал человека, развернул записку и прочел следующие строки, начертанные рукою Натальи:

«Приходите завтра в седьмом часу утра, не позже, к Авдюхину пруду, за дубовым лесом. Всякое другое время невозможно. Это будет наше последнее свидание, и всё будет кончено, если... Приходите. Надо будет решиться...

P. S. Если я не приду, значит, мы не увидимся больше: тогда я вам дам знать...»

Рудин задумался, повертел записку в руках, положил ее под подушку, разделся, лег, но заснул не скоро, спал чутким сном, и не было еще пяти часов, когда он проснулся.

Авдюхин пруд, возле которого Наталья назначила свидание Рудину, давно перестал быть прудом. Лет тридцать тому назад его прорвало, и с тех пор его забросили. Только по ровному и плоскому дну оврага, некогда затянутому жирным илом, да по остаткам плотины можно было догадаться, что здесь был пруд. Тут же существовала усадьба. Она давным-давно исчезла. Две огромные сосны напоминали о ней; ветер вечно шумел и угрюмо гудел в их высокой, тощей зелени... В народе ходили таинственные слухи о страшном преступлении, будто бы совершённом у их корня; поговаривали также, что ни одна из них не упадет, не причинив кому-нибудь смерти; что тут прежде стояла третья сосна, которая в бурю повалилась и задавила девочку. Всё место около старого пруда считалось нечистым; пустое и голое, но глухое и мрачное, даже в солнечный день, оно казалось еще мрачнее и глуше от близости дряхлого дубового леса, давно вымершего и засохшего. Редкие серые остовы громадных деревьев высились какими-то унылыми призраками над низкой порослью кустов. Жутко было смотреть на них: казалось, злые старики сошлись и замышляют что-то недоброе. Узкая, едва проторенная дорожка вилась в стороне. Без особенной нужды никто не проходил мимо Авдюхина пруда. Наталья с намерением выбрала такое уединенное место. До него от дома Дарьи Михайловны было не более полуверсты.

Солнце уже давно встало, когда Рудин пришел к Авдюхину пруду; но не веселое было утро. Сплошные тучи молочного цвета покрывали всё небо; ветер быстро гнал их, свистя и взвизгивая. Рудин начал ходить взад и вперед по плотине, покрытой цепким лопушником и почернелой крапивой. Он не был спокоен. Эти свидания, эти новые ощущения занимали, но и волновали его, особенно после вчерашней записки. Он видел, что развязка приближалась, и втайне смущался духом, хотя никто бы этого не подумал, глядя, с какой сосредоточенной решимостью он скрещивал руки на груди и поводил кругом глазами. Недаром про него сказал однажды Пигасов, что его, как китайского болванчика, постоянно перевешивала голова. Но с одной головой, как бы она сильна ни была, человеку трудно узнать даже то, что в нем самом происходит... Рудин, умный, проницательный Рудин, не в состоянии был сказать наверное, любит ли он Наталью, страдает ли он, будет ли страдать, расставшись с нею. Зачем же, не прикидываясь даже Ловласом, — эту справедливость отдать ему следует, — сбил он с толку бедную девушку? Отчего ожидал ее с тайным трепетом? На это один ответ: никто так легко не увлекается, как бесстрастные люди.

Он ходил по плотине, а Наталья спешила к нему прямо через поле, по мокрой траве.

— Барышня! барышня! вы себе ноги замочите, — говорила ей ее горничная Маша, едва поспевая за ней.

Наталья не слушала ее и бежала без оглядки.

— Ах, как бы не подсмотрели нас! — твердила Маша. — Уж и тому дивиться надо, как мы из дому-то вышли. Как бы мамзель не проснулась... Благо недалеко... А уж оне ждут-с, — прибавила она, увидев внезапно статную фигуру Рудина, картинно стоявшего на плотине, — только напрасно они этак на юру стоят — сошли бы в лощину.

Наталья остановилась.

— Подожди здесь, Маша, у сосен, — промолвила она и спустилась к пруду.

Рудин подошел к ней и остановился в изумлении. Такого выражения он еще не замечал на ее лице. Брови ее были сдвинуты, губы сжаты, глаза глядели прямо и строго.

— Дмитрий Николаич, — начала она, — нам время терять некогда. Я пришла на пять минут. Я должна сказать вам, что матушка всё знает. Г-н Пандалевский подсмотрел нас третьего дня и рассказал ей о нашем свидании. Он всегда был шпионом у матушки. Она вчера позвала меня к себе.

— Боже мой! — воскликнул Рудин, — это ужасно... Что же сказала ваша матушка?

— Она не сердилась на меня, не бранила меня, только попеняла мне за мое легкомыслие.

— Только?

— Да, и объявила мне, что она скорее согласится видеть меня мертвою, чем вашей женою.

— Неужели она это сказала?

— Да; и еще прибавила, что вы сами нисколько не желаете жениться на мне, что вы только так, от скуки, приволокнулись за мной и что она этого от вас не ожидала; что, впрочем, она сама виновата: зачем позволила мне так часто видеться с вами... что она надеется на мое благоразумие, что я ее очень удивила... да уж я и не помню всего, что она говорила мне.

Наталья произнесла всё это каким-то ровным, почти беззвучным голосом.

— А вы, Наталья Алексеевна, что вы ей ответили? — спросил Рудин.

— Что я ей ответила? — повторила Наталья.— Что *вы* теперь намерены делать?

— Боже мой! Боже мой! — возразил Рудин,— это жестоко! Так скоро!.. такой внезапный удар!.. И ваша матушка пришла в такое негодование?

— Да... да, она слышать о вас не хочет.

— Это ужасно! Стало быть, никакой надежды нет?

— Никакой.

— За что мы так несчастливы! Гнусный этот Пандалевский!.. Вы меня спрашиваете, Наталья Алексеевна, что я намерен делать? У меня голова кругом идет — я ничего сообразить не могу... Я чувствую только свое несчастие... Удивляюсь, как вы можете сохранять хладнокровие!..

— Вы думаете, мне легко? — проговорила Наталья.

Рудин начал ходить по плотине. Наталья не спускала с него глаз.

— Ваша матушка вас не расспрашивала? — промолвил он наконец.

— Она меня спросила, люблю ли я вас.

— Ну... и вы?

Наталья помолчала.

— Я не солгала.

Рудин взял ее за руку.

— Всегда, во всем благородна и великодушна! О, сердце девушки — это чистое золото! Но неужели ваша матушка так решительно объявила свою волю насчет невозможности нашего брака?

— Да, решительно. Я уж вам сказала, она убеждена, что вы сами не думаете жениться на мне.

— Стало быть, она считает меня за обманщика! Чем я заслужил это?

И Рудин схватил себя за голову.

— Дмитрий Николаич! — промолвила Наталья,— мы тратим попусту время. Вспомните, я в последний раз вижусь с вами. Я пришла сюда не плакать, не жаловаться — вы видите, я не плачу,— я пришла за советом.

— Да какой совет могу я дать вам, Наталья Алексеевна?

— Какой совет? Вы мужчина; я привыкла вам верить, я до конца буду верить вам. Скажите мне, какие ваши намерения?

— Мои намерения? Ваша матушка, вероятно, откажет мне от дому.

— Может быть. Она уже вчера объявила мне, что должна будет раззнакомиться с вами... Но вы не отвечаете на мой вопрос.

— На какой вопрос?

— Как вы думаете, что нам надобно теперь делать?

— Что нам делать? — возразил Рудин,— разумеется, покориться.

— Покориться,— медленно повторила Наталья, и губы ее побледнели.

— Покориться судьбе,— продолжал Рудин.— Что же делать! Я слишком хорошо знаю, как это горько, тяжело, невыносимо; но посудите сами, Наталья Алексеевна, я беден... Правда, я могу работать; но если б я был даже богатый человек, в состоянии ли вы перенести насильственное расторжение с вашим семейством, гнев вашей матери?.. Нет, Наталья Алексеевна, об этом и думать нечего. Видно, нам не суждено было жить вместе, и то счастье, о котором я мечтал, не для меня!

Наталья вдруг закрыла лицо руками и заплакала. Рудин приблизился к ней.

— Наталья Алексеевна! милая Наталья! — заговорил он с жаром,— не плачьте, ради Бога, не терзайте меня, утешьтесь...

Наталья подняла голову.

— Вы мне говорите, чтобы я утешилась,— начала она, и глаза ее заблестели сквозь слезы,— я не о том плачу, о чем вы думаете... Мне не то больно: мне больно то, что я в вас обманулась... Как! я прихожу к вам за советом, и в какую минуту, и первое ваше слово: покориться... Покориться! Так вот как вы применяете на деле ваши толкования о свободе, о жертвах, которые...

Ее голос прервался.

— Но, Наталья Алексеевна,— начал смущенный Рудин,— вспомните... я не отказываюсь от слов моих... только...

— Вы спрашивали меня,— продолжала она с новой силой,— что я ответила моей матери, когда она объявила мне, что скорее согласится на мою смерть, чем на брак мой с вами: я ей ответила, что скорее умру, чем выйду за другого замуж... А вы говорите: покориться! Стало быть, она была права: вы точно, от нечего делать, от скуки, пошутили со мной...

— Клянусь вам, Наталья Алексеевна... уверяю вас...— твердил Рудин.

Но она его не слушала.

— Зачем же вы не остановили меня? зачем вы сами... Или вы не рассчитывали на препятствия? Мне стыдно говорить об этом... но ведь всё уже кончено.

— Вам надо успокоиться, Наталья Алексеевна,— начал было Рудин,— нам надо вдвоем подумать, какие меры...

— Вы так часто говорили о самопожертвовании,— перебила она,— но знаете ли, если б вы сказали мне сегодня, сейчас: «Я тебя люблю, но я жениться не могу, я не отвечаю за будущее, дай мне руку и ступай за мной»,— знаете ли, что я бы пошла за вами, знаете ли, что я на всё решилась? Но, верно, от слова до дела еще далеко, и вы теперь струсили точно так же, как струсили третьего дня за обедом перед Волынцевым!

Краска бросилась в лицо Рудину. Неожиданная восторженность Натальи его поразила; но последние слова ее уязвили его самолюбие.

— Вы слишком раздражены теперь, Наталья Алексеевна,— начал он,— вы не можете понять, как вы жестоко оскорбляете меня. Я надеюсь, что со временем вы отдадите мне справедливость; вы поймете, чего мне стоило отказаться от счастия, которое, как вы говорите сами, не налагало на меня никаких обязанностей. Ваше спокойствие дороже мне всего в мире, и я был бы человеком самым низким, если б решился воспользоваться...

— Может быть, может быть,— перебила Наталья,— может быть, вы правы; а я не знаю, что говорю. Но я до сих пор вам верила, каждому вашему слову верила... Вперед, пожалуйста, взвешивайте ваши слова, не произносите их на ветер. Когда я вам сказала, что я люблю вас, я знала, что значит это слово: я на всё была готова... Теперь мне остается благодарить вас за урок и проститься.

— Остановитесь, ради Бога, Наталья Алексеевна, умоляю вас. Я не заслуживаю вашего презрения, клянусь вам. Войдите же и вы в мое положение. Я отвечаю за вас и за себя. Если б я не любил вас самой преданной любовью — да Боже мой! я бы тотчас сам предложил вам бежать со мною... Рано или поздно, матушка ваша простит нас... и тогда... Но прежде чем думать о собственном счастье...

Он остановился. Взор Натальи, прямо на него устремленный, смущал его.

— Вы стараетесь мне доказать, что вы честный человек, Дмитрий Николаич,— промолвила она,— я в этом не сомневаюсь. Вы не в состоянии действовать из расчета; но разве в этом я желала убедиться, разве для этого я пришла сюда...

— Я не ожидал, Наталья Алексеевна...

— А! вот когда вы проговорились! Да, вы не ожидали всего этого — вы меня не знали. Не беспокойтесь... вы не любите меня, а я никому не навязываюсь.

— Я вас люблю! — воскликнул Рудин.

Наталья выпрямилась.

— Может быть; но как вы меня любите? Я помню все ваши слова, Дмитрий Николаич. Помните, вы мне говорили, без полного равенства нет любви... Вы для меня слишком высоки, вы не мне чета... Я поделом наказана. Вам предстоят занятия, более достойные вас. Я не забуду нынешнего дня... Прощайте...

— Наталья Алексеевна, вы уходите? Неужели мы так расстанемся?

Он протянул к ней руки. Она остановилась. Его умоляющий голос, казалось, поколебал ее.

— Нет,— промолвила она наконец,— я чувствую, что-то во мне надломилось... Я шла сюда, я говорила с вами точно в горячке; надо опомниться. Этому не до́лжно быть, вы сами сказали, этого не будет. Боже мой, когда я шла сюда, я мысленно прощалась с моим домом, со всем моим прошедшим,— и что же? кого я встретила здесь? Малодушного человека... И почему вы знали, что я не в состоянии буду перенести разлуку с семейством? «Ваша матушка не согласна... Это ужасно!» Вот всё, что я слышала от вас. Вы ли это, вы ли это, Рудин? Нет! прощайте... Ах! если бы вы меня любили, я бы почувствовала это теперь, в это мгновение... Нет, нет, прощайте!..

Она быстро повернулась и побежала к Маше, которая уже давно начала беспокоиться и делать ей знаки.

— *Вы* трусите, а не я! — крикнул Рудин вслед Наталье.

Она уже не обращала на него внимания и спешила через поле домой. Она благополучно возвратилась к себе в спальню; но только лишь переступила порог, силы ей изменили, и она без чувств упала на руки Маше.

А Рудин долго еще стоял на плотине. Наконец он встрепенулся, медленными шагами добрался до дорожки и тихо пошел по ней. Он был очень пристыжен... и огорчен. «Какова? — думал он.— В восемнадцать лет!.. Нет, я ее не знал... Она замечательная девушка. Какая сила воли!.. Она права; она сто́ит не такой любви, какую я к ней чувствовал... Чувствовал?..— спросил он самого себя.— Разве я уже больше не чувствую любви? Так вот как это всё должно было кончиться! Как я был жалок и ничтожен перед ней!»

Легкий стук беговых дрожек заставил Рудина поднять глаза. К нему навстречу, на неизменном своем рысачке, ехал Лежнев. Рудин молча с ним раскланялся и, как бы пораженный внезапной мыслью, свернул с дороги и быстро пошел по направлению к дому Дарьи Михайловны.

Лежнев дал ему отойти, посмотрел вслед за ним и, подумав немного, тоже поворотил назад свою лошадь — и поехал обратно к Волынцеву, у которого провел ночь. Он застал его спящим, не велел будить его и, в ожидании чая, сел на балкон и закурил трубку.

X

Волынцев встал часу в десятом и, узнав, что Лежнев сидит у него на балконе, очень удивился и велел его попросить к себе.

— Что случилось? — спросил он его.— Ведь ты хотел к себе поехать.

— Да, хотел, да встретил Рудина... Один шагает по полю, и лицо такое расстроенное. Я взял да и вернулся.

— Ты вернулся оттого, что встретил Рудина?

— То есть, правду сказать, я сам не знаю, почему я вернулся; вероятно, потому, что о тебе вспомнил: хотелось с тобой посидеть, а к себе я еще успею.

Волынцев горько усмехнулся.

— Да, о Рудине нельзя теперь подумать, не подумав также и обо мне... Человек! — крикнул он громко,— дай нам чаю.

Приятели начали пить чай. Лежнев заговорил было о хозяйстве, о новом способе крыть амбары бумагой...

Вдруг Волынцев вскочил с кресел и с такой силой ударил по столу, что чашки и блюдечки зазвенели.

— Нет! — воскликнул он,— я этого дольше выносить не в силах! Я вызову этого умника, и пусть он меня застрелит, либо уж я постараюсь влепить пулю в его ученый лоб.

— Что ты, что ты, помилуй! — пробормотал Лежнев,— как можно так кричать! Я чубук уронил... Что с тобой?

— А то, что я слышать равнодушно имени его не могу: вся кровь у меня так и заходит.

— Полно, брат, полно! Как тебе не стыдно! — возразил Лежнев, поднимая с полу трубку.— Брось! — Ну его!..

— Он меня оскорбил,— продолжал Волынцев, расхаживая по комнате...— Да! он оскорбил меня. Ты сам должен с этим согласиться. На первых порах я не нашелся: он озадачил меня; да и кто мог ожидать этого? Но я ему докажу, что шутить со мной нельзя... Я его, проклятого философа, как куропатку застрелю.

— Много ты этим выиграешь, как же! Я уж о сестре твоей не говорю. Известно, ты обуреваем страстью... где тебе о сестре думать! Да в отношении к другой особе, что, ты думаешь, убивши философа, ты дела свои поправишь?

Волынцев бросился в кресла.

— Так уеду я куда-нибудь! А то здесь тоска мне просто сердце отдавила; просто места нигде найти не могу.

— Уедешь... вот это другое дело! Вот с этим я согласен. И знаешь ли, что́ я тебе предлагаю? Поедем-ка вместе — на Кавказ или так просто в Малороссию, галушки есть. Славное, брат, дело!

— Да; а сестру-то с кем оставим?

— А почему же Александре Павловне не поехать с нами? Ей-Богу, отлично выйдет. Ухаживать за ней, уж за это я берусь! Ни в чем недостатка иметь не будет; коли захочет, каждый вечер серенаду под окном устрою; ямщиков одеколоном надушу, цветы по дорогам натыкаю. А уж мы, брат, с тобой просто переродимся; так наслаждаться будем, брюханами такими назад приедем, что никакая любовь нас уже не проймет!

— Ты всё шутишь, Миша!

— Вовсе не шучу. Это тебе блестящая мысль в голову пришла.

— Нет! вздор! — вскрикнул опять Волынцев,— я драться, драться с ним хочу!..

— Опять! Экой ты, брат, сегодня с колером!..

Человек вошел с письмом в руке.

— От кого? — спросил Лежнев.

— От Рудина, Дмитрия Николаевича. Ласунских человек привез.

— От Рудина? — повторил Волынцев,— к кому?

— К вам-с.

— Ко мне... подай.

Волынцев схватил письмо, быстро распечатал его, стал читать. Лежнев внимательно глядел на него: странное, почти радостное изумление изобразилось на лице Волынцева; он опустил руки.

— Что такое? — спросил Лежнев.

— Прочти,— проговорил Волынцев вполголоса и протянул ему письмо.

Лежнев начал читать. Вот что писал Рудин:

«Милостивый государь, Сергей Павлович!

Я сегодня уезжаю из дома Дарьи Михайловны, и уезжаю навсегда. Это вас, вероятно, удивит, особенно после того, что произошло вчера. Я не могу объяснить вам, что именно заставляет меня поступить так; но мне почему-то кажется, что я должен известить вас о моем отъезде. Вы меня не любите и даже считаете меня за дурного человека. Я не намерен оправдываться: меня оправдает время. По-моему, и недостойно мужчины и бесполезно доказывать предубежденному человеку несправедливость его предубеждений. Кто захочет меня понять, тот извинит меня, а кто понять не хочет или не может — обвинения того меня не трогают. Я ошибся в вас. В глазах моих вы по-прежнему остаетесь благородным и честным человеком; но я полагал, вы сумеете стать выше той среды, в которой развились... Я ошибся. Что делать?! Не в первый и не в последний раз. Повторяю вам: я уезжаю. Желаю вам счастия. Согласитесь, что это желание совершенно бескорыстно, и надеюсь, что вы теперь будете счастливы. Может быть, вы со временем измените свое мнение обо мне. Увидимся ли мы когда-нибудь, не знаю, но, во всяком случае, остаюсь искренно вас уважающий

Д. Р.».

«P. S. Должные мною вам двести рублей я вышлю, как только приеду к себе в деревню, в Т...ую губернию. Также прошу вас не говорить при Дарье Михайловне об этом письме».

«P. P. S. Еще одна последняя, но важная просьба: так как я теперь уезжаю, то, я надеюсь, вы не будете упоминать перед Натальей Алексеевной о моем посещении у вас...»

— Ну, что ты скажешь? — спросил Волынцев, как только Лежнев окончил письмо.

— Что тут сказать! — возразил Лежнев,— воскликнуть по-восточному: «Аллах! Аллах!» — и положить в рот палец изумления — вот всё, что можно сделать. Он уезжает... Ну! дорога скатертью. Но вот что любопытно: ведь и это письмо он почел *за долг* написать, и являлся он к тебе по чувству долга... У этих господ на каждом шагу долг, и всё долг — да долги,— прибавил Лежнев, с усмешкой указывая на post-scriptum.

— А каковы он фразы отпускает! — воскликнул Волынцев.— Он ошибся во мне: он ожидал, что я стану выше какой-то среды... Что за ахинея, Господи! хуже стихов!

Лежнев ничего не ответил; одни глаза его улыбнулись. Волынцев встал.

— Я хочу съездить к Дарье Михайловне,— промолвил он,— я хочу узнать, что всё это значит...

— Погоди, брат: дай ему убраться. К чему тебе опять с ним сталкиваться? Ведь он исчезает — чего тебе еще? Лучше поди-ка ляг да усни; ведь ты, чай, всю ночь с боку на бок проворочался. А теперь дела твои поправляются.

— Из чего ты это заключаешь?

— Да так мне кажется. Право, усни, а я пойду к твоей сестре — посижу с ней.

— Я вовсе спать не хочу. С какой стати мне спать!.. Я лучше поеду поля осмотрю,— сказал Волынцев, одергивая полы пальто.

— И то добре. Поезжай, брат, поезжай, осмотри поля...

И Лежнев отправился на половину Александры Павловны.

Он застал ее в гостиной. Она ласково его приветствовала. Она всегда радовалась его приходу; но лицо ее осталось печально. Ее беспокоило вчерашнее посещение Рудина.

— Вы от брата? — спросила она Лежнева,— каков он сегодня?

— Ничего, поехал поля осматривать.

Александра Павловна помолчала.

— Скажите, пожалуйста,— начала она, внимательно рассматривая кайму носового платка,— вы не знаете, зачем...

— Приезжал Рудин? — подхватил Лежнев.— Знаю: он приезжал проститься.

Александра Павловна подняла голову.

— Как — проститься?

— Да. Разве вы не слыхали? Он уезжает от Дарьи Михайловны.

— Уезжает?

— Навсегда; по крайней мере он так говорит.

— Да помилуйте, как же это понять, после всего того...

— А это другое дело! Понять этого нельзя, но оно так. Должно быть, что-нибудь там у них произошло. Струну слишком натянул — она и лопнула.

— Михайло Михайлыч! — начала Александра Павловна,— я ничего не понимаю; вы, мне кажется, смеетесь надо мной...

— Да ей-Богу же нет... Говорят вам, он уезжает и даже письменно извещает об этом своих знакомых. Оно, если хотите, с некоторой точки зрения, недурно; но отъезд его помешал осуществиться одному удивительнейшему предприятию, о котором мы начали было толковать с вашим братом.

— Что такое? какое предприятие?

— А вот какое. Я предлагал вашему брату поехать для развлечения путешествовать и взять вас с собой. Ухаживать, собственно, за вами брался я...

— Вот прекрасно! — воскликнула Александра Павловна,— воображаю себе, как бы вы за мною ухаживали. Да вы бы меня с голоду уморили.

— Вы это потому так говорите, Александра Павловна, что не знаете меня. Вы думаете, что я чурбан, чурбан совершенный, деревяшка какая-то; а известно ли вам, что я способен таять, как сахар, дни простаивать на коленях?

— Вот это бы я, признаюсь, посмотрела!

Лежнев вдруг поднялся.

— Да выдьте за меня замуж, Александра Павловна, вы всё это и увидите.

Александра Павловна покраснела до ушей.

— Что вы это такое сказали, Михайло Михайлыч? — повторила она с смущением.

— А то я сказал,— ответил Лежнев,— что уже давным-давно и тысячу раз у меня на языке было. Я проговорился наконец, и вы можете поступить, как знаете. А чтобы не стеснять вас, я теперь выйду. Если вы хотите быть моей женою... Удаляюсь. Если вам не противно, вы только велите меня позвать: я уже пойму...

Александра Павловна хотела было удержать Лежнева, но он проворно ушел, без шапки отправился в сад, оперся на калитку и начал глядеть куда-то.

— Михайло Михайлыч! — раздался за ним голос горничной,— пожалуйте к барыне. Они вас велели позвать.

Михайло Михайлыч обернулся, взял горничную, к великому ее изумлению, обеими руками за голову, поцеловал ее в лоб и пошел к Александре Павловне.

XI

Вернувшись домой, тотчас после встречи с Лежневым, Рудин заперся в своей комнате и написал два письма: одно — к Волынцеву (оно уже известно читателям) и другое — к Наталье. Он очень долго сидел над этим вторым письмом, многое в нем перемарывал и переделывал и, тщательно списав его на тонком листе почтовой бумаги, сложил его как можно мельче и положил в карман. С грустью на лице прошелся он несколько раз взад и вперед по комнате, сел на кресло перед окном, подперся рукою; слеза тихо выступила на его ресницы... Он встал, застегнулся на все пуговицы, позвал человека и велел спросить у Дарьи Михайловны, может ли он ее видеть.

Человек скоро вернулся и доложил, что Дарья Михайловна приказала его просить. Рудин пошел к ней.

Она приняла его в кабинете, как в первый раз, два месяца тому назад. Но теперь она не была одна: у ней сидел Пандалевский, скромный, свежий, чистый и умиленный, как всегда.

Дарья Михайловна любезно встретила Рудина, и Рудин любезно ей поклонился, но при первом взгляде на улыбавшиеся лица обоих всякий хотя несколько опытный человек понял бы, что между ними если и не высказалось, то произошло что-то неладное. Рудин знал, что Дарья Михайловна на него сердится. Дарья Михайловна подозревала, что ему уже всё известно.

Донесение Пандалевского очень ее расстроило. Светская спесь в ней зашевелилась. Рудин, бедный, нечиновный и пока неизвестный человек, дерзал назначить свидание ее дочери — дочери Дарьи Михайловны Ласунской!!

— Положим, он умен, он гений! — говорила она,— да что же это доказывает? После этого всякий может надеяться быть моим зятем?

— Я долго глазам своим не верил,— подхватил Пандалевский.— Как это не знать своего места, удивляюсь!

Дарья Михайловна очень волновалась, и Наталье досталось от нее.

Она попросила Рудина сесть. Он сел, но уже не как прежний Рудин, почти хозяин в доме, даже не как хороший знакомый, а как гость, и не как близкий гость. Всё это сделалось в одно мгновение... Так вода внезапно превращается в твердый лед.

— Я пришел к вам, Дарья Михайловна,— начал Рудин,— поблагодарить вас за ваше гостеприимство. Я получил сегодня известие из моей деревеньки и должен непременно сегодня же ехать туда.

Дарья Михайловна пристально посмотрела на Рудина. «Он предупредил меня, должно быть, догадывается,— подумала она.— Он избавляет меня от тягостного объяснения, тем лучше. Да здравствуют умные люди!»

— Неужели? — промолвила она громко.— Ах, как это неприятно! Ну, что делать! Надеюсь увидеть вас нынешней зимой в Москве. Мы сами скоро отсюда едем.

— Я не знаю, Дарья Михайловна, удастся ли мне быть в Москве; но если соберусь с средствами, за долг почту явиться к вам.

«Ага, брат! — подумал в свою очередь Пандалевский,— давно ли ты здесь распоряжался барином, а теперь вот как пришлось выражаться!»

— Вы, стало быть, неудовлетворительные известия из вашей деревни получили? — произнес он с обычной расстановкой.

— Да,— сухо возразил Рудин.

— Неурожай, может быть?

— Нет... другое... Поверьте, Дарья Михайловна,— прибавил Рудин,— я никогда не забуду времени, проведенного мною в вашем доме.

— И я, Дмитрий Николаич, всегда с удовольствием буду вспоминать наше знакомство с вами... Когда вы едете?

— Сегодня, после обеда.

— Так скоро!.. Ну, желаю вам счастливого пути. Впрочем, если ваши дела не задержат вас, может быть, вы еще нас застанете здесь.

— Я едва ли успею,— возразил Рудин и встал.— Извините меня,— прибавил он,— я не могу тотчас выплатить мой долг вам; но как только приеду в деревню...

— Полноте, Дмитрий Николаич! — перебила его Дарья Михайловна,— как вам не стыдно!.. Но который-то час? — спросила она.

Пандалевский достал из кармана жилета золотые часики с эмалью и посмотрел на них, осторожно налегая розовой щекой на твердый и белый воротничок.

— Два часа и тридцать три минуты,— промолвил он.

— Пора одеваться,— заметила Дарья Михайловна.— До свиданья, Дмитрий Николаич!

Рудин встал. Весь разговор между ним и Дарьей Михайловной носил особый отпечаток. Актеры так репетируют свои роли, дипломаты так на конференциях меняются заранее условленными фразами...

Рудин вышел. Он теперь знал по опыту, как светские люди даже не бросают, а просто роняют человека, ставшего им ненужным: как перчатку после бала, как бумажку с конфетки, как не выигравший билет лотереи-томболы.

Он наскоро уложился и с нетерпением начал ожидать мгновения отъезда. Все в доме очень удивились, узнав об его намерении; даже люди глядели на него с недоумением. Басистов не скрывал своей горести. Наталья явно избегала Рудина. Она старалась не встречаться с ним взорами; однако он успел всунуть ей в руку свое письмо. За обедом Дарья Михайловна еще раз повторила, что надеется увидеть его перед отъездом в Москву, но Рудин ничего не отвечал ей. Пандалевский чаще всех с ним заговаривал. Рудина не раз подмывало броситься на него и поколотить его цветущее и румяное лицо. M-lle Boncourt частенько посматривала на Рудина с лукавым и странным выражением в глазах: у старых, очень умных легавых собак можно иногда заметить такое выражение... «Эге! — казалось, говорила она про себя,— вот как тебя!»

Наконец пробило шесть часов, и подали тарантас Рудина. Он стал торопливо прощаться со всеми. На душе у него было очень скверно. Не ожидал он, что так выедет из этого дома: его как будто выгоняли... «Как это всё сделалось! и к чему было спешить? А впрочем, один конец»,— вот что думал он, раскланиваясь на все стороны с принужденной улыбкой. В последний раз взглянул он на Наталью, и сердце его шевельнулось: глаза ее были устремлены на него с печальным, прощальным упреком.

Он проворно сбежал с лестницы, вскочил в тарантас. Басистов вызвался проводить его до первой станции и сел вместе с ним.

— Помните ли вы,— начал Рудин, как только тарантас выехал со двора на широкую дорогу, обсаженную елками,— помните вы, что говорит Дон-Кихот своему оруженосцу, когда выезжает из дворца герцогини? «Свобода,— говорит он,— друг мой Санчо, одно из самых драгоценных достояний человека, и счастлив тот, кому небо даровало кусок хлеба, кому не нужно быть за него обязанным другому!» Что Дон-Кихот чувствовал тогда, я чувствую теперь... Дай Бог и вам, добрый мой Басистов, испытать когда-нибудь это чувство!

Басистов стиснул руку Рудина, и сердце честного юноши забилось сильно в его растроганной груди. До самой станции говорил Рудин о достоинстве человека, о значении истинной свободы, — говорил горячо, благородно и правдиво, — и когда наступило мгновение разлуки, Басистов не выдержал, бросился ему на шею и зарыдал. У самого Рудина полились слезы; но он плакал не о том, что расставался с Басистовым, и слезы его были самолюбивые слезы.

Наталья ушла к себе и прочла письмо Рудина.

«Любезная Наталья Алексеевна, — писал он ей, — я решился уехать. Мне другого выхода нет. Я решился уехать, пока мне не сказали ясно, чтобы я удалился. Отъездом моим прекращаются все недоразумения; а сожалеть обо мне едва ли кто-нибудь будет. Чего же ждать?.. Всё так; но для чего же писать к вам?

Я расстаюсь с вами, верояно, навсегда, и оставить вам о себе память еще хуже той, которую я заслуживаю, было бы слишком горько. Вот для чего я пишу к вам. Я не хочу ни оправдываться, ни обвинять кого бы то ни было, кроме самого себя: я хочу, по мере возможности, объясниться... Происшествия последних дней были так неожиданны, так внезапны...

Сегодняшнее свидание послужит мне памятным уроком. Да, вы правы: я вас не знал, а я думал, что знал вас! В течение моей жизни я имел дело с людьми всякого рода, я сближался 'со многими женщинами и девушками; но, встретясь с вами, я в первый раз встретился с душой *совершенно* честной и прямой. Мне это было не в привычку, и я не сумел оценить вас. Я почувствовал влечение к вам с первого дня нашего знакомства — вы это могли заметить. Я проводил с вами часы за часами, и я не узнал вас; я едва ли даже старался узнать вас... и я мог вообразить, что полюбил вас!! За этот грех я теперь наказан.

Я и прежде любил одну женщину, и она меня любила... Чувство мое к ней было сложно, как и ее ко мне; но так как она сама не была проста, оно и пришлось кстати. Истина мне тогда не сказалась: я не узнал ее и теперь, когда она предстала передо мною... Я ее узнал, наконец, да слишком поздно... Прошедшего не воротишь... Наши жизни могли бы слиться — и не сольются никогда. Как доказать вам, что я мог бы полюбить вас настоящей любовью — любовью сердца, не воображения, — когда я сам не знаю, способен ли я на такую любовь!

Мне природа дала много — я это знаю и из ложного стыда не стану скромничать перед вами, особенно теперь,

в такие горькие, в такие постыдные для меня мгновения...
Да, природа мне много дала; но я умру, не сделав ничего
достойного сил моих, не оставив за собою никакого бла-
готворного следа. Всё мое богатство пропадет даром: я
не увижу плодов от семян своих. Мне недостает... я сам
не могу сказать, чего именно недостает мне... Мне недостает, вероятно, того, без чего так же нельзя двигать серд-
цами людей, как и овладеть женским сердцем; а господство
над одними умами и непрочно и бесполезно. Странная,
почти комическая моя судьба: я отдаюсь весь, с жадностью, вполне — и не могу отдаться. Я кончу тем, что по-
жертвую собой за какой-нибудь вздор, в который даже верить не буду... Боже мой! В тридцать пять лет всё еще
собираться что-нибудь сделать!..

Я еще ни перед кем так не высказывался — это моя
исповедь.

Но довольно обо мне. Мне хочется говорить о вас,
дать вам несколько советов: больше я ни на что не годен...
Вы еще молоды; но, сколько бы вы ни жили, следуйте
всегда внушениям вашего сердца, не подчиняйтесь ни
своему, ни чужому уму. Поверьте, чем проще, чем теснее
круг, по которому пробегает жизнь, тем лучше; не в том
дело, чтобы отыскивать в ней новые стороны, но в том, чтобы
все переходы ее совершались своевременно. «Блажен, кто
смолоду был молод...» Но я замечаю, что эти советы отно-
сятся гораздо более ко мне, чем к вам.

Признаюсь вам, Наталья Алексеевна, мне очень тяжело.
Я никогда не обманывал себя в свойстве того чувства,
которое я внушал Дарье Михайловне; но я надеялся,
что нашел хотя временную пристань... Теперь опять придется мыкаться по свету. Что мне заменит ваш разговор,
ваше присутствие, ваш внимательный и умный взгляд?..
Я сам виноват; но согласитесь, что судьба как бы нарочно
подсмеялась над нами. Неделю тому назад я сам едва догадывался, что люблю вас. Третьего дня, вечером, в саду,
я в первый раз услыхал от вас... но к чему напоминать вам
то, что вы тогда сказали — и вот уже я уезжаю сегодня,
уезжаю с позором, после жестокого объяснения с вами, не
унося с собой никакой надежды... И вы еще не знаете, до какой степени я виноват перед вами... Во мне есть какая-то
глупая откровенность, какая-то болтливость... Но к чему
говорить об этом! Я уезжаю навсегда.

(Здесь Рудин рассказал было Наталье свое посещение
у Волынцева, но подумал и вымарал всё это место, а в письме
к Волынцеву прибавил второй post-scriptum.)

Я остаюсь одинок на земле для того, чтобы предаться, как вы сказали мне сегодня поутру с жестокой усмешкой, другим, более свойственным мне занятиям. Увы! если б я мог действительно предаться этим занятиям, победить наконец свою лень... Но нет! я останусь тем же неоконченным существом, каким был до сих пор... Первое препятствие — и я весь рассыпался; происшествие с вами мне это доказало. Если б я по крайней мере принес мою любовь в жертву моему будущему делу, моему призванию; но я просто испугался ответственности, которая на меня падала, и потому я, точно, недостоин вас. Я не стою того, чтобы вы для меня отторглись от вашей сферы... А впрочем, всё это, может быть, к лучшему. Из этого испытания я, может быть, выйду чище и сильней.

Желаю вам полного счастия. Прощайте! Иногда вспоминайте обо мне. Надеюсь, что вы еще услышите обо мне.

Рудин».

Наталья опустила письмо Рудина к себе на колени и долго сидела неподвижно, устремив глаза на пол. Письмо это, яснее всех возможных доводов, доказало ей, как она была права, когда поутру, расставаясь с Рудиным, она невольно воскликнула, что он ее не любит! Но от этого ей не было легче. Она сидела не шевелясь; ей казалось, что какие-то темные волны без плеска сомкнулись над ее головой, и она шла ко дну, застывая и немея. Всякому тяжело первое разочарование; но для души искренней, не желавшей обманывать себя, чуждой легкомыслия и преувеличения, оно почти нестерпимо. Вспомнила Наталья свое детство, когда, бывало, гуляя вечером, она всегда старалась идти по направлению к светлому краю неба, там, где заря горела, а не к темному. Темна стояла теперь жизнь перед нею, и спиной она обратилась к свету...

Слезы навернулись на глазах Натальи. Не всегда благотворны бывают слезы. Отрадны и целебны они, когда, долго накипев в груди, потекут они наконец — сперва с усилием, потом всё легче, всё слаще; немое томление тоски разрешается ими... Но есть слезы холодные, скупо льющиеся слезы: их по капле выдавливает из сердца тяжелым и недвижным бременем налегшее на него горе; они безотрадны и не приносят облегчения. Нужда плачет такими слезами, и тот еще не был несчастлив, кто не проливал их. Наталья узнала их в этот день.

Прошло часа два. Наталья собралась с духом, встала, отерла глаза, засветила свечку, сожгла на ее пламени письмо Рудина до конца и пепел выкинула за окно. Потом она раскрыла наудачу Пушкина и прочла первые попавшиеся ей строки (она часто загадывала так по нем). Вот что ей вышло:

> Кто чувствовал, того тревожит
> Призрáк невозвратимых дней...
> Тому уж нет очарований,
> Того змея воспоминаний,
> Того раскаянье грызет...

Она постояла, посмотрела с холодной улыбкой на себя в зеркало и, сделав небольшое движение головою сверху вниз, сошла в гостиную.

Дарья Михайловна, как только ее увидела, повела ее в кабинет, посадила подле себя, ласково потрепала по щеке, а между тем внимательно, почти с любопытством, заглядывала ей в глаза. Дарья Михайловна чувствовала тайное недоумение: в первый раз ей пришло в голову, что она дочь свою, в сущности, не знает. Услышав от Пандалевского об ее свидании с Рудиным, она не столько рассердилась, сколько удивилась тому, как могла благоразумная Наталья решиться на такой поступок. Но когда она ее призвала к себе и принялась бранить ее — вовсе не так, как бы следовало ожидать от европейской женщины, а довольно крикливо и неизящно,— твердые ответы Натальи, решимость ее взоров и движений смутили, даже испугали Дарью Михайловну.

Внезапный, тоже не совсем понятный отъезд Рудина снял большую тяжесть с ее сердца; но она ожидала слез, истерических припадков... Наружное спокойствие Натальи опять ее сбило с толку.

— Ну, что, дитя,— начала Дарья Михайловна,— как ты сегодня?

Наталья посмотрела на мать свою.

— Ведь он уехал... твой предмет. Ты не знаешь, отчего он так скоро собрался?

— Маменька! — заговорила Наталья тихим голосом,— даю вам слово, что, если вы сами не будете упоминать о нем, от меня вы никогда ничего не услышите.

— Стало быть, ты сознаешься, что была виновата передо мною?

Наталья опустила голову и повторила:

— Вы от меня никогда ничего не услышите.

— Ну, смотри же! — возразила с улыбкой Дарья Михайловна.— Я тебе верю. А третьего дня, помнишь ли ты, как... Ну, не буду. Кончено, решено и похоронено. Не правда ли? Вот я опять тебя узнаю; а то я совсем было в тупик пришла. Ну, поцелуй же меня, моя умница!..

Наталья поднесла руку Дарьи Михайловны к своим губам, а Дарья Михайловна поцеловала ее в наклоненную голову.

— Слушайся всегда моих советов, не забывай, что ты Ласунская и моя дочь,— прибавила она,— и ты будешь счастлива. А теперь ступай.

Наталья вышла молча. Дарья Михайловна поглядела ей вслед и подумала: «Она в меня — тоже будет увлекаться: mais elle aura moins d'abandon»[1]. И Дарья Михайловна погрузилась в воспоминания о прошедшем... о давно прошедшем...

Потом она велела кликнуть m-lle Boncourt и долго сидела с ней, запершись вдвоем. Отпустив ее, она позвала Пандалевского. Ей непременно хотелось узнать настоящую причину отъезда Рудина... но Пандалевский ее успокоил совершенно. Это было по его части.

На другой день Волынцев с сестрою приехал к обеду. Дарья Михайловна была всегда очень любезна с ним, а на этот раз она особенно ласково с ним обращалась. Наталье было невыносимо тяжело; но Волынцев так был почтителен, так робко с ней заговаривал, что она в душе не могла не поблагодарить его.

День прошел тихо, довольно скучно, но все, разъезжаясь, почувствовали, что попали в прежнюю колею; а это много значит, очень много.

Да, все попали в прежнюю колею... все, кроме Натальи. Оставшись наконец одна, она с трудом дотащилась до своей кровати и, усталая, разбитая, упала лицом на подушки. Ей так горько, и противно, и пошло казалось жить, так стыдно ей стало самой себя, своей любви, своей печали, что в это мгновение она бы, вероятно, согласилась умереть... Много еще предстояло ей тяжелых дней, ночей бессонных, томительных волнений; но она была молода — жизнь только что начиналась для нее, а жизнь рано или поздно свое возьмет. Какой бы удар ни поразил человека, он в тот же день, много на другой — извините за грубость выражения — поест, и вот вам уже первое утешение...

Наталья страдала мучительно, она страдала впервые... Но первые страдания, как первая любовь, не повторяются — и слава Богу!

---

[1] но она будет менее опрометчива (фр.).

Минуло около двух лет. Настали первые дни мая. На балконе своего дома сидела Александра Павловна, но уже не Липина, а Лежнева; она более года как вышла замуж за Михайла Михайлыча. Она по-прежнему была мила, только пополнела в последнее время. Перед балконом, от которого в сад вели ступени, расхаживала кормилица с красношеким ребенком на руках, в белой шинельке и с белым помпоном на шляпке. Александра Павловна то и дело взглядывала на него. Ребенок не пищал, с важностью сосал свой палец и спокойно посматривал кругом. Достойный сын Михайла Михайлыча уже сказывался в нем.

Возле Александры Павловны сидел на балконе старый наш знакомый, Пигасов. Он заметно поседел с тех пор, как мы расстались с ним, сгорбился, похудел и шипел, когда говорил: один передний зуб у него вывалился; шипение придавало еще более ядовитости его речам. Озлобление не уменьшалось в нем с годами, но остроты его притуплялись, и он чаще прежнего повторялся. Михайла Михайлыча не было дома; его ждали к чаю. Солнце уже село. Там, где оно закатилось, полоса бледно-золотого, лимонного цвета тянулась вдоль небосклона; на противоположной стороне их было две: одна, пониже, голубая, другая выше, красно-лиловая. Легкие тучки таяли в вышине. Всё обещало постоянную погоду.

Вдруг Пигасов засмеялся.

— Чему вы, Африкан Семеныч? — спросила Александра Павловна.

— Да так... Вчера, слышу я, один мужик говорит жене — а она, этак, разболталась: Не скрыпи!.. Очень это мне понравилось. Не скрыпи! Да и в самом деле, о чем может рассуждать женщина? Я, вы знаете, никогда не говорю о присутствующих. Наши старики умнее нас были. У них в сказках красавица сидит под окном, во лбу звезда, а сама ни гугу. Вот это как следует. А то, посудите сами: третьего дня наша предводительша как из пистолета мне в лоб выстрелила; говорит мне, что ей не нравится моя *тенденция!* Тенденция! Ну, не лучше ли было и для нее и для всех, если б каким-нибудь благодетельным распоряжением природы она лишилась вдруг употребления языка?

— А вы всё такой же, Африкан Семеныч: всё нападаете на нас, бедных... Знаете ли, ведь это в своем роде несчастье, право. Я о вас сожалею.

— Несчастье? Что вы это изволите говорить! Во-первых, по-моему, на свете только три несчастья и есть: жить зимой в холодной квартире, летом носить узкие сапоги да ночевать в комнате, где пищит ребенок, которого нельзя посыпать персидским порошком; а во-вторых, помилуйте, я самый смирный стал теперь человек. Хоть прописи с меня пиши! Вот как я нравственно веду себя.

— Хорошо вы ведете себя, нечего сказать! Не дальше как вчера Елена Антоновна мне на вас жаловалась.

— Вот как-с! А что она вам такое говорила, позвольте узнать?

— Она говорила мне, что вы в течение целого утра на все ее вопросы только и отвечали, что «чего-с? чего-с?» да еще таким пискливым голосом.

Пигасов засмеялся.

— А ведь хорошая эта была мысль, согласитесь, Александра Павловна... а?

— Удивительная! Разве можно быть этак с женщиной невежливым, Африкан Семеныч?

— Как? Елена Антоновна, по-вашему, женщина?

— Что же она, по-вашему?

— Барабан, помилуйте, обыкновенный барабан, вот по которому бьют палками...

— Ах, да! — перебила Александра Павловна, желая переменить разговор,— вас, говорят, поздравить можно?

— С чем?

— С окончанием тяжбы. Глиновские луга остались за вами...

— Да, за мною,— мрачно возразил Пигасов.

— Вы столько лет этого добивались, а теперь словно недовольны.

— Доложу вам, Александра Павловна,— медленно промолвил Пигасов,— ничего не может быть хуже и обиднее слишком поздно пришедшего счастья. Удовольствия оно все-таки вам доставить не может, а зато лишает вас права, драгоценнейшего права — браниться и проклинать судьбу. Да, сударыня, горькая и обидная штука — позднее счастие.

Александра Павловна только плечами пожала.

— Нянюшка,— начала она,— я думаю, Мише пора спать лечь. Подай его сюда.

И Александра Павловна занялась своим сыном, а Пигасов отошел, ворча, на другой угол балкона.

Вдруг невдалеке, по дороге, идущей вдоль сада, показался Михайло Михайлыч на своих беговых дрожках.

Перед лошадью его бежали две огромные дворные собаки: одна желтая, другая серая; он недавно завел их. Они беспрестанно грызлись и жили в неразлучной дружбе. Им навстречу вышла из ворот старая шавка, раскрыла рот, как бы собираясь залаять, а кончила тем, что зевнула и отправилась назад, дружелюбно повиливая хвостом.

— Глядь-ка, Саша,— закричал Лежнев издали своей жене,— кого я к тебе везу...

Александра Павловна не сразу узнала человека, сидевшего за спиной ее мужа.

— А! г. Басистов! — воскликнула она наконец.

— Он, он,— отвечал Лежнев,— и какие славные вести привез. Вот погоди, сейчас узнаешь.

И он въехал на двор.

Несколько мгновений спустя он с Басистовым явился на балконе.

— Ура! — воскликнул он и обнял жену.— Сережа женится!

— На ком? — с волнением спросила Александра Павловна.

— Разумеется, на Наталье... Вот приятель привез это известие из Москвы, и письмо к тебе есть... Слышишь, Мишук? — прибавил он, схватив сына на руки,— дядя твой женится!.. Экая флегма злодейская! и тут только глазами хлопает!

— Оне спать хотят,— заметила няня.

— Да-с,— промолвил Басистов, подойдя к Александре Павловне,— сегодня приехал из Москвы, по поручению Дарьи Михайловны — счеты по имению ревизовать. А вот и письмо.

Александра Павловна поспешно распечатала письмо своего брата. Оно состояло в нескольких строках. В первом порыве радости он уведомлял сестру, что сделал предложение Наталье, получил ее согласие и Дарьи Михайловны, обещался больше написать с первой почтой и заочно всех обнимал и целовал. Видно было, что он писал в каком-то чаду.

Подали чай, усадили Басистова. Расспросы посыпались на него градом. Всех, даже Пигасова, обрадовало известие, привезенное им.

— Скажите, пожалуйста,— сказал между прочим Лежнев,— до нас доходили слухи о каком-то господине Корчагине. Стало быть, это был вздор?

(Корчагин был красивый молодой человек — светский

лев, чрезвычайно надутый и важный: он держался необыкновенно величественно, точно он был не живой человек, а собственная своя статуя, воздвигнутая по общественной подписке.)

— Ну, нет, не совсем вздор,— с улыбкою возразил Басистов.— Дарья Михайловна очень к нему благоволила; но Наталья Алексеевна и слышать о нем не хотела.

— Да ведь я его знаю,— подхватил Пигасов,— ведь он махровый болван, с треском болван... помилуйте! Ведь если б все люди были на него похожи, надо бы большие деньги брать, чтобы согласиться жить... помилуйте!

— Может быть,— возразил Басистов,— а в свете он играет роль не из последних.

— Ну, всё равно! — воскликнула Александра Павловна,— Бог с ним! Ах, как я рада за брата!.. И Наталья весела, счастлива?

— Да-с. Она спокойна, как всегда — вы ведь ее знаете,— но, кажется, довольна.

Вечер прошел в приятных и оживленных разговорах. Сели за ужин.

— Да, кстати,— спросил Лежнев у Басистова, наливая ему лафиту,— вы знаете, где Рудин?

— Теперь наверное не знаю. Он приезжал прошлой зимой в Москву на короткое время, потом отправился с одним семейством в Симбирск; мы с ним некоторое время переписывались: в последнем письме своем он извещал меня, что уезжает из Симбирска — не сказал куда,— и вот с тех пор я ничего о нем не слышу.

— Не пропадет! — подхватил Пигасов,— где-нибудь сидит да проповедует. Этот господин всегда найдет себе двух или трех поклонников, которые будут его слушать разиня рот и давать ему взаймы деньги. Посмотрите, он кончит тем, что умрет где-нибудь в Царевококшайске или в Чухломе — на руках престарелой девы в парике, которая будет думать о нем, как о гениальнейшем человеке в мире...

— Вы очень резко о нем отзываетесь,— заметил вполголоса и с неудовольствием Басистов.

— Ничуть не резко! — возразил Пигасов,— а совершенно справедливо. По моему мнению, он просто не что иное как лизоблюд. Я забыл вам сказать,— продолжал он, обращаясь к Лежневу,— ведь я познакомился с этим Терлаховым, с которым Рудин за границу ездил. Как же!

как же! Что он мне рассказывал о нем, вы себе представить не можете — умора просто! Замечательно, что все друзья и последователи Рудина со временем становятся его врагами.

— Прошу меня исключить из числа таких друзей! — с жаром перебил Басистов.

— Ну, вы — другое дело! О вас и речи нет.

— А что такое вам рассказывал Терлахов? — спросила Александра Павловна.

— Да многое рассказывал: всего не упомнишь. Но самый лучший вот какой случился с Рудиным анекдот. Беспрерывно развиваясь (эти господа всё развиваются: другие, например, просто спят или едят — а они находятся в моменте развития спанья или еды; не так ли, г. Басистов? — Басистов ничего не ответил):.. Итак, развиваясь постоянно, Рудин дошел путем философии до того умозаключения, что ему должно влюбиться. Начал он отыскивать предмет, достойный такого удивительного умозаключения. Фортуна ему улыбнулась. Познакомился он с одной француженкой, прехорошенькой модисткой. Дело происходило в одном немецком городе, на Рейне, заметьте. Начал он ходить к ней, носить ей разные книги, говорить ей о природе и Гегеле. Можете себе представить положение модистки? Она считала его за астронома. Однако вы знаете, малый он из себя ничего; ну — иностранец, русский — понравился. Вот наконец назначает он свидание, и очень поэтическое свидание: в гондоле на реке. Француженка согласилась: приоделась получше и поехала с ним в гондоле. Так они катались часа два. Чем же, вы думаете, занимался он всё это время? Гладил француженку по голове, задумчиво глядел в небо и несколько раз повторил, что чувствует к ней отеческую нежность. Француженка вернулась домой взбешенная, и сама потом всё рассказала Терлахову. Вот он какой господин!

И Пигасов засмеялся.

— Вы старый циник! — заметила с досадой Александра Павловна,— а я более и более убеждаюсь в том, что про Рудина даже те, которые его бранят, ничего дурного сказать не могут.

— Ничего дурного? Помилуйте! а его вечное житье на чужой счет, его займы... Михайло Михайлыч? ведь он и у вас, наверное, занимал?

— Послушайте, Африкан Семеныч! — начал Лежнев, и лицо его приняло серьезное выражение,— послушайте. вы знаете, и жена моя знает, что я в последнее время особенного расположения к Рудину не чувствовал и даже часто осуждал его. Со всем тем (Лежнев разлил шампанское по бокалам) вот что я вам предлагаю: мы сейчас пили за здоровье дорогого нашего брата и его невесты; я предлагаю вам выпить теперь за здоровье Дмитрия Рудина!

Александра Павловна и Пигасов с изумлением посмотрели на Лежнева, а Басистов встрепенулся весь, покраснел от радости и глаза вытаращил.

— Я знаю его хорошо,— продолжал Лежнев,— недостатки его мне хорошо известны. Они тем более выступают наружу, что сам он не мелкий человек.

— Рудин — гениальная натура! — подхватил Басистов.

— Гениальность в нем, пожалуй, есть,— возразил Лежнев,— а натура... В том-то вся его беда, что натуры-то собственно в нем нет... Но не в этом дело. Я хочу говорить о том, что в нем есть хорошего, редкого. В нем есть энтузиазм; а это, поверьте мне, флегматическому человеку, самое драгоценное качество в наше время. Мы все стали невыносимо рассудительны, равнодушны и вялы; мы заснули, мы застыли, и спасибо тому, кто хоть на миг нас расшевелит и согреет! Пора! Помнишь, Саша, я раз говорил с тобой о нем и упрекал его в холодности. Я был и прав и не прав тогда. Холодность эта у него в крови — это не его вина,— а не в голове. Он не актер, как я называл его, не надувало, не плут; он живет на чужой счет не как проныра, а как ребенок... Да, он действительно умрет где-нибудь в нищете и в бедности; но неужели ж и за это пускать в него камнем? Он не сделает сам ничего именно потому, что в нем натуры, крови нет; но кто вправе сказать, что он не принесет, не принес уже пользы? что его слова не заронили много добрых семян в молодые души, которым природа не отказала, как ему, в силе деятельности, в умении исполнять собственные замыслы? Да я сам, я первый, всё это испытал на себе... Саша знает, чем был для меня в молодости Рудин. Я, помнится, также утверждал, что слова Рудина не могут действовать на людей; но я говорил тогда о людях, подобных мне, в теперешние мои годы, о людях, уже поживших и поломанных жизнью. Один фальшивый звук в речи — и вся ее гармония для нас исчезла; а в молодом человеке, к счастью, слух еще не так развит, не так избалован. Если сущность того, что он слышит, ему кажется прекрасной, что ему за дело до тона! Тон он сам в себе найдет.

— Браво! браво! — воскликнул Басистов,— как это

справедливо сказано! А что касается до влияния Рудина, клянусь вам, этот человек не только умел потрясти тебя, он с места тебя сдвигал, он не давал тебе останавливаться, он до основания переворачивал, зажигал тебя!

— Вы слышите? — продолжал Лежнев, обращаясь к Пигасову,— какого вам еще доказательства нужно? Вы нападаете на философию; говоря о ней, вы не находите довольно презрительных слов. Я сам ее не больно жалую и плохо ее понимаю: но не от философии наши главные невзгоды! Философические хитросплетения и бредни никогда не привьются к русскому: на это у него слишком много здравого смысла; но нельзя же допустить, чтобы под именем философии нападали на всякое честное стремление к истине и к сознанию. Несчастье Рудина состоит в том, что он России не знает, и это точно большое несчастье. Россия без каждого из нас обойтись может, но никто из нас без нее не может обойтись. Горе тому, кто это думает, двойное горе тому, кто действительно без нее обходится! Космополитизм — чепуха, космополит — нуль, хуже нуля; вне народности ни художества, ни истины, ни жизни, ничего нет. Без физиономии нет даже идеального лица; только пошлое лицо возможно без физиономии. Но, опять-таки скажу, это не вина Рудина: это его судьба, судьба горькая и тяжелая, за которую мы-то уж винить его не станем. Нас бы очень далеко повело, если бы мы хотели разобрать, отчего у нас являются Рудины. А за то, что в нем есть хорошего, будем же ему благодарны. Это легче, чем быть несправедливым к нему; а мы были к нему несправедливы. Наказывать его не наше дело, да и не нужно: он сам себя наказал гораздо жесточе, чем заслуживал... И дай Бог, чтобы несчастье вытравило из него всё дурное и оставило одно прекрасное в нем! Пью за здоровье Рудина! Пью за здоровье товарища моих лучших годов, пью за молодость, за ее надежды, за ее стремления, за ее доверчивость и честность, за всё то, от чего и в двадцать лет бились наши сердца, и лучше чего мы все-таки ничего не узнали и не узнаем в жизни... Пью за тебя, золотое время, пью за здоровье Рудина!

Все чокнулись с Лежневым. Басистов сгоряча чуть не разбил своего стакана и осушил его разом, а Александра Павловна пожала Лежневу руку.

— Я, Михайло Михайлыч, и не подозревал, что вы так красноречивы,— заметил Пигасов,— хоть бы самому г. Рудину под стать; даже меня проняло.

— Я вовсе не красноречив,— возразил Лежнев не без

досады,— а вас, я думаю, пронять мудрено. Впрочем, довольно о Рудине; давайте говорить о чем-нибудь другом... Что... как бишь его?.. Пандалевский всё у Дарьи Михайловны живет? — прибавил он, обратясь к Басистову.

— Как же, всё у ней! Она выхлопотала ему очень выгодное место.

Лежнев усмехнулся.

— Вот этот не умрет в нищете, за это можно поручиться.

Ужин кончился. Гости разошлись. Оставшись наедине с своим мужем, Александра Павловна с улыбкой посмотрела ему в лицо.

— Как ты хорош был сегодня, Миша! — промолвила она, лаская его рукою по лбу,— как ты умно и благородно говорил! Но сознайся, что ты немного увлекся в пользу Рудина, как прежде увлекался против него...

— Лежачего не бьют... а я тогда боялся, как бы он тебе голову не вскружил.

— Нет,— простодушно возразила Александра Павловна,— он мне казался всегда слишком ученым, я боялась его и не знала, что говорить в его присутствии. А ведь Пигасов довольно зло подсмеялся над ним сегодня, сознайся?

— Пигасов? — проговорил Лежнев.— Я оттого именно и заступился так горячо за Рудина, что Пигасов был тут. Он смеет называть Рудина лизоблюдом! А по-моему, его роль, роль Пигасова, во сто раз хуже. Имеет независимое состояние, надо всем издевается, а уж как льнет к знатным да к богатым! Знаешь ли, что этот Пигасов, который с таким озлоблением всё и всех ругает, и на философию нападает, и на женщин,— знаешь ли ты, что он, когда служил, брал взятки, и как еще! А! Вот то-то вот и есть!

— Неужели? — воскликнула Александра Павловна.— Этого я никак не ожидала!.. Послушай, Миша,— прибавила она, помолчав немного,— что я хочу у тебя спросить...

— Что?

— Как ты думаешь, будет ли брат счастлив с Натальей?

— Как тебе сказать... вероятности все есть... Командовать будет она — между нами таить это не для чего,— она умней его; но он славный человек и любит ее от души. Чего же больше? Ведь вот мы друг друга любим и счастливы, не правда ли?

Александра Павловна улыбнулась и стиснула руку Михайле Михайлычу.

———

В тот самый день, когда всё, рассказанное нами, происходило в доме Александры Павловны — в одной из отдаленных губерний России тащилась, в самый зной, по большой дороге, плохенькая рогожная кибитка, запряженная тройкой обывательских лошадей. На облучке торчал, упираясь искоса ногами в валек, седой мужичок в дырявом армяке и то и дело подергивал веревочными вожжами и помахивал кнутиком; а в самой кибитке сидел, на тощем чемодане, человек высокого роста, в фуражке и старом запыленном плаще. То был Рудин. Он сидел понурив голову и нахлобучив козырек фуражки на глаза. Неровные толчки кибитки бросали его с стороны на сторону, он казался совершенно бесчувственным, словно дремал. Наконец он выпрямился.

— Когда же это мы до станции доедем? — спросил он мужика, сидевшего на облучке.

— А вот, батюшка,— заговорил мужик и еще сильнее задергал вожжами,— как на взволочок взберемся, версты две останется, не боле... Ну, ты! думай... Я тебе подумаю,— прибавил он тоненьким голосом, принимаясь стегать правую пристяжную.

— Ты, кажется, очень плохо едешь,— заметил Рудин,— мы с самого утра тащимся и никак доехать не можем. Ты бы хоть спел что-нибудь.

— Да что будешь делать, батюшка! Лошади, вы сами видите, заморенные... опять жара. А петь мы не можем: мы не ямщики... Барашек, а барашек! — воскликнул вдруг мужичок, обращаясь к прохожему в бурой свитчонке и стоптанных лаптишках,— посторонись, барашек.

— Вишь ты... кучер! — пробормотал ему вслед прохожий и остановился.— Московская косточка! — прибавил он голосом, исполненным укоризны, тряхнул головой и заковылял далее.

— Куда ты! — подхватил мужичок с расстановкой, дергая коренную,— ах ты, лукавая! право, лукавая...

Измученные лошаденки кое-как доплелись наконец до почтового двора. Рудин вылез из кибитки, расплатился с мужиком (который ему не поклонился и деньги долго пошвыривал на ладони — знать, на водку мало досталось) и сам внес чемодан в станционную комнату.

Один мой знакомый, много покатавшийся на своем веку по России, сделал замечание, что если в станционной комнате на стенах висят картинки, изображающие сцены из «Кавказского пленника» или русских генералов, то лошадей скоро достать можно; но если на картинках представлена жизнь известного игрока Жоржа де Жермани, то путешественнику нечего надеяться на быстрый отъезд: успеет он налюбоваться на закрученный кок, белый раскидной жилет и чрезвычайно узкие и короткие панталоны игрока в молодости, на его исступленную физиономию, когда он, будучи уже старцем, убивает, высоко взмахнув стулом, в хижине с крутою крышей, своего сына. В комнате, куда вошел Рудин, висели именно эти картины из «Тридцати лет, или Жизни игрока». На крик его явился смотритель, заспанный (кстати — видел ли кто-нибудь смотрителя не заспанного?), и, не выждав даже вопроса Рудина, вялым голосом объявил, что лошадей нет.

— Как же вы говорите, что лошадей нет,— промолвил Рудин,— а даже не знаете, куда я еду. Я сюда на обывательских приехал.

— У нас никуда лошадей нет,— отвечал смотритель.— А вы куда едете?

— В ...ск.

— Нет лошадей,— повторил смотритель и вышел вон.

Рудин с досадой приблизился к окну и бросил фуражку на стол. Он не много изменился, но пожелтел в последние два года; серебряные нити заблистали кой-где в кудрях, и глаза, всё еще прекрасные, как будто потускнели; мелкие морщины, следы горьких и тревожных чувств, легли около губ, на щеках, на висках.

Платье на нем было изношенное и старое, и белья не виднелось нигде. Пора его цветения, видимо, прошла: он, как выражаются садовники, пошел в семя.

Он принялся читать надписи по стенам... известное развлечение скучающих путешественников... Вдруг дверь заскрипела, и вошел смотритель.

— Лошадей в ...ск нет, и долго еще не будет,— заговорил он,— а вот в ...ов есть обратные.

— В ...ов? — промолвил Рудин.— Да помилуйте! это мне совсем не по дороге. Я еду в Пензу, а ...ов лежит, кажется, в направлении к Тамбову.

— Что ж? вы из Тамбова можете тогда проехать, а не то из ...ова как-нибудь свернете.

Рудин подумал.

— Ну, пожалуй,— проговорил он наконец,— велите закладывать лошадей. Мне всё равно; поеду в Тамбов.

Лошадей скоро подали. Рудин вынес свой чемоданчик, взлез на телегу, сел, понурился по-прежнему. Было что-то беспомощное и грустно-покорное в его нагнутой фигуре... И тройка поплелась неторопливой рысью, отрывисто позвякивая бубенчиками.

ЭПИЛОГ

Прошло еще несколько лет.

Был осенний холодный день. К крыльцу главной гостиницы губернского города С...а подъехала дорожная коляска; из нее, слегка потягиваясь и покряхтывая, вылез господин, еще не пожилой, но уже успевший приобресть ту полноту в туловище, которую привыкли называть почтенной. Поднявшись по лестнице во второй этаж, он остановился у входа в широкий коридор и, не видя никого перед собою, громким голосом спросил себе нумер. Дверь где-то стукнула, из-за низких ширмочек выскочил длинный лакей и пошел вперед проворной, боковой походкой, мелькая в полутьме коридора глянцевитой спиной и подвороченными рукавами. Войдя в нумер, проезжий тотчас сбросил с себя шинель и шарф, сел на диван и, опершись в колени кулаками, сперва поглядел кругом, как бы спросонья, потом велел позвать своего слугу. Лакей сделал уклончивое движение и исчез. Проезжий этот был не кто иной, как Лежнев. Рекрутский набор вызвал его из деревни в С...

Слуга Лежнева, малый молодой, курчавый и краснощекий, в серой шинели, подпоясанной голубым кушачком, и мягких валенках, вошел в комнату.

— Ну вот, брат, мы и доехали,— промолвил Лежнев,— а ты всё боялся, что шина с колеса соскочит.

— Доехали! — возразил слуга, силясь улыбнуться через поднятый воротник шинели,— а уж отчего эта шина не соскочила...

— Никого здесь нет? — раздался голос в коридоре.

Лежнев вздрогнул и стал прислушиваться.

— Эй! кто там? — повторил голос.

Лежнев встал, подошел к двери и быстро отворил ее.

Перед ним стоял человек высокого роста, почти совсем

113

седой и сгорбленный, в старом плисовом сюртуке с бронзовыми пуговицами. Лежнев узнал его тотчас.

— Рудин! — воскликнул он с волнением.

Рудин обернулся. Он не мог разобрать черты Лежнева, стоявшего к свету спиною, и с недоумением глядел на него.

— Вы меня не узнаёте? — заговорил Лежнев.

— Михайло Михайлыч! — воскликнул Рудин и протянул руку, но смутился и отвел ее было назад...

Лежнев поспешно ухватился за нее своими обеими.

— Войдите, войдите ко мне! — сказал он Рудину и ввел его в нумер.

— Как вы изменились! — произнес Лежнев, помолчав и невольно понизив голос.

— Да, говорят! — возразил Рудин, блуждая по комнате взором.— Года́... А вот вы — ничего. Как здоровье Александры... вашей супруги?

— Благодарствуйте, хорошо. Но какими судьбами вы здесь?

— Я? Это долго рассказывать. Собственно, сюда я зашел случайно. Я искал одного знакомого. Впрочем, я очень рад...

— Где вы обедаете?

— Я? Не знаю. Где-нибудь в трактире. Я должен сегодня же выехать отсюда.

— Должны?

Рудин значительно усмехнулся.

— Да-с, должен. Меня отправляют к себе в деревню на жительство.

— Пообедайте со мной.

Рудин в первый раз взглянул прямо в глаза Лежневу.

— Вы мне предлагаете с собой обедать? — проговорил он.

— Да, Рудин, по-старинному, по-товарищески. Хотите? Не ожидал я вас встретить, и Бог знает, когда мы увидимся опять. Не расстаться же нам с вами так!

— Извольте, я согласен.

Лежнев пожал Рудину руку, кликнул слугу, заказал обед и велел поставить в лед бутылку шампанского.

———

В течение обеда Лежнев и Рудин, как бы сговорившись, всё толковали о студенческом своем времени, припоминали многое и многих — мертвых и живых. Сперва Рудин говорил неохотно, но он выпил несколько рюмок вина, и кровь в нем разгорелась. Наконец лакей вынес последнее блюдо. Лежнев встал, запер дверь и, вернувшись к столу, сел прямо напротив Рудина и тихонько оперся подбородком на обе руки.

— Ну, теперь,— начал он,— рассказывайте-ка мне всё, что с вами случилось с тех пор, как я вас не видал.

Рудин посмотрел на Лежнева.

«Боже мой! — подумал опять Лежнев,— как он изменился, бедняк!»

Черты Рудина изменились мало, особенно с тех пор, как мы видели его на станции, хотя печать приближающейся старости уже успела лечь на них; но выражение их стало другое. Иначе глядели глаза; во всем существе его, в движениях, то замедленных, то бессвязно порывистых, в похолодевшей, как бы разбитой речи, высказывалась усталость окончательная, тайная и тихая скорбь, далеко различная от той полупритворной грусти, которою он щеголял, бывало, как вообще щеголяет ею молодежь, исполненная надежд и доверчивого самолюбия.

— Рассказать вам всё, что со мною случилось? — заговорил он.— Всего рассказать нельзя и не стóит... Маялся я много, скитался не одним телом — душой скитался. В чем и в ком я не разочаровался, Бог мой! С кем не сближался! Да, с кем! — повторил Рудин, заметив, что Лежнев с каким-то особенным участием посмотрел ему в лицо.— Сколько раз мои собственные слова становились мне противными — не говорю уже в моих устах, но и в устах людей, разделявших мои мнения! Сколько раз переходил я от раздражительности ребенка к тупой бесчувственности лошади, которая уже и хвостом не дрыгает, когда ее сечет кнут... Сколько раз я радовался, надеялся, враждовал и унижался напрасно! Сколько раз вылетал соколом — и возвращался ползком, как улитка, у которой раздавили раковину!.. Где не бывал я, по каким дорогам не ходил!.. А дороги бывают грязные,— прибавил Рудин и слегка отвернулся.— Вы знаете...— продолжал он...

— Послушайте,— перебил его Лежнев,— мы когда-то говорили «ты» друг другу... Хочешь? возобновим старину... Выпьем на ты!

Рудин встрепенулся, приподнялся, а в глазах его промелькнуло что-то, чего слово выразить не может.

— Выпьем,— сказал он,— спасибо тебе, брат, выпьем.

Лежнев и Рудин выпили по бокалу.

115

— *Ты* знаешь,— начал опять, с ударением на слове «ты» и с улыбкою, Рудин,— во мне сидит какой-то червь, который грызет меня и гложет и не даст мне успокоиться до конца. Он наталкивает меня на людей — они сперва подвергаются моему влиянию, а потом...

Рудин провел рукой по воздуху.

— С тех пор, как я расстался с вами... с тобою, я переиспытал и переизведал многое... Начинал я жить, принимался за новое раз двадцать — и вот видишь!

— Выдержки в тебе не было,— проговорил, как бы про себя, Лежнев.

— Как ты говоришь, выдержки во мне не было!.. Строить я никогда ничего не умел; да и мудрено, брат, строить, когда и почвы-то под ногами нету, когда самому приходится собственный свой фундамент создавать! Всех моих похождений, то есть, собственно говоря, всех моих неудач, я тебе описывать не буду. Передам тебе два-три случая... те случаи из моей жизни, когда, казалось, успех уже улыбался мне, или нет, когда я начинал надеяться на успех — что не совсем одно и то же...

Рудин откинул назад свои седые и уже жидкие волосы тем самым движением руки, каким он некогда отбрасывал свои темные и густые кудри.

— Ну, слушай,— начал он.— Сошелся я, в Москве, с одним довольно странным господином. Он был очень богат и владел обширными поместьями; не служил. Главная, единственная его страсть была любовь к науке, к науке вообще. До сих пор я постигнуть не могу, почему эта страсть в нем проявилась! Шла она к нему, как к корове седло. Сам он с усилием держался на высоте ума и говорить почти не умел, только поводил выразительно глазами и значительно покачивал головой. Я, брат, не встречал бездарнее и бедней его природы... В Смоленской губернии есть такие места — песок и больше ничего, да изредка трава, которую ни одно животное есть не станет. Ничего ему в руки не давалось — всё так и ползло от него прочь, подальше; а он еще помешан был на том, чтобы всё легкое делать трудным. Если бы это зависело от его распоряжений, у него бы люди ели пятками, право. Работал, писал и читал он неутомимо. Он ухаживал за наукой с какою-то упрямой настойчивостью, с терпением страшным; самолюбие в нем было огромное, и характер он имел железный. Он жил один и слыл чудаком. Я познакомился с ним... ну, и понравился ему. Я, признаюсь, скоро его понял, но рвение его меня тронуло. Притом он владел такими средствами, столько можно было через него сделать добра, принести пользы существенной... Я поселился у него и уехал с ним, наконец, в его деревню. Планы, брат, у меня были громадные: я мечтал о разных усовершенствованиях, нововведениях...

— Как у Ласунской, помнишь,— заметил Лежнев с добродушной улыбкой.

— Какое! там я знал, в душе, что из слов моих ничего не выйдет; а тут... тут совсем другое поле раскрывалось передо мною... Я навез с собою агрономических книг... правда, я до конца не прочел ни одной... ну, и приступил к делу. Сначала оно не пошло, как я и ожидал, а потом оно как будто и пошло. Мой новый друг всё помалчивал да посматривал, не мешал мне, т. е. до известной степени не мешал мне. Он принимал мои предложения и исполнял их, но с упорством, туго, с тайной недоверчивостью, и всё гнул на свое. Он чрезвычайно дорожил каждой своей мыслью. Взберется на нее с усилием, как божья коровка на конец былинки, и сидит, сидит на ней, всё как будто крылья расправляет и полететь собирается — и вдруг свалится, и опять полезет... Не удивляйся всем этим сравнениям. Они еще тогда накипели у меня на душе. Так я вот и бился года два. Дело подвигалось плохо, несмотря на все мои хлопоты. Начал я уставать, приятель мой надоедал мне, я стал язвить его, он давил меня, словно перина; недоверчивость его перешла в глухое раздражение, неприязненное чувство охватывало нас обоих, мы уже не могли говорить ни о чем; он исподтишка, но беспрестанно старался доказать мне, что не подчиняется моему влиянию; распоряжения мои либо искажались, либо отменялись вовсе... Я заметил, наконец, что состою у господина помещика в качестве приживальщика по части умственных упражнений. Горько мне стало тратить попусту время и силы, горько почувствовать, что я опять и опять обманулся в своих ожиданиях. Я знал очень хорошо, что́ я терял, уезжая; но я не мог сладить с собою, и в один день, вследствие тяжелой и возмутительной сцены, которой я был свидетелем и которая показала мне моего приятеля со стороны уже слишком невыгодной, я рассорился с ним окончательно и уехал, бросил барича-педанта, вылепленного из степной муки с примесью немецкой патоки...

— То есть бросил насущный кусок хлеба,— проговорил Лежнев и положил обе руки на плечи Рудину.

— Да, и очутился опять легок и гол в пустом пространстве. Лети, мол, куда хочешь... Эх, выпьем!

— За твое здоровье,— промолвил Лежнев, приподнялся и поцеловал Рудина в лоб.— За твое здоровье и в память Покорского... Он также умел остаться нищим.

— Вот тебе и нумер первый моих похождений,— начал спустя немного Рудин.— Продолжать, что ли?

— Продолжай, пожалуйста.

— Эх! да говорить-то не хочется. Устал я говорить, брат... Ну, однако, так и быть. Потолкавшись еще по разным местам... Кстати, я бы мог рассказать тебе, как я попал было в секретари к благонамеренному сановному лицу и что из этого вышло; но это завело бы нас слишком далеко... Потолкавшись по разным местам, я решился сделаться, наконец... не смейся, пожалуйста... деловым человеком, практическим. Случай такой вышел: я сошелся с одним... ты, может быть, слыхал о нем... с одним Курбеевым... нет?

— Нет, не слыхал. Но, помилуй, Рудин, как же ты, с своим умом, не догадался, что твое дело не в том состоит, чтобы быть... извини за каламбур... деловым человеком?

— Знаю, брат, что не в том; а впрочем, в чем оно состоит-то?.. Но если б ты видел Курбеева! Ты, пожалуйста, не воображай его себе каким-нибудь пустым болтуном. Говорят, я был красноречив когда-то. Я перед ним просто ничего не значу. Это был человек удивительно ученый, знающий, голова, творческая, брат, голова в деле промышленности и предприятий торговых. Проекты самые смелые, самые неожиданные так и кипели у него на уме. Мы соединились с ним и решились употребить свои силы на общеполезное дело...

— На какое, позволь узнать?

Рудин опустил глаза.

— Ты засмеешься.

— Почему же? Нет, не засмеюсь.

— Мы решились одну реку в К...ой губернии превратить в судоходную,— проговорил Рудин с неловкой улыбкой.

— Вот как! Стало быть, этот Курбеев капиталист?

— Он был беднее меня,— возразил Рудин и тихо поникнул своей седой головой.

Лежнев захохотал, но вдруг остановился и взял за руку Рудина.

— Извини меня, брат, пожалуйста,— заговорил он,— но я этого никак не ожидал. Ну, что ж, это предприятие ваше так и осталось на бумаге?

— Не совсем. Начало исполнения было. Мы наняли работников... ну, и приступили. Но тут встретились различные препятствия. Во-первых, владельцы мельниц никак не хотели понять нас, да сверх того мы с водой без машины справиться не могли, а на машину не хватило денег. Шесть месяцев прожили мы в землянках. Курбеев одним хлебом питался, я тоже недоедал. Впрочем, я об этом не сожалею: природа там удивительная. Мы бились, бились, уговаривали купцов, письма писали, циркуляры. Кончилось тем, что я последний грош свой добил на этом проекте.

— Ну! — заметил Лежнев,— я думаю, добить твой последний грош было не мудрено.

— Не мудрено, точно.

Рудин глянул в окно.

— А проект, ей-Богу, был недурен и мог бы принесть огромные выгоды.

— Куда же Курбеев этот делся? — спросил Лежнев.

— Он? он в Сибири теперь, золотопромышленником сделался. И ты увидишь, он себе составит состояние; он не пропадет.

— Может быть; но ты вот уж наверное состояния себе не составишь.

— Я? Что делати! Впрочем, я знаю, я всегда в глазах твоих был пустым человеком.

— Ты? Полно, брат!.. Было время, точно, когда мне в глаза бросались одни твои темные стороны; но теперь, поверь мне, я научился ценить тебя. Ты себе состояния не составишь... Да я люблю тебя за это... помилуй!

Рудин слабо усмехнулся.

— В самом деле?

— Я уважаю тебя за это! — повторил Лежнев,— понимаешь ли ты меня?

Оба помолчали.

— Что ж, переходить к нумеру третьему? — спросил Рудин.

— Сделай одолжение.

— Изволь. Нумер третий и последний. С этим нумером я только теперь разделался. Но не наскучил ли я тебе?

— Говори, говори.

— Вот видишь ли,— начал Рудин,— я однажды подумал на досуге... досуга-то у меня всегда много было... я подумал: сведений у меня довольно, желания добра... послушай, ведь и ты не станешь отрицать во мне желания добра?

— Еще бы!

— На других всех пунктах я более или менее срезался... Отчего бы мне не сделаться педагогом, или, говоря попросту, учителем... чем так жить, даром...

Рудин остановился и вздохнул.

— Чем жить даром, не лучше ли постараться передать другим, что я знаю: может быть, они извлекут из моих познаний хотя некоторую пользу. Способности мои недюжинные же наконец, языком я владею... Вот я и решился посвятить себя этому новому делу. Хлопотно мне было достать место; частных уроков давать я не хотел; в низших училищах мне делать было нечего. Наконец мне удалось достать место преподавателя в здешней гимназии.

— Преподавателя — чего? — спросил Лежнев.

— Преподавателя русской словесности. Скажу тебе, ни за одно дело не принимался я с таким жаром, как за это. Мысль действовать на юношество меня воодушевила. Три недели просидел я над составлением вступительной лекции.

— Ее нет у тебя? — перебил Лежнев.

— Нет: затерялась куда-то. Она вышла недурна и понравилась. Как теперь вижу лица моих слушателей,— лица добрые, молодые, с выражением чистосердечного внимания, участия, даже изумления. Взошел я на кафедру, прочел лекцию в лихорадке; я думал, ее хватит на час с лишком, а я ее в двадцать минут кончил. Инспектор тут же сидел — сухой старик в серебряных очках и коротком парике,— он изредка наклонял голову в мою сторону. Когда я кончил и соскочил с кресел, он мне сказал: «Хорошо-с, только высоко немножко, темновато, да и о самом предмете мало сказано». А гимназисты с уважением проводили меня взорами... право. Ведь вот чем драгоценна молодежь! Вторую лекцию я принес написанную, и третью тоже... потом я стал импровизировать.

— И имел успех? — спросил Лежнев.

— Имел большой успех. Слушатели приходили толпами. Я им передавал всё, что у меня было в душе. Между ними было три-четыре мальчика действительно замечательных; остальные меня понимали плохо. Впрочем, сознаться надо, что и те, которые меня понимали, иногда смущали меня своими вопросами. Но я не унывал. Любить-то меня все любили; я на репетициях ставил полные баллы всем. Но тут началась против меня интрига... или нет! никакой интриги не было, а я просто попал не в свою сферу. Я стеснял других, и меня теснили. Я читал гимназистам, как и студентам не всегда читают; слушатели мои выносили мало из моих лекций... факты я сам знал плохо. Притом я не удовлетворялся кругом действий, который был мне назначен... уж это, ты знаешь, моя слабость. Я хотел коренных преобразований, и, клянусь тебе, эти преобразования были и дельны и легки. Я надеялся провести их через директора, доброго и честного человека, на которого я сначала имел влияние. Его жена мне помогала. Я, брат, в жизни своей не много встречал таких женщин. Ей уже было лет под сорок; но она верила в добро, любила всё прекрасное, как пятнадцатилетняя девушка, и не боялась высказывать свои убеждения перед кем бы то ни было. Я никогда не забуду ее благородной восторженности и чистоты. По ее совету я написал было план... Но тут под меня подкопались, очернили меня перед ней. Особенно повредил мне учитель математики, маленький человек, острый, желчный и ни во что не веривший, вроде Пигасова, только гораздо дельнее его... Кстати, что Пигасов, жив?

— Жив и, вообрази, женился на мещанке, которая, говорят, его бьет.

— Поделом! Ну, а Наталья Алексеевна здорова?

— Да.

Счастлива?

— Да.

Рудин помолчал.

— О чем, бишь, я говорил... да! об учителе математики. Он меня возненавидел, сравнивал мои лекции с фейерверком, подхватывал на лету каждое не совсем ясное выражение, раз даже сбил меня на каком-то памятнике XVI века... а главное, он заподозрил мои намерения; последний мой мыльный пузырь наткнулся на него, как на булавку, и лопнул. Инспектор, с которым я сразу не поладил, восстановил против меня директора: вышла сцена, я не хотел уступить, погорячился, дело дошло до сведения начальства; я принужден был выйти в отставку. Я этим не ограничился, я хотел показать, что со мной нельзя поступить так... но со мной можно было поступить как угодно... Я теперь должен выехать отсюда.

Наступило молчание. Оба приятеля сидели, понурив головы.

Первый заговорил Рудин.

— Да, брат,— начал он,— я теперь могу сказать с Кольцовым: «До чего ты, моя молодость, довела меня, домыкала, что уж шагу ступить некуда...» И между тем неужели я ни на что не был годен, неужели для меня так-таки нет дела на земле? Часто я ставил себе этот вопрос, и как я ни старался себя унизить в собственных глазах, не мог же я не чувствовать в себе присутствия сил, не всем людям данных! Отчего же эти силы остаются бесплодными? И вот еще что. Помнишь, когда мы с тобой были за границей, я был тогда самонадеян и ложен... Точно, я тогда ясно не сознавал, чего я хотел, я упивался словами и верил в призраки; но теперь, клянусь тебе, я могу громко, передо всеми высказать всё, чего я желаю. Мне решительно скрывать нечего: я вполне, и в самой сущности слова, человек благонамеренный; я смиряюсь, хочу примениться к обстоятельствам, хочу малого, хочу достигнуть цели близкой, принести хотя ничтожную пользу. Нет! не удается! Что это значит? Что мешает мне жить и действовать, как другие?.. Я только об этом теперь и мечтаю. Но едва успею я войти в определенное положение, остановиться на известной точке, судьба так и сопрет меня с нее долой... Я стал бояться ее — моей судьбы... Отчего всё это? Разреши мне эту загадку!

— Загадку! — повторил Лежнев.— Да, это правда. Ты и для меня был всегда загадкой. Даже в молодости, когда, бывало, после какой-нибудь мелочной выходки, ты вдруг заговоришь так, что сердце дрогнет, а там опять начнешь... ну, ты знаешь, что я хочу сказать... даже тогда я тебя не понимал: оттого-то я и разлюбил тебя... Сил в тебе так много, стремление к идеалу такое неутомимое...

— Слова, всё слова! дел не было! — прервал Рудин.

— Дел не было! Какие же дела...

— Какие дела? Слепую бабку и всё ее семейство своими трудами прокормить, как, помнишь, Пряженцев... Вот тебе и дело.

— Да; но доброе слово — тоже дело.

Рудин посмотрел молча на Лежнева и тихо покачал головой.

Лежнев хотел было что-то сказать и провел рукой по лицу.

— Итак, ты едешь в деревню? — спросил он наконец.

— В деревню.

— Да разве у тебя осталась деревня?

— Там что-то такое осталось. Две души с половиною.

Угол есть, где умереть. Ты, может быть, думаешь в эту минуту: «И тут не обошелся без фразы!» Фраза, точно, меня сгубила, она заела меня, я до конца не мог от нее отделаться. Но то, что я сказал, не фраза. Не фраза, брат, эти белые волосы, эти морщины; эти прорванные локти — не фраза. Ты всегда был строг ко мне, и ты был справедлив; но не до строгости теперь, когда уже всё кончено, и масла в лампаде нет, и сама лампада разбита, и вот-вот сейчас докурится фитиль... Смерть, брат, должна примирить наконец...

Лежнев вскочил.

— Рудин! — воскликнул он, — зачем ты мне это говоришь? Чем я заслужил это от тебя? Что я за судья такой, и что бы я был за человек, если б, при виде твоих впалых щек и морщин, слово: фраза — могло прийти в голову? Ты хочешь знать, что я думаю о тебе? Изволь! Я думаю: вот человек... с его способностями, чего бы не мог он достигнуть, какими земными выгодами не обладал бы теперь, если б захотел!.. а я его встречаю голодным, без пристанища...

— Я возбуждаю твое сожаление, — промолвил глухо Рудин.

— Нет, ты ошибаешься. Ты уважение мне внушаешь — вот что. Кто тебе мешал проводить годы за годами у этого помещика, твоего приятеля, который, я вполне уверен, если б ты только захотел под него подлаживаться, упрочил бы твое состояние? Отчего ты не мог ужиться в гимназии, отчего ты — странный человек! — с какими бы помыслами ни начинал дело, всякий раз непременно кончал его тем, что жертвовал своими личными выгодами, не пускал корней в недобрую почву, как она жирна не была?

— Я родился перекати-полем, — продолжал Рудин с унылой усмешкой. — Я не могу остановиться.

— Это правда; но ты не можешь остановиться не оттого, что в тебе червь живет, как ты сказал мне сначала... Не червь в тебе живет, не дух праздного беспокойства: огонь любви к истине в тебе горит, и, видно, несмотря на все твои дрязги, он горит в тебе сильнее, чем во многих, которые даже не считают себя эгоистами, а тебя, пожалуй, называют интриганом. Да я первый на твоем месте давно бы заставил замолчать в себе этого червя и примирился бы со всем; а в тебе даже желчи не прибавилось, и ты, я уверен, сегодня же, сейчас, готов опять приняться за новую работу, как юноша.

— Нет, брат, я теперь устал,— проговорил Рудин.— С меня довольно.

— Устал! Другой бы умер давно. Ты говоришь, смерть примиряет, а жизнь, ты думаешь, не примиряет? Кто пожил, да не сделался снисходительным к другим, тот сам не заслуживает снисхождения. А кто может сказать, что он в снисхождении не нуждается? Ты сделал что мог, боролся пока мог... Чего же больше? Наши дороги разошлись...

— Ты, брат, совсем другой человек, нежели я,— перебил Рудин со вздохом.

— Наши дороги разошлись,— продолжал Лежнев,— может быть, именно оттого, что, благодаря моему состоянию, холодной крови да другим счастливым обстоятельствам, ничто мне не мешало сидеть сиднем да оставаться зрителем, сложив руки, а ты должен был выйти на поле, засучить рукава, трудиться, работать. Наши дороги разошлись... но посмотри, как мы близки друг другу. Ведь мы говорим с тобой почти одним языком, с полунамека понимаем друг друга, на одних чувствах выросли. Ведь уж мало нас остается, брат; ведь мы с тобой последние могикане! Мы могли расходиться, даже враждовать в старые годы, когда еще много жизни оставалось впереди; но теперь, когда толпа редеет вокруг нас, когда новые поколения идут мимо нас, к не нашим целям, нам надобно крепко держаться друг за друга. Чокнемся, брат, и давай-ка по-старинному: Gaudeamus igitur![1]

Приятели чокнулись стаканами и пропели растроганными и фальшивыми прямо русскими голосами старинную студенческую песню.

— Вот ты теперь в деревню едешь,— заговорил опять Лежнев.— Не думаю, чтоб ты долго в ней остался, и не могу себе представить, чем, где и как ты кончишь... Но помни: что бы с тобой ни случилось, у тебя всегда есть место, есть гнездо, куда ты можешь укрыться. Это мой дом... слышишь, старина? У мысли тоже есть свои инвалиды: надобно, чтоб и у них был приют.

Рудин встал.

— Спасибо тебе, брат,— продолжал он.— Спасибо! Не забуду я тебе этого. Да только приюта я не стою. Испортил я свою жизнь и не служил мысли, как следует...

---

[1] Итак, будем веселиться! (*лат.*)

— Молчи! — продолжал Лежнев.— Каждый остается тем, чем сделала его природа, и больше требовать от него нельзя! Ты назвал себя Вечным Жидом... А почему ты знаешь, может быть, тебе и следует так вечно странствовать, может быть, ты исполняешь этим высшее, для тебя самого неизвестное назначение: народная мудрость гласит недаром, что все мы под Богом ходим.— Ты едешь,— продолжал Лежнев, видя, что Рудин брался за шапку.— Ты не останешься ночевать?

— Еду! Прощай. Спасибо... А кончу я скверно.

— Это знает Бог... Ты решительно едешь?

— Еду. Прощай. Не поминай меня лихом.

— Ну, не поминай же лихом и меня... и не забудь, что я сказал тебе. Прощай...

Приятели обнялись. Рудин быстро вышел.

Лежнев долго ходил взад и вперед по комнате, остановился перед окном, подумал, промолвил вполголоса: «бедняк!» — и, сев за стол, начал писать письмо к своей жене.

А на дворе поднялся ветер и завыл зловещим завываньем, тяжело и злобно ударяясь в звенящие стекла. Наступила долгая осенняя ночь. Хорошо тому, кто в такие ночи сидит под кровом дома, у кого есть теплый уголок... И да поможет Господь всем бесприютным скитальцам!

В знойный полдень 26 июня 1848 года, в Париже, когда уже восстание «национальных мастерских» было почти подавлено, в одном из тесных переулков предместия св. Антония баталион линейного войска брал баррикаду. Несколько пушечных выстрелов уже разбили ее; ее защитники, оставшиеся в живых, ее покидали и только думали о собственном спасении, как вдруг на самой ее вершине, на продавленном кузове поваленного омнибуса, появился высокий человек в старом сюртуке, подпоясанном красным шарфом, и соломенной шляпе на седых, растрепанных волосах. В одной руке он держал красное знамя, в другой — кривую и тупую саблю, и кричал что-то напряженным, тонким голосом, карабкаясь кверху и помахивая и знаменем, и саблей. Венсенский стрелок прицелился в него — выстрелил... Высокий человек выронил знамя — и, как мешок, повалился лицом вниз, точно в ноги кому-то поклонился... Пуля прошла ему сквозь самое сердце.

— Tiens! — сказал один из убегавших insurgés друго-му,— on vient de tuer le Polonais[1].

— Bigre![2] — ответил тот, и оба бросились в подвал дома, у которого все ставни были закрыты и стены пестрели следами пуль и ядер.

Этот «Polonais» был — Дмитрий Рудин.

---

[1] Смотри-ка!.. поляка убили. Insurgé — повстанец *(фр.)*.
[2] Чёрт возьми! *(фр.)*

ДВОРЯНСКОЕ ГНЕЗДО

1858

есенний, светлый день клонился к вечеру; небольшие розовые тучки стояли высоко в ясном небе и, казалось, не плыли мимо, а уходили в самую глубь лазури.

Перед раскрытым окном красивого дома, в одной из крайних улиц губернского города О... (дело происходило в 1842 году), сидели две. женщины — одна лет пятидесяти, другая уже старушка, семидесяти лет.

Первую из них звали Марьей Дмитриевной Калитиной. Ее муж, бывший губернский прокурор, известный в свое время делец,— человек бойкий и решительный, желчный и упрямый,— умер лет десять тому назад. Он получил изрядное воспитание, учился в университете, но, рожденный в сословии бедном, рано понял необходимость проложить себе дорогу и набить деньгу. Марья Дмитриевна вышла за него по любви: он был недурен собою, умен и, когда хотел, очень любезен. Марья Дмитриевна (в девицах Пестова) еще в детстве лишилась родителей, провела несколько лет в Москве, в институте, и, вернувшись оттуда, жила в пятидесяти верстах от О..., в родовом своем селе Покровском, с теткой да с старшим братом. Брат этот скоро переселился в Петербург на службу и держал и сестру и тетку в черном теле, пока внезапная смерть не положила предела его поприщу. Марья Дмитриевна наследовала Покровское, но не долго жила в нем; на второй же год после ее свадьбы с Калитиным, который в несколько дней успел покорить ее сердце, Покровское было променено на другое имение, гораздо более доходное, но некрасивое и без усадьбы; и в то же время Калитин приобрел дом в городе О..., где и поселился с женою на постоянное жительство. При доме находился большой сад; одной стороной он выходил прямо в поле, за город. «Стало быть,— решил Калитин, большой неохотник до сельской тишины,— в деревню таскаться незачем». Марья Дмитриевна не раз в душе пожалела о своем хорошеньком Покровском с веселой речкой, широкими лугами и зелеными рощами; но она ни в чем не прекословила мужу и благоговела пред его умом и знанием света. Когда же, после пятнадцатилетнего брака, он умер, оставив сына и двух дочерей, Марья Дмитриевна уже до того привыкла к своему дому и к городской жизни, что сама не захотела выехать из О...

Марья Дмитриевна в молодости пользовалась репутацией миленькой блондинки; и в пятьдесят лет черты ее не были лишены приятности, хотя немного распухли и сплылись. Она была более чувствительна, нежели добра, и до зрелых лет сохранила институтские замашки; она избаловала себя, легко раздражалась и даже плакала, когда нарушались ее привычки; зато она была очень ласкова и любезна, когда все ее желания исполнялись и никто ей не прекословил. Дом ее принадлежал к числу приятнейших в городе. Состояние у ней было весьма хорошее, не столько наследственное, сколько благоприобретенное мужем. Обе дочери жили с нею; сын воспитывался в одном из лучших казенных заведений в Петербурге.

Старушка, сидевшая с Марьей Дмитриевной под окошком, была та самая тетка, сестра ее отца, с которою она провела некогда несколько уединенных лет в Покровском. Звали ее Марфой Тимофеевной Пестовой. Она слыла чудачкой, нрав имела независимый, говорила всем правду в глаза и при самых скудных средствах держалась так, как будто за ней водились тысячи. Она терпеть не могла покойного Калитина и, как только ее племянница вышла за него замуж, удалилась в свою деревушку, где прожила целых десять лет у мужика в курной избе. Марья Дмитриевна ее побаивалась. Черноволосая и быстроглазая даже в старости, маленькая, востроносая, Марфа

130

Тимофеевна ходила живо, держалась прямо и говорила скоро и внятно, тонким и звучным голоском. Она постоянно носила белый чепец и белую кофту.

— О чем ты это? — спросила она вдруг Марью Дмитриевну.— О чем вздыхаешь, мать моя?

— Так,— промолвила та.— Какие чудесные облака!

— Так тебе их жалко, что ли?

Марья Дмитриевна ничего не отвечала.

— Что это Гедеоновский нейдет? — проговорила Марфа Тимофеевна, проворно шевеля спицами (она вязала большой шерстяной шарф).— Он бы повздыхал вместе с тобою,— не то соврал бы что-нибудь.

— Как вы всегда строго о нем отзываетесь! Сергей Петрович — почтенный человек.

— Почтенный! — повторила с укоризной старушка.

— И как он покойному мужу был предан! — проговорила Марья Дмитриевна,— до сих пор вспомнить о нем равнодушно не может.

— Еще бы! тот его за уши из грязи вытащил,— проворчала Марфа Тимофеевна, и спицы еще быстрее заходили в ее руках.

— Глядит таким смиренником,— начала она снова,— голова вся седая, а что рот раскроет, то солжет или насплетничает. А еще статский советник! Ну, и то сказать: попович!

— Кто же без греха, тетушка? Эта слабость в нем есть, конечно. Сергей Петрович воспитания, конечно, не получил, по-французски не говорит; но он, воля ваша, приятный человек.

— Да, он ручки у тебя всё лижет. По-французски не говорит,— эка беда! Я сама не сильна во французском «диалехте». Лучше бы он ни по-каковски не говорил: не лгал бы. Да вот он, кстати, легок на помине,— прибавила Марфа Тимофеевна, глянув на улицу.— Вон он шагает, твой приятный человек. Экой длинный, словно аист!

Марья Дмитриевна поправила свои локоны. Марфа Тимофеевна с усмешкой посмотрела на нее.

— Что это у тебя, никак седой волос, мать моя? Ты побрани свою Палашку. Чего она смотрит?

— Уж вы, тетушка, всегда...— пробормотала с досадой Марья Дмитриевна и застучала пальцами по ручке кресел.

— Сергей Петрович Гедеоновский! — пропищал краснощекий казачок, выскочив из-за двери.

Вошел человек высокого роста, в опрятном сюртуке, коротеньких панталонах, серых замшевых перчатках и двух галстуках — одном черном, сверху, другом белом, снизу. Всё в нем дышало приличием и пристойностью, начиная с благообразного лица и гладко причесанных висков до сапогов без каблуков и без скрыпу. Он поклонился сперва хозяйке дома, потом Марфе Тимофеевне и, медленно стащив перчатки, подошел к ручке Марьи Дмитриевны. Поцеловав ее почтительно и два раза сряду, он сел не торопясь в кресла и с улыбкой, потирая самые кончики пальцев, проговорил:

— А Елизавета Михайловна здоровы?

— Да, — отвечала Марья Дмитриевна — она в саду

— И Елена Михайловна?

— Леночка в саду тоже. — Нет ли чего новенького?

— Как не быть-с, как не быть-с, — возразил гость, медленно моргая и вытягивая губы. — Гм!.. да вот пожалуйте, есть новость, и преудивительная: Лаврецкий Федор Иваныч приехал.

— Федя! — воскликнула Марфа Тимофеевна. — Да ты, полно, не сочиняешь ли, отец мой?

— Никак нет-с, я их самолично видел.

— Ну, это еще не доказательство.

— Очень поздоровели, — продолжал Гедеоновский, показывая вид, будто не слышал замечания Марфы Тимофеевны, — в плечах еще шире стали, и румянец во всю щеку.

— Поздоровел, — произнесла с расстановкой Марья Дмитриевна, — кажется, с чего бы ему здороветь?

— Да-с, — возразил Гедеоновский, — другой на его месте и в свет-то показаться посовестился бы.

— Это отчего? — перебила Марья Тимофеевна, — это что за вздор? Человек возвратился на родину — куда ж ему деться прикажете? И благо он в чем виноват был!

— Муж всегда виноват, сударыня, осмелюсь вам доложить, когда жена нехорошо ведет себя.

— Это ты, батюшка, оттого говоришь, что сам женат не был.

Гедеоновский принужденно улыбнулся.

— Позвольте полюбопытствовать, — спросил он после небольшого молчания, — кому назначается этот миленький шарф?

Марфа Тимофеевна быстро взглянула на него.

— А тому назначается, — возразила она, — кто никогда

не сплетничает, не хитрит и не сочиняет, если только есть на свете такой человек. Федю я знаю хорошо; он только тем и виноват, что баловал жену. Ну, да и женился он по любви, а из этих из любовных свадеб ничего путного никогда не выходит,— прибавила старушка, косвенно взглянув на Марью Дмитриевну и вставая.— А ты теперь, мой батюшка, на ком угодно зубки точи, хоть на мне; я уйду, мешать не буду.

И Марфа Тимофеевна удалилась.

— Вот она всегда так,— проговорила Марья Дмитриевна, проводив свою тетку глазами,— всегда!

— Лета ихние! Что делать-с! — заметил Гедеоновский.— Вот они изволят говорить: кто не хитрит. Да кто нонеча не хитрит? Век уж такой. Один мой приятель, препочтенный и, доложу вам, не малого чина человек, говаривал, что нонеча, мол, курица, и та с хитростью к зерну приближается — всё норовит, как бы сбоку подойти. А как погляжу я на вас, моя барыня, нрав-то у вас истинно ангельский; пожалуйте-ка мне вашу белоснежную ручку.

Марья Дмитриевна слабо улыбнулась и протянула Гедеоновскому свою пухлую руку с отделенным пятым пальчиком. Он приложился к ней губами, а она пододвинула к нему свое кресло и, слегка нагнувшись, спросила вполголоса:

— Так видели вы его? В самом деле он — ничего, здоров, весел?

— Весел-с, ничего-с,— возразил Гедеоновский шёпотом.

— А не слыхали вы, где его жена теперь?

— В последнее время в Париже была-с; теперь, слышно, в итальянское государство переселилась.

— Это ужасно, право,— Федино положение; я не знаю, как он переносит. Случаются, точно, несчастья со всяким; но ведь его, можно сказать, на всю Европу распубликовали.

Гедеоновский вздохнул.

— Да-с, да-с. Ведь она, говорят, и с артистами, и с пиянистами, и, как там по-ихнему, со львами да со зверями знакомство вела. Стыд потеряла совершенно...

— Очень, очень жалко,— проговорила Марья Дмитриевна.— По-родственному: ведь он мне, Сергей Петрович, вы знаете, внучатый племянник.

— Как же-с, как же-с. Как мне не знать-с всего, что до вашего семейства относится? Помилуйте-с.

— Придет он к нам как вы думаете?

— Должно полагать-с; а впрочем, они, слышно, к себе в деревню собираются.

Марья Дмитриевна подняла глаза к небу.

— Ах, Сергей Петрович, Сергей Петрович, как я подумаю, как нам, женщинам, нужно осторожно вести себя!

— Женщина женщине розь, Марья Дмитриевна. Есть, к несчастию, такие — нрава непостоянного... ну, и лета; опять правила не внушены сызмала. (Сергей Петрович достал из кармана клетчатый синий платок и начал его развертывать.) Такие женщины, конечно, бывают. (Сергей Петрович поднес угол платка поочередно к своим глазам.) Но вообще говоря, если рассудить, то есть... Пыль в городе необыкновенная,— заключил он.

— Maman, maman,— вскричала, вбегая в комнату, смазливая девочка лет одиннадцати,— к нам Владимир Николаич верхом едет!

Марья Дмитриевна встала; Сергей Петрович тоже встал и поклонился. «Елене Михайловне наше нижайшее»,— проговорил он и, отойдя в угол для приличия, принялся сморкать свой длинный и правильный нос.

— Какая у него чудесная лошадь! — продолжала девочка.— Он сейчас был у калитки и сказал нам с Лизой, что к крыльцу подъедет.

Послышался топот копыт, и стройный всадник на красивом гнедом коне показался на улице и остановился перед раскрытым окном.

III

— Здравствуйте, Марья Дмитриевна! — воскликнул звучным и приятным голосом всадник.— Как вам нравится моя новая покупка?

Марья Дмитриевна подошла к окну.

— Здравствуйте, Woldemar! Ах, какая славная лошадь! У кого вы ее купили?

— У ремонтера... Дорого взял, разбойник.

— Как ее зовут?

— Орландом... Да это имя глупо; я хочу переменить... Eh bien, eh bien, mon garçon...[1] Какой неугомонный!

Конь фыркал, переступал ногами и махал опененною мордой.

— Леночка, погладьте ее, не бойтесь...

Девочка протянула из окна руку, но Орланд вдруг

---

[1] Ну, ну, мой мальчик... *(фр.)*

взвился на дыбы и бросился в сторону. Всадник не потерялся, взял коня в шенкеля, вытянул его хлыстом по шее и, несмотря на его сопротивление, поставил его опять перед окном.

— Prenez garde, prenez garde[1], — твердила Марья Дмитриевна.

— Леночка, поласкайте его, — возразил всадник, — я не позволю ему вольничать.

Девочка опять протянула руку и робко коснулась трепетавших ноздрей Орланда, который беспрестанно вздрагивал и грыз удила.

— Браво! — воскликнула Марья Дмитриевна, — а теперь слезьте и придите к нам.

Всадник лихо повернул коня, дал ему шпоры и, проскакав коротким галопом по улице, въехал на двор. Минуту спустя он вбежал, помахивая хлыстиком, из двери передней в гостиную; в то же время на пороге другой двери показалась стройная, высокая, черноволосая девушка лет девятнадцати — старшая дочь Марьи Дмитриевны, Лиза.

IV

Молодой человек, с которым мы только что познакомили читателей, прозывался Владимиром Николаичем Паншиным. Он служил в Петербурге чиновником по особым поручениям в министерстве внутренних дел. В город О... он приехал для исполнения временного казенного поручения и состоял в распоряжении губернатора, генерала Зонненберга, которому доводился дальним родственником. Отец Паншина, отставной штабс-ротмистр, известный игрок, человек с сладкими глазами, помятым лицом и нервической дерготней в губах, весь свой век терся между знатью, посещал английские клубы обеих столиц и слыл за ловкого, не очень надежного, но милого и задушевного малого. Несмотря на всю свою ловкость, он находился почти постоянно на самом рубеже нищеты и оставил своему единственному сыну состояние небольшое и расстроенное. Зато он, по-своему, позаботился об его воспитании: Владимир Николаич говорил по-французски прекрасно, по-английски хорошо, по-немецки дурно. Так оно и следует: порядочным людям стыдно говорить хорошо понемецки; но пускать в ход германское словцо в некоторых, большею частью забавных, случаях — можно c'est même

---

[1] Осторожнее, осторожнее *(фр.)*.

135

très chic[1], как выражаются петербургские парижане. Владимир Николаич с пятнадцатилетнего возраста уже умел не смущаясь войти в любую гостиную, приятно повертеться в ней и кстати удалиться. Отец Паншина доставил сыну своему много связей; тасуя карты между двумя роббберами или после удачного «большого шлема», он не пропускал случая запустить словечко о своем «Володьке» какому-нибудь важному лицу, охотнику до коммерческих игр. С своей стороны, Владимир Николаич во время пребывания в университете, откуда он вышел с чином действительного студента, познакомился с некоторыми знатными молодыми людьми и стал вхож в лучшие дома. Его везде охотно принимали; он был очень недурен собою, развязен, забавен, всегда здоров и на всё готов; где нужно — почтителен, где можно — дерзок, отличный товарищ, un charmant garçon[2]. Заветная область раскрылась перед ним. Паншин скоро понял тайну светской науки; он умел проникнуться действительным уважением к ее уставам, умел с полунасмешливой важностью заниматься вздором и показать вид, что почитает все важное за вздор; танцевал отлично, одевался по-английски. В короткое время он прослыл одним из самых любезных и ловких молодых людей в Петербурге. Паншин был действительно очень ловок,— не хуже отца; но он был также очень даровит. Всё ему далось: он мило пел, бойко рисовал, писал стихи, весьма недурно играл на сцене. Ему всего пошел двадцать восьмой год, а он был уже камер-юнкером и чин имел весьма изрядный. Паншин твердо верил в себя, в свой ум, в свою проницательность; он шел вперед смело и весело, полным махом; жизнь его текла как по маслу. Он привык нравиться всем, старому и малому, и воображал, что знает людей, особенно женщин: он хорошо знал их обыденные слабости. Как человек не чуждый художеству, он чувствовал в себе и жар, и некоторое увлечение, и восторженность, и вследствие этого позволял себе разные отступления от правил: кутил, знакомился с лицами, не принадлежавшими к свету, и вообще держался вольно и просто; но в душе он был холоден и хитр, и во время самого буйного кутежа его умный карий глазок всё караулил и высматривал; этот смелый, этот свободный юноша никогда не мог забыться и увлечься вполне. К чести его должно сказать, что он никогда не хвастался своими победами. В дом Марьи Дмитриевны он попал

---

[1] это даже очень шикарно *(фр.)*.
[2] прелестный малый *(фр.)*.

тотчас по приезде в О... и скоро освоился в нем совершенно. Марья Дмитриевна в нем души не чаяла.

Паншин любезно раскланялся со всеми находившимися в комнате, пожал руку у Марьи Дмитриевны и у Лизаветы Михайловны, слегка потрепал Гедеоновского по плечу и, повернувшись на каблуках, поймал Леночку за голову и поцеловал ее в лоб.

— И вы не боитесь ездить на такой злой лошади? — спросила его Марья Дмитриевна.

— Помилуйте, она пресмирная; а вот, я доложу вам, чего я боюсь: я боюсь играть в преферанс с Сергеем Петровичем; вчера у Беленицыных он обыграл меня в пух.

Гедеоновский засмеялся тоненьким и подобострастным смехом: он заискивал в молодом блестящем чиновнике из Петербурга, губернаторском любимце. В разговорах своих с Марьей Дмитриевной он часто упоминал о замечательных способностях Паншина. Ведь вот, рассуждал он, как не похвалить? И в высшей сфере жизни успевает молодой человек, и служит примерно, и гордости ни малейшей. Впрочем, Паншина и в Петербурге считали дельным чиновником: работа кипела у него в руках; он говорил о ней шутя, как оно и следует светскому человеку, не придающему особенного значения своим трудам, но был «исполнитель». Начальники любят таких подчиненных; сам он не сомневался в том, что, если захочет, будет со временем министром.

— Вы изволите говорить, что я обыграл вас, — промолвил Гедеоновский, — а на прошлой неделе кто у меня выиграл двенадцать рублей? да еще...

— Злодей, злодей, — перебил его Паншин с ласковой, но чуть-чуть презрительной небрежностью и, не обращая более на него внимания, подошел к Лизе.

— Я не мог найти здесь увертюру «Оберона», — начал он. — Беленицына только хвасталась, что у ней вся классическая музыка, — на деле у ней, кроме полек и вальсов, ничего нет; но я уже написал в Москву, и через неделю вы будете иметь эту увертюру. Кстати, — продолжал он, — я написал вчера новый романс; слова тоже мои. Хотите, я вам спою? Не знаю, что из этого вышло; Беленицына нашла его премиленьким, но ее слова ничего не значат, — я желаю знать ваше мнение. Впрочем, я думаю, лучше после.

— Зачем же после? — вмешалась Марья Дмитриевна, — отчего же не теперь?

— Слушаю-с, — промолвил Паншин с какой-то светлой и сладкой улыбкой, которая у него и появлялась и пропадала вдруг, — пододвинул коленом стул, сел за фортепьяно и, взявши несколько аккордов, запел, четко отделяя слова, следующий романс:

Луна плывет высоко **над** землею
Меж бледных туч;
Но движет с вышины волной морскою
Волшебный луч.

Моей души тебя признало море
Своей луной,
И движется — и в радости и в горе —
Тобой одной.

Тоской любви, тоской немых стремлений
Душа полна;
Мне тяжело... Но ты чужда смятений,
Как та луна.

Второй куплет был спет Паншиным с особенным выражением и силой; в бурном аккомпанементе слышались переливы волн. После слов: «Мне тяжело...» — он вздохнул слегка, опустил глаза и понизил голос — morendo[1]. Когда он кончил, Лиза похвалила мотив, Марья Дмитриевна сказала: «Прелестно», а Гедеоновский даже крикнул: «Восхитительно! и поэзия, и гармония одинаково восхитительны!..» Леночка с детским благоговением посмотрела на певца. Словом, всем присутствовавшим очень понравилось произведение молодого дилетанта; но за дверью гостиной в передней стоял только что пришедший, уже старый человек, которому, судя по выражению его потупленного лица и движениям плечей, романс Паншина, хотя и премиленький, не доставил удовольствия. Подождав немного и смахнув пыль с сапогов толстым носовым платком, человек этот внезапно съежил глаза, угрюмо сжал губы, согнул свою, и без того сутулую, спину и медленно вошел в гостиную.

— А! Христофор Федорыч, здравствуйте! — воскликнул прежде всех Паншин и быстро вскочил со стула.

— Я и не подозревал, что вы здесь,— я бы при вас ни за что не решился спеть свой романс. Я знаю, вы не охотник до легкой музыки.

— Я не слушиль,— произнес дурным русским языком вошедший человек и, раскланявшись со всеми, неловко остановился посреди комнаты.

— Вы, мосье Лемм,— сказала Марья Дмитриевна,— пришли дать урок музыки Лизе?

---

[1] замирая *(ит.)*.

— Нет, не Лисафет Михайловне, а Елен Михайловне.

— А! Ну, что ж — прекрасно. Леночка, ступай наверх с господином Леммом.

Старик пошел было вслед за девочкой, но Паншин остановил его.

— Не уходите после урока, Христофор Федорыч,— сказал он,— мы с Лизаветой Михайловной сыграем бетговенскую сонату в четыре руки.

Старик проворчал себе что-то под нос, а Паншин продолжал по-немецки, плохо выговаривая слова:

— Мне Лизавета Михайловна показала духовную кантату, которую вы ей поднесли,— прекрасная вещь! Вы, пожалуйста, не думайте, что я не умею ценить серьезную музыку,— напротив: она иногда скучна, но зато очень пользительна.

Старик покраснел до ушей, бросил косвенный взгляд на Лизу и торопливо вышел из комнаты.

Марья Дмитриевна попросила Паншина повторить романс; но он объявил, что не желает оскорблять ушей ученого немца, и предложил Лизе заняться бетговенскою сонатой. Тогда Марья Дмитриевна вздохнула и, с своей стороны, предложила Гедеоновскому пройтись с ней по саду. «Мне хочется,— сказала она,— еще поговорить и посоветоваться с вами о бедном нашем Феде». Гедеоновский осклабился, поклонился, взял двумя пальцами свою шляпу с аккуратно положенными на одном из ее полей перчатками и удалился вместе с Марьей Дмитриевной. В комнате остались Паншин и Лиза; она достала и раскрыла сонату; оба молча сели за фортепьяно. Сверху доносились слабые звуки гамм, разыгрываемых неверными пальчиками Леночки.

V

Христофор Теодор Готлиб Лемм родился в 1786 году, в королевстве Саксонском, в городе Хемнице, от бедных музыкантов. Отец его играл на валторне, мать на арфе; сам он уже по пятому году упражнялся на трех различных инструментах. Восьми лет он осиротел, а с десяти начал зарабатывать себе кусок хлеба своим искусством. Он долго вел бродячую жизнь, играл везде — и в трактирах, и на ярмарках, и на крестьянских свадьбах, и на балах; наконец попал в оркестр и, подвигаясь всё выше и выше, достиг дирижерского места. Исполнитель он был довольно плохой, но музыку знал основательно. На двадцать восьмом году переселился он в Россию. Его выписал большой барин, который сам терпеть не мог музыки, но держал оркестр из чванства. Лемм прожил у него лет семь в качестве капельмейстера и отошел от него с пустыми руками: барин разорился, хотел дать ему на себя вексель, но впоследствии отказал ему и в этом,— словом, не заплатил ему ни копейки. Ему советовали уехать; но он не хотел вернуться домой нищим из России, из великой России, этого золотого дна артистов; он решился остаться и испытать свое счастье. В течение двадцати лет бедный немец пытал свое счастье: побывал у различных господ, жил и в Москве, и в губернских городах, терпел и сносил многое, узнал нищету, бился как рыба об лед; но мысль о возвращении на родину не покидала его среди всех бедствий, которым он подвергался; она только одна его и поддерживала. Судьбе, однако, не было угодно порадовать его этим последним и первым счастьем: пятидесяти лет, больной, до времени одряхлевший, застрял он в городе О... и остался в нем навсегда, уже окончательно потеряв всякую надежду покинуть ненавистную ему Россию и кое-как поддерживая уроками свое скудное существование. Наружность Лемма не располагала в его пользу. Он был небольшого роста, сутуловат, с криво выдавшимися лопатками и втянутым животом, с большими плоскими ступнями, с бледно-синими ногтями на твердых, не разгибающихся пальцах жилистых красных рук; лицо имел морщинистое, впалые щеки и сжатые губы, которыми он беспрестанно двигал и жевал, что, при его обычной молчаливости, производило впечатление почти зловещее; седые его волосы висели клочьями над невысоким лбом; как только что залитые угольки, глухо тлели его крошечные, неподвижные глазки; ступал он тяжело, на каждом шагу перекидывая свое неповоротливое тело. Иные его движения напоминали неуклюжее охорашивание совы в клетке, когда она чувствует, что на нее глядят, а сама едва видит своими огромными, желтыми, пугливо и дремотно моргающими глазами. Застарелое, неумолимое горе положило на бедного музикуса свою неизгладимую печать, искривило и обезобразило его и без того невзрачную фигуру; но для того, кто умел не останавливаться на первых впечатлениях, что-то доброе, честное, что-то необыкновенное виднелось в этом полуразрушенном существе. Поклонник Баха и Генделя, знаток своего дела, одаренный живым воображением и той смелостью мысли, которая доступна одному германскому племени, Лемм со временем — кто знает? — стал бы в ряду великих композиторов своей родины, если б жизнь иначе его повела; но не под счастливой звездой он родился! Он много написал на своем веку — и ему не удалось увидеть ни одного своего произведения изданным; не умел он приняться за дело как следовало, поклониться кстати, похлопотать вовремя. Как-то, давным-давно тому назад, один его поклонник и друг, тоже немец и тоже бедный, издал на свой счет две его сонаты, — да и те остались целиком в подвалах музыкальных магазинов; глухо и бесследно провалились они, словно их ночью кто в реку бросил. Лемм, наконец, махнул рукой на всё; притом и годы брали своё: он зачерствел, одеревенел, как пальцы его одеревенели. Один, с старой кухаркой, взятой им из богадельни (он никогда женат не был), проживал он в О... в небольшом домишке, недалеко от калитинского дома; много гулял, читал библию, да собрание протестантских псалмов, да Шекспира в шлегелевском переводе. Он давно ничего не сочинял; но, видно, Лиза, лучшая его ученица, умела его расшевелить: он написал для нее кантату, о которой упомянул Паншин. Слова этой кантаты были им заимствованы из собрания псалмов; некоторые стихи он сам присочинил. Ее пели два хора — хор счастливцев и хор несчастливцев; оба они к концу примирялись и пели вместе: «Боже милостивый, помилуй нас, грешных, и отжени от нас всякие лукавые мысли и земные надежды». На заглавном листе, весьма тщательно написанном и даже разрисованном, стояло: «Только праведные правы. Духовная кантата. Сочинена и посвящена девице Елизавете Калитиной, моей любезной ученице, ее учителем, Х. Т. Г. Леммом». Слова: «Только праведные правы» и «Елизавете Калитиной» были окружены лучами. Внизу было приписано: «Для вас одних, fur Sie allein». — Оттого-то Лемм и покраснел и взглянул искоса на Лизу; ему было очень больно, когда Паншин заговорил при нем об его кантате.

VI

Паншин громко и решительно взял первые аккорды сонаты (он играл вторую руку), но Лиза не начинала своей партии. Он остановился и посмотрел на нее. Глаза Лизы, прямо на него устремленные, выражали неудовольствие; губы ее не улыбались, всё лицо было строго, почти печально.

— Что с вами? — спросил он.

— Зачем вы не сдержали своего слова? — сказала

она.— Я вам показала кантату Христофора Федорыча под тем условием, чтоб вы не говорили ему о ней.

— Виноват, Лизавета Михайловна,— к слову пришлось.

— Вы его огорчили — и меня тоже. Теперь он и мне доверять не будет.

— Что прикажете делать, Лизавета Михайловна? От младых ногтей не могу видеть равнодушно немца: так и подмывает меня его подразнить.

— Что вы это говорите, Владимир Николаич! Этот немец — бедный, одинокий, убитый человек — и вам его не жаль? Вам хочется дразнить его?

Паншин смутился.

— Вы правы, Лизавета Михайловна,— промолвил он.— Всему виною — моя вечная необдуманность. Нет, не возражайте мне; я себя хорошо знаю. Много зла мне наделала моя необдуманность. По ее милости я прослыл за эгоиста.

Паншин помолчал. С чего бы ни начинал он разговор, он обыкновенно кончал тем, что говорил о самом себе, и это выходило у него как-то мило и мягко, задушевно, словно невольно.

— Вот и в вашем доме,— продолжал он,— матушка ваша, конечно, ко мне благоволит — она такая добрая; вы... впрочем, я не знаю вашего мнения обо мне; зато ваша тетушка просто меня терпеть не может. Я ее тоже, должно быть, обидел каким-нибудь необдуманным, глупым словом. Ведь она меня не любит, не правда ли?

— Да,— произнесла Лиза с небольшой запинкой,— вы ей не нравитесь.

Паншин быстро провел пальцами по клавишам; едва заметная усмешка скользнула по его губам.

— Ну, а вы? — промолвил он,— я вам тоже кажусь эгоистом?

— Я вас еще мало знаю,— возразила Лиза,— но я вас не считаю за эгоиста; я, напротив, должна быть благодарна вам...

— Знаю, знаю, что вы хотите сказать,— перебил ее Паншин и снова пробежал пальцами по клавишам,— за ноты, за книги, которые я вам приношу, за плохие рисунки, которыми я украшаю ваш альбом, и так далее, и так далее. Я могу всё это делать — и все-таки быть эгоистом. Смею думать, что вы не скучаете со мною и что вы не считаете меня за дурного человека, но всё же вы полагаете, что я — как, бишь, это сказано? — для красного словца не пожалею ни отца, ни приятеля.

— Вы рассеянны и забывчивы, как все светские люди,— промолвила Лиза,— вот и всё.

Паншин немного нахмурился.

— Послушайте,— сказал он,— не будемте больше говорить обо мне; станемте разыгрывать нашу сонату. Об одном только прошу я вас,— прибавил он, разглаживая рукою листы лежавшей на пюпитре тетради,— думайте обо мне что хотите, называйте меня даже эгоистом — так и быть! но не называйте меня светским человеком: эта кличка мне нестерпима... Anch'io sono pittore[1]. Я тоже артист, хотя плохой, и это, а именно то, что я плохой артист,— я вам докажу сейчас же на деле. Начнем же.

— Начнем, пожалуй,— сказала Лиза.

Первое adagio прошло довольно благополучно, хотя Паншин неоднократно ошибался. Свое и заученное он играл очень мило, но разбирал плохо. Зато вторая часть сонаты — довольно быстрое allegro — совсем не пошла: на двадцатом такте Паншин, отставший такта на два, не выдержал и со смехом отодвинул свой стул.

— Нет! — воскликнул он,— я не могу сегодня играть; хорошо, что Лемм нас не слышал; он бы в обморок упал.

Лиза встала, закрыла фортепьяно и обернулась к Паншину.

— Что же мы будем делать? — спросила она.

— Узнаю вас в этом вопросе! Вы никак не можете сидеть сложа руки. Что ж, если хотите, давайте рисовать, пока еще не совсем стемнело. Авось другая муза — муза рисования — как, бишь, ее звали? позабыл... будет ко мне благосклоннее. Где ваш альбом? Помнится, там мой пейзаж не кончен.

Лиза пошла в другую комнату за альбомом, а Паншин, оставшись один, достал из кармана батистовый платок, потер себе ногти и посмотрел, как-то скосясь, на свои руки. Они у него были очень красивы и белы; на большом пальце левой руки носил он винтообразное золотое кольцо. Лиза вернулась; Паншин уселся к окну, развернул альбом.

— Ага! — воскликнул он,— я вижу, вы начали срисовывать мой пейзаж — и прекрасно. Очень хорошо! Вот тут только — дайте-ка карандаш — не довольно сильно положены тени. Смотрите.

И Паншин размашисто проложил несколько длинных штрихов. Он постоянно рисовал один и тот же пейзаж: на первом плане большие растрепанные деревья, в отда-

---

[1] Я тоже художник (ит.).

ленье поляну и зубчатые горы на небосклоне. Лиза глядела через его плечо на его работу.

— В рисунке, да и вообще в жизни,— говорил Паншин, сгибая голову то направо, то налево,— легкость и смелость — первое дело.

В это мгновение вошел в комнату Лемм и, сухо поклонившись, хотел удалиться; но Паншин бросил альбом и карандаш в сторону и преградил ему дорогу.

— Куда же вы, любезный Христофор Федорыч? Разве вы не остаетесь чай пить?

— Мне домой,— проговорил Лемм угрюмым голосом,— голова болит.

— Ну, что за пустяки,— останьтесь. Мы с вами поспорим о Шекспире.

— Голова болит,— повторил старик.

— А мы без вас принялись было за бетговенскую сонату,— продолжал Паншин, любезно взяв его за талию и светло улыбаясь,— но дело совсем на лад не пошло. Вообразите, я не мог две ноты сряду взять верно.

— Вы бы опять спел сфой романце лутчи,— возразил Лемм, отводя руки Паншина, и вышел вон.

Лиза побежала вслед за ним. Она догнала его на крыльце.

— Христофор Федорыч, послушайте,— сказала она ему по-немецки, провожая его до ворот по зеленой короткой травке двора,— я виновата перед вами — простите меня.

Лемм ничего не отвечал.

— Я показала Владимиру Николаевичу вашу кантату; я была уверена, что он ее оценит,— и она, точно, очень ему понравилась.

Лемм остановился.

— Это ничего,— сказал он по-русски и потом прибавил на родном своем языке: — но он не может ничего понимать; как вы этого не видите? Он дилетант — и всё тут!

— Вы к нему несправедливы,— возразила Лиза,— он всё понимает, и сам почти всё может сделать.

— Да, всё второй нумер, легкий товар, спешная работа. Это нравится, и он нравится и сам этим доволен — ну и браво. А я не сержусь; эта кантата и я — мы оба старые дураки; мне немножко стыдно, но это ничего.

— Простите меня, Христофор Федорыч,— проговорила снова Лиза.

— Ничего, ничего,— повторил он опять по-русски,— вы добрая девушка... А вот кто-то к вам идет. Прощайте. Вы очень добрая девушка.

И Лемм уторопленным шагом направился к воротам, в которые входил какой-то незнакомый ему господин, в сером пальто и широкой соломенной шляпе. Вежливо по-. клонившись ему (он кланялся всем новым лицам в городе О...; от знакомых он отворачивался на улице — такое уж он положил себе правило), Лемм прошел мимо и исчез за забором. Незнакомец с удивлением посмотрел ему вслед и, вглядевшись в Лизу, подошел прямо к ней.

VII

— Вы меня не узнаете,— промолвил он, снимая шляпу,— а я вас узнал, даром что уже восемь лет минуло с тех пор, как я вас видел в последний раз. Вы были тогда ребенком. Я Лаврецкий. Матушка ваша дома? Можно ее видеть?

— Матушка будет очень рада,— возразила Лиза,— она слышала о вашем приезде.

— Ведь вас, кажется, зовут Елизаветой? — промолвил Лаврецкий, взбираясь по ступеням крыльца.

— Да.

— Я помню вас хорошо; у вас уже тогда было такое лицо, которого не забываешь; я вам тогда возил конфекты.

Лиза покраснела и подумала: какой он странный. Лаврецкий остановился на минуту в передней. Лиза вошла в гостиную, где раздавался голос и хохот Паншина; он сообщал какую-то городскую сплетню Марье Дмитриевне и Гедеоновскому, уже успевшим вернуться из сада, и сам громко смеялся тому, что рассказывал. При имени Лаврецкого Марья Дмитриевна вся всполошилась, побледнела и пошла к нему навстречу.

— Здравствуйте, здравствуйте, мой милый cousin! — воскликнула она растянутым и почти слезливым голосом,— как я рада вас видеть!

— Здравствуйте, моя добрая кузина,— возразил Лаврецкий и дружелюбно пожал ее протянутую руку.— Как вас Господь милует?

— Садитесь, садитесь, мой дорогой Федор Иваныч. Ах, как я рада! Позвольте, во-первых, представить вам мою дочь Лизу...

— Я уж сам отрекомендовался Лизавете Михайловне,— перебил ее Лаврецкий.

— Мсье Паншин... Сергей Петрович Гедеоновский... Да садитесь же! Гляжу на вас и, право, даже глазам не верю. Как здоровье ваше?

— Как изволите видеть: процветаю. Да и вы, кузина, — как бы вас не сглазить, — не похудели в эти восемь лет.

— Как подумаешь, сколько времени не видались, — мечтательно промолвила Марья Дмитриевна. — Вы откуда теперь? Где вы оставили... то есть я хотела сказать, — торопливо подхватила она, — я хотела сказать, надолго ли вы к нам?

— Я приехал теперь из Берлина, — возразил Лаврецкий, — и завтра же отправляюсь в деревню — вероятно, надолго.

— Вы, конечно, в Лавриках жить будете?

— Нет, не в Лавриках; а есть у меня, верстах в двадцати пяти отсюда, деревушка; так я туда еду.

— Это деревушка, что вам от Глафиры Петровны досталась?

— Та самая.

— Помилуйте, Федор Иваныч! У вас в Лавриках такой чудесный дом!

Лаврецкий чуть-чуть нахмурил брови.

— Да... но и в той деревушке есть флигелек; а мне пока больше ничего не нужно. Это место — для меня теперь самое удобное.

Марья Дмитриевна опять до того смешалась, что даже выпрямилась и руки развела. Паншин пришел ей на помощь и вступил в разговор с Лаврецким. Марья Дмитриевна успокоилась, опустилась на спинку кресел и лишь изредка вставляла свое словечко; но при этом так жалостливо глядела на своего гостя, так значительно вздыхала и так уныло покачивала головой, что тот, наконец, не вытерпел и довольно резко спросил ее: здорова ли она?

— Слава Богу, — возразила Марья Дмитриевна, — а что?

— Так, мне показалось, что вам не по себе.

Марья Дмитриевна приняла вид достойный и несколько обиженный. «А коли так, — подумала она, — мне совершенно всё равно; видно, тебе, мой батюшка, всё как с гуся вода; иной бы с горя исчах, а тебя еще разнесло». Марья Дмитриевна сама с собой не церемонилась; вслух она говорила изящнее.

Лаврецкий действительно не походил на жертву рока. От его краснощекого, чисто русского лица, с большим белым лбом, немного толстым носом и широкими правильными губами, так и веяло степным здоровьем, крепкой, долговечной силой. Сложен он был на славу, и белокурые волосы вились на его голове, как у юноши. В одних только его глазах, голубых, навыкате и несколько неподвижных, замечалась не то задумчивость, не то усталость, и голос его звучал как-то слишком ровно.

Паншин между тем продолжал поддерживать разговор. Он навел речь на выгоды сахароварства, о котором недавно прочел две французские брошюрки, и с спокойной скромностью принялся излагать их содержание, не упоминая, впрочем, о них ни единым словом.

— А ведь это Федя! — раздался вдруг в соседней комнате за полураскрытой дверью голос Марфы Тимофеевны, — Федя, точно! — И старушка проворно вошла в гостиную. Лаврецкий не успел еще подняться со стула, как уж она обняла его.— Покажи-ка себя, покажи-ка,— промолвила она, отодвигаясь от его лица.— Э! да какой же ты славный. Постарел, а не подурнел нисколько, право. Да что ты руки у меня целуешь — ты меня самое целуй, коли тебе мои сморщенные щеки не противны. Небось, не спросил обо мне: что, дескать, жива ли тетка? А ведь ты у меня на руках родился, пострел эдакой! Ну, да это всё равно; где тебе было обо мне вспомнить! Только ты умница, что приехал. А что, мать моя,— прибавила она, обращаясь к Марье Дмитриевне,— угостила ты его чем-нибудь?

— Мне ничего не нужно,— поспешно проговорил Лаврецкий.

— Ну, хоть чаю напейся, мой батюшка. Господи Боже мой! Приехал невесть откуда, и чашки чаю ему не дадут. Лиза, пойди похлопочи, да поскорей. Я помню, маленький он был обжора страшный, да и теперь, должно быть, покушать любит.

— Мое почтение, Марфа Тимофеевна,— промолвил Паншин, приближаясь сбоку к расходившейся старушке и низко кланяясь.

— Извините меня, государь мой,— возразила Марфа Тимофеевна,— не заметила вас на радости. На мать ты свою похож стал, на голубушку,— продолжала она, снова обратившись к Лаврецкому,— только нос у тебя отцовский был, отцовским и остался. Ну — и надолго ты к нам?

— Я завтра еду, тетушка.

— Куда?

— К себе, в Васильевское.

— Завтра?

— Завтра.

— Ну, коли завтра, так завтра. С Богом,— тебе лучше знать. Только ты, смотри, зайди проститься.— Старушка потрепала его по щеке.— Не думала я дождаться тебя; и не то чтоб я умирать собиралась; нет — меня еще годов на

147

десять, пожалуй, хватит: все мы, Пестовы, живучи; дед твой покойный, бывало, двужильными нас прозывал; да ведь Господь тебя знал, сколько б ты еще за границей проболтался. Ну, а молодец ты, молодец; чай, по-прежнему десять пудов одной рукой поднимаешь? Твой батюшка покойный, извини, уж на что был вздорный, а хорошо сделал, что швейцарца тебе нанял; помнишь, вы с ним на кулачки бились; гимнастикой, что ли, это прозывается? Но, однако, что это я так раскудахталась; только господину Панши́ну (она никогда не называла его, как следовало, Па́ншиным) рассуждать помешала. А впрочем, станемте-ка лучше чай пить; да на террасу пойдемте его, батюшку, пить; у нас сливки славные — не то что в ваших Лондонах да Парижах. Пойдемте, пойдемте, а ты, Федюша, дай мне руку. О! да какая же она у тебя толстая! Небось с тобой не упадешь.

Все встали и отправились на террасу, за исключением Гедеоновского, который втихомолку удалился. Во всё продолжение разговора Лаврецкого с хозяйкой дома, Паншиным и Марфой Тимофеевной он сидел в уголке, внимательно моргая и с детским любопытством вытянув губы: он спешил теперь разнести весть о новом госте по городу

———

В тот же день, в одиннадцать часов вечера, вот что происходило в доме г-жи Калитиной. Внизу, на пороге гостиной, улучив удобное мгновение, Владимир Николаич прощался с Лизой и говорил ей, держа ее за руку: «Вы знаете, кто меня привлекает сюда; вы знаете, зачем я беспрестанно езжу в ваш дом; к чему тут слова, когда и так всё ясно». Лиза ничего не отвечала ему и не улыбаясь, слегка приподняв брови и краснея, глядела на пол, но не отнимала своей руки; а наверху, в комнате Марфы Тимофеевны, при свете лампадки, висевшей перед тусклыми старинными образами, Лаврецкий сидел на креслах, облокотившись на колена и положив лицо на руки; старушка, стоя перед ним, изредка и молча гладила его по волосам. Более часу провел он у ней, простившись с хозяйкой дома; он почти ничего не сказал своей старинной доброй приятельнице, и она его не расспрашивала... Да и к чему было говорить, о чем расспрашивать? Она и так всё понимала, она и так сочувствовала всему, чем переполнялось его сердце.

VIII

Федор Иванович Лаврецкий (мы должны попросить у читателя позволение перервать на время нить нашего рассказа) происходил от старинного дворянского племени. Родоначальник Лаврецких выехал в княжение Василия Темного из Пруссии и был пожалован двумястами четвертями земли в Бежецком верху. Многие из его потомков числились в разных службах, сидели под князьями и людьми именитыми на отдаленных воеводствах, но ни один из них не поднялся выше стольника и не приобрел значительного достояния. Богаче и замечательнее всех Лаврецких был родной прадед Федора Иваныча, Андрей, человек жестокий, дерзкий, умный и лукавый. До нынешнего дня не умолкла молва об его самоуправстве, о бешеном его нраве, безумной щедрости и алчности неутолимой. Он был очень толст и высок ростом, из лица смугл и безбород, картавил и казался сонливым; но чем он тише говорил, тем больше трепетали все вокруг него. Он и жену достал себе под стать. Пучеглазая, с ястребиным носом, с круглым желтым лицом, цыганка родом, вспыльчивая и мстительная, она ни в чем не уступала мужу, который чуть не уморил ее и которого она не пережила, хотя вечно с ним грызлась. Сын Андрея, Петр, Федоров дед, не походил на своего отца; это был простой степной барин, довольно взбалмошный, крикун и копотун, грубый, но не злой, хлебосол и псовый охотник. Ему было за тридцать лет, когда он наследовал от отца две тысячи душ в отличном порядке, но он скоро их распустил, частью продал свое именье, дворню избаловал. Как тараканы, сползались со всех сторон знакомые и незнакомые мелкие людишки в его обширные, теплые и неопрятные хоромы; всё это наедалось чем попало, но досыта, напивалось допьяна и тащило вон что могло, прославляя и величая ласкового хозяина; и хозяин, когда был не в духе, тоже величал своих гостей дармоедами и прохвостами, а без них скучал. Жена Петра Андреича была смиренница; он взял ее из соседнего семейства, по отцовскому выбору и приказанию; звали ее Анной Павловной. Она ни во что не вмешивалась, радушно принимала гостей и охотно сама выезжала, хотя пудриться, по ее словам, было для нее смертью. Поставят тебе, рассказывала она в старости, войлочный шлык на голову, волосы все зачешут кверху, салом вымажут, мукой посыплют, железных булавок натыкают — не отмоешься потом; а в гости без пудры нельзя — обидятся,— мýка! Она любила кататься на рысаках, в карты готова была играть с утра до вечера и всегда, бывало, закрывала рукой записанный на нее копеечный выигрыш, когда муж подходил к игорному столу; а всё свое приданое, все деньги отдала ему в безответное распоряжение. Она прижила с ним двух детей: сына Ивана, Федорова отца, и дочь Глафиру. Иван воспитывался не дома, а у богатой старой тетки, княжны Кубенской: она назначила его своим наследником (без этого отец бы его не отпустил); одевала его, как куклу, нанимала ему всякого рода учителей, приставила к нему гувернера, француза, бывшего аббата, ученика Жан-Жака Руссо, некоего m-r Courtin de Vaucelles, ловкого и тонкого проныру,— самую, как она выражалась, fine fleur[1] эмиграции,— и кончила тем, что чуть не семидесяти лет вышла замуж за этого финь-флёра; перевела на его имя всё свое состояние и вскоре потом, разрумяненная, раздушенная амброй á la Richelieu, окруженная арапчонками, тонконогими собачками и крикливыми попугаями, умерла на шелковом кривом диванчике времен Лудовика XV, с эмалевой табакеркой работы Петито в руках — и умерла, оставленная мужем: вкрадчивый господин Куртен предпочел удалиться в Париж с ее деньгами. Ивану пошел всего двадцатый год, когда этот неожиданный удар (мы говорим о браке княжны, не об ее смерти) над ним разразился; он не захотел остаться в теткином доме, где он из богатого наследника внезапно превратился в приживальщика; в Петербурге общество, в котором он вырос, перед ним закрылось; к службе с низких чинов, трудной и темной, он чувствовал отвращение (всё это происходило в самом начале царствования императора Александра); пришлось ему поневоле вернуться в деревню, к отцу. Грязно, бедно, дрянно показалось ему его родимое гнездо; глушь и копоть степного житья-бытья на каждом шагу его оскорбляли; скука его грызла; зато и на него все в доме, кроме матери, недружелюбно глядели. Отцу не нравились его столичные привычки, его фраки, жабо, книги, его флейта, его опрятность, в которой недаром чуялась ему гадливость; он то и дело жаловался и ворчал на сына. «Всё здесь не по нем,— говаривал он,— за столом привередничает, не ест, людского запаху, духоты переносить не может, вид пьяных его расстраивает, драться при нем тоже не смей, служить не хочет: слаб, вишь, здоровьем; фу ты, неженка эдакой! А всё оттого, что Во́лтер в голове сидит». Старик особенно не жаловал Вольтера да еще «изувера» Дидерота, хотя ни одной строки

---

[1] цвет (фр.).

из их сочинений не прочел: читать было не по его части. Петр Андреич не ошибался: точно, и Дидерот и Вольтер сидели в голове его сына, и не они одни — и Руссо, и Рейналь, и Гельвеций, и много других, подобных им, сочинителей сидели в его голове,— но в одной только голове. Бывший наставник Ивана Петровича, отставной аббат и энциклопедист, удовольствовался тем, что влил целиком в своего воспитанника всю премудрость XVIII века, и он так и ходил наполненный ею; она пребывала в нем, не смешавшись с его кровью, не проникнув в его душу, не сказавшись крепким убежденьем... Да и возможно ли было требовать убеждений от молодого малого пятьдесят лет тому назад, когда мы еще и теперь не доросли до них? Посетителей отцовского дома Иван Петрович тоже стеснял; он ими гнушался, они его боялись, а с сестрой Глафирой, которая была двенадцатью годами старше его, он не сошелся вовсе. Эта Глафира была странное существо: некрасивая, горбатая, худая, с широко раскрытыми строгими глазами и сжатым тонким ртом, она лицом, голосом, угловатыми быстрыми движениями напоминала свою бабку, цыганку, жену Андрея. Настойчивая, властолюбивая, она и слышать не хотела о замужестве. Возвращение Ивана Петровича ей пришлось не по нутру; пока княжна Кубенская держала его у себя, она надеялась получить по крайней мере половину отцовского имения: она и по скупости вышла в бабку. Сверх того, Глафира завидовала брату; он так был образован, так хорошо говорил по-французски, с парижским выговором, а она едва умела сказать «бонжур» да «коман ву порте ву?»[1]. Правда, родители ее по-французски вовсе не разумели, да от этого ей не было легче. Иван Петрович не знал, куда деться от тоски и скуки; невступно год провел он в деревне, да и тот показался ему за десять лет. Только с матерью своею он и отводил душу и по целым часам сиживал в ее низких покоях, слушая незатейливую болтовню доброй женщины и наедаясь вареньем. Случилось так, что в числе горничных Анны Павловны находилась одна очень хорошенькая девушка, с ясными, кроткими глазками и тонкими чертами лица, по имени Маланья, умница и скромница. Она с первого раза приглянулась Ивану Петровичу; и он полюбил ее: он полюбил ее робкую походку, стыдливые ответы, тихий голосок, тихую улыбку; с каждым днем она ему

---

[1] «здравствуйте»... «как вы поживаете?» (*фр.* «bonjour», «comment vous portez-vous?»).

казалась милей. И она привязалась к Ивану Петровичу всей силою души, как только русские девушки умеют привязываться,— и отдалась ему. В помещичьем деревенском доме никакая тайна долго держаться не может: скоро все узнали о связи молодого барина с Маланьей; весть об этой связи дошла, наконец, до самого Петра Андреича. В другое время он, вероятно, не обратил бы внимания на такое маловажное дело; но он давно злился на сына и обрадовался случаю пристыдить петербургского мудреца и франта. Поднялся гвалт, крик и гам: Маланью заперли в чулан; Ивана Петровича потребовали к родителю. Анна Павловна тоже прибежала на шум. Она попыталась было укротить мужа, но Петр Андреич уже ничего не слушал. Ястребом напустился он на сына, упрекал его в безнравственности, в безбожии, в притворстве; кстати, выместил на нем всю накипевшую досаду против княжны Кубенской, осыпал его обидными словами. Сначала Иван Петрович молчал и крепился, но когда отец вздумал грозить ему постыдным наказаньем, он не вытерпел. «Изувер Дидерот опять на сцене,— подумал он,— так пущу же я его в дело, постойте; я вас всех удивлю». И тут же спокойным, ровным голосом, хотя с внутренней дрожью во всех членах, Иван Петрович объявил отцу, что он напрасно укоряет его в безнравственности; что хотя он не намерен оправдывать свою вину, но готов ее исправить, и тем охотнее, что чувствует себя выше всяких предрассудков, а именно — готов жениться на Маланье. Произнеся эти слова, Иван Петрович, бесспорно, достиг своей цели: он до того изумил Петра Андреича, что тот глаза вытаращил и онемел на мгновенье; но тотчас же опомнился и как был в тулупчике на беличьем меху и в башмаках на босу ногу, так и бросился с кулаками на Ивана Петровича, который, как нарочно, в тот день причесался á la Titus и надел новый английский синий фрак, сапоги с кисточками и щегольские лосинные панталоны в обтяжку. Анна Павловна закричала благим матом и закрыла лицо руками, а сын ее побежал через весь дом, выскочил на двор, бросился в огород, в сад, через сад вылетел на дорогу и всё бежал без оглядки, пока, наконец, перестал слышать за собою тяжелый топот отцовских шагов и его усиленные, прерывистые крики... «Стой, мошенник! — вопил он,— стой! прокляну!» Иван Петрович спрятался у соседнего однодворца, а Петр Андреич вернулся домой весь изможенный и в поту, объявил, едва переводя дыхание, что лишает сына благословения и наследства, приказал сжечь все его дурацкие книги, а девку Маланью немедленно сослать в дальнюю деревню. Нашлись добрые люди, отыскали Ивана Петровича, известили его обо всем. Пристыженный, взбешенный, он поклялся отомстить отцу и в ту же ночь, подкараулив крестьянскую телегу, на которой везли Маланью, отбил ее силой, поскакал с нею в ближайший город и обвенчался с ней. Деньгами его снабдил сосед, вечно пьяный и добрейший отставной моряк, страшный охотник до всякой, как он выражался, благородной истории. На другой день Иван Петрович написал язвительно холодное и учтивое письмо Петру Андреичу, а сам отправился в деревню, где жил его троюродный брат Дмитрий Пестов с своею сестрой, уже знакомою читателям, Марфой Тимофеевной. Он рассказал им всё, объявил, что намерен ехать в Петербург искать места, и упросил их хоть на время приютить его жену. При слове «жена» он всплакнул горько и, несмотря на свое столичное образование и философию, униженно, беднячком-русачком поклонился своим родственникам в ноги и даже стукнул о пол лбом. Пестовы, люди жалостливые и добрые, охотно согласились на его просьбу; он прожил у них недели три, втайне ожидая ответа от отца; но ответа не пришло,— и прийти не могло. Петр Андреич, узнав о свадьбе сына, слег в постель и запретил упоминать при себе имя Ивана Петровича; только мать, тихонько от мужа, заняла у благочинного и прислала пятьсот рублей ассигнациями да образок его жене; написать она побоялась, но велела сказать Ивану Петровичу через посланного сухопарого мужичка, умевшего уходить в сутки по шестидесяти верст, чтоб он не очень огорчался, что, Бог даст, всё устроится и отец переложит гнев на милость; что и ей другая невестка была бы желательнее, но что, видно, Богу так было угодно, а что она посылает Маланье Сергеевне свое родительское благословение. Сухопарый мужичок получил рубль, попросил позволенья повидаться с новою барыней, которой он доводился кумом, поцеловал у ней ручку и побежал восвояси.

А Иван Петрович отправился в Петербург с легким сердцем. Неизвестная будущность его ожидала; бедность, быть может, грозила ему, но он расстался с ненавистною деревенской жизнью, а главное — не выдал своих наставников, действительно «пустил в ход» и оправдал на деле Руссо, Дидерота и la Déclaration des droits de l'homme¹. Чувство совершенного долга, торжества, чувство гордости

_____

¹ «Декларацию прав человека» (*фр.*).

наполняло его душу; да и разлука с женой не очень пугала его; его бы скорее смутила необходимость постоянно жить с женою. То дело было сделано; надобно было приняться за другие дела. В Петербурге, вопреки его собственным ожиданиям, ему повезло: княжна Кубенская,— которую мусье Куртен успел уже бросить, но которая не успела еще умереть,— чтобы чем-нибудь загладить свою вину перед племянником, отрекомендовала его всем своим друзьям и подарила ему пять тысяч рублей — едва ли не последние свои денежки — да лепиковские часы с его вензелем в гирлянде амуров. Не прошло трех месяцев, как уж он получил место при русской миссии в Лондоне и с первым отходившим английским кораблем (пароходов тогда еще в помине не было) уплыл за море. Несколько месяцев спустя получил он письмо от Пестова. Добрый помещик поздравлял Ивана Петровича с рождением сына, явившегося на свет в селе Покровском 20 августа 1807 года и нареченного Федором в честь святого мученика Феодора Стратилата. По причине большой слабости Маланья Сергеевна приписывала только несколько строк; но и эти немногие строки удивили Ивана Петровича: он не знал, что Марфа Тимофеевна выучила его жену грамоте. Впрочем, Иван Петрович не долго предавался сладостному волнению родительских чувств: он ухаживал за одной из знаменитых тогдашних Фрин или Лаис (классические названия еще процветали в то время); Тильзитский мир был только что заключен, и всё спешило наслаждаться, всё крутилось в каком-то бешеном вихре; черные глаза бойкой красавицы вскружили и его голову. Денег у него было очень мало; но он счастливо играл в карты, заводил знакомства, участвовал во всех возможных увеселениях, словом, плыл на всех парусах.

IX

Старик Лаврецкий долго не мог простить сыну его свадьбу; если б, пропустя полгода, Иван Петрович явился к нему с повинной головой и бросился ему в ноги, он бы, пожалуй, помиловал его, выбранив его сперва хорошенько и постучав по нем для страха клюкою; но Иван Петрович жил за границей и, по-видимому, в ус себе не дул. «Молчи! Не смей! — твердил Петр Андреич всякий раз жене, как только та пыталась склонить его на милость,— ему, щенку, должно вечно за меня Бога молить, что я клятвы на него не положил; покойный батюшка из собственных рук убил бы его, негодно, и хорошо бы сделал». Анна Павловна, при таких страшных речах, только крестилась украдкой. Что же касается до жены Ивана Петровича, то Петр Андреич сначала и слышать о ней не хотел и даже в ответ на письмо Пестова, в котором тот упоминал о его невестке, велел ему сказать, что он никакой якобы своей невестки не ведает, а что законами воспрещается держать беглых девок, о чем он считает долгом его предупредить; но потом, узнав о рождении внука, смягчился, приказал под рукой осведомиться о здоровье родительницы и послал ей, тоже будто не от себя, немного денег. Феде еще году не минуло, как Анна Павловна занемогла смертельною болезнью. За несколько дней до кончины, уже не вставая с постели, с робкими слезинками на погасающих глазах, объявила она мужу при духовнике, что желает повидаться и проститься с невесткой, благословить внука. Огорченный старик успокоил ее и тотчас же послал собственный свой экипаж за невесткой, в первый раз называя ее Маланьей Сергеевной. Она приехала с сыном и с Марфой Тимофеевной, которая ни за что не хотела отпустить ее одну и не дала бы ее в обиду. Полуживая от страха вошла Маланья Сергеевна в кабинет Петра Андреича. Нянька несла за ней Федю. Петр Андреич молча поглядел на нее; она подошла к его руке; ее трепетные губы едва сложились в беззвучный поцелуй.

— Ну, сыромолотная дворянка, — проговорил он наконец, — здравствуй; пойдем к барыне.

Он встал и нагнулся к Феде; ребенок улыбнулся и протянул к нему свои бледные ручонки. Старика перевернуло.

— Ох, — промолвил он, — сиротливый! Умолил ты меня за отца; не оставлю я тебя, птенчик.

Маланья Сергеевна как вошла в спальню Анны Павловны, так и стала на колени возле двери. Анна Павловна подманила ее к постели, обняла ее, благословила ее сына; потом, обратив обглоданное жестокою болезнью лицо к своему мужу, хотела было заговорить...

— Знаю, знаю, о чем ты просить хочешь, — промолвил Петр Андреич, — не печалься: она останется у нас, и Ваньку для нее помилую.

Анна Павловна с усилием поймала руку мужа и прижалась к ней губами. В тот же вечер ее не стало.

Петр Андреич сдержал свое слово. Он известил сына, что для смертного часа его матери, для младенца Федора он возвращает ему свое благословение и Маланью Сергеевну оставляет у себя в доме. Ей отвели две комнаты в антресолях, он представил ее своим почтеннейшим гостям, кривому бригадиру Скурехину и жене его; подарил ей двух девок и казачка для посылок. Марфа Тимофеевна с ней простилась: она возненавидела Глафиру и в течение одного дня раза три поссорилась с нею.

Тяжело и неловко было сперва бедной женщине; но потом она обтерпелась и привыкла к своему тестю. Он тоже привык к ней, даже полюбил ее, хотя почти никогда не говорил с ней, хотя в самых его ласках к ней замечалось какое-то невольное пренебрежение. Больше всего терпела Маланья Сергеевна от своей золовки. Глафира еще при жизни матери успела понемногу забрать весь дом в руки: все, начиная с отца, ей покорялись; без ее разрешения куска сахару не выдавалось; она скорее согласилась бы умереть, чем поделиться властью с другой хозяйкой,— и какою еще хозяйкой! Свадьба брата раздражила ее еще больше, чем Петра Андреича: она взялась проучить выскочку, и Маланья Сергеевна с первого же часа стала ее рабой. Да и где ж ей было бороться с самовольной, надменной Глафирой, ей, безответной, постоянно смущенной и запуганной, слабой здоровьем? Дня не проходило, чтоб Глафира не напомнила ей прежнего ее положения, не похвалила бы ее за то, что она не забывается. Маланья Сергеевна охотно помирилась бы на этих напоминовениях и похвалах, как горьки они ни были... но Федю у нее отняли: вот что ее сокрушало. Под предлогом, что она не в состоянии заниматься его воспитанием, ее почти не допускали до него; Глафира взялась за это дело; ребенок поступил в ее полное распоряжение. Маланья Сергеевна с горя начала в своих письмах умолять Ивана Петровича, чтобы он вернулся поскорее; сам Петр Андреич желал видеть своего сына; но он всё только отписывался, благодарил отца за жену, за присылаемые деньги, обещал приехать вскоре — и не ехал. Двенадцатый год вызвал, его, наконец, из-за границы. Увидавшись в первый раз после шестилетней разлуки, отец с сыном обнялись и даже словом не помянули о прежних раздорах; не до того было тогда: вся Россия поднималась на врага, и оба они почувствовали, что русская кровь течет в их жилах. Петр Андреич на свой счет одел целый полк ратников. Но война кончилась, опасность миновалась; Иван Петрович опять заскучал, опять потянуло его вдаль, в тот мир, с которым он сросся и где чувствовал себя дома. Маланья Сергеевна не могла удержать его; она слишком мало для него значила. Даже надежды ее не сбылись: муж ее также нашел, что гораздо приличнее поручить Глафире воспитание Феди. Бедная жена Ивана Петровича не перенесла этого удара, не перенесла вторичной разлуки: безропотно, в несколько дней, угасла она. В течение всей своей жизни не умела она ничему сопротивляться, и с недугом она не боролась. Она уже не могла говорить, уже могильные тени ложились на ее лицо, но черты ее по-прежнему выражали терпеливое недоумение и постоянную кротость смирения; с той же немой покорностью глядела она на Глафиру, и как Анна Павловна на смертном одре поцеловала руку Петра Андреича, так и она приложилась к Глафириной руке, поручая ей, Глафире, своего единственного сына. Так кончило свое земное поприще тихое и доброе существо, Бог знает зачем выхваченное из родной почвы и тотчас же брошенное, как вырванное деревцо, корнями на солнце; оно увяло, оно пропало без следа, это существо, и никто не горевал о нем. Пожалели о Маланье Сергеевне ее горничные да еще Петр Андреич. Старику недоставало ее молчаливого присутствия. «Прости — прощай, моя безответная!» — прошептал он, кланяясь ей в последний раз, в церкви. Он плакал, бросая горсть земли в ее могилу.

Он сам не долго пережил ее, не более пяти лет. Зимой 1819 года он тихо скончался в Москве, куда переехал с Глафирой и внуком, и завещал похоронить себя рядом с Анной Павловной да с «Малашей». Иван Петрович находился тогда в Париже, для своего удовольствия; он вышел в отставку скоро после 1815 года. Узнав о смерти отца, он решился возвратиться в Россию. Надобно было подумать об устройстве имения, да и Феде, по письму Глафиры, минуло двенадцать лет, и наступило время серьезно заняться его воспитанием.

X

Иван Петрович вернулся в Россию англоманом. Коротко остриженные волосы, накрахмаленное жабо, долгополый гороховый сюртук со множеством воротничков, кислое выражение лица, что-то резкое и вместе равнодушное в обращении, произношение сквозь зубы, деревянный внезапный хохот, отсутствие улыбки, исключительно политический и политико-экономический разговор, страсть к кровавым ростбифам и портвейну — всё в нем так и веяло Великобританией; весь он казался пропитан ее духом. Но — чудное дело! — превратившись в англомана, Иван Петрович стал в то же время патриотом, по крайней мере он называл себя патриотом, хотя Россию знал плохо, не придерживался ни одной русской привычки и по-русски изъяснялся странно: в обыкновенной беседе речь его, неповоротливая и вялая, вся пестрела галлицизмами; но чуть разговор касался предметов важных, у Ивана Петровича тотчас являлись выражения вроде: «оказать новые опыты самоусердия», «сие не согласуется с самою натурою обстоятельства» и т. д. Иван Петрович привез с собою несколько рукописных планов, касавшихся до устройства и улучшения государства; он очень был недоволен всем, что видел,— отсутствие системы в особенности возбуждало его желчь. При свидании с сестрою он с первых же слов объявил ей, что он намерен ввести коренные преобразования, что впредь у него всё будет идти по новой системе. Глафира Петровна ничего не отвечала Ивану Петровичу, только зубы стиснула и подумала: «Куда же я-то денусь?» Впрочем, приехавши в деревню вместе с братом и племянником, она скоро успокоилась. В доме точно произошли некоторые перемены: приживальщики и тунеядцы подверглись немедленному изгнанию; в числе их пострадали две старухи, одна — слепая, другая — разбитая параличом, да еще дряхлый майор очаковских времен, которого, по причине его действительно замечательной жадности, кормили одним черным хлебом да чечевицей. Также вышел приказ не принимать прежних гостей: всех их заменил дальний сосед, какой-то белокурый золотушный барон, очень хорошо воспитанный и очень глупый человек. Появились новые мебели из Москвы; завелись плевательницы, колокольчики, умывальные столики; завтрак стал иначе подаваться; иностранные вина изгнали водки и наливки; людям пошили новые ливреи; к фамильному гербу прибавилась подпись: «In recto virtus...»[1] В сущности же власть Глафиры нисколько не уменьшилась: все выдачи, покупки по-прежнему от нее зависели; вывезенный из-за границы камердинер из эльзасцев попытался было с нею потягаться — и лишился места, несмотря на то, что барин ему покровительствовал. Что же до хозяйства, до управления имениями (Глафира Петровна входила и в эти дела), то, несмотря на неоднократно выраженное Иваном Петровичем намерение: вдохнуть новую жизнь в тот хаос,— всё осталось по-старому, только оброк кой-где прибавился, да барщина стала потяжелее, да мужикам запретили обращаться прямо к Ивану Петровичу. Патриот очень уж презирал своих сограждан. Система Ивана Петровича в полной силе своей применена

---

[1] «В законности — добродетель...» *(лат.)*

была только к Феде; воспитание его действительно подверглось «коренному преобразованию»: отец исключительно занялся им.

XI

До возвращения Ивана Петровича из-за границы Федя находился, как уже сказано, на руках Глафиры Петровны. Ему не было восьми лет, когда мать его скончалась; он видел ее не каждый день и полюбил ее страстно: память о ней, об ее тихом и бледном лице, об ее унылых взглядах и робких ласках навеки запечатлелась в его сердце; но он смутно понимал ее положение в доме; он чувствовал, что между им и ею существовала преграда, которую она не смела и не могла разрушить. Отца он дичился, да и сам Иван Петрович никогда не ласкал его; дедушка изредка гладил его по головке и допускал к руке, но называл его букой и считал дурачком. После смерти Маланьи Сергеевны тетка окончательно забрала его в руки. Федя боялся ее, боялся ее светлых и зорких глаз, ее резкого голоса; он не смел пикнуть при ней; бывало, он только что зашевелится на своем стуле, уж она и шипит: «Куда? Сиди смирно». По воскресеньям, после обедни, позволяли ему играть, то есть давали ему толстую книгу, таинственную книгу, сочинение некоего Максимовича-Амбодика, под заглавием «Символы и эмблемы». В этой книге помещалось около тысячи частью весьма загадочных рисунков, с столь же загадочными толкованиями на пяти языках. Купидон с голым и пухлым телом играл большую роль в этих рисунках. К одному из них, под названием «Шафран и радуга», относилось толкование: «Действие сего есть большее»; против другого, изображавшего «Цаплю, летящую с фиалковым цветком во рту», стояла надпись: «Тебе все они суть известны». «Купидон и медведь, лижущий своего медвежонка» означали: «Мало-помалу». Федя рассматривал эти рисунки; все были ему знакомы до малейших подробностей; некоторые, всегда одни и те же, заставляли его задумываться и будили его воображение; других развлечений он не знал. Когда наступила пора учить его языкам и музыке, Глафира Петровна наняла за бесценок старую девицу, шведку с заячьими глазами, которая с грехом пополам говорила по-французски и по-немецки, кое-как играла на фортепьяно да, сверх того, отлично солила огурцы. В обществе этой наставницы, тетки, да старой сенной девушки Васильевны провел Федя целых четыре года. Бывало, сидит он в уголке с своими «Эмблемами» — сидит... сидит; в низкой комнате пахнет гераниумом, тускло горит одна сальная свечка, сверчок трещит однообразно, словно скучает, маленькие часы торопливо чикают на стене, мышь украдкой скребется и грызет за обоями, а три старые девы, словно парки, молча и быстро шевелят спицами, тени от рук их то бегают, то странно дрожат в полутьме, и странные, также полутемные мысли роятся в голове ребенка. Никто бы не назвал Федю интересным дитятей: он был довольно бледен, но толст, нескладно сложен и неловок, — настоящий мужик, по выражению Глафиры Петровны; бледность скоро бы исчезла с его лица, если б его почаще выпускали на воздух. Учился он порядочно, хотя часто ленился; он никогда не плакал; зато по временам находило на него дикое упрямство; тогда уже никто не мог с ним сладить. Федя не любил никого из окружавших его... Горе сердцу, не любившему смолоду!

Таким-то нашел его Иван Петрович и, не теряя времени, принялся применять к нему свою систему. «Я из него хочу сделать человека прежде всего, un homme, — сказал он Глафире Петровне, — и не только человека, но спартанца». Исполнение своего намерения Иван Петрович начал с того, что одел сына по-шотландски: двенадцатилетний малый стал ходить с обнаженными икрами и с петушьим пером на складном картузе; шведку заменил молодой швейцарец, изучивший гимнастику до совершенства; музыку, как занятие недостойное мужчины, изгнали навсегда; естественные науки, международное право, математика, столярное ремесло, по совету Жан-Жака Руссо, и геральдика, для поддержания рыцарских чувств, — вот чем должен был заниматься будущий «человек»; его будили в четыре часа утра, тотчас окачивали холодною водой и заставляли бегать вокруг высокого столба на веревке; ел он раз в день по одному блюду, ездил верхом, стрелял из арбалета; при всяком удобном случае упражнялся, по примеру родителя, в твердости воли и каждый вечер вносил в особую книгу отчет прошедшего дня и свои впечатления; а Иван Петрович, с своей стороны, писал ему наставления по-французски, в которых он называл его mon fils[1] и говорил ему vous[2]. По-русски Федя говорил отцу: «ты», но в его присутствии не смел садиться. «Система» сбила с толку мальчика, поселила путаницу в его голове, притиснула ее; но зато на его здо-

---

[1] мой сын *(фр.)*.
[2] вы *(фр.)*.

ровье новый образ жизни благодетельно подействовал: сначала он схватил горячку, но вскоре оправился и стал молодцом. Отец гордился им и называл его на своем странном наречии: сын натуры, произведение мое. Когда Феде минул шестнадцатый год, Иван Петрович почел за долг заблаговременно поселить в него презрение к женскому полу,— и молодой спартанец, с робостью на душе, с первым пухом на губах, полный соков, сил и крови, уже старался казаться равнодушным, холодным и грубым.

Между тем время шло да шло. Иван Петрович большую часть года проводил в Лавриках (так называлось главное его родовое имение), а по зимам приезжал в Москву один, останавливался в трактире, прилежно посещал клуб, ораторствовал и развивал свои планы в гостиных и более чем когда-либо держался англоманом, брюзгой и государственным человеком. Но настал 1825 год и много принес с собою горя. Близкие знакомые и приятели Ивана Петровича подверглись тяжким испытаниям. Иван Петрович поспешил удалиться в деревню и заперся в своем доме. Прошел еще год, и Иван Петрович вдруг захилел, ослабел, опустился; здоровье ему изменило. Вольнодумец — начал ходить в церковь и заказывать молебны; европеец — стал париться в бане, обедать в два часа, ложиться в девять, засыпать под болтовню старого дворецкого; государственный человек — сжег все свои планы, всю переписку, трепетал перед губернатором и егозил перед исправником; человек с закаленною волей — хныкал и жаловался, когда у него вскакивал веред, когда ему подавали тарелку холодного супу. Глафира Петровна опять завладела всем в доме; опять начали ходить с заднего крыльца приказчики, бурмистры, простые мужики к «старой колотовке»,— так прозывали ее дворовые люди. Перемена в Иване Петровиче сильно поразила его сына; ему уже пошел девятнадцатый год, и он начинал размышлять и высвобождаться из-под гнета давившей его руки. Он и прежде замечал разладицу между словами и делами отца, между его широкими либеральными теориями и черствым, мелким деспотизмом; но он не ожидал такого крутого перелома. Застарелый эгоист вдруг выказался весь. Молодой Лаврецкий собирался ехать в Москву, подготовиться в университет,— неожиданное, новое бедствие обрушилось на голову Ивана Петровича: он ослеп, и ослеп безнадежно, в один день.

Не доверяя искусству русских врачей, он стал хлопотать о позволении отправиться за границу. Ему отказали. Тогда он взял с собою сына и целых три года проскитался по

России от одного доктора к другому, беспрестанно переезжая из города в город и приводя в отчаяние врачей, сына, прислугу своим малодушием и нетерпением. Совершенной тряпкой, плаксивым и капризным ребенком воротился он в Лаврики. Наступили горькие денечки, натерпелись от него все. Иван Петрович утихал только, пока обедал; никогда он так жадно и так много не ел; всё остальное время он ни себе, никому не давал покоя. Он молился, роптал на судьбу, бранил себя, бранил политику, свою систему, бранил всё, чем хвастался и кичился, всё, что ставил некогда сыну в образец; твердил, что ни во что не верит, и молился снова; не выносил ни одного мгновенья одиночества и требовал от своих домашних, чтоб они постоянно, днем и ночью, сидели возле его кресел и занимали его рассказами, которые он то и дело прерывал восклицаниями: «Вы всё врете — экая чепуха!»

Особенно доставалось Глафире Петровне; он решительно не мог обойтись без нее — и она до конца исполняла все прихоти больного, хотя иногда не тотчас решалась отвечать ему, чтобы звуком голоса не выдать душившей ее злобы. Так проскрипел он еще два года и умер в первых числах мая, вынесенный на балкон, на солнце. «Глаша, Глашка! бульонцу, бульонцу, старая дур...»,— пролепетал его коснеющий язык и, не договорив последнего слова, умолк навеки. Глафира Петровна, которая только что выхватила чашку бульону из рук дворецкого, остановилась, посмотрела брату в лицо, медленно, широко перекрестилась и удалилась молча; а тут же находившийся сын тоже ничего не сказал, оперся на перила балкона и долго глядел в сад, весь благовонный и зеленый, весь блестевший в лучах золотого весеннего солнца. Ему было двадцать три года; как страшно, как незаметно скоро пронеслись эти двадцать три года!.. Жизнь открывалась перед ним.

XII

Схоронив отца и поручив той же неизменной Глафире Петровне заведывание хозяйством и надзор за приказчиками, молодой Лаврецкий отправился в Москву, куда влекло его темное, но сильное чувство. Он сознавал недостатки своего воспитания и вознамерился по возможности воротить упущенное. В последние пять лет он много прочел и кое-что увидел; много мыслей перебродило в его голове; любой профессор позавидовал бы некоторым его познаниям, но в то же время он не знал многого, что каждому гимназисту давным-давно известно. Лаврецкий сознавал, что он не свободен; он втайне чувствовал себя чудаком. Недобрую шутку сыграл англоман с своим сыном; капризное воспитание принесло свои плоды. Долгие годы он безотчетно смирялся перед отцом своим; когда же, наконец, он разгадал его, дело уже было сделано, привычки вкоренились. Он не умел сходиться с людьми; двадцати трех лет от роду, с неукротимой жаждой любви в пристыженном сердце, он еще ни одной женщине не смел взглянуть в глаза. При его уме, ясном и здравом, но несколько тяжелом, при его наклонности к упрямству, созерцанию и лени ему бы следовало с ранних лет попасть в жизненный водоворот, а его продержали в искусственном уединении... И вот заколдованный круг расторгся, а он продолжал стоять на одном месте, замкнутый и сжатый в самом себе. Смешно было в его года надеть студенческий мундир; но он не боялся насмешек: его спартанское воспитание хоть на то пригодилось, что развило в нем пренебрежение к чужим толкам,— и он надел, не смущаясь, студенческий мундир. Он поступил в физико-математическое отделение. Здоровый, краснощекий, уже с заросшей бородой, молчаливый, он производил странное впечатление на своих товарищей; они и не подозревали того, что в этом суровом муже, аккуратно приезжавшем на лекции в широких деревенских санях парой, таился чуть не ребенок. Он им казался каким-то мудреным педантом, они в нем не нуждались и не искали в нем, он избегал их. В течение первых двух лет, проведенных им в университете, он сблизился только с одним студентом, у которого брал уроки в латинском языке. Студент этот, по имени Михалевич, энтузиаст и стихотворец, искренно полюбил Лаврецкого и совершенно случайно стал виновником важной перемены в его судьбе.

Однажды, в театре (Мочалов находился тогда на высоте своей славы, и Лаврецкий не пропускал ни одного представления), увидел он в ложе бельэтажа девушку,— и хотя ни одна женщина не проходила мимо его угрюмой фигуры, не заставив дрогнуть его сердце, никогда еще оно так сильно не забилось. Облокотясь на бархат ложи, девушка не шевелилась; чуткая, молодая жизнь играла в каждой черте ее смуглого, круглого, миловидного лица; изящный ум сказывался в прекрасных глазах, внимательно и мягко глядевших из-под тонких бровей, в быстрой усмешке выразительных губ, в самом положении ее головы, рук, шеи; одета она была прелестно. Рядом с нею сидела сморщенная и желтая женщина лет сорока пяти, декольте, в черном токе, с беззубою улыбкой на напряженно озабоченном и пустом лице, а в углублении ложи виднелся пожилой мужчина, в широком сюртуке и высоком галстуке, с выражением тупой величавости и какой-то заискивающей подозрительности в маленьких глазках, с крашеными усами и бакенбардами, незначительным огромным лбом и измятыми щеками, по всем признакам отставной генерал. Лаврецкий не отводил взора от поразившей его девушки; вдруг дверь ложи отворилась, и вошел Михалевич. Появление этого человека, почти единственного его знакомого во всей Москве, появление его в обществе единственной девушки, поглотившей всё его внимание, показалось Лаврецкому знаменательно и странно. Продолжая посматривать на ложу, он заметил, что все находившиеся в ней лица обращались с Михалевичем, как с старинным приятелем. Представление на сцене переставало занимать Лаврецкого; сам Мочалов, хотя и был в тот вечер «в ударе», не производил на него обычного впечатления. В одном очень патетическом месте Лаврецкий невольно взглянул на свою красавицу: она вся наклонилась вперед, щеки ее пылали; под влиянием его упорного взора глаза ее, устремленные на сцену, медленно обратились и остановились на нем... Всю ночь мерещились ему эти глаза. Прорвалась, наконец, искусственно возведенная плотина; он и дрожал, и горел, и на другой же день отправился к Михалевичу. Он узнал от него, что красавицу звали Варварой Павловной Коробьиной; что старик и старуха, сидевшие с ней в ложе, были отец ее и мать и что сам он, Михалевич, познакомился с ними год тому назад, во время своего пребывания в подмосковной на «кондиции» у графа Н. С величайшей похвалой отозвался энтузиаст о Варваре Павловне. «Это, брат ты мой,— воскликнул он со свойственною ему порывистой певучестью в голосе,— эта девушка — изумительное, гениальное существо, артистка в настоящем смысле слова, и притом предобрая». Заметив из расспросов Лаврецкого, какое впечатление произвела на него Варвара Павловна, он сам предложил ему познакомить его с нею, прибавив, что он у них как свой; что генерал человек совсем не гордый, а мать так глупа, что только тряпки не сосет. Лаврецкий покраснел, пробормотал что-то невнятное и убежал. Целых пять дней боролся он со своею робостью; на шестой день молодой спартанец надел новенький мундир и отдался в распоряжение Михалевича, который, будучи своим человеком, ограничился тем, что причесал себе волосы,— и оба отправились к Коробьиным.

XIII

Отец Варвары Павловны, Павел Петрович Коробьин, генерал-майор в отставке, весь свой век провел в Петербурге на службе, слыл в молодости ловким танцором и фрунтовиком, находился, по бедности, адъютантом при двух-трех невзрачных генералах, женился на дочери одного из них, взяв тысяч двадцать пять приданого, до тонкости постиг всю премудрость учений и смотров; тянул, тянул лямку и, наконец, годиков через двадцать добился генеральского чина, получил полк. Тут бы ему отдохнуть и упрочить, не спеша, свое благосостояние; он на это и рассчитывал, да немножко неосторожно повел дело; он придумал было новое средство пустить в оборот казенные деньги, — средство оказалось отличное, но он не вовремя поскупился: на него донесли; вышла более чем неприятная, вышла скверная история. Кое-как отвертелся генерал от истории, но карьера его лопнула: ему посоветовали выйти в отставку. Года два потолкался он еще в Петербурге, в надежде, не наскочит ли на него тепленькое статское место; но место на него не наскакивало; дочь вышла из института, расходы увеличивались с каждым днем... Скрепя сердце решился он переехать в Москву на дешевые хлеба, нанял в Старой Конюшенной крошечный низенький дом с саженным гербом на крыше и зажил московским отставным генералом, тратя 2750 рублей в год. Москва — город хлебосольный, рада принимать встречных и поперечных, а генералов и подавно; грузная, но не без военной выправки, фигура Павла Петровича скоро стала появляться в лучших московских гостиных. Его голый затылок, с косицами крашеных волос и засаленной анненской лентой на галстуке цвета воронова крыла, стал хорошо известен всем скучливым и бледным юношам, угрюмо скитающимся во время танцев вокруг игорных столов. Павел Петрович сумел поставить себя в обществе; говорил мало, но, по старой привычке, в нос, — конечно, не с лицами чинов высших; осторожно играл в карты, дома ел умеренно, а в гостях за шестерых. О жене его почти сказать нечего; звали ее Каллиопой Карловной; из левого ее глаза сочилась слезинка, в силу чего Каллиопа Карловна (притом же она была немецкого происхождения) сама считала себя за чувствительную женщину; она постоянно чего-то всё боялась, словно не доела, и носила узкие бархатные платья, ток и тусклые дутые браслеты. Единственной дочери Павла Петровича и Каллиопы Карловны, Варваре Павлов-

не, только что минул семнадцатый год, когда она вышла из
...ского института, где считалась если не первою красавицей, то уж наверное первою умницей и лучшею музыкантшей и где получила шифр; ей еще девятнадцати лет не было, когда Лаврецкий увидел ее в первый раз.

XIV

Ноги подкашивались у спартанца, когда Михалевич ввел его в довольно плохо убранную гостиную Коробьиных и представил хозяевам. Но овладевшее им чувство робости скоро исчезло: в генерале врожденное всем русским добродушие еще усугублялось тою особенного рода приветливостью, которая свойственна всем немного замаранным людям; генеральша как-то скоро стушевалась; что же касается до Варвары Павловны, то она так была спокойна и самоуверенно-ласкова, что всякий в ее присутствии тотчас чувствовал себя как бы дома; притом от всего ее пленительного тела, от улыбавшихся глаз, от невинно-покатых плечей и бледно-розовых рук, от легкой и в то же время как бы усталой походки, от самого звука ее голоса, замедленного, сладкого,— веяло неуловимой, как тонкий запах, вкрадчивой прелестью, мягкой, пока еще стыдливой, негой, чем-то таким, что словами передать трудно, но что трогало и возбуждало,— и уже, конечно, возбуждало не робость. Лаврецкий навел речь на театр, на вчерашнее представление; она тотчас сама заговорила о Мочалове и не ограничилась одними восклицаниями и вздохами, но произнесла несколько верных и женски-проницательных замечаний насчет его игры. Михалевич упомянул о музыке; она, не чинясь, села за фортепьяно и отчетливо сыграла несколько шопеновских мазурок, тогда только что входивших в моду. Настал час обеда; Лаврецкий хотел удалиться, но его удержали; за столом генерал потчевал его хорошим лафитом, за которым генеральский лакей на извозчике скакал к Депре. Поздно вечером вернулся Лаврецкий домой и долго сидел, не раздеваясь и закрыв глаза рукою, в оцепенении очарования. Ему казалось, что он теперь только понимал, для чего стоит жить; все его предположения, намерения, весь этот вздор и прах, исчезли разом; вся душа его слилась в одно чувство, в одно желание, в желание счастья, обладания, любви, сладкой женской любви. С того дня он часто стал ходить к Коробьиным. Полгода спустя он объяснился Варваре Павловне и предложил ей свою руку. Предложение его было принято; генерал давным-давно, чуть ли не накануне первого посещения Лаврецкого, спросил у Михалевича, сколько у него, Лаврецкого, душ; да и Варваре Павловне, которая во всё время ухаживания молодого человека и даже в самое мгновение признания сохранила обычную безмятежность и ясность души, — и Варваре Павловне хорошо было известно, что жених ее богат; а Каллиопа Карловна подумала: «Meine Tochter macht eine schöne Partie»[1], — и купила себе новый ток.

XV

Итак, предложение его было принято, но с некоторыми условиями. Во-первых, Лаврецкий должен был немедленно оставить университет: кто ж выходит за студента, да и что за странная мысль — помещику, богатому, в 26 лет брать уроки, как школьнику? Во-вторых, Варвара Павловна взяла на себя труд заказать и закупить приданое, выбрать даже жениховы подарки. У ней было много практического смысла, много вкуса и очень много любви к комфорту, много уменья доставлять себе этот комфорт. Это уменье особенно поразило Лаврецкого, когда, тотчас после свадьбы, он вдвоем с женою отправился в удобной, ею купленной каретке в Лаврики. Как всё, что окружало его, было обдумано, предугадано, предусмотрено Варварой Павловной! Какие появились в разных уютных уголках прелестные дорожные несессеры, какие восхитительные туалетные ящики и кофейники, и как мило Варвара Павловна сама варила кофе по утрам! Впрочем, Лаврецкому было тогда не до наблюдений: он блаженствовал, упивался счастием; он предавался ему, как дитя... Он и был невинен, как дитя, этот юный Алкид. Недаром веяло прелестью от всего существа его молодой жены; недаром сулила она чувству тайную роскошь неизведанных наслаждений; она сдержала больше, чем сулила. Приехавши в Лаврики в самый разгар лета, она нашла дом грязным и темным, прислугу смешною и устарелою, но не почла за нужное даже намекнуть о том мужу. Если бы она располагала основаться в Лавриках, она бы всё в них переделала, начиная, разумеется, с дома; но мысль остаться в этом степном захолустье ни на миг не приходила ей в голову; она жила в нем, как в палатке, кротко перенося все неудобства и забавно подтрунивая над ними. Марфа Тимофеевна приехала повидаться с своим воспитанником; она очень понравилась Варваре Павловне, но ей

---

[1] «Моя дочь делает прекрасную партию» *(нем.)*

Варвара Павловна не понравилась. С Глафирой Петровной новая хозяйка тоже не поладила; она бы ее оставила в покое, но старику Коробьину захотелось запустить руки в дела зятя: управлять имением такого близкого родственника, говорил он, не стыдно даже генералу. Полагать должно, что Павел Петрович не погнушался бы заняться имением и вовсе чуждого ему человека. Варвара Павловна повела свою атаку весьма искусно; не выдаваясь вперед, по-видимому вся погруженная в блаженство медовых месяцев, в деревенскую тихую жизнь, в музыку и чтение, она понемногу довела Глафиру до того, что та в одно утро вбежала, как бешеная, в кабинет Лаврецкого и, швырнув связку ключей на стол, объявила, что не в силах больше заниматься хозяйством и не хочет оставаться в деревне. Надлежащим образом подготовленный, Лаврецкий тотчас согласился на ее отъезд. Этого Глафира Петровна не ожидала. «Хорошо,— сказала она, и глаза ее потемнели,— я вижу, что я здесь лишняя! Знаю, кто меня отсюда гонит, с родового моего гнезда. Только ты помяни мое слово, племянник: не свить же и тебе гнезда нигде, скитаться тебе век. Вот тебе мой завет». В тот же день она удалилась в свою деревеньку, а через неделю прибыл генерал Коробьин и, с приятною меланхолией во взглядах и движениях, принял управление всем имением на свои руки.

В сентябре месяце Варвара Павловна увезла своего мужа в Петербург. Две зимы провела она в Петербурге (на лето они переселялись в Царское Село), в прекрасной, светлой, изящно меблированной квартире; много завели они знакомств в средних и даже высших кругах общества, много выезжали и принимали, давали прелестнейшие музыкальные и танцевальные вечеринки. Варвара Павловна привлекала гостей, как огонь бабочек. Федору Иванычу не совсем-то нравилась такая рассеянная жизнь. Жена советовала ему вступить на службу; он, по старой отцовской памяти, да и по своим понятиям, не хотел служить, но в угоду Варваре Павловне оставался в Петербурге. Впрочем, он скоро догадался, что никто не мешал ему уединиться, что недаром у него самый покойный и уютный кабинет во всем Петербурге, что заботливая жена даже готова помочь ему уединяться,— и с тех пор всё пошло прекрасно. Он принялся опять за собственное, по его мнению недоконченное, воспитание, опять стал читать, приступил даже к изучению английского языка. Странно было видеть его могучую, широкоплечую фигуру, вечно согнутую над письменным столом, его полное, волосатое, румяное лицо, до половины закрытое листами словаря или тетради. Каждое утро он проводил за работой, обедал отлично (Варвара Павловна была хозяйка хоть куда), а по вечерам вступал в очарованный, пахучий, светлый мир, весь населенный молодыми веселыми лицами,— и средоточием этого мира была та же рачительная хозяйка, его жена. Она порадовала его рождением сына, но бедный мальчик жил недолго; он умер весной, а летом, по совету врачей, Лаврецкий повез жену за границу, на воды. Рассеяние было ей необходимо после такого несчастья, да и здоровье ее требовало теплого климата. Лето и осень они провели в Германии и Швейцарии, а на зиму, как оно и следовало ожидать, поехали в Париж. В Париже Варвара Павловна расцвела, как роза, и так же скоро и ловко, как в Петербурге, сумела свить себе гнездышко. Квартиру она нашла премиленькую, в одной из тихих, но модных улиц Парижа; мужу сшила такой шлафрок, какого он еще и не нашивал; наняла щегольскую служанку, отличную повариху, расторопного лакея; приобрела восхитительную каретку, прелестный пианино. Не прошло недели, как уже она перебиралась через улицу, носила шаль, раскрывала зонтик и надевала перчатки не хуже самой чистокровной парижанки. И знакомыми она скоро обзавелась. Сперва к ней ездили одни русские, потом стали появляться французы, весьма любезные, учтивые, холостые, с прекрасными манерами, с благозвучными фамилиями; все они говорили скоро и много, развязно кланялись, приятно щурили глаза; белые зубы сверкали у всех под розовыми губами,— и как они умели улыбаться! Каждый из них приводил своих друзей, и la belle madame de Lavretzki[1] скоро стала известна от Chaussée d'Antin do Rue de Lille[2]. В те времена (дело происходило в 1836 году) еще не успело развестись племя фёльетонистов и хроникеров, которое теперь кишит повсюду, как муравьи в разрытой кочке; но уж тогда появлялся в салоне Варвары Павловны некто m-r Jules неблаговидной наружности господин, с скандалезной репутацией, наглый и низкий, как все дуэлисты и битые люди. Этот m-r Jules был очень противен Варваре Павловне, но она его принимала, потому что он пописывал в разных газетах и беспрестанно упоминал о ней, называя ее то m-me de L...tzki, то m-me de***, cette grande dame russe si distinguée, gui demeure

---

[1] очаровательная мадам Лаврецкая *(фр.)*.
[2] от Шоссе д'Антен до улицы Лилль *(фр.)*.

rue de P...[1]; рассказывал всему свету, то есть нескольким сотням подписчиков, которым не было никакого дела до m-me de L...tzki, как эта дама, настоящая по уму француженка (une vraie, française par l'ésprit) — выше этого у французов похвал нет — мила и любезна, какая она необыкновенная музыкантша и как она удивительно вальсирует (Варвара Павловна действительно так вальсировала, что увлекала все сердца за краями своей легкой, улетающей одежды)... словом, пускал о ней молву по миру,— а ведь это, что ни говорите, приятно. Девица Марс уже сошла тогда со сцены, а девица Рашель еще не появлялась; тем не менее Варвара Павловна прилежно посещала театры. Она приходила в восторг от итальянской музыки и смеялась над развалинами Одри, прилично зевала во Французской комедии и плакала от игры г-жи Дорваль в какой-нибудь ультраромантической мелодраме; а главное, Лист у ней играл два раза и так был мил, так прост — прелесть! В таких приятных ощущениях прошла зима, к концу которой Варвара Павловна была даже представлена ко двору. Федор Иваныч, с своей стороны, не скучал, хотя жизнь подчас тяжела становилась у него на плечах,— тяжела, потому что пуста. Он читал газеты, слушал лекции в Sorbonne и Collége de France, следил за прениями палат, принялся за перевод известного ученого сочинения об ирригациях. «Я не теряю времени,— думал он,— всё это полезно; но к будущей зиме надобно непременно вернуться в Россию и приняться за дело». Трудно сказать, ясно ли он сознавал, в чем собственно состояло это дело, и Бог знает, удалось ли бы ему вернуться в Россию к зиме; пока он ехал с женою в Баден-Баден... Неожиданный случай разрушил все его планы.

XVI

Войдя однажды в отсутствие Варвары Павловны в ее кабинет, Лаврецкий увидал на полу маленькую, тщательно сложенную бумажку. Он машинально ее поднял, машинально развернул и прочел следующее, написанное на французском языке:

«Милый ангел Бетси! (я никак не решаюсь назвать тебя Barbe или Варвара — Varvara). Я напрасно прождал тебя на углу бульвара; приходи завтра в половине второго на нашу квартирку. Твой добрый толстяк (ton gros bonhom-

---

[1] Эта знатная русская дама, такая изящная, которая живет на улице П... *(фр.)*

me de mari) об эту пору обыкновенно зарывается в свои книги; мы опять споем ту песенку вашего поэта *Пускина* (de votre poëte Pouskine), которой ты меня научила: „Старый муж, грозный муж!" — Тысячу поцелуев твоим ручкам и ножкам. Я жду тебя.

Эрнест».

Лаврецкий не сразу понял, что такое он прочел; прочел во второй раз — и голова у него закружилась, пол заходил под ногами, как палуба корабля во время качки. Он и закричал, и задохнулся, и заплакал в одно мгновение.

Он обезумел. Он так слепо доверял своей жене; возможность обмана, измены никогда не представлялась его мысли. Этот Эрнест, этот любовник его жены, был белокурый, смазливый мальчик лет двадцати трех, со вздернутым носиком и тонкими усиками, едва ли не самый ничтожный изо всех ее знакомых. Прошло несколько минут, прошло полчаса; Лаврецкий всё стоял, стискивая роковую записку в руке и бессмысленно глядя на пол; сквозь какой-то темный вихрь мерещились ему бледные лица; мучительно замирало сердце; ему казалось, что он падал, падал, падал... и конца не было. Знакомый легкий шум шелкового платья вывел его из оцепенения; Варвара Павловна, в шляпе и шали, торопливо возвращалась с прогулки. Лаврецкий затрепетал весь и бросился вон; он почувствовал, что в это мгновенье он был в состоянии истерзать ее, избить ее до полусмерти, по-мужицки, задушить ее своими руками. Изумленная Варвара Павловна хотела остановить его; он мог только прошептать: «Бетси» — и выбежал из дому.

Лаврецкий взял карету и велел везти себя за город. Весь остаток дня и всю ночь до утра пробродил он, беспрестанно останавливаясь и всплескивая руками: он то безумствовал, то ему становилось как будто смешно, даже как будто весело. Утром он прозяб и зашел в дрянной загородный трактир, спросил комнату и сел на стул перед окном. Судорожная зевота напала на него. Он едва держался на ногах, тело его изнемогало, а он и не чувствовал усталости, — зато усталость брала свое: он сидел, глядел и ничего не понимал; не понимал, что с ним такое случилось, отчего он очутился один, с одеревенелыми членами, с горечью во рту, с камнем на груди, в пустой незнакомой комнате; он не понимал, что заставило ее, Варю, отдаться этому французу, и как могла она, зная себя неверной, быть по-прежнему спокойной, по-прежнему ласковой и доверчивой с ним! «Ничего не понимаю! — шептали его засохшие губы.— Кто мне поручится теперь, что в Петербурге...» И он не доканчивал вопроса и зевал опять, дрожа и пожимаясь всем телом. Светлые и темные воспоминания одинаково его терзали; ему вдруг пришло в голову, что на днях она при нем и при Эрнесте села за фортепьяно и спела: «Старый муж, грозный муж!» Он вспомнил выражение ее лица, странный блеск глаз и краску на щеках,— и он поднялся со стула, он хотел пойти, сказать им: «Вы со мной напрасно пошутили; прадед мой мужиков за ребра вешал, а дед мой сам был мужик»,— да убить их обоих. То вдруг ему казалось, что всё, что с ним делается, сон, и даже не сон, а так, вздор какой-то; что стоит только встряхнуться, оглянуться... Он оглядывался, и, как ястреб когтит пойманную птицу, глубже и глубже врезывалась тоска в его сердце. К довершению всего, Лаврецкий через несколько месяцев надеялся быть отцом... Прошедшее, будущее, вся жизнь была отравлена. Он вернулся наконец в Париж, остановился в гостинице и послал Варваре Павловне записку г-на Эрнеста с следующим письмом:

«Прилагаемая бумажка вам объяснит всё. Кстати скажу вам, что я не узнал вас: вы, такая всегда аккуратная, роняете такие важные бумаги. (Эту фразу бедный Лаврецкий готовил и лелеял в течение нескольких часов.) Я не могу больше вас видеть; полагаю, что и вы не должны желать свидания со мною. Назначаю вам 15 000 франков в год; больше дать не могу. Присылайте ваш адрес в деревенскую контору. Делайте что хотите; живите где хотите. Желаю вам счастия. Ответа не нужно».

Лаврецкий написал жене, что не нуждается в ответе... но он ждал, он жаждал ответа, объяснения этого непонятного, непостижимого дела. Варвара Павловна в тот же день прислала ему большое французское письмо. Оно его доконало; последние его сомнения исчезли — и ему стало стыдно, что у него оставались еще сомнения. Варвара Павловна не оправдывалась: она желала только увидать его, умоляла не осуждать ее безвозвратно. Письмо было холодно и напряженно, хотя кой-где виднелись пятна слез. Лаврецкий усмехнулся горько и велел сказать через посланного, что всё очень хорошо. Три дня спустя его уже не было в Париже: но он поехал не в Россию, а в Италию. Он сам не знал, почему он выбрал именно Италию; ему, в сущности, было всё равно, куда ни ехать — лишь бы не домой. Он послал предписание своему бурмистру насчет жениной пенсии, приказывая ему в то же время немедленно принять от генерала Коробьина все дела по имению, не дожидаясь сдачи счетов, и распорядиться о выезде его превосходительства из Лавриков; живо представил он себе смущение, тщетную величавость изгоняемого генерала и, при всем своем горе, почувствовал некоторое злобное удовольствие. Тогда же попросил он в письме Глафиру Петровну вернуться в Лаврики и отправил на ее имя доверенность; Глафира Петровна в Лаврики не вернулась и сама припечатала в газетах об уничтожении доверенности, что было совершенно излишне. Скрываясь в небольшом италианском городке, Лаврецкий еще долго не мог заставить себя не следить за женою. Из газет он узнал, что она из Парижа поехала, как располагала, в Баден-Баден; имя ее скоро появилось в статейке, подписанной тем же мусье Жюлем. В этой статейке сквозь обычную игривость проступало какое-то дружественное соболезнование; очень гадко сделалось на душе Федора Иваныча при чтении этой статейки. Потом он узнал, что у него родилась дочь; месяца через два получил он от бурмистра извещение о том, что Варвара Павловна вытребовала себе первую треть своего жалованья. Потом стали ходить всё более и более дурные слухи; наконец с шумом пронеслась по всем журналам трагикомическая история, в которой жена его играла незавидную роль. Всё было кончено: Варвара Павловна стала «известностью».

Лаврецкий перестал следить за нею, но не скоро мог с собою сладить. Иногда такая брала его тоска по жене, что он, казалось, всё бы отдал, даже, пожалуй... простил бы ее, лишь бы услышать снова ее ласковый голос, почувствовать снова ее руку в своей руке. Однако время шло недаром. Он не был рожден страдальцем; его здоровая природа вступила в свои права. Многое стало ему ясно; самый удар, поразивший его, не казался ему более непредвиденным; он понял свою жену,— близкого человека только тогда и поймешь вполне, когда с ним расстанешься. Он опять мог заниматься, работать, хотя уже далеко не с прежним рвением: скептицизм, подготовленный опытами жизни, воспитанием, окончательно забрался в его душу. Он стал очень равнодушен ко всему. Прошло года четыре, и он почувствовал себя в силах возвратиться на родину, встретиться с своими. Не останавливаясь ни в Петербурге, ни в Москве, прибыл он в город О..., где мы расстались с ним и куда мы просим теперь благосклонного читателя вернуться вместе с нами.

XVII

На другое утро, после описанного нами дня, часу в десятом, Лаврецкий всходил на крыльцо калитинского дома. Ему навстречу вышла Лиза в шляпке и в перчатках.

— Куда вы? — спросил он ее.

— К обедне. Сегодня воскресенье.

— А разве вы ходите к обедне?

Лиза молча, с изумлением посмотрела на него.

— Извините, пожалуйста,— проговорил Лаврецкий,— я... я не то хотел сказать, я пришел проститься с вами, я через час еду в деревню.

— Ведь это отсюда недалеко? — спросила Лиза.

— Верст двадцать пять.

На пороге двери появилась Леночка в сопровождении горничной.

— Смотрите, не забывайте нас,— промолвила Лиза и спустилась с крыльца.

— И вы не забывайте меня. Да послушайте,— прибавил он,— вы идете в церковь: помолитесь кстати и за меня.

Лиза остановилась и обернулась к нему.

— Извольте,— сказала она, прямо глядя ему в лицо,— я помолюсь и за вас. Пойдем, Леночка.

В гостиной Лаврецкий застал Марью Дмитриевну одну. От нее пахло одеколоном и мятой. У ней, по ее словам, болела голова, и ночь она провела беспокойно. Она приняла его с обычною своею томной любезностью и понемногу разговорилась.

— Не правда ли,— спросила она его,— какой Владимир Николаич приятный молодой человек!

— Какой это Владимир Николаич?

— Да Паншин, вот что вчера здесь был. Вы ему ужасно понравились; я вам скажу по секрету, mon cher cousin[1], он просто без ума от моей Лизы. Что ж? Он хорошей фамилии, служит прекрасно, умен, ну, камер-юнкер, и если на то будет воля Божия... я, с своей стороны, как мать, очень буду рада. Ответственность, конечно, большая; конечно, от родителей зависит счастие детей, да ведь и то сказать: до сих пор худо ли, хорошо ли, а ведь всё я, везде я одна, как есть: и воспитала-то детей, и учила их, всё я... я вот и теперь мамзель от госпожи Болюс выписала...

Марья Дмитриевна пустилась в описание своих забот, стараний, своих материнских чувств. Лаврецкий слушал

---

[1] мой дорогой кузен *(фр.)*.

ее молча и вертел в руках шляпу. Его холодный, тяжелый взгляд смутил разболтавшуюся барыню.

— А Лиза как вам нравится? — спросила она.

— Лизавета Михайловна прекраснейшая девица, — возразил Лаврецкий, встал, откланялся и зашел к Марфе Тимофеевне. Марья Дмитриевна с неудовольствием посмотрела ему вслед и подумала: «Экой тюлень, мужик! Ну, теперь я понимаю, почему его жена не могла остаться ему верной».

Марфа Тимофеевна сидела у себя в комнате, окруженная своим штатом. Он состоял из пяти существ, почти одинаково близких ее сердцу: из толстозобого ученого снегиря, которого она полюбила за то, что он перестал свистать и таскать воду, маленькой, очень пугливой и смирной собачонки Роски, сердитого кота Матроса, черномазой вертлявой девочки лет девяти, с огромными глазами и вострым носиком, которую звали Шурочкой, и пожилой женщины лет пятидесяти пяти, в белом чепце и коричневой кургузой кацавейке на темном платье, по имени Настасьи Карповны Огарковой. Шурочка была мещаночка, круглая сирота. Марфа Тимофеевна взяла ее к себе из жалости, как и Роску: и собачонку и девочку она нашла на улице; обе были худы и голодны, обеих мочил осенний дождь; за Роской никто не погнался, а Шурочку даже охотно уступил Марфе Тимофеевне ее дядя, пьяный башмачник, который сам недоедал и племянницу не кормил, а колотил по голове колодкой. С Настасьей Карповной Марфа Тимофеевна свела знакомство на богомолье, в монастыре; сама подошла к ней в церкви (она понравилась Марфе Тимофеевне за то, что, по ее словам, очень вкусно молилась), сама с ней заговорила и пригласила ее к себе на чашку чаю. С того дня она уже не расставалась с ней. Настасья Карповна была женщина самого веселого и кроткого нрава, вдова, бездетная, из бедных дворянок; голову имела круглую, седую, мягкие белые руки, мягкое лицо с крупными, добрыми чертами и несколько смешным, вздернутым носом; она благоговела перед Марфой Тимофеевной, и та ее очень любила, хотя подтрунивала над ее нежным сердцем: она чувствовала слабость ко всем молодым людям и невольно краснела, как девочка, от самой невинной шутки. Весь ее капиталец состоял из тысячи двухсот рублей ассигнациями; она жила на счет Марфы Тимофеевны, но на ровной с ней ноге; Марфа Тимофеевна не вынесла бы подобострастья.

— А! Федя! — начала она, как только увидала его. —

Вчера вечером ты не видел моей семьи: полюбуйся. Мы все к чаю собрались; это у нас второй, праздничный чай. Всех поласкать можешь; только Шурочка не дастся, а кот оцарапает. Ты сегодня едешь?

— Сегодня.— Лаврецкий присел на низкое стульце.— Я уже с Марьей Дмитриевной простился. Я и Лизавету Михайловну видел.

— Зови ее Лизой, отец мой, что за Михайловна она для тебя? Да сиди смирно, а то ты Шурочкин стул сломаешь.

— Она к обедне шла,— продолжал Лаврецкий.— Разве она богомольна?

— Да, Федя, очень. Больше нас с тобою, Федя.

— А вы разве не богомольны? — заметила, пришепетывая, Настасья Карповна.— И сегодня к ранней обедне не пошли, а к поздней пойдете.

— Ан нет,— ты одна пойдешь: обленилась я, мать моя,— возразила Марфа Тимофеевна,— чаем уж очень себя балую.— Она говорила Настасье Карповне «ты», хотя и жила с ней на ровной ноге — недаром же она была Пестова: трое Пестовых значатся в синодике Ивана Васильевича Грозного; Марфа Тимофеевна это знала.

— Скажите, пожалуйста,— начал опять Лаврецкий,— мне Марья Дмитриевна сейчас говорила об этом... как, бишь, его?.. Паншине. Что это за господин?

— Экая она болтушка, прости Господи! — проворчала Марфа Тимофеевна,— чай, под секретом тебе сообщила, что вот, мол, какой навертывается жених. Шушукала бы с своим поповичем; нет, видно, ей мало. И ведь нет еще ничего, да и слава Богу! а она уже болтает.

— Почему же слава Богу? — спросил Лаврецкий.

— А потому, что молодец мне не нравится; да и чему тут радоваться?

— Не нравится он вам?

— Да, не всех же ему пленять. Будет с него и того, что вот Настасья Карповна в него влюблена.

Бедная вдова вся всполошилась.

— Что вы это, Марфа Тимофеевна, Бога вы не боитесь! — воскликнула она, и румянец мгновенно разлился у ней по лицу и по шее.

— И ведь знает, плут,— перебила ее Марфа Тимофеевна,— знает, чем ее прельстить: табакерку ей подарил. Федя, попроси у ней табачку понюхать; ты увидишь, табакерка какая славная: на крышке гусар на коне представлен. Уж ты лучше, мать моя, не оправдывайся.

Настасья Карповна только руками отмахивалась.

— Ну, а Лиза,— спросил Лаврецкий,— к нему неравнодушна?

— Кажется, он ей нравится, а впрочем, Господь ее ведает! Чужая душа, ты знаешь, темный лес, а девичья и подавно. Вот и Шурочкину душу — поди разбери! Зачем она прячется, а не уходит, с тех пор как ты пришел?

Шурочка фыркнула подавленным смехом и выскочила вон, а Лаврецкий поднялся с своего места.

— Да,— промолвил он с расстановкой,— девичью душу не разгадаешь.

Он стал прощаться.

— Что ж? Скоро мы тебя увидим? — спросила Марфа Тимофеевна.

— Как придется, тетушка: тут ведь недалеко.

— Да, ведь ты в Васильевское едешь. Ты не хочешь жить в Лавриках — ну, это твое дело; только съезди ты, поклонись гробу матери твоей, да и бабкину гробу кстати. Ты там, за границей, всякого ума набрался, а кто знает, может быть, они и почувствуют в своих могилках, что ты к ним пришел. Да не забудь, Федя, по Глафире Петровне тоже панафиду отслужить; вот тебе и целковый. Возьми, возьми, это я по ней хочу отслужить панафиду. Я ее при жизни не любила, а нечего сказать, с характером была девка. Умница была; ну и тебя не обидела. А теперь ступай с Богом, а то я тебе надоем.

И Марфа Тимофеевна обняла своего племянника.

— А Лизе за Паншиным не быть, не беспокойся; не такого мужа она стоит.

— Да я нисколько и не беспокоюсь,— отвечал Лаврецкий и удалился.

XVIII

Часа четыре спустя он ехал домой. Тарантас его быстро катился по проселочной мягкой дороге. Недели две как стояла засуха; тонкий туман разливался молоком в воздухе и застилал отдаленные леса; от него пахло гарью. Множество темноватых тучек с неясно обрисованными краями расползались по бледно-голубому небу; довольно крепкий ветер мчался сухой непрерывной струей, не разгоняя зноя. Приложившись головой к подушке и скрестив на груди руки, Лаврецкий глядел на пробегавшие веером загоны полей, на медленно мелькавшие ракиты, на глупых ворон и грачей, с тупой подозрительностью взиравших боком на проезжавший экипаж, на длинные межи, заросшие чернобыльником, полынью и полевой рябиной; он глядел... и эта свежая степная, тучная голь и глушь, эта зелень, эти длинные холмы, овраги с приземистыми дубовыми кустами, серые деревеньки, жидкие березы — вся эта, давно им невиданная, русская картина навевала на его душу сладкие и в то же время почти скорбные чувства, давила грудь его каким-то приятным давлением. Мысли его медленно бродили; очертания их были так же неясны и смутны, как очертания тех высоких, тоже как будто бы бродивших, тучек. Вспомнил он свое детство, свою мать, вспомнил, как она умирала, как поднесли его к ней и как она, прижимая его голову к своей груди, начала было слабо голосить над ним, да взглянула на Глафиру Петровну — и умолкла. Вспомнил он отца, сперва бодрого, всем недовольного, с медным голосом, потом слепого, плаксивого, с неопрятной седой бородой; вспомнил, как он однажды за столом, выпив лишнюю рюмку вина и залив себе салфетку соусом, вдруг засмеялся и начал, мигая ничего не видевшими глазами и краснея, рассказывать про свои победы; вспомнил Варвару Павловну — и невольно прищурился, как щурится человек от мгновенной внутренней боли, и встряхнул головой. Потом мысль его остановилась на Лизе.

«Вот,— подумал он,— новое существо только что вступает в жизнь. Славная девушка, что-то из нее выйдет? Она и собой хороша. Бледное, свежее лицо, глаза и губы такие серьезные, и взгляд честный и невинный. Жаль, она, кажется, восторженна немножко. Рост славный, и так легко ходит, и голос тихий. Очень я люблю, когда она вдруг остановится, слушает со вниманием, без улыбки, потом задумается и откинет назад свои волосы. Точно, мне самому сдается, Паншин ее не стоит. Однако чем же он дурен? А впрочем, чего я размечтался? Побежит и она по той же дорожке, по какой все бегают. Лучше я сосну». И Лаврецкий закрыл глаза.

Заснуть он не мог, но погрузился в дремотное дорожное онемение. Образы прошедшего по-прежнему, не спеша, поднимались, всплывали в его душе, мешаясь и путаясь с другими представлениями. Лаврецкий, Бог знает почему, стал думать о Роберте Пиле... о французской истории... о том, как бы он выиграл сражение, если б он был генералом; ему чудились выстрелы и крики... Голова его скользила набок, он открывал глаза... Те же поля, те же степные виды; стертые подковы пристяжных попеременно сверкают сквозь волнистую пыль; рубаха ямщика, желтая, с красными ластовицами, надувается от ветра... «Хорош возвращаюсь я на родину»,— промелькнуло у Лаврецкого в голове, и он закричал: «Пошел!» — запахнулся в шинель и плотнее прижался к подушке. Тарантас толкнуло: Лаврецкий выпрямился и широко раскрыл глаза. Перед ним на пригорке тянулась небольшая деревенька; немного вправо виднелся ветхий господский домик с закрытыми ставнями и кривым крылечком; по широкому двору, от самых ворот, росла крапива, зеленая и густая, как конопля; тут же стоял дубовый, еще крепкий амбарчик. Это было Васильевское.

Ямщик повернул к воротам, остановил лошадей; лакей Лаврецкого приподнялся на козлах и, как бы готовясь соскочить, закричал: «Гей!» Раздался сиплый, глухой лай, но даже собаки не показалось; лакей снова приготовился соскочить и снова закричал: «Гей!» Повторился дряхлый лай, и, спустя мгновенье, на двор, неизвестно откуда, выбежал человек в нанковом кафтане, с белой как снег головой; он посмотрел, защищая глаза от солнца, на тарантас, ударил себя вдруг обеими руками по ляжкам, сперва немного заметался на месте, потом бросился отворять ворота. Тарантас въехал на двор, шурша колесами по крапиве, и остановился перед крыльцом. Белоголовый человек, весьма, по-видимому, юркий, уже стоял, широко и криво расставив ноги, на последней ступеньке, отстегнул передок, судорожно дернув кверху кожу, и, помогая барину спуститься на землю, поцеловал у него руку.

— Здравствуй, здравствуй, брат,— проговорил Лаврецкий,— тебя, кажется, Антоном зовут? Ты жив еще?

Старик молча поклонился и побежал за ключами. Пока он бегал, ямщик сидел неподвижно, сбочась и поглядывая на запертую дверь; а лакей Лаврецкого как спрыгнул, так и остался в живописной позе, закинув одну руку на козлы. Старик принес ключи и, без всякой нужды изгибаясь, как змея, высоко поднимая локти, отпер дверь, посторонился и опять поклонился в пояс.

«Вот я и дома, вот я и вернулся»,— подумал Лаврецкий, входя в крошечную переднюю, между тем как ставни со стуком и визгом отворялись один за другим и дневной свет проникал в опустелые покои.

XIX

Небольшой домик, куда приехал Лаврецкий и где два года тому назад скончалась Глафира Петровна, был выстроен в прошлом столетии, из прочного соснового леса; он на вид казался ветхим, но мог простоять еще лет пятьдесят или более. Лаврецкий обошел все комнаты и, к великому беспокойству старых, вялых мух с белой пылью на спине, неподвижно сидевших под притолоками, велел всюду открыть окна: с самой смерти Глафиры Петровны никто не отпирал их. Всё в доме осталось, как было: тонконогие белые диванчики в гостиной, обитые глянцевитым серым штофом, протертые и продавленные, живо напоминали екатерининские времена; в гостиной же стояло любимое кресло хозяйки, с высокой и прямой спинкой, к которой она и в старости не прислонялась. На главной стене висел старинный портрет Федорова прадеда, Андрея Лаврецкого; темное, желчное лицо едва отделялось от почерневшего и покоробленного фона; небольшие злые глаза угрюмо глядели из-под нависших, словно опухших век; черные волосы без пудры щеткой вздымались над тяжелым, изрытым лбом. На угле портрета висел венок из запыленных иммортелей. «Сами Глафира Петровна изволили плести»,— доложил Антон. В спальне возвышалась узкая кровать, под пологом из стародавней, весьма добротной полосатой материи; горка полинялых подушек и стеганое жидкое одеяльце лежали на кровати, а у изголовья висел образ «Введение во храм Пресвятой Богородицы»,— тот самый образ, к которому старая девица, умирая одна и всеми забытая, в последний раз приложилась уже хладеющими губами. Туалетный столик из штучного дерева, с медными бляхами и кривым зеркальцем, с почернелой позолотой, стоял у окна. Рядом с спальней находилась образная, маленькая комнатка, с голыми стенами и тяжелым киотом в угле; на полу лежал истертый, закапанный воском коверчик; Глафира Петровна клала на нем земные поклоны. Антон отправился с лакеем Лаврецкого отпирать конюшню и сарай; на место его явилась старушка, чуть ли не ровесница ему, повязанная платком по самые брови; голова ее тряслась и глаза глядели тупо, но выражали усердие, давнишнюю привычку служить безответно, и в то же время — какое-то почтительное сожаление. Она подошла к ручке Лаврецкого и остановилась у двери в ожидании приказаний. Он решительно не помнил, как ее звали, не помнил даже, видел ли ее когда-нибудь; оказалось, что ее звали Апраксеей; лет сорок тому назад та же Глафира Петровна сослала ее с барского двора и велела ей быть птичницей; впрочем, она говорила мало, словно из ума выжила, а глядела подобострастно. Кроме этих двух стариков да трех пузатых ребятишек в длинных рубашонках, Антоновых правнуков, жил еще на барском дворе однорукий бестягольный мужичонка; он бормотал, как тетерев, и не был способен ни на что; не многим полезнее его была дряхлая собака, приветствовавшая лаем возвращение Лаврецкого: она уже лет десять сидела на тяжелой цепи, купленной по распоряжению Глафиры Петровны, и едва-едва была в состоянии двигаться и влачить свою ношу. Осмотрев дом, Лаврецкий вышел в сад и остался им доволен. Он весь зарос бурьяном, лопухами, крыжовником и малиной; но в нем было много тени, много старых лип, которые поражали своею громадностью и странным расположением сучьев; они были слишком тесно посажены и когда-то — лет сто тому назад — стрижены. Сад оканчивался небольшим светлым прудом с каймой из высокого красноватого тростника. Следы человеческой жизни глохнут очень скоро: усадьба Глафиры Петровны не успела одичать, но уже казалась погруженной в ту тихую дрему, которой дремлет всё на земле, где только нет людской, беспокойной заразы. Федор Иваныч прошелся также по деревне; бабы глядели на него с порогу своих изб, подпирая щеку рукою; мужики издали кланялись, дети бежали прочь, собаки равнодушно лаяли. Ему наконец захотелось есть; но он ожидал свою прислугу и повара только к вечеру; обоз с провизией из Лавриков еще не прибывал, — пришлось обратиться к Антону. Антон сейчас распорядился: поймал, зарезал и ощипал старую курицу; Апраксея долго терла и мыла ее, стирая ее, как белье, прежде чем положила ее в кастрюлю; когда она, наконец, сварилась, Антон накрыл и убрал стол, поставил перед прибором почерневшую солонку аплике о трех ножках и граненый графинчик с круглой стеклянной пробкой и узким горлышком; потом доложил Лаврецкому певучим голосом, что кушанье готово, — и сам стал за его стулом, обернув правый кулак салфеткой и распространяя какой-то крепкий, древний запах, подобный запаху кипарисового дерева. Лаврецкий отведал супу и достал курицу; кожа ее была вся покрыта крупными пупырышками; толстая жила шла по каждой ноге, мясо отзывалось древесиной и щелоком. Пообедав, Лаврецкий сказал, что он выпил бы чаю, если... «Сею минуту-с подам-с», — перебил его старик — и сдержал свое обещание. Сыскалась щепотка чаю, завернутая в клочок красной бумажки; сыскался небольшой, но прерьяный и шумливый самоварчик, сыскался и сахар в очень маленьких, словно обтаявших кусках. Лаврецкий напился чаю из большой чашки; он еще с детства помнил эту чашку: игорные карты были изображены на ней, из нее пили только гости,— и он пил из нее, словно гость. К вечеру прибыла прислуга; Лаврецкому не захотелось лечь в теткиной кровати; он велел постлать себе постель в столовой. Погасив свечку, он долго глядел вокруг себя и думал невеселую думу; он испытывал чувство, знакомое каждому человеку, которому приходится в первый раз ночевать в давно необитаемом месте; ему казалось, что обступившая его со всех сторон темнота не могла привыкнуть к новому жильцу, что самые стены дома недоумевают. Наконец он вздохнул, натянул на себя одеяло и заснул. Антон дольше всех остался на ногах; он долго шептался с Апраксеей, охал вполголоса, раза два перекрестился; они оба не ожидали, чтобы барин поселился у них в Васильевском, когда у него под боком было такое славное именье с отлично устроенной усадьбой; они и не подозревали, что самая эта усадьба была противна Лаврецкому; она возбуждала в нем тягостные воспоминания. Нашептавшись вдоволь, Антон взял палку, поколотил по висячей, давно безмолвной доске у амбара и тут же прикорнул на дворе, ничем не прикрыв свою белую голову. Майская ночь была тиха и ласкова,— и сладко спалось старику.

XX

На другой день Лаврецкий встал довольно рано, потолковал со старостой, побывал на гумне, велел снять цепь с дворовой собаки, которая только полаяла немного, но даже не отошла от своей конуры,— и, вернувшись домой, погрузился в какое-то мирное оцепенение, из которого не выходил целый день. «Вот когда я попал на самое дно реки»,— сказал он самому себе не однажды. Он сидел под окном, не шевелился и словно прислушивался к теченью тихой жизни, которая его окружала, к редким звукам деревенской глуши. Вот где-то за крапивой кто-то напевает тонким-тонким голоском; комар словно вторит ему. Вот он перестал, а комар всё пищит; сквозь дружное, назойливо жалобное жужжанье мух раздается гуденье толстого шмеля, который то и дело стучится головой о потолок; петух на улице закричал, хрипло вытягивая последнюю ноту, простучала телега, на деревне скрыпят ворота. «Чего?» —

задребезжал вдруг бабий голос. «Ох ты, мой сударик»,— говорит Антон двухлетней девочке, которую нянчит на руках. «Квас неси»,— повторяет тот же бабий голос,— и вдруг находит тишина мертвая; ничто не стукнет, не шелохнется; ветер листком не шевельнет; ласточки несутся без крика одна за другой по земле, и печально становится на душе от их безмолвного налета. «Вот когда я на дне реки,— думает опять Лаврецкий.— И всегда, во всякое время тиха и неспешна здесь жизнь,— думает он,— кто входит в ее круг — покоряйся: здесь незачем волноваться, нечего мутить; здесь только тому и удача, кто прокладывает свою тропинку не торопясь, как пахарь борозду плугом. И какая сила кругом, какое здоровье в этой бездейственной тиши! Вот тут, под окном, коренастый лопух лезет из густой травы; над ним вытягивает зоря свой сочный стебель, богородицыны слезки еще выше выкидывают свои розовые кудри; а там, дальше, в полях, лоснится рожь, и овес уже пошел в трубочку, и ширится во всю ширину свою каждый лист на каждом дереве, каждая травка на своем стебле. На женскую любовь ушли мои лучшие года,— продолжает думать Лаврецкий,— пусть же вытрезвит меня здесь скука, пусть успокоит меня, подготовит к тому, чтобы и я умел не спеша делать дело». И он снова принимается прислушиваться к тишине, ничего не ожидая — и в то же время как будто беспрестанно ожидая чего-то; тишина обнимает его со всех сторон, солнце катится тихо по спокойному синему небу, и облака тихо плывут по нем; кажется, они знают, куда и зачем они плывут. В то самое время в других местах на земле кипела, торопилась, грохотала жизнь; здесь та же жизнь текла неслышно, как вода по болотным травам; и до самого вечера Лаврецкий не мог оторваться от созерцания этой уходящей, утекающей жизни; скорбь о прошедшем таяла в его душе, как весенний снег, и — странное дело! — никогда не было в нем так глубоко и сильно чувство родины.

XXI

В течение двух недель Федор Иваныч привел домик Глафиры Петровны в порядок, расчистил двор, сад; из Лавриков привезли ему удобную мебель, из города вино, книги, журналы; на конюшне появились лошади; словом, Федор Иваныч обзавелся всем нужным и начал жить — не то помещиком, не то отшельником. Дни его проходили однообразно; но он не скучал, хотя никого не видел;

он прилежно и внимательно занимался хозяйством, ездил верхом по окрестностям, читал. Впрочем, он читал мало: ему приятнее было слушать рассказы старика Антона. Обыкновенно Лаврецкий садился с трубкой табаку и чашкой холодного чаю к окну; Антон становился у двери, заложив назад руки, и начинал свои неторопливые рассказы о стародавних временах, о тех баснословных временах, когда овес и рожь продавались не мерками, а в больших мешках, по две и по три копейки за мешок; когда во все стороны, даже под городом, тянулись непроходимые леса, нетронутые степи. «А теперь,— жаловался старик, которому уже стукнуло лет за восемьдесят,— так всё вырубили да распахали, что проехать негде». Также рассказывал Антон много о своей госпоже, Глафире Петровне: какие они были рассудительные и бережливые; как некоторый господин, молодой сосед, подделывался было к ним, часто стал наезжать, и как они для него изволили даже надевать свой праздничный чепец, с лентами цвету массака́ и желтое платье из трю-трю-левантина; но как потом, разгневавшись на господина соседа за неприличный вопрос: «Что, мол, должо́н быть у вас, сударыня, капитал?» — приказали ему от дому отказать, и как они тогда же приказали, чтоб всё после их кончины, до самомалейшей тряпицы, было представлено Федору Ивановичу. И точно, Лаврецкий нашел весь теткин скарб в целости, не выключая праздничного чепца с лентами цвета массака́ и желтого платья из трю-трю-левантина. Старинных бумаг и любопытных документов, на которые рассчитывал Лаврецкий, не оказалось никаких, кроме одной ветхой книжки, в которую дедушка его, Петр Андреич, вписывал то «Празднование в городе Санкт-Петербурге замирения, заключенного с Турецкой империей его сиятельством князем Александр Александровичем Прозоровским»; то рецепт грудного *декохта* с примечанием: «Сие наставление дано генеральше Прасковье Федоровне Салтыковой от протопресвитера церкви Живоначальныя троицы Феодора Авксентьевича»; то политическую новость следующего рода: «О тиграх французах что-то замолкло»,— и тут же рядом: «В Московских ведомостях показано, что скончался господин премиермаиор Михаил Петрович Колычев. Не Петра ли Васильевича Колычева сын?» Лаврецкий нашел также несколько старых календарей и сонников и таинственное сочинение г. Амбодика; много воспоминаний возбудили в нем давно забытые, но знакомые «Символы и эмблемы». В туалетном столике Глафиры Петровны Лаврецкий нашел небольшой пакет, завязанный черной ленточкой, запечатанный черным сургучом и засунутый в самую глубь ящика. В пакете лежали лицом к лицу пастелевый портрет его отца в молодости, с мягкими кудрями, рассыпанными по лбу, с длинными томными глазами и полураскрытым ртом, и почти стертый портрет бледной женщины в белом платье, с белым розаном в руке,— его матери. С самой себя Глафира Петровна никогда не позволяла снять портрета. «Я, батюшка Федор Иваныч,— говаривал Лаврецкому Антон,— хоша и в господских хоромах тогда жительства не имел, а вашего прадедушку, Андрея Афанасьевича, помню, как же: мне, когда они скончались, восьмнадцатый годочек пошел. Раз я им в саду встрелся,— так даже поджилки затряслись; однако они ничего, только спросили, как зовут, и в свои покои за носовым платком послали. Барин был, что и говорить — и старшего над собой не знал. Потому была, доложу вам, у вашего прадедушки чудная така ладанка; с Афонской горы им монах ту ладанку подарил. И сказал он ему этта монахто: «За твое, боярин, радушие сие тебе дарю; носи — и суда не бойся». Ну, да ведь тогда, батюшка, известно, какие были времена: что барин восхотел, то и творил. Бывало, кто даже из господ вздумает им перечить, так они только посмотрят на него да скажут: «Мелко плаваешь»,— самое это у них было любимое слово. И жил он, ваш блаженныя памяти прадедушка, в хоромах деревянных малых; а что добра после себя оставил, серебра что, всяких запасов, все подвалы битком набиты были. Хозяин был. Тот-то графинчик, что вы похвалить изволили, их был: из него водку кушали. А вот дедушка ваш, Петр Андреич, и палаты себе поставил каменные, а добра не нажил; всё у них пошло *хинею*; и жили они хуже папенькиного, и удовольствий никаких себе не производили,— а денежки все порешил, и помянуть его нечем, ложки серебряной от них не осталось, и то еще спасибо, Глафира Петровна порадела».

— А правда ли,— перебивал его Лаврецкий,— ее старой колотовкой звали?

— Да ведь кто звал! — возражал с неудовольствием Антон.

— А что, батюшка,— решился спросить однажды старик,— что наша барынька, где изволит свое пребывание иметь?

— Я развелся с женою,— проговорил с усилием Лаврецкий,— пожалуйста, не спрашивай о ней.

— Слушаю-с,— печально возразил старик.

По прошествии трех недель Лаврецкий поехал верхом в О... к Калитиным и провел у них вечер. Лемм был у них; он очень понравился Лаврецкому. Хотя, по милости отца, он ни на каком инструменте не играл, однако страстно любил музыку, музыку дельную, классическую. Паншина в тот вечер у Калитиных не было. Губернатор услал его куда-то за город. Лиза играла одна и очень отчетливо; Лемм оживился, расходился, свернул бумажку трубочкой и дирижировал. Марья Дмитриевна сперва смеялась, глядя на него, потом ушла спать; по ее словам, Бетговен слишком волновал ее нервы. В полночь Лаврецкий проводил Лемма на квартиру и просидел у него до трех часов утра. Лемм много говорил; сутулина его выпрямилась, глаза расширились и заблистали; самые волосы приподнялись над лбом. Уже так давно никто не принимал в нем участья, а Лаврецкий, видимо, интересовался им, заботливо и внимательно расспрашивал его. Старика это тронуло; он кончил тем, что показал гостю свою музыку, сыграл и даже спел мертвенным голосом некоторые отрывки из своих сочинений, между прочим целую положенную им на музыку балладу Шиллера «Фридолин». Лаврецкий похвалил его, заставил кое-что повторить и, уезжая, пригласил его к себе погостить на несколько дней. Лемм, проводивший его до улицы, тотчас согласился и крепко пожал его руку; но, оставшись один на свежем и сыром воздухе, при только что занимавшейся заре, оглянулся, прищурился, съежился и, как виноватый, побрел в свою комнатку. «Ich bin wohl nicht klug» (я не в своем уме),— пробормотал он, ложась в свою жесткую и короткую постель. Он попытался сказаться больным, когда, несколько дней спустя, Лаврецкий заехал за ним в коляске, но Федор Иваныч вошел к нему в комнату и уговорил его. Сильнее всего подействовало на Лемма то обстоятельство, что Лаврецкий собственно для него велел привезти к себе в деревню фортепьяно из города. Они вдвоем отправились к Калитиным и провели у них вечер, но уже не так приятно, как в последний раз. Паншин был там, много рассказывал о своей поездке, очень забавно передразнивал и представлял виденных им помещиков; Лаврецкий смеялся, но Лемм не выходил из своего угла, молчал, тихо шевелился весь, как паук, глядел угрюмо и тупо и оживился только тогда, когда Лаврецкий стал прощаться. Даже сидя в коляске, старик продолжал дичиться и ежиться; но тихий, теплый воздух, легкий ветерок, легкие тени, запах травы, березовых почек, мирное сиянье безлунного звездного неба, дружный топот и фырканье лошадей — все обаяния дороги, весны, ночи спустились в душу бедного немца, и он сам первый заговорил с Лаврецким.

XXII

Он стал говорить о музыке, о Лизе, потом опять о музыке. Он как будто медленнее произносил слова, когда говорил о Лизе. Лаврецкий навел речь на его сочинение и, полушутя, предложил ему написать для него либретто.

— Гм, либретто! — возразил Лемм,— нет, это не по мне: у меня уже нет той живости, той игры воображения, которая необходима для оперы; я уже теперь лишился сил моих... Но если б я мог еще что-нибудь сделать, я бы удовольствовался романсом; конечно, я желал бы хороших слов...

Он умолк и долго сидел неподвижно и подняв глаза на небо.

— Например,— проговорил он наконец,— что-нибудь в таком роде: вы, звезды, о вы, чистые звезды!..

Лаврецкий слегка обернулся к нему лицом и стал глядеть на него.

— Вы, звезды, чистые звезды,— повторил Лемм...— вы взираете одинаково на правых и на виновных... но одни невинные сердцем,— или что-нибудь в этом роде... вас понимают, то есть,— вас любят. Впрочем, я не поэт, куда мне! Но что-нибудь в этом роде, что-нибудь высокое.

Лемм отодвинул шляпу на затылок; в тонком сумраке светлой ночи лицо его казалось бледнее и моложе.

— И вы тоже,— продолжал он постепенно утихавшим голосом,— вы знаете, кто любит, кто умеет любить, потому что вы, чистые, вы одни можете утешить... Нет, это всё не то! Я не поэт,— промолвил он,— но что-нибудь в этом роде...

— Мне жаль, что и я не поэт,— заметил Лаврецкий.

— Пустые мечтанья! — возразил Лемм и углубился в угол коляски. Он закрыл глаза, как бы собираясь заснуть.

Прошло несколько мгновений... Лаврецкий прислушался... «Звезды, чистые звезды, любовь»,— шептал старик.

«Любовь»,— повторил про себя Лаврецкий, задумался — и тяжело стало у него на душе.

— Прекрасную вы написали музыку на Фридолина,

Христофор Федорыч,— промолвил он громко,— а как вы полагаете, этот Фридолин, после того как граф привел его к жене, ведь он тут-то и сделался ее любовником, а?

— Это вы так думаете,— возразил Лемм,— потому что, вероятно, опыт...— Он вдруг умолк и в смущении отвернулся. Лаврецкий принужденно засмеялся, тоже отвернулся и стал глядеть на дорогу.

Звезды уже начинали бледнеть и небо серело, когда коляска подъехала к крыльцу домика в Васильевском. Лаврецкий проводил своего гостя в назначенную ему комнату, вернулся в кабинет и сел перед окном. В саду пел соловей свою последнюю, передрассветную песнь. Лаврецкий вспомнил, что и у Калитиных в саду пел соловей; он вспомнил также тихое движение Лизиных глаз, когда, при первых его звуках, они обратились к темному окну. Он стал думать о ней, и сердце в нем утихло. «Чистая девушка,— проговорил он вполголоса,— чистые звезды»,— прибавил он с улыбкой и спокойно лег спать.

А Лемм долго сидел на своей кровати с нотной тетрадкой на коленях. Казалось, небывалая, сладкая мелодия собиралась посетить его: он уже горел и волновался, он чувствовал уже истому и сладость ее приближения... но он не дождался ее...

— Не поэт и не музыкант! — прошептал он наконец...

И усталая голова его тяжело опустилась на подушку.

XXIII

На другое утро хозяин и гость пили чай в саду под старой липой.

— Маэстро! — сказал, между прочим, Лаврецкий,— вам придется скоро сочинять торжественную кантату.

— По какому случаю?

— А по случаю бракосочетания господина Паншина с Лизой. Заметили ли вы, как он вчера за ней ухаживал? Кажется, у них уже всё идет на лад.

— Этого не будет! — воскликнул Лемм.

— Почему?

— Потому что это невозможно. Впрочем,— прибавил он погодя немного,— на свете всё возможно. Особенно здесь у вас, в России.

— Россию мы оставим пока в стороне; но что же дурного находите вы в этом браке?

— Всё дурно, всё. Лизавета Михайловна девица справедливая, серьезная, с возвышенными чувствами, а он... он ди-ле-тант, одним словом.

— Да ведь она его любит?

Лемм встал со скамейки.

— Нет, она его не любит, то есть она очень чиста сердцем и не знает сама, что это значит: любить. Мадам фон-Калитин ей говорит, что он хороший молодой человек, а она слушается мадам фон-Калитин, потому что она еще совсем дитя, хоть ей и девятнадцать лет: молится утром, молится вечером,— и это очень похвально; но она его не любит. Она может любить одно прекрасное, а он не прекрасен, то есть душа его не прекрасна.

Лемм произнес всю эту речь связно и с жаром, расхаживая маленькими шагами взад и вперед перед чайным столиком и бегая глазами по земле.

— Дражайший маэстро! — воскликнул вдруг Лаврецкий,— мне сдается, что вы сами влюблены в мою кузину.

Лемм вдруг остановился.

— Пожалуйста,— начал он неверным голосом,— не шутите так надо мною. Я не безумец: я в темную могилу гляжу, не в розовую будущность.

Лаврецкому стало жаль старика; он попросил у него прощения. Лемм после чая сыграл ему свою кантату, а за обедом, вызванный самим Лаврецким, опять разговорился о Лизе. Лаврецкий слушал его со вниманием и любопытством.

— Как вы думаете, Христофор Федорыч,— сказал он наконец,— ведь у нас теперь, кажется, всё в порядке, сад в полном цвету... Не пригласить ли ее сюда на день вместе с ее матерью и моей старушкой-теткой, а? Вам это будет приятно?

Лемм наклонил голову над тарелкой.

— Пригласите,— проговорил он чуть слышно.

— А Паншина не надобно?

— Не надобно,— возразил старик с почти детской улыбкой.

Два дня спустя Федор Иваныч отправился в город к Калитиным.

XXIV

Он застал всех дома, но он не тотчас объявил им о своем намерении; он хотел сперва переговорить наедине с Лизой. Случай помог ему: их оставили вдвоем в гостиной. Они разговорились; она успела уже привыкнуть к нему, — да она и вообще никого не дичилась. Он слушал ее, глядел ей в лицо и мысленно твердил слова Лемма, соглашался с ним. Случается иногда, что два уже знакомых, но не близких друг другу человека внезапно и быстро сближаются в течение нескольких мгновений — и сознание этого сближения тотчас выражается в их взглядах, в их дружелюбных и тихих усмешках, в самых их движениях. Именно это случилось с Лаврецким и Лизой. «Вот он какой», — подумала она, ласково глядя на него; «вот ты какая», — подумал и он. А потому он не очень удивился, когда она, не без маленькой, однако, запинки, объявила ему, что давно имеет на сердце сказать ему что-то, но боится его рассердить.

— Не бойтесь, говорите, — промолвил он и остановился перед ней.

Лиза подняла на него свои ясные глаза.

— Вы такие добрые, — начала она и в то же время подумала: «Да, он точно добрый...» — Вы извините меня, я бы не должна сметь говорить об этом с вами... но как могли вы... отчего вы расстались с вашей женой?

Лаврецкий дрогнул, поглядел на Лизу и подсел к ней.

— Дитя мое, — заговорил он, — не прикасайтесь, пожалуйста, к этой ране; руки у вас нежные, а все-таки мне будет больно.

— Я знаю, — продолжала Лиза, как будто не расслушав его, — она перед вами виновата, я не хочу ее оправдывать; но как же можно разлучать то, что Бог соединил?

— Наши убеждения на этот счет слишком различны, Лизавета Михайловна, — произнес Лаврецкий довольно резко, — мы не поймем друг друга.

Лиза побледнела; всё тело ее слегка затрепетало, но она не замолчала.

— Вы должны простить, — промолвила она тихо, — если хотите, чтобы и вас простили.

— Простить! — подхватил Лаврецкий. — Вы бы сперва должны были узнать, за кого вы просите. Простить эту женщину, принять ее опять в свой дом, ее, это пустое, бессердечное существо! И кто вам сказал, что она хочет возвратиться ко мне? Помилуйте, она совершенно довольна своим положением... Да что тут толковать! Имя ее не должно быть произносимо вами. Вы слишком чисты, вы не в состоянии даже понять такое существо.

— Зачем оскорблять! — с усилием проговорила Лиза. Дрожь ее рук становилась видимой.— Вы сами ее оставили, Федор Иваныч.

— Но я же вам говорю,— возразил с невольным взрывом нетерпенья Лаврецкий,— вы не знаете, какое это создание!

— Так зачем же вы женились на ней? — прошептала Лиза и потупила глаза.

Лаврецкий быстро поднялся со стула.

— Зачем я женился? Я был тогда молод и неопытен; я обманулся, я увлекся красивой внешностью. Я не знал женщин, я ничего не знал. Дай вам Бог заключить более счастливый брак! но поверьте, наперед ни за что нельзя ручаться.

— И я могу так же быть несчастной,— промолвила Лиза (голос ее начинал прерываться),— но тогда надо будет покориться; я не умею говорить, но если мы не будем покоряться...

Лаврецкий стиснул руки и топнул ногой.

— Не сердитесь, простите меня,— торопливо произнесла Лиза.

В это мгновенье вошла Марья Дмитриевна. Лиза встала и хотела удалиться.

— Постойте,— неожиданно крикнул ей вслед Лаврецкий.— У меня есть до вашей матушки и до вас великая просьба: посетите меня на моем новоселье. Вы знаете, я завел фортепьяно; Лемм гостит у меня; сирень теперь цветет; вы подышите деревенским воздухом и можете вернуться в тот же день,— согласны вы?

Лиза взглянула на мать, а Марья Дмитриевна приняла болезненный вид; но Лаврецкий не дал ей разинуть рта и тут же поцеловал у ней обе руки. Марья Дмитриевна, всегда чувствительная на ласку и уже вовсе не ожидавшая такой любезности от «тюленя», умилилась душою и согласилась. Пока она соображала, какой бы назначить день, Лаврецкий подошел к Лизе и, всё еще взволнованный, украдкой шепнул ей: «Спасибо, вы добрая девушка; я виноват...» И ее бледное лицо заалелось веселой и стыдливой улыбкой; глаза ее тоже улыбнулись,— она до того мгновенья боялась, не оскорбила ли она его.

— Владимир Николаич с нами может ехать? — спросила Марья Дмитриевна.

— Конечно,— возразил Лаврецкий,— но не лучше ли нам быть в своем семейном кружке?

— Да ведь, кажется...— начала было Марья Дмитриевна...— впрочем, как хотите,— прибавила она.

Решено было взять Леночку и Шурочку. Марфа Тимофеевна отказалась от поездки.

— Тяжело мне, свет,— сказала она,— кости старые ломать; и ночевать у тебя, чай, негде; да мне и не спится в чужой постели. Пусть эта молодежь скачет.

Лаврецкому уже не удалось более побывать наедине с Лизой; но он так глядел на нее, что ей и хорошо становилось, и стыдно немножко, и жалко его. Прощаясь с ней, он крепко пожал ей руку; она задумалась, оставшись одна.

XXV

Когда Лаврецкий вернулся домой, его встретил на пороге гостиной человек высокого роста и худой, в затасканном синем сюртуке, с морщинистым, но оживленным лицом, с растрепанными седыми бакенбардами, длинным прямым носом и небольшими воспаленными глазками. Это был Михалевич, бывший его товарищ по университету. Лаврецкий сперва не узнал его, но горячо его обнял, как только тот назвал себя. Они не виделись с Москвы. Посыпались восклицания, расспросы; выступили на свет божий давно заглохшие воспоминания. Торопливо выкуривая трубку за трубкой, отпивая по глотку чаю и размахивая длинными руками, Михалевич рассказал Лаврецкому свои похождения; в них не было ничего очень веселого, удачей в предприятиях своих он похвастаться не мог,— а он беспрестанно смеялся сиплым нервическим хохотом. Месяц тому назад получил он место в частной конторе богатого откупщика, верст за триста от города О..., и, узнав о возвращении Лаврецкого из-за границы, свернул с дороги, чтобы повидаться с старым приятелем. Михалевич говорил так же порывисто, как и в молодости, шумел и кипел по-прежнему. Лаврецкий упомянул было о своих обстоятельствах, но Михалевич перебил его, поспешно пробормотав: «Слышал, брат, слышал,— кто это мог ожидать?» — и тотчас перевел разговор в область общих рассуждений.

— Я, брат,— промолвил он,— завтра должен ехать; сегодня мы, уж ты извини меня, ляжем поздно. Мне хочется непременно узнать, что́ ты, какие твои мнения, убежденья, чем ты стал, чему жизнь тебя научила? (Михалевич придерживался еще фразеологии тридцатых годов.) Что касается до меня, я во многом изменился, брат: волны жизни упали на мою грудь,— кто, бишь, это сказал? — хотя в важном, существенном я не изменился, я по-прежнему верю в добро, в истину; но я не только верю,— я верую теперь, да — я верую, верую. Послушай, ты знаешь, я пописываю стихи; в них поэзии нет, но есть правда. Я тебе прочту мою последнюю пиесу: в ней я выразил самые задушевные мои убеждения. Слушай.

Михалевич принялся читать свое стихотворение; оно было довольно длинно и оканчивалось следующими стихами:

> Новым чувствам всем сердцем отдался,
> Как ребенок душою я стал:
> И я сжег всё, чему поклонялся,
> Поклонился всему, что сжигал.

Произнося последние два стиха, Михалевич чуть не заплакал; легкие судороги — признак сильного чувства — пробежали по его широким губам, некрасивое лицо его просветлело. Лаврецкий слушал его, слушал... дух противоречия зашевелился в нем: его раздражала всегда готовая, постоянно кипучая восторженность московского студента. Четверти часа не прошло, как уже загорелся между ними спор, один из тех нескончаемых споров, на который способны только русские люди. С оника, после многолетней разлуки, проведенной в двух различных мирах, не понимая ясно ни чужих, ни даже собственных мыслей, цепляясь за слова и возражая одними словами, заспорили они о предметах самых отвлеченных — и спорили так, как будто дело шло о жизни и смерти обоих: голосили и вопили так, что все люди всполошились в доме, а бедный Лемм, который с самого приезда Михалевича заперся у себя в комнате, почувствовал недоуменье и начал даже чего-то смутно бояться.

— Что же ты после этого? разочарованный? — кричал Михалевич в первом часу ночи.

— Разве разочарованные такие бывают? — возражал Лаврецкий,— те все бывают бледные и больные — а хочешь, я тебя одной рукой подниму?

— Ну, если не *разочарований*, то *скептык*, это еще хуже (выговор Михалевича отзывался его родиной, Малороссией). А с какого права можешь ты быть скептиком? Тебе в жизни не повезло, положим; в этом твоей вины не было: ты был рожден с душой страстной, любящей, а тебя насильственно отводили от женщин; первая попавшаяся женщина должна была тебя обмануть.

— Она и тебя обманула,— заметил угрюмо Лаврецкий.

— Положим, положим; я был тут орудием судьбы,— впрочем, что это я вру,— судьбы тут нету; старая привычка неточно выражаться. Но что ж это доказывает?

— Доказывает то, что меня с детства вывихнули.

— А ты себя вправь! на то ты человек, ты мужчина; энергии тебе не занимать стать! — Но как бы то ни было, разве можно, разве позволительно — частный, так сказать, факт возводить в общий закон, в непреложное правило?

— Какое тут правило? — перебил Лаврецкий,— я не признаю...

— Нет, это твое правило, правило,— перебивал его в свою очередь Михалевич.

— Ты эгоист, вот что! — гремел он час спустя,— ты желал самонаслажденья, ты желал счастья в жизни, ты хотел жить только для себя...

— Что такое самонаслажденье?

— И всё тебя обмануло; всё рухнуло под твоими ногами.

— Что такое самонаслажденье, спрашиваю я тебя?

— И оно должно было рухнуть. Ибо ты искал опоры там, где ее найти нельзя, ибо ты строил свой дом на зыбком песке...

— Говори ясней, без сравнений, *ибо* я тебя не понимаю.

— Ибо,— пожалуй, смейся,— ибо нет в тебе веры, нет теплоты сердечной; ум, всё один только копеечный ум... ты просто жалкий, отсталый вольтериянец — вот ты кто!

— Кто, я вольтериянец?

— Да, такой же, как твой отец, и сам того не подозреваешь.

— После этого,— воскликнул Лаврецкий,— я вправе сказать, что ты фанатик!

— Увы! — возразил с сокрушеньем Михалевич,— я, к несчастью, ничем не заслужил еще такого высокого наименования...

— Я теперь нашел, как тебя назвать,— кричал тот же Михалевич в третьем часу ночи,— ты не скептик, не разочарованный, не вольтериянец, ты — байбак, и ты злостный байбак, байбак с сознаньем, не наивный байбак. Наивные байбаки лежат себе на печи и ничего не делают, потому что не умеют ничего делать; они и не думают ничего, а ты мыслящий человек — и лежишь; ты мог бы что-нибудь делать —

и ничего не делаешь; лежишь сытым брюхом кверху и говоришь: так оно и следует, лежать-то, потому что всё, что люди ни делают, — всё вздор и ни к чему не ведущая чепуха.

— Да с чего ты взял, что я лежу? — твердил Лаврецкий, — почему ты предполагаешь во мне такие мысли?

— А сверх того, вы все, вся ваша братия, — продолжал неугомонный Михалевич, — начитанные байбаки. Вы знаете, на какую ножку немец хромает, знаете, что плохо у англичан и у французов, — и вам ваше жалкое знание в подспорье идет, лень вашу постыдную, бездействие ваше гнусное оправдывает. Иной даже гордится тем, что я, мол, вот умница — лежу, а те, дураки, хлопочут. Да! А то есть у нас такие господа — впрочем, я это говорю не на твой счет, — которые всю жизнь свою проводят в каком-то млении скуки, привыкают к ней, сидят в ней, как... как гриб в сметане, — подхватил Михалевич и сам засмеялся своему сравнению. — О, это мление скуки — гибель русских людей! Весь век собирается работать противный байбак...

— Да что ж ты бранишься! — вопил в свою очередь Лаврецкий. — Работать... делать... Скажи лучше, что делать, а не бранись, Демосфен полтавский!

— Вишь, чего захотел! Это я тебе не скажу, брат; это всякий сам должен знать, — возражал с иронией Демосфен. — Помещик, дворянин — и не знает, что делать! Веры нет, а то бы знал; веры нет — и нет откровения.

— Дай же по крайней мере отдохнуть, чёрт; дай оглядеться, — молил Лаврецкий.

— Ни минуты отдыха, ни секунды! — возражал с повелительным движением руки Михалевич. — Ни одной секунды! Смерть не ждет, и жизнь ждать не должна.

— И когда же, где же вздумали люди обайбачиться? — кричал он в четыре часа утра, но уже несколько осипшим голосом. — У нас! теперь! в России! когда на каждой отдельной личности лежит долг, ответственность великая перед Богом, перед народом, перед самим собою! Мы спим, а время уходит; мы спим...

— Позволь мне тебе заметить, — промолвил Лаврецкий, — что мы вовсе не спим теперь, а скорее другим не даем спать. Мы, как петухи, дерем горло. Послушай-ка, это, никак, уже третьи кричат.

Эта выходка рассмешила и успокоила Михалевича. «До завтра», — проговорил он с улыбкой и всунул трубку в кисет. «До завтра», — повторил Лаврецкий. Но друзья еще более часу беседовали... Впрочем, голоса их не возвышались более, и речи их были тихие, грустные, добрые речи.

Михалевич уехал на другой день, как ни удерживал его Лаврецкий. Федору Ивановичу не удалось убедить его остаться; но наговорился он с ним досыта. Оказалось, что у Михалевича гроша за душой не было. Лаврецкий уже накануне с сожалением заметил в нем все признаки и привычки застарелой бедности: сапоги у него были сбиты, сзади на сюртуке недоставало одной пуговицы, руки его не ведали перчаток, в волосах торчал пух; приехавши, он и не подумал попросить умыться, а за ужином ел, как акула, раздирая руками мясо и с треском перегрызая кости своими крепкими черными зубами. Оказалось также, что служба не пошла ему впрок, что все надежды свои он возлагал на откупщика, который взял его единственно для того, чтобы иметь у себя в конторе «образованного человека». Со всем тем Михалевич не унывал и жил себе циником, идеалистом, поэтом, искренно радея и сокрушаясь о судьбах человечества, о собственном призвании — и весьма мало заботясь о том, как бы не умереть с голоду. Михалевич женат не был, но влюблялся без счету и писал стихотворения на всех своих возлюбленных; особенно пылко воспел он одну таинственную чернокудрую «панну»... Ходили, правда, слухи, будто эта панна была простая жидовка, хорошо известная многим кавалерийским офицерам... но, как подумаешь — разве и это не всё равно?

С Леммом Михалевич не сошелся: немца, с непривычки, запугали его многошумные речи, его резкие манеры... Горемыка издали тотчас чует другого горемыку, но под старость редко сходится с ним, и это нисколько не удивительно: ему с ним нечем делиться,— даже надеждами.

Перед отъездом Михалевич еще долго беседовал с Лаврецким, пророчил ему гибель, если он не очнется, умолял его серьезно заняться бытом своих крестьян, ставил себя в пример, говоря, что он очистился в горниле бед,— и тут же несколько раз назвал себя счастливым человеком, сравнил себя с птицей небесной, с лилией долины...

— С черной лилией, во всяком случае,— заметил Лаврецкий.

— Э, брат, не аристократничай,— возразил добродушно Михалевич,— а лучше благодари Бога, что и в твоих жилах течет честная плебейская кровь. Но я вижу, тебе нужно теперь какое-нибудь чистое, неземное существо, которое исторгло бы тебя из твоей апатии...

— Спасибо, брат,— промолвил Лаврецкий,— с меня будет этих неземных существ.

— Молчи, *цыник*! — воскликнул Михалевич.

— «Циник»,— поправил его Лаврецкий.

— Именно цыник,— повторил, не смущаясь, Михалевич.

Даже сидя в тарантасе, куда вынесли его плоский, желтый, до странности легкий чемодан, он еще говорил; окутанный в какой-то испанский плащ с порыжелым воротником и львиными лапами вместо застежек, он еще развивал свои воззрения на судьбы России и водил смуглой рукой по воздуху, как бы рассеивая семена будущего благоденствия. Лошади тронулись наконец... «Помни мои последние три слова,— закричал он, высунувшись всем телом из тарантаса и стоя на балансе,— религия, прогресс, человечность!.. Прощай!» Голова его, с нахлобученной на глаза фуражкой, исчезла. Лаврецкий остался один на крыльце — и пристально глядел вдаль по дороге, пока тарантас не скрылся из виду. «А ведь он, пожалуй, прав,— думал он, возвращаясь в дом,— пожалуй что я байбак». Многие из слов Михалевича неотразимо вошли ему в душу, хоть он и спорил и не соглашался с ним. Будь только человек добр,— его никто отразить не может.

XXVI

Два дня спустя Марья Дмитриевна, по обещанию, прибыла со всей своей молодежью в Васильевское. Девочки побежали тотчас в сад, а Марья Дмитриевна томно прошлась по комнатам и томно всё похвалила. Визит свой Лаврецкому она считала знаком великого снисхожденья, чуть не добрым поступком. Она приветливо улыбнулась, когда Антон и Апраксея, по старинной дворовой привычке, подошли к ней к ручке, и расслабленным голосом, в нос, попросила напиться чаю. К великой досаде Антона, надевшего вязаные белые перчатки, чай подал приезжей барыне не он, а наемный камердинер Лаврецкого, не понимавший, по словам старика, никаких порядков. Зато Антон за обедом взял свое: твердой стопою стал он за кресло Марьи Дмитриевны — и уже никому не уступил своего места. Давно не бывалое появление гостей в Васильевском и встревожило и обрадовало старика: ему было приятно видеть, что с его барином хорошие господа знаются. Впрочем, не он один волновался в тот день: Лемм волновался тоже. Он надел коротенький табачного цвета фрак с острым хвостиком, туго затянул свой шейный платок и беспрестанно откашливался и сторонился с приятным и приветливым видом. Лаврецкий с удовольствием заметил, что сближение между им и Лизой продолжалось: она, как только вошла, дружелюбно протянула ему руку. После обеда Лемм достал из заднего кармана фрака, куда он то и дело запускал руку, небольшой сверток нотной бумаги и, сжав губы, молча положил его на фортепьяно. Это был романс, сочиненный им накануне на старомодные немецкие слова, в которых упоминалось о звездах. Лиза тотчас села за фортепьяно и разобрала романс... Увы! музыка оказалась запутанной и неприятно напряженной; видно было, что композитор силился выразить что-то страстное, глубокое, но ничего не вышло: усилие так и осталось одним усилием. Лаврецкий и Лиза оба это почувствовали — и Лемм это понял: ни слова не сказав, положил он свой романс обратно в карман и, в ответ на предложение Лизы сыграть его еще раз, покачав только головой, значительно сказал: «Теперь — баста!» — сгорбился, съежился и отошел.

К вечеру пошли всем обществом ловить рыбу. В пруде за садом водилось много карасей и гольцов. Марью Дмитриевну посадили на кресло возле берега, в тени, постлали ей ковер под ноги, дали лучшую удочку; Антон, как старый, опытный рыболов, предложил ей свои услуги. Он усердно насаживал червяков, шлепал по ним рукою, плевал на них и даже сам закидывал удочку, грациозно наклоняясь вперед всем корпусом. Марья Дмитриевна в тот же день отозвалась о нем Федору Иванычу следующей фразой на институтско-французском языке: «Il n'y a plus maintenant de ces gens comme ça comme autrefois»[1]. Лемм с двумя девочками отправился подальше, к самой плотине; Лаврецкий поместился возле Лизы. Рыба клевала беспрестанно; выхваченные караси то и дело сверкали в воздухе своими то золотыми, то серебряными боками; радостные восклицания девочек не умолкали; сама Марья Дмитриевна изнеженно взвизгнула раза два. Реже всех бралось у Лаврецкого и у Лизы; вероятно, это происходило оттого, что они меньше других обращали внимания на ловлю и дали поплавкам своим подплыть к самому берегу. Красноватый высокий камыш тихо шелестел вокруг них, впереди тихо сияла неподвижная вода, и разговор у них шел тихий. Лиза стояла на маленьком плоту; Лаврецкий сидел на наклоненном стволе ракиты; на Лизе было белое платье,

---

[1] «Теперь уже нет таких слуг, как бывало» *(фр.)*.

перехваченное вокруг пояса широкой, тоже белой лентой; соломенная шляпа висела у ней на одной руке,— другою она с некоторым усилием поддерживала гнуткое удилище. Лаврецкий глядел на ее чистый, несколько строгий профиль, на закинутые за уши волосы, на нежные щеки, которые загорели у ней, как у ребенка, и думал: «О, как мило стоишь ты над моим прудом!» Лиза не оборачивалась к нему, а смотрела на воду и не то щурилась, не то улыбалась. Тень от близкой липы падала на обоих.

— А знаете ли,— начал Лаврецкий,— я много размышлял о нашем последнем разговоре с вами и пришел к тому заключению, что вы чрезвычайно добры.

— Я совсем не с тем намерением...— возразила было Лиза — и застыдилась.

— Вы добры,— повторил Лаврецкий.— Я топорный человек, а чувствую, что все должны вас любить. Вот хоть бы Лемм; он просто влюблен в вас.

Брови у Лизы — не то чтобы нахмурились, а дрогнули; это с ней всегда случалось, когда она слышала что-нибудь неприятное.

— Очень он мне был жалок сегодня,— подхватил Лаврецкий,— с своим неудавшимся романсом. Быть молодым и не уметь — это сносно; но состариться и не быть в силах — это тяжело. И ведь обидно то, что не чувствуешь, когда уходят силы. Старику трудно переносить такие удары!.. Берегитесь, у вас клюет... Говорят,— прибавил Лаврецкий, помолчав немного,— Владимир Николаич написал очень милый романс.

— Да,— отвечала Лиза,— это безделка, но недурная.

— А как, по-вашему,— спросил Лаврецкий,— хороший он музыкант?

— Мне кажется, у него большие способности к музыке; но он до сих пор не занимался ею как следует.

— Так. А человек он хороший?

Лиза засмеялась и быстро взглянула на Федора Иваныча.

— Какой странный вопрос! — воскликнула она, вытащила удочку и далеко закинула ее снова.

— Отчего же странный? Я спрашиваю о нем у вас как человек, недавно сюда приехавший, как родственник.

— Как родственник?

— Да. Ведь я вам, кажется, довожусь дядей?

— У Владимира Николаича доброе сердце,— заговорила Лиза,— он умен; maman его очень любит.

— А вы его любите?

— Он хороший человек; отчего же мне его не любить?

— А! — промолвил Лаврецкий и умолк. Полупечальное, полунасмешливое выражение промелькнуло у него на лице. Упорный взгляд его смущал Лизу, но она продолжала улыбаться. — Ну, и дай Бог им счастья! — пробормотал он, наконец, как будто про себя, и отворотил голову.

Лиза покраснела.

— Вы ошибаетесь, Федор Иваныч,— сказал она,— вы напрасно думаете... А разве вам Владимир Николаич не нравится? — спросила она вдруг.

— Не нравится.

— Отчего же?

— Мне кажется, сердца-то у него и нету.

Улыбка сошла с лица Лизы.

— Вы привыкли строго судить людей,— промолвила она после долгого молчанья.

— Я? — Не думаю. Какое право имею я строго судить других, помилуйте, когда я сам нуждаюсь в снисхождении? Или вы забыли, что надо мной один ленивый не смеется?.. А что,— прибавил он,— сдержали вы свое обещание?

— Какое?

— Помолились вы за меня?

— Да, я за вас молилась и молюсь каждый день. А вы, пожалуйста, не говорите легко об этом.

Лаврецкий начал уверять Лизу, что ему это и в голову не приходило, что он глубоко уважает всякие убеждения; потом он пустился толковать о религии, о ее значении в истории человечества, о значении христианства...

— Христианином нужно быть,— заговорила не без некоторого усилия Лиза,— не для того, чтобы познавать небесное... там... земное, а для того, что каждый человек должен умереть.

Лаврецкий с невольным удивлением поднял глаза на Лизу и встретил ее взгляд.

— Какое это вы промолвили слово! — сказал он.

— Это слово не мое,— отвечала она.

— Не ваше... Но почему вы заговорили о смерти?

— Не знаю. Я часто о ней думаю.

— Часто?

— Да.

— Этого не скажешь, глядя на вас теперь: у вас такое веселое, светлое лицо, вы улыбаетесь...

— Да, мне очень весело теперь,— наивно возразила Лиза.

Лаврецкому захотелось взять ее обе руки и крепко стиснуть их...

— Лиза, Лиза,— закричала Марья Дмитриевна,— поди сюда, посмотри, какого карася я поймала.

— Сейчас, maman,— отвечала Лиза и пошла к ней, а Лаврецкий остался на своей раките. «Я говорю с ней, словно я не отживший человек»,— думал он. Уходя, Лиза повесила свою шляпу на ветку; с странным, почти нежным чувством посмотрел Лаврецкий на эту шляпу, на ее длинные, немного помятые ленты. Лиза скоро к нему вернулась и опять стала на плот.

— Почему же вам кажется, что у Владимира Николаича сердца нет? — спросила она несколько мгновений спустя.

— Я вам уже сказал, что я мог ошибиться; а впрочем, время всё покажет.

Лиза задумалась. Лаврецкий заговорил о своем житье-бытье в Васильевском, о Михалевиче, об Антоне; он чувствовал потребность говорить с Лизой, сообщить ей всё, что приходило ему в душу: она так мило, так внимательно его слушала; ее редкие замечания и возражения казались ему так просты и умны. Он даже сказал ей это.

Лиза удивилась.

— Право? — промолвила она,— а я так думала, что у меня, как у моей горничной Насти, *своих* слов нет. Она однажды сказала своему жениху: тебе должно быть скучно со мною; ты мне говоришь всё такое хорошее, а у меня своих слов нету.

«И слава Богу!» — подумал Лаврецкий.

XXVII

Между тем вечер наступал, и Марья Дмитриевна изъявила желание возвратиться домой. Девочек с трудом оторвали от пруда, снарядили. Лаврецкий объявил, что проводит гостей до полдороги, и велел оседлать себе лошадь. Усаживая Марью Дмитриевну в карету, он хватился Лемма; но старика нигде не могли найти. Он тотчас исчез, как только кончилось уженье. Антон, с замечательной для его лет силой, захлопнул дверцы и сурово закричал: «Пошел, кучер!» — Карета тронулась. На задних местах помещались Марья Дмитриевна и Лиза; на передних — девочки и горничная. Вечер стоял теплый и тихий, и окна с обеих сторон были опущены. Лаврецкий ехал рысью возле кареты со стороны Лизы, положив руку на дверцы — он бросил поводья на шею плавно бежавшей лошади — и изредка меняясь двумя-тремя словами с молодой девушкой. Заря исчезла; наступила ночь, а воздух даже потеплел. Марья Дмитриевна скоро задремала; девочки и горничная заснули тоже. Быстро и ровно катилась карета; Лиза наклонилась вперед; только что поднявшийся месяц светил ей в лицо, ночной пахучий ветерок дышал ей в глаза и щеки. Ей было хорошо. Рука ее опиралась на дверцы кареты рядом с рукою Лаврецкого. И ему было хорошо: он несся по спокойной ночной теплыни, не спуская глаз с доброго молодого лица, слушая молодой и в шёпоте звеневший голос, говоривший простые, добрые вещи; он и не заметил, как проехал полдороги. Он не захотел будить Марью Дмитриевну, пожал слегка руку Лизы и сказал: «Ведь мы друзья теперь, не правда ли?» Она кивнула головой, он остановил лошадь. Карета покатилась дальше, тихонько колыхаясь и ныряя; Лаврецкий отправился шагом домой. Обаянье летней ночи охватило его; всё вокруг казалось так неожиданно странно и в то же время так давно и так сладко знакомо; вблизи и вдали,— а далеко было видно, хотя глаз многого не понимал из того, что видел,— всё покоилось; молодая расцветающая жизнь сказывалась в самом этом покое. Лошадь Лаврецкого бодро шла, мерно раскачиваясь направо и налево; большая черная тень ее шла с ней рядом; было что-то таинственно приятное в топоте ее копыт, что-то веселое и чудное в гремящем крике перепелов. Звезды исчезали в каком-то светлом дыме; неполный месяц блестел твердым блеском; свет его разливался голубым потоком по небу и падал пятном дымчатого золота на проходившие близко тонкие тучки; свежесть воздуха вызывала легкую влажность на глаза, ласково охватывала все члены, лилась вольною струею в грудь. Лаврецкий наслаждался и радовался своему наслаждению. «Ну, мы еще поживем,— думал он,— не совсем еще нас заела...» Он не договорил: кто или что... Потом он стал думать о Лизе, о том, что вряд ли она любит Паншина; что встреться он с ней при других обстоятельствах,— Бог знает, что могло бы из этого выйти; что он понимает Лемма, хотя у ней «своих» слов нет. Да и это неправда: у ней есть свои слова... «Не говорите об этом легкомысленно»,— вспомнилось Лаврецкому. Он долго ехал, понурив голову, потом выпрямился, медленно произнес:

И я сжег всё, чему поклонялся,
Поклонился всему, что сжигал...

но тотчас же ударил лошадь хлыстом и скакал вплоть до дому.

Слезая с коня, он в последний раз оглянулся с невольной благодарной улыбкой. Ночь, безмолвная, ласковая ночь, лежала на холмах и на долинах; издали, из ее благовонной глубины, Бог знает откуда — с неба ли, с земли, — тянуло тихим и мягким теплом. Лаврецкий послал последний поклон Лизе и взбежал на крыльцо.

Следующий день прошел довольно вяло. С утра падал дождь; Лемм глядел исподлобья и всё крепче и крепче стискивал губы, точно он давал себе зарок никогда не открывать их. Ложась спать, Лаврецкий взял с собою на постель целую груду французских журналов, которые уже более двух недель лежали у него на столе нераспечатанные. Он принялся равнодушно рвать куверты и пробегать столбцы газет, в которых, впрочем, не было ничего нового. Он уже хотел бросить их — и вдруг вскочил с постели, как ужаленный. В фельетоне одной из газет известный уже нам мусье Жюль сообщал своим читателям «горестную новость»: прелестная, очаровательная москвитянка, — писал он, — одна из цариц моды, украшение парижских салонов, madame de Lavretzki скончалась почти внезапно, — и весть эта, к сожалению, слишком верная, только что дошла до него, г-на Жюля. Он был, — так продолжал он, — можно сказать, другом покойницы...

Лаврецкий оделся, вышел в сад и до самого утра ходил взад и вперед всё по одной аллее.

XXVIII

На следующее утро, за чаем, Лемм попросил Лаврецкого дать ему лошадей для того, чтобы возвратиться в город. «Мне пора приняться за дело, то есть за уроки, — заметил старик, — а то я здесь только даром время теряю». Лаврецкий не сразу отвечал ему: он казался рассеянным. «Хорошо, — сказал он наконец, — я с вами сам поеду». Без помощи слуги, кряхтя и сердясь, уложил Лемм небольшой свой чемодан, изорвал и сжег несколько листов нотной бумаги. Подали лошадей. Выходя из кабинета, Лаврецкий положил в карман вчерашний нумер газеты. Во всё время дороги и Лемм и Лаврецкий мало говорили друг с другом: каждого из них занимали собственные мысли, и каждый был рад, что другой его не беспокоит. И расстались они довольно сухо, что, впрочем, часто случается между приятелями на Руси. Лаврецкий подвез старика к его домику, тот вылез, достал свой чемодан и, не протягивая своему приятелю руки (он держал чемодан обеими руками перед грудью), не глядя даже на него, сказал ему по-русски: «Прощайте-с!» — «Прощайте»,— повторил Лаврецкий и велел кучеру ехать к себе на квартиру. Он нанимал, на всякий случай, квартиру в городе О... Написавши несколько писем и наскоро пообедав, Лаврецкий отправился к Калитиным. Он застал у них в гостиной одного Паншина, который объявил ему, что Марья Дмитриевна сейчас выйдет, и тотчас с самой радушной любезностью вступил с ним в разговор. До того дня Паншин обращался с Лаврецким не то чтоб свысока, а снисходительно; но Лиза, рассказывая Паншину свою вчерашнюю поездку, отозвалась о Лаврецком как о прекрасном и умном человеке; этого было довольно: следовало завоевать «прекрасного» человека. Паншин начал с комплиментов Лаврецкому, с описания восторга, с которым, по его словам, всё семейство Марьи Дмитриевны отзывалось о Васильевском, и потом, по обыкновению своему, ловко перейдя к самому себе, начал говорить о своих занятиях, о воззрениях своих на жизнь, на свет и на службу; сказал слова два о будущности России, о том, как следует губернаторов в руках держать; тут же весело подтрунил над самим собою и прибавил, что, между прочим, ему в Петербурге поручили «de populariser l'idée du cadastre»[1]. Он говорил довольно долго, с небрежной самоуверенностью разрешая все затруднения и, как фокусник шарами, играя самыми важными административными и политическими вопросами. Выражения: «Вот что бы я сделал, если б я был правительством»; «Вы, как умный человек, тотчас со мной согласитесь»,— не сходили у него с языка. Лаврецкий холодно слушал разглагольствования Паншина: не нравился ему этот красивый, умный и непринужденно изящный человек, с своей светлой улыбкой, вежливым голосом и пытливыми глазами. Паншин скоро догадался, с свойственным ему быстрым пониманием ощущений другого, что не доставляет особенного удовольствия своему собеседнику, и под благовидным предлогом скрылся, решив про себя, что Лаврецкий, может быть, и прекрасный человек, но несимпатичный, «aigri»[2] и, «en somme»[3], несколько смешной. Марья Дмитриевна появилась в сопровождении Гедеоновского; потом пришла Марфа Тимофеевна с Лизой,

---

[1] «популяризировать идею кадастра» *(фр.)*.
[2] «озлобленный» *(фр.)*.
[3] «в конце концов» *(фр.)*.

за ними пришли остальные домочадцы; потом приехала и любительница музыки, Беленицына, маленькая, худенькая дама, с почти ребяческим, усталым и красивым личиком, в шумящем черном платье, с пестрым веером и толстыми золотыми браслетами; приехал и муж ее, краснощекий, пухлый человек с большими ногами и руками, с белыми ресницами и неподвижной улыбкой на толстых губах; в гостях жена никогда с ним не говорила, а дома, в минуты нежности, называла его своим поросеночком; Паншин вернулся: очень стало людно и шумно в комнатах. Лаврецкому такое множество народа было не по нутру; особенно сердила его Беленицына, которая то и дело глядела на него в лорнет. Он бы тотчас ушел, если б не Лиза: ему хотелось сказать ей два слова наедине, но он долго не мог улучить удобное мгновенье и довольствовался тем, что с тайной радостью следил за нею взором; никогда ее лицо не казалось ему благородней и милей. Она много выигрывала от близости Беленицыной. Та беспрестанно двигалась на стуле, поводила своими узкими плечиками, смеялась изнеженным смехом и то щурилась, то вдруг широко раскрывала глаза. Лиза сидела смирно, глядела прямо и вовсе не смеялась. Хозяйка села играть в карты с Марфой Тимофеевной, Беленицыным и Гедеоновским, который играл очень медленно, беспрестанно ошибался, моргал глазами и утирал лицо платком. Паншин принял меланхолический вид, выражался кратко, многозначительно и печально,— ни дать ни взять невыказавшийся художник,— но, несмотря на просьбы Беленицыной, которая очень с ним кокетничала, не соглашался спеть свой романс: Лаврецкий его стеснял. Федор Иваныч тоже говорил мало, особенное выражение его лица поразило Лизу, как только он вошел в комнату: она тотчас почувствовала, что он имеет сообщить ей что-то, но, сама не зная почему, боялась расспросить его. Наконец, переходя в залу наливать чай, она невольно поворотила голову в его сторону. Он тотчас пошел вслед за ней.

— Что с вами? — промолвила она, ставя чайник на самовар.

— А разве вы что заметили? — проговорил он.

— Вы сегодня не такой, каким я вас видела до сих пор.

Лаврецкий наклонился над столом.

— Я хотел,— начал он,— передать вам одно известие, но теперь невозможно. Впрочем, прочтите вот, что отмечено карандашом в этом фельетоне,— прибавил он, подавая ей нумер взятого с собою журнала.— Прошу хранить это в тайне, я зайду завтра утром.

Лиза изумилась... Паншин показался на пороге двери: она положила журнал к себе в карман.

— Читали вы «Обермана», Лизавета Михайловна? — задумчиво спросил ее Паншин.

Лиза отвечала ему вскользь и пошла из залы наверх. Лаврецкий вернулся в гостиную и приблизился к игорному столу. Марфа Тимофеевна, распустив ленты чепца и покраснев, начала ему жаловаться на своего партнера Гедеоновского, который, по ее словам, ступить не умел.

— Видно, в карты играть,— говорила она,— не то, что выдумки сочинять.

Тот продолжал моргать глазами и утираться. Лиза пришла в гостиную и села в угол; Лаврецкий посмотрел на нее, она на него посмотрела — и обоим стало почти жутко. Он прочел недоумение и какой-то тайный упрек на ее лице. Поговорить с нею, как бы ему хотелось, он не мог; оставаться в одной комнате с нею, гостем в числе других гостей,— было тяжело: он решился уйти. Прощаясь с нею, он успел повторить, что придет завтра, и прибавил, что надеется на ее дружбу.

— Приходите,— отвечала она с тем же недоумением на лице.

Паншин оживился по уходе Лаврецкого; он начал давать советы Гедеоновскому, насмешливо любезничал с Беленицыной и, наконец, спел свой романс. Но с Лизой он говорил и глядел на нее по-прежнему: значительно и немного печально.

А Лаврецкий опять не спал всю ночь. Ему не было грустно, он не волновался, он затих весь; но он не мог спать. Он даже не вспоминал прошедшего времени; он просто глядел в свою жизнь; сердце его билось тяжело и ровно, часы летели, он и не думал о сне. По временам только всплывала у него в голове мысль: «Да это неправда, это всё вздор»,— и он останавливался, поникал головою и снова принимался глядеть в свою жизнь.

XXIX

Марья Дмитриевна не слишком ласково приняла Лаврецкого, когда он явился к ней на следующий день. «Вишь, повадился»,— подумала она. Он ей сам по себе не очень нравился, да и Паншин, под влиянием которого она находилась, весьма коварно и небрежно похвалил его накануне. Так как она не считала его гостем и не полагала нужным занимать родственника, почти домашнего человека, то и получаса не прошло, как он уже шел с Лизой в саду по аллее. Леночка и Шурочка бегали в нескольких шагах от них по цветнику.

Лиза была спокойна по обыкновению, но более обыкновенного бледна. Она достала из кармана и протянула Лаврецкому мелко сложенный лист журнала.

— Это ужасно! — промолвила она.

Лаврецкий ничего не отвечал.

— Да, может быть, это еще и неправда,— прибавила Лиза.

— Оттого-то я и просил вас не говорить об этом никому.

Лиза прошлась немного.

— Скажите,— начала она,— вы не огорчены? — нисколько?

— Я сам не знаю, что я чувствую,— отвечал Лаврецкий.

— Но ведь вы ее любили прежде?

— Любил.

— Очень?

— Очень.

— И не огорчены ее смертью?

— Она не теперь для меня умерла.

— Это грешно, что вы говорите... Не сердитесь на меня. Вы меня называете своим другом: друг всё может говорить. Мне, право, даже страшно... Вчера у вас такое нехорошее было лицо... Помните, недавно, как вы жаловались на нее? — а ее уже тогда, может быть, на свете не было. Это страшно. Точно это вам в наказание послано.

Лаврецкий горько усмехнулся.

— Вы думаете?.. По крайней мере я теперь свободен.

Лиза слегка вздрогнула.

— Полноте, не говорите так. На что вам ваша свобода? Вам не об этом теперь надо думать, а о прощении...

— Я давно ее простил,— перебил Лаврецкий и махнул рукой.

— Нет, не то,— возразила Лиза и покраснела.— Вы не так меня поняли. Вы должны позаботиться о том, чтобы простили вас...

— Кому меня прощать?

— Кому? Богу. Кто же может нас простить, кроме Бога?

Лаврецкий схватил ее за руку.

— Ах, Лизавета Михайловна, поверьте,— воскликнул

он,— я и так довольно был наказан. Я уже всё искупил, поверьте.

— Это вы не можете знать,— проговорила Лиза вполголоса.— Вы забыли,— еще недавно, вот когда вы со мной говорили, вы не хотели ее прощать.

Оба молча прошлись по аллее.

— А что же ваша дочь? — спросила вдруг Лиза и остановилась.

Лаврецкий встрепенулся.

— О, не беспокойтесь! Я уже послал письма во все места. Будущность моей дочери, как вы ее... как вы говорите... обеспечена. Не беспокойтесь.

Лиза печально улыбнулась.

— Но вы правы,— продолжал Лаврецкий,— что мне делать с моей свободой? На что мне она?

— Когда вы получили этот журнал? — промолвила Лиза, не отвечая на его вопрос.

— На другой день после вашего посещения.

— И неужели... неужели вы даже не заплакали?

— Нет. Я был поражен; но откуда было взяться слезам? Плакать о прошедшем — да ведь оно у меня всё выжжено!.. Самый проступок ее не разрушил мое счастие, а доказал мне только, что его вовсе никогда не бывало. О чем же тут было плакать? Впрочем, кто знает? Я, может быть, был бы более огорчен, если б я получил это известие двумя неделями раньше...

— Двумя неделями? — возразила Лиза.— Да что ж такое случилось в эти две недели?

Лаврецкий ничего не отвечал, а Лиза вдруг покраснела еще пуще прежнего.

— Да, да, вы угадали,— подхватил внезапно Лаврецкий,— в течение этих двух недель я узнал, что значит чистая женская душа, и мое прошедшее еще больше от меня отодвинулось.

Лиза смутилась и тихонько пошла в цветник к Леночке и Шурочке.

— А я доволен тем, что показал вам этот журнал,— говорил Лаврецкий, идя за нею следом,— я уже привык ничего не скрывать от вас и надеюсь, что и вы отплатите мне таким же доверием.

— Вы думаете? — промолвила Лиза и остановилась.— В таком случае я бы должна была... Да нет! Это невозможно.

— Что такое? Говорите, говорите.

— Право, мне кажется, я не должна... А впрочем,—

прибавила Лиза и с улыбкой оборотилась к Лаврецкому,— что́ за откровенность вполовину? Знаете ли? я получила сегодня письмо.

— От Паншина?

— Да, от него... Почему вы знаете?

— Он просит вашей руки?

— Да,— произнесла Лиза и прямо и серьезно посмотрела Лаврецкому в глаза.

Лаврецкий, в свою очередь, серьезно посмотрел на Лизу.

— Ну, и что же вы ему отвечали? — проговорил он наконец.

— Я не знаю, что отвечать,— возразила Лиза и опустила сложенные руки.

— Как? Ведь вы его любите?

— Да, он мне нравится; он, кажется, хороший человек.

— Вы то же самое и в тех же самых выражениях сказали мне четвертого дня. Я желаю знать, любите ли вы его тем сильным, страстным чувством, которое мы привыкли называть любовью?

— Как *вы* понимаете,— нет.

— Вы в него не влюблены?

— Нет. Да разве это нужно?

— Как?

— Маменьке он нравится,— продолжала Лиза,— он добрый; я ничего против него не имею.

— Однако вы колеблетесь?

— Да... и, может быть,— вы, ваши слова тому причиной. Помните, что вы третьего дня говорили? Но это слабость...

— О дитя мое! — воскликнул вдруг Лаврецкий, и голос его задрожал,— не мудрствуйте лукаво, не называйте слабостью крик вашего сердца, которое не хочет отдаться без любви. Не берите на себя такой страшной ответственности перед тем человеком, которого вы не любите и которому хотите принадлежать...

— Я слушаюсь, я ничего не беру на себя,— произнесла было Лиза...

— Слушайтесь вашего сердца; оно одно вам скажет правду,— перебил ее Лаврецкий...— Опыт, рассудок — всё это прах и суета! Не отнимайте у себя лучшего, единственного счастья на земле.

— Вы ли это говорите, Федор Иваныч? Вы сами женились по любви — и были ли вы счастливы?

Лаврецкий всплеснул руками.

— Ах, не говорите обо мне! Вы и понять не можете всего того, что молодой, неискушенный, безобразно воспитанный мальчик может принять за любовь!.. Да и, наконец, к чему клеветать на себя? Я сейчас вам говорил, что я не знал счастья... нет! я был счастлив!

— Мне кажется, Федор Иваныч,— произнесла, понизив голос, Лиза (когда она не соглашалась с своим собеседником, она всегда понижала голос; притом она чувствовала большое волнение),— счастье на земле зависит не от нас...

— От нас, от нас, поверьте мне (он схватил ее за обе руки; Лиза побледнела и почти с испугом, но внимательно глядела на него), лишь бы мы не портили сами своей жизни. Для иных людей брак по любви может быть несчастьем; но не для вас, с вашим спокойным нравом, с вашей ясной душой! Умоляю вас, не выходите замуж без любви, по чувству долга, отреченья, что ли... Это то же безверие, тот же расчет — и еще худший. Поверьте мне — я имею право это говорить: я дорого заплатил за это право. И если ваш Бог...

В это мгновенье Лаврецкий заметил, что Леночка и Шурочка стояли подле Лизы и с немым изумленьем уставились на него. Он выпустил Лизины руки, торопливо проговорил: «Извините меня, пожалуйста»,— и направился к дому.

— Об одном только прошу я вас,— промолвил он, возвращаясь к Лизе,— не решайтесь тотчас, подождите, подумайте о том, что я вам сказал. Если б даже вы не поверили мне, если б вы решились на брак по рассудку,— и в таком случае не за господина Паншина вам выходить: он не может быть вашим мужем... Не правда ли, вы обещаетесь мне не спешить?

Лиза хотела ответить Лаврецкому — и ни слова не вымолвила, не оттого, что она решилась «спешить»; но оттого, что сердце у ней слишком сильно билось и чувство, похожее на страх, захватило дыхание.

XXX

Уходя от Калитиных, Лаврецкий встретился с Паншиным; они холодно поклонились друг другу. Лаврецкий пришел к себе на квартиру и заперся. Он испытывал ощущения, едва ли когда-нибудь им испытанные. Давно ли находился он в состоянии «мирного оцепенения»? давно ли чувствовал себя, как он выражался, на самом дне реки? Что же изменило его положение? что вынесло его наружу, на поверхность? самая обыкновенная, неизбежная, хотя всегда неожиданная случайность: смерть? Да; но он не столько думал о смерти жены, о своей свободе, сколько о том, какой ответ даст Паншину Лиза? Он чувствовал, что в течение трех последних дней он стал глядеть на нее другими глазами; он вспоминал, как, возвращаясь домой и думая о ней в тиши ночи, он говорил самому себе: «Если бы!..» Это «если бы», отнесенное им к прошедшему, к невозможному, сбылось, хоть и не так, как он полагал,— но одной его свободы было мало. «Она послушается матери,— думал он,— она выйдет за Паншина; но если даже она ему откажет — не всё ли равно для меня?» Проходя перед зеркалом, он мельком взглянул на свое лицо и пожал плечами.

День пронесся быстро в этих размышлениях; настал вечер. Лаврецкий отправился к Калитиным. Он шел поспешно, но к дому их приблизился замедленными шагами. Перед крыльцом стояли дрожки Паншина. «Ну,— подумал Лаврецкий,— не буду эгоистом», и вошел в дом. В доме он никого не встретил, и в гостиной было тихо; он отворил дверь и увидел Марью Дмитриевну, игравшую в пикет с Паншиным. Паншин молча ему поклонился, а хозяйка дома воскликнула: «Вот неожиданно!» — и слегка нахмурила брови. Лаврецкий подсел к ней и стал глядеть ей в карты.

— Вы разве умеете в пикет? — спросила она его с какой-то скрытой досадой и тут же объявила, что разнеслась.

Паншин счел девяносто и начал учтиво и спокойно брать взятки, с строгим и достойным выражением на лице. Так должны играть дипломаты; вероятно, так и он играл в Петербурге с каким-нибудь сильным сановником, которому желал внушить выгодное мнение о своей солидности и зрелости. «Сто один, сто два, черви, сто три»,— мерно раздавался его голос, и Лаврецкий не мог понять, чем он звучал: укоризной или самодовольствием.

— Можно видеть Марфу Тимофеевну? — спросил он, замечая, что Паншин с еще большим достоинством принимался тасовать карты. Художника в нем уже не замечалось и тени.

— Я думаю, можно. Она у себя, наверху,— отвечала Марья Дмитриевна,— осведомьтесь.

Лаврецкий отправился наверх. И Марфу Тимофеевну он застал за картами: она играла в дурачки с Настасьей

Карповной. Роска залаяла на него; но обе старушки приветливо его приняли, особенно Марфа Тимофеевна казалась в духе.

— А! Федя! Милости просим,— промолвила она,— садись, мой батюшка. А мы сейчас доиграем. Хочешь варенья? Шурочка, достань ему банку с клубникой. Не хочешь? Ну, так сиди так; а курить — не кури: не могу я табачища вашего терпеть, да и Матрос от него чихает.

Лаврецкий поспешил объявить, что вовсе не желает курить.

— Был ты внизу? — продолжала старушка,— кого там видел? Паншин всё там торчит? А Лизу видел? Нет? Она сюда хотела прийти... Да вот и она; легка на помине.

Лиза вошла в комнату и, увидев Лаврецкого, покраснела.

— Я к вам на минутку, Марфа Тимофеевна,— начала было она...

— Зачем на минутку? — возразила старушка.— Что это вы все, молодые девки, за непоседы за такие? Ты видишь, у меня гость: покалякай с ним, займи его.

Лиза присела на край стула, подняла глаза на Лаврецкого — и почувствовала, что ей нельзя было не дать ему знать, чем кончилось ее свидание с Паншиным. Но как это сделать? Ей и стыдно было и неловко. Давно ли она познакомилась с ним, с этим человеком, который и в церковь редко ходит и так равнодушно переносит кончину жены,— и вот уже она сообщает ему свои тайны... Правда, он принимает в ней участие; она сама верит ему и чувствует к нему влеченье; но все-таки ей стыдно стало, точно чужой вошел в ее девическую, чистую комнату.

Марфа Тимофеевна пришла ей на помощь.

— Ведь если ты его занимать не будешь,— заговорила она,— кто ж его, бедненького, займет? Я для него слишком стара, он для меня слишком умен, а для Настасьи Карповны он слишком стар: ей всё молоденьких подавай.

— Чем же я могу занять Федора Иваныча? — промолвила Лиза.— Если он хочет, я лучше ему что-нибудь на фортепьяно сыграю,— прибавила она нерешительно.

— И прекрасно; ты у меня умница,— возразила Марфа Тимофеевна.— Ступайте, мои милые, вниз; когда кончите, приходите; а я вот в дурах осталась, мне обидно, я отыграться хочу.

Лиза встала. Лаврецкий пошел за ней. Спускаясь с лестницы, Лиза остановилась.

— Правду говорят,— начала она,— что сердце людское

исполнено противоречий. Ваш пример должен был испугать меня, сделать меня недоверчивой к бракам по любви, а я...

— Вы отказали ему? — перебил Лаврецкий.

— Нет; но и не согласилась. Я ему всё сказала: всё, что я чувствовала, и попросила его подождать. Довольны вы? — прибавила она с быстрой улыбкой и, слегка трогая перила рукою, сбежала с лестницы.

— Что мне сыграть вам? — спросила она, поднимая крышку фортепьяно.

— Что хотите,— отвечал Лаврецкий и сел так, что мог смотреть на нее.

Лиза начала играть и долго не отводила глаз от своих пальцев. Она взглянула, наконец, на Лаврецкого и остановилась: так чудно и странно показалось ей его лицо.

— Что с вами? — спросила она.

— Ничего,— возразил он,— мне очень хорошо; я рад за вас, я рад вас видеть; продолжайте.

— Мне кажется,— говорила Лиза несколько мгновений спустя,— если бы он точно меня любил, он бы не написал этого письма; он должен был бы чувствовать, что я не могу отвечать ему теперь.

— Это не важно,— промолвил Лаврецкий,— важно то, что вы его не любите.

— Перестаньте, что это за разговор! Мне всё мерещится ваша покойная жена, и вы мне страшны.

— Не правда ли, Вольдемар, как мило играет моя Лизет? — говорила в то же время Марья Дмитриевна Паншину.

— Да,— отвечал Паншин,— очень мило.

Марья Дмитриевна с нежностью посмотрела на молодого своего партнера; но тот принял еще более важный и озабоченный вид и объявил четырнадцать королей.

XXXI

Лаврецкий не был молодым человеком; он не мог долго обманываться насчет чувства, внушенного ему Лизой; он окончательно в тот же день убедился в том, что полюбил ее. Не много радости принесло ему это убеждение. «Неужели,— подумал он,— мне в тридцать пять лет нечего другого делать, как опять отдать свою душу в руки женщины? Но Лиза не чета *той*: она бы не потребовала от меня постыдных жертв; она не отвлекла бы меня от моих занятий; она бы сама воодушевила меня на честный, строгий труд, и мы пошли бы оба вперед к прекрасной цели. Да,—

кончил он свои размышления,— все это хорошо, но худо то, что она вовсе не захочет пойти со мной. Недаром она сказала мне, что я ей страшен. Зато и Паншина она не любит... Слабое утешение!»

Лаврецкий поехал в Васильевское; но и четырех дней там не выжил,— так ему показалось скучно. Его томило также ожидание: известие, сообщенное г-м Жюлем, требовало подтверждения, а он не получал никаких писем. Он вернулся в город и просидел вечер у Калитиных. Ему легко было заметить, что Марья Дмитриевна была против него восстановлена; но ему удалось несколько умилостивить ее, проиграв ей рублей пятнадцать в пикет, и он провел около получаса почти наедине с Лизой, несмотря на то, что мать ей еще накануне советовала не быть слишком фамильярной с человеком «qui a un si grand ridicule»[1]. Он нашел в ней перемену: она стала как будто задумчивее, попеняла ему за его отсутствие и спросила его: не пойдет ли он на другой день к обедне? (На другой день было воскресенье.)

— Ступайте,— сказала она прежде, чем он успел ответить,— мы вместе помолимся за упокой *ее* души.— Потом она прибавила, что не знает, как ей быть, не знает, имеет ли она право заставлять Паншина долее ждать ее решения.

— Почему же? — спросил Лаврецкий.

— Потому,— сказала она,— что я уже теперь начинаю подозревать, какое будет это решение.

Она объявила, что голова у ней болит, и ушла к себе наверх, нерешительно протянув Лаврецкому кончики пальцев.

На другой день Лаврецкий отправился к обедне. Лиза уже была в церкви, когда он пришел. Она заметила его, хотя не обернулась к нему. Она усердно молилась: тихо светились ее глаза, тихо склонялась и поднималась ее голова. Он почувствовал, что она молилась и за него,— и чудное умиление наполнило его душу. Ему было и хорошо и немного совестно. Чинно стоявший народ, родные лица, согласное пение, запах ладану, длинные косые лучи от окон, самая темнота стен и сводов — всё говорило его сердцу. Давно не был он в церкви, давно не обращался к Богу; он и теперь не произнес никаких молитвенных слов,— он без слов даже не молился,— но хотя на мгновенье если не телом, то всем помыслом своим повергнулся ниц и приник смиренно к земле. Вспомнилось ему, как в детстве он всякий раз в церкви до тех пор молился, пока не ощущал у себя

---

[1] «с которым случилась такая нелепость» (*фр.*).

на лбу как бы чьего-то свежего прикосновения; это, думал он тогда, ангел-хранитель принимает меня, кладет на меня печать избрания. Он взглянул на Лизу... «Ты меня сюда привела, — подумал он, — коснись же меня, коснись моей души». Она всё так же тихо молилась; лицо ее показалось ему радостным, и он умилился вновь, он попросил другой душе — покоя, своей — прощенья...

Они встретились на паперти; она приветствовала его с веселой и ласковой важностью. Солнце ярко освещало молодую траву на церковном дворе, пестрые платья и платки женщин; колокола соседних церквей гудели в вышине; воробьи чирикали по заборам. Лаврецкий стоял с непокрытой головой и улыбался; легкий ветерок вздымал его волосы и концы лент Лизиной шляпы. Он посадил Лизу и бывшую с ней Леночку в карету, роздал все свои деньги нищим и тихонько побрел домой.

XXXII

Настали трудные дни для Федора Иваныча. Он находился в постоянной лихорадке. Каждое утро отправлялся он на почту, с волненьем распечатывал письма, журналы — и нигде не находил ничего, что бы могло подтвердить или опровергнуть роковой слух. Иногда он сам себе становился гадок: «Что это я, — думал он, — жду, как ворон крови, верной вести о смерти жены!» К Калитиным он ходил каждый день; но и там ему не становилось легче: хозяйка явно дулась на него, принимала его из снисхождения; Паншин обращался с ним преувеличенно вежливо; Лемм напустил на себя мизантропию и едва кланялся ему, — а главное: Лиза как будто его избегала. Когда же ей случалось остаться с ним наедине, в ней, вместо прежней доверчивости, проявлялось замешательство; она не знала, что сказать ему, и он сам чувствовал смущение. Лиза в несколько дней стала не та, какою он ее знал: в ее движениях, голосе, в самом смехе замечалась тайная тревога, небывалая прежде неровность. Марья Дмитриевна, как истая эгоистка, ничего не подозревала; но Марфа Тимофеевна начинала присматривать за своей любимицей. Лаврецкий не раз упрекнул себя в том, что показал Лизе полученный им нумер журнала: он не мог не сознаться, что в его душевном состоянии было что-то возмутительное для чистого чувства. Он полагал также, что перемена в Лизе происходила от ее борьбы с самой собою, от ее сомнений: какой ответ дать

Паншину? Однажды она принесла ему книгу, роман Вальтер Скотта, который она сама у него спросила.

— Вы прочли эту книгу? — проговорил он.

— Нет; мне теперь не до книг,— отвечала она и хотела уйти.

— Постойте на минуту; я с вами так давно не был наедине. Вы словно меня боитесь.

— Да.

— Отчего же, помилуйте?

— Не знаю.

Лаврецкий помолчал.

— Скажите,— начал он,— вы еще не решились?

— Что вы хотите сказать? — промолвила она, не поднимая глаз.

— Вы понимаете меня...

Лиза вдруг вспыхнула.

— Не спрашивайте меня ни о чем,— произнесла она с живостью,— я ничего не знаю; я сама себя не знаю...

И она тотчас же удалилась.

На следующий день Лаврецкий приехал к Калитиным после обеда и застал у них все приготовления ко всенощной. В углу столовой на четыреугольном столе, покрытом чистой скатертью, уже находились прислоненные к стене небольшие образа в золотых окладах, с маленькими тусклыми алмазами на венчиках. Старый слуга, в сером фраке и башмаках, прошел, не спеша и не стуча каблуками, через всю комнату, поставил две восковые свечи в тонких подсвечниках перед образами, перекрестился, поклонился и тихо вышел. Неосвещенная гостиная была пуста. Лаврецкий походил по столовой, спросил — не именинница ли кто? Ему отвечали шёпотом, что нет, а что всенощную заказали по желанию Лизаветы Михайловны да Марфы Тимофеевны; что хотели было чудотворную икону поднять, но что она уехала за тридцать верст к больному. Скоро прибыл вместе с дьячками и священник, человек уже не молодой, с большой лысиной, и громко кашлянул в передней; дамы тотчас вереницей потянулись из кабинета и подошли к нему под благословение; Лаврецкий молча им поклонился; и они ему поклонились молча. Священник постоял немного, еще раз откашлянулся и спросил вполголоса басом:

— Приступать прикажете?

— Приступите, батюшка,— возразила Марья Дмитриевна.

Он начал облачаться; дьячок в стихаре подобострастно попросил уголька; запахло ладаном. Из передней вышли горничные и лакеи и остановились сплошной кучкой перед дверями. Роска, никогда не сходившая сверху, вдруг появилась в столовой: ее стали выгонять — она испугалась, завертелась и села; лакей подхватил ее и унес. Всенощная началась. Лаврецкий прижался в уголок; ощущения его были странны, почти грустны; он сам не мог хорошенько разобрать, что он чувствовал. Марья Дмитриевна стояла впереди всех, перед креслами; она крестилась изнеженно-небрежно, по-барски — то оглядывалась, то вдруг поднимала взоры кверху: она скучала. Марфа Тимофеевна казалась озабоченной; Настасья Карповна клала земные поклоны и вставала с каким-то скромным и мягким шумом; Лиза, как стала, так и не двигалась с места и не шевелилась; по сосредоточенному выражению ее лица можно было догадаться, что она пристально и горячо молилась. Прикладываясь ко кресту по окончании всенощной, она также поцеловала большую красную руку священника. Марья Дмитриевна пригласила его откушать чаю; он снял епитрахиль, принял несколько светский вид и вместе с дамами перешел в гостиную. Начался разговор, не слишком оживленный. Священник выпил четыре чашки, беспрестанно отирая платком свою лысину, рассказал, между прочим, что купец Авошников пожертвовал семьсот рублей на позолоту церковного «кумпола», и сообщил верное средство против веснушек. Лаврецкий подсел было к Лизе, но она держалась строго, почти сурово, и ни разу не взглянула на него. Она как будто с намерением его не замечала; какая-то холодная, важная восторженность нашла на нее. Лаврецкому почему-то всё хотелось улыбнуться и сказать что-нибудь забавное; но на сердце у него было смущение, и он ушел наконец, тайно недоумевая... Он чувствовал: что-то было в Лизе, куда он проникнуть не мог.

В другой раз Лаврецкий, сидя в гостиной и слушая вкрадчивые, но тяжелые разглагольствования Гедеоновского, внезапно, сам не зная почему, оборотился и уловил глубокий, внимательный, вопросительный взгляд в глазах Лизы... Он был устремлен на него, этот загадочный взгляд. Лаврецкий целую ночь потом о нем думал. Он любил не как мальчик, не к лицу ему было вздыхать и томиться, да и сама Лиза не такого рода чувство возбуждала; но любовь на всякий возраст имеет свои страданья,— и он испытал их вполне.

XXXIII

Однажды Лаврецкий, по обыкновению своему, сидел у Калитиных. После томительного жаркого дня наступил такой прекрасный вечер, что Марья Дмитриевна, несмотря на свое отвращение к сквозному ветру, велела отворить все окна и двери в сад и объявила, что в карты играть не станет, что в такую погоду в карты играть грех, а должно наслаждаться природой. Из гостей был один Паншин. Настроенный вечером и не желая петь перед Лаврецким, но чувствуя прилив художнических ощущений, он пустился в поэзию: прочел хорошо, но слишком сознательно и с ненужными тонкостями, несколько стихотворений Лермонтова (тогда Пушкин не успел еще опять войти в моду) — и вдруг, как бы устыдясь своих излияний, начал, по поводу известной «Думы», укорять и упрекать новейшее поколение; причем не упустил случая изложить, как бы он всё повернул по-своему, если б власть у него была в руках. «Россия,— говорил он,— отстала от Европы; нужно подогнать ее. Уверяют, что мы молоды,— это вздор; да и притом у нас изобретательности нет; сам Х⟨омяко⟩в признается в том, что мы даже мышеловки не выдумали. Следовательно, мы поневоле должны заимствовать у других. Мы больны, говорит Лермонтов,— я согласен с ним; но мы больны оттого, что только наполовину сделались европейцами; чем мы ушиблись, тем мы и лечиться должны («Le cadastre»,— подумал Лаврецкий). У нас,— продолжал он,— лучшие головы — les meilleures têtes — давно в этом убедились; все народы в сущности одинаковы; вводите только хорошие учреждения — и дело с концом. Пожалуй, можно приноравливаться к существующему народному быту; это наше дело, дело людей... (он чуть не сказал: государственных) служащих; но, в случае нужды, не беспокойтесь: учреждения переделают самый этот быт». Марья Дмитриевна с умилением поддакивала Паншину. «Вот какой,— думала она,— умный человек у меня беседует». Лиза молчала, прислонившись к окну; Лаврецкий молчал тоже; Марфа Тимофеевна, игравшая в уголке в карты с своей приятельницей, ворчала себе что-то под нос. Паншин расхаживал по комнате и говорил красиво, но с тайным озлобленьем: казалось, он бранил не целое поколенье, а нескольких известных ему людей. В саду Калитиных, в большом кусту сирени, жил соловей; его первые вечерние звуки раздавались в промежутках красноречивой речи; первые звезды зажигались на розовом небе над неподвижными верхушками лип. Лаврецкий поднялся и начал возражать Паншину; завязался спор. Лаврецкий отстаивал молодость и самостоятельность России; отдавал себя, свое поколение на жертву,— но заступался за новых людей, за их убеждения и желания; Паншин возражал раздражительно и резко, объявил, что умные люди должны всё переделать, и занесся, наконец, до того, что, забыв свое камер-юнкерское звание и чиновничью карьеру, назвал Лаврецкого отсталым консерватором, даже намекнул — правда, весьма отдаленно — на его ложное положение в обществе. Лаврецкий не рассердился, не возвысил голоса (он вспомнил, что Михалевич тоже называл его отсталым — только вольтериянцем) — и спокойно разбил Паншина на всех пунктах. Он доказал ему невозможность скачков и надменных переделок с высоты чиновничьего самосознания — переделок, не оправданных ни знанием родной земли, ни действительной верой в идеал, хотя бы отрицательный; привел в пример свое собственное воспитание, требовал прежде всего признания народной правды и смирения перед нею — того смирения, без которого и смелость противу лжи невозможна; не отклонился, наконец, от заслуженного, по его мнению, упрека в легкомысленной растрате времени и сил.

— Всё это прекрасно! — воскликнул, наконец, раздосадованный Паншин,— вот вы, вернулись в Россию,— что же вы намерены делать?

— Пахать землю,— отвечал Лаврецкий,— и стараться как можно лучше ее пахать.

— Это очень похвально, бесспорно,— возразил Паншин,— и мне сказывали, что вы уже большие сделали успехи по этой части; но согласитесь, что не всякий способен на такого рода занятия.

— Une nature poétique[1],— заговорила Марья Дмитриевна,— конечно, не может пахать... et puis[2], вы призваны, Владимир Николаич, делать всё en grand[3].

Этого было слишком даже для Паншина: он замялся — и замял разговор. Он попытался перевести его на красоту звездного неба, на музыку Шуберта — всё как-то не клеилось; он кончил тем, что предложил Марье Дмитриевне сыграть с ней в пикет. «Как! в такой вечер?» — слабо возразила она; однако велела принести карты.

---

[1] Поэтическая натура *(фр.)*.
[2] и потом *(фр.)*.
[3] в крупном масштабе *(фр.)*.

Паншин с треском разорвал новую колоду, а Лиза и Лаврецкий, словно сговорившись, оба встали и поместились возле Марфы Тимофеевны. Им сделалось вдруг так хорошо обоим, что они даже побоялись остаться вдвоем, — и в то же время они почувствовали оба, что испытанное ими в последние дни смущение исчезло и не возвратится более. Старушка потрепала украдкой Лаврецкого по щеке, лукаво прищурилась и несколько раз покачала головой, приговаривая шёпотом: «Отделал умника, спасибо». Всё затихло в комнате; слышалось только слабое потрескивание восковых свечей; да иногда стук руки по столу, да восклицание или счет очков, да широкой волной вливалась в окна, вместе с росистой прохладой, могучая, до дерзости звонкая, песнь соловья.

XXXIV

Лиза не вымолвила ни одного слова в течение спора между Лаврецким и Паншиным, но внимательно следила за ним и вся была на стороне Лаврецкого. Политика ее занимала очень мало; но самонадеянный тон светского чиновника (он никогда еще так не высказывался) ее отталкивал; его презрение к России ее оскорбило. Лизе и в голову не приходило, что она патриотка; но ей было по душе с русскими людьми; русский склад ума ее радовал; она, не чинясь, по целым часам беседовала с старостой материнского имения, когда он приезжал в город, и беседовала с ним, как с ровней, без всякого барского снисхождения. Лаврецкий всё это чувствовал: он бы не стал возражать одному Паншину; он говорил только для Лизы. Друг другу они ничего не сказали, даже глаза их редко встречались; но оба они поняли, что тесно сошлись в этот вечер, поняли, что и любят и не любят одно и то же. В одном только они расходились; но Лиза втайне надеялась привести его к Богу. Они сидели возле Марфы Тимофеевны и, казалось, следили за ее игрой; да они и действительно за ней следили, — а между тем у каждого из них сердце росло в груди, и ничего для них не пропадало: для них пел соловей, и звезды горели, и деревья тихо шептали, убаюканные и сном, и негой лета, и теплом. Лаврецкий отдавался весь увлекавшей его волне — и радовался; но слово не выразит того, что происходило в чистой душе девушки: оно было тайной для нее самой; пусть же оно останется и для всех тайной. Никто не знает, никто не видел и не увидит никогда, как, призванное к жизни и расцветанию, наливается и зреет зерно в лоне земли.

Пробило десять часов. Марфа Тимофеевна отправилась к себе наверх с Настасьей Карповной; Лаврецкий и Лиза прошлись по комнате, остановились перед раскрытой дверью сада, взглянули в темную даль, потом друг на друга — и улыбнулись; так, кажется, взялись бы они за руки, наговорились бы досыта. Они вернулись к Марье Дмитриевне и к Паншину, у которых пикет затянулся. Последний «король» кончился наконец, и хозяйка встала, кряхтя и охая, с обложенного подушками кресла; Паншин взял шляпу, поцеловал у Марьи Дмитриевны руку, заметил, что иным счастливцам теперь ничто не мешает спать или наслаждаться ночью, а ему придется до утра просидеть над глупыми бумагами, холодно раскланялся с Лизой (он не ожидал, что в ответ на его предложение она попросит подождать, — и потому дулся на нее) — и удалился. Лаврецкий отправился вслед за ним. У ворот они расстались; Паншин разбудил своего кучера, толкнув его концом палки в шею, сел на дрожки и покатил. Лаврецкому не хотелось идти домой: он вышел из города в поле. Ночь была тиха и светла, хотя луны не было; Лаврецкий долго бродил по росистой траве; узкая тропинка попалась ему; он пошел по ней. Она привела его к длинному забору, к калитке; он попытался, сам не зная зачем, толкнуть ее: она слабо скрыпнула и отворилась, словно ждала прикосновения его руки. Лаврецкий очутился в саду, сделал несколько шагов по липовой аллее и вдруг остановился в изумлении: он узнал сад Калитиных.

Он тотчас же вошел в черное пятно тени, падавшей от густого орехового куста, и долго стоял неподвижно, дивясь и пожимая плечами.

«Это недаром», — подумал он.

Всё было тихо кругом; со стороны дома не приносилось никакого звука. Он осторожно пошел вперед. Вот, на повороте аллеи, весь дом вдруг глянул на него своим темным фасом; в двух только окнах наверху мерцал свет: у Лизы горела свеча за белым занавесом, да у Марфы Тимофеевны в спальне перед образом теплилась красным огоньком лампадка, отражаясь ровным сиянием на золоте оклада; внизу дверь на балкон широко зевала, раскрытая настежь. Лаврецкий сел на деревянную скамейку, подперся рукою и стал глядеть на эту дверь да на окно Лизы. В городе пробило полночь; в доме маленькие часики тонко прозвенели двенадцать; сторож дробно поколотил по доске. Лаврецкий ничего не думал, ничего не ждал; ему приятно было чувствовать себя вблизи Лизы, сидеть в ее саду на скамейке, где и она сидела не однажды... Свет исчез в Лизиной комнате. «Спокойной ночи, моя милая девушка»,— прошептал Лаврецкий, продолжая сидеть неподвижно и не сводя взора с потемневшего окна.

Вдруг свет появился в одном из окон нижнего этажа, перешел в другое, в третье... Кто-то шел со свечкой по комнатам. «Неужели Лиза? Не может быть!..» Лаврецкий приподнялся... Мелькнул знакомый облик, и в гостиной появилась Лиза. В белом платье, с нерасплетенными косами по плечам, она тихонько подошла к столу, нагнулась над ним, поставила свечку и чего-то поискала; потом, обернувшись лицом к саду, она приблизилась к раскрытой двери и, вся белая, легкая, стройная, остановилась на пороге. Трепет пробежал по членам Лаврецкого.

— Лиза! — сорвалось едва внятно с его губ.

Она вздрогнула и начала всматриваться в темноту.

— Лиза! — повторил Лаврецкий громче и вышел из тени аллеи.

Лиза с испугом вытянула голову и пошатнулась назад: она узнала его. Он назвал ее в третий раз и протянул к ней руки. Она отделилась от двери и вступила в сад.

— Вы? — проговорила она.— Вы здесь?

— Я... я... выслушайте меня,— прошептал Лаврецкий и, схватив ее руку, повел ее к скамейке.

Она шла за ним без сопротивления; ее бледное лицо, неподвижные глаза, все ее движения выражали несказанное изумление. Лаврецкий посадил ее на скамейку и сам стал перед ней.

— Я не думал прийти сюда,— начал он,— меня привело... Я... я... я люблю вас,— произнес он с невольным ужасом.

Лиза медленно взглянула на него; казалось, она только в это мгновение поняла, где она и что с нею. Она хотела подняться, не могла и закрыла лицо руками.

— Лиза,— произнес Лаврецкий,— Лиза,— повторил он и склонился к ее ногам...

Ее плечи начали слегка вздрагивать, пальцы бледных рук крепче прижались к лицу.

— Что с вами? — промолвил Лаврецкий и услышал тихое рыдание. Сердце его захолонуло... Он понял, что значили эти слезы.— Неужели вы меня любите? — прошептал он и коснулся ее коленей.

— Встаньте,— послышался ее голос,— встаньте, Федор Иваныч. Что мы это делаем с вами?

Он встал и сел подле нее на скамейку. Она уже не плакала и внимательно глядела на него своими влажными глазами.

— Мне страшно; что это мы делаем? — повторила она.

— Я вас люблю,— проговорил он снова,— я готов отдать вам всю жизнь мою.

Она опять вздрогнула, как будто ее что-то ужалило, и подняла взоры к небу.

— Это всё в Божьей власти,— промолвила она.

— Но вы меня любите, Лиза? Мы будем счастливы?

Она опустила глаза; он тихо привлек ее к себе, и голова ее упала к нему на плечо... Он отклонил немного свою голову и коснулся ее бледных губ.

———

Полчаса спустя Лаврецкий стоял уже перед калиткой сада. Он нашел ее запертою и принужден был перепрыгнуть через забор. Он вернулся в город и пошел по заснувшим улицам. Чувство неожиданной, великой радости наполняло его душу; все сомнения в нем замерли. «Исчезни, прошедшее, темный призрак,— думал он,— она меня любит, она будет моя». Вдруг ему почудилось, что в воздухе над его головою разлились какие-то дивные, торжествующие звуки; он остановился: звуки загремели еще великолепней; певучим, сильным потоком струились они,— и в них, казалось, говорило и пело всё его счастье. Он оглянулся: звуки неслись из двух верхних окон небольшого дома.

— Лемм! — вскрикнул Лаврецкий и побежал к дому.— Лемм! Лемм! — повторил он громко.

Звуки замерли, и фигура старика в шлафроке, с раскрытой грудью и растрепанными волосами, показалась в окне.

— Ага! — проговорил он с достоинством,— это вы?

— Христофор Федорыч, что это за чудная музыка! Ради Бога, впустите меня.

Старик, ни слова не говоря, величественным движением руки кинул из окна ключ от двери на улицу. Лаврецкий проворно вбежал наверх, вошел в комнату и хотел было броситься к Лемму; но тот повелительно указал ему на стул, отрывисто сказал по-русски: «Садитесь и слушить»; сам сел за фортепьяно, гордо и строго взглянул кругом и заиграл. Давно Лаврецкий не слышал ничего подобного: сладкая, страстная мелодия с первого звука охватывала сердце; она вся сияла, вся томилась вдохновением, счастьем, красотою, она росла и таяла; она касалась всего, что есть на земле дорогого, тайного, святого; она дышала бессмертной грустью и уходила умирать в небеса. Лаврецкий выпрямился и стоял, похолоделый и бледный от восторга. Эти звуки так и впивались в его душу, только что потрясенную счастьем любви; они сами пылали любовью. «Повторите», — прошептал он, как только раздался последний аккорд. Старик бросил на него орлиный взор, постучал рукой по груди и, проговорив, не спеша, на родном своем языке: «Это я сделал, ибо я великий музыкант», — снова сыграл свою чудную композицию. В комнате не было свечей; свет поднявшейся луны косо падал в окна; звонко трепетал чуткий воздух; маленькая, бедная комнатка казалась святилищем, и высоко и вдохновенно поднималась в серебристой полутьме голова старика. Лаврецкий подошел к нему и обнял его. Сперва Лемм не отвечал на его объятие, даже отклонил его локтем; долго, не шевелясь ни одним членом, глядел он всё так же строго, почти грубо, и только раза два промычал: «ага!» Наконец его преобразившееся лицо успокоилось, опустилось, и он, в ответ на горячие поздравления Лаврецкого, сперва улыбнулся немного, потом заплакал, слабо всхлипывая, как дитя.

— Это удивительно, — сказал он, — что вы именно теперь пришли; но я знаю, всё знаю.

— Вы всё знаете? — произнес с смущением Лаврецкий.

— Вы меня слышали, — возразил Лемм, — разве вы не поняли, что я всё знаю?

Лаврецкий до утра не мог заснуть; он всю ночь просидел на постели. И Лиза не спала: она молилась.

XXXV

Читатель знает, как вырос и развивался Лаврецкий; скажем несколько слов о воспитании Лизы. Ей минул десятый год, когда отец ее умер; но он мало занимался ею. Заваленный делами, постоянно озабоченный приращением своего состояния, желчный, резкий, нетерпеливый, он не скупясь давал деньги на учителей, гувернеров, на одежду и прочие нужды детей; но терпеть не мог, как он выражался, нянчиться с писклятами, — да и некогда ему было нянчиться с ними: он работал, возился с делами, спал мало, изредка играл в карты, опять работал; он сам себя сравнивал с лошадью, запряженной в молотильную машину.

«Скоренько жизнь моя проскочила»,— промолвил он на смертном одре с горькой усмешкой на высохших губах. Марья Дмитриевна, в сущности, не много больше мужа занималась Лизой, хотя она и хвасталась перед Лаврецким, что одна воспитала детей своих; она одевала ее, как куколку, при гостях гладила ее по головке и называла в глаза умницей и душкой — и только: ленивую барыню утомляла всякая постоянная забота. При жизни отца Лиза находилась на руках гувернантки, девицы Моро́ из Парижа; а после его смерти поступила в ведение Марфы Тимофеевны. Марфу Тимофеевну читатель знает; а девица Моро́ была крошечное сморщенное существо с птичьими ухватками и птичьим умишком. В молодости она вела жизнь очень рассеянную, а под старость у ней остались только две страсти — к лакомству да к картам. Когда она была сыта, не играла в карты и не болтала,— лицо у ней тотчас принимало выражение почти мертвенное: сидит, бывало, смотрит, дышит — и так и видно, что никакой мысли не пробегает в голове. Ее даже нельзя было назвать доброю: не бывают же добры птицы. Вследствие ли легкомысленно проведенной молодости, от парижского ли воздуха, которым она надышалась с детства,— в ней гнездилось что-то вроде всеобщего дешевенького скептицизма, выражавшегося обыкновенно словами: «Tout ça c'est des bêtises»[1]. Она говорила неправильным, но чисто парижским жаргоном, не сплетничала и не капризничала — чего же больше можно желать от гувернантки? На Лизу она имела мало влияния; тем сильнее было влияние на нее ее няни, Агафьи Власьевны.

Судьба этой женщины была замечательна. Она происходила из крестьянского семейства; шестнадцати лет ее выдали за мужика; но от своих сестер-крестьянок она отличалась резко. Отец ее лет двадцать был старостой, нажил денег много и баловал ее. Красавица она была необыкновенная, первая щеголиха по всему околотку, умница, речистая, смелая. Ее барин, Дмитрий Пестов, отец Марьи Дмитриевны, человек скромный и тихий, увидал ее однажды на молотьбе, поговорил с ней и страстно в нее влюбился. Она скоро овдовела; Пестов, хотя и женатый был человек, взял ее к себе в дом, одел ее по-дворовому. Агафья тотчас освоилась с новым своим положением, точно она век свой иначе не жила. Она побелела, пополнела; руки у ней под кисейными рукавами стали «крупича-

---

[1] «Всё это глупости» *(фр.).*

тые», как у купчихи; самовар не сходил со стола; кроме шелку да бархату она ничего носить не хотела, спала на пуховых перинах. Лет пять продолжалась эта блаженная жизнь, но Дмитрий Пестов умер; вдова его, барыня добрая, жалея память покойника, не хотела поступить с своей соперницей нечестно, тем более что Агафья никогда перед ней не забывалась; однако выдала ее за скотника и сослала с глаз долой. Прошло года три. Раз как-то, в жаркий летний день, барыня заехала к себе на скотный двор. Агафья попотчевала ее такими славными холодными сливками, так скромно себя держала и сама была такая опрятная, веселая, всем довольная, что барыня объявила ей прощение и позволила ходить в дом; а месяцев через шесть так к ней привязалась, что произвела ее в экономки и поручила ей всё хозяйство. Агафья опять вошла в силу, опять раздобрела и побелела; барыня совсем ей вверилась. Так прошло еще лет пять. Несчастье вторично обрушилось на Агафью. Муж ее, которого она вывела в лакеи, запил, стал пропадать из дому и кончил тем, что украл шесть господских серебряных ложек и запрятал их — до случая — в женин сундук. Это открылось. Его опять повернули в скотники, а на Агафью наложили опалу; из дома ее не выгнали, но разжаловали из экономок в швеи и велели ей вместо чепца носить на голове платок. К удивлению всех, Агафья с покорным смирением приняла поразивший ее удар. Ей уже было тогда за тридцать лет, дети у ней все померли, и муж жил недолго. Пришла ей пора опомниться: она опомнилась. Она стала очень молчалива и богомольна, не пропускала ни одной заутрени, ни одной обедни, раздарила все свои хорошие платья. Пятнадцать лет провела она тихо, смиренно, степенно, ни с кем не ссорясь, всем уступая. Нагрубит ли ей кто — она только поклонится и поблагодарит за учение. Барыня давно ей простила, и опалу сложила с нее, и с своей головы чепец подарила; но она сама не захотела снять свой платок и всё ходила в темном платье; а после смерти барыни она стала еще тише и ниже. Русский человек боится и привязывается легко; но уважение его заслужить трудно: дается оно не скоро и не всякому. Агафью все в доме очень уважали; никто и не вспоминал о прежних грехах, словно их вместе с старым барином в землю похоронили.

Сделавшись мужем Марьи Дмитриевны, Калитин хотел было поручить Агафье домашнее хозяйство; но она отказалась «ради соблазна»; он прикрикнул на нее: она низко поклонилась и вышла вон. Умный Калитин понимал людей; он и Агафью понял и не забыл ее. Переселившись в город, он, с ее согласия, приставил ее в качестве няни к Лизе, которой только что пошел пятый год.

Лизу сперва испугало серьезное и строгое лицо новой няни: но она скоро привыкла к ней и крепко полюбила. Она сама была серьезный ребенок; черты ее напоминали резкий и правильный облик Калитина; только глаза у ней были не отцовские; они светились тихим вниманием и добротой, что редко в детях. Она в куклы не любила играть, смеялась не громко и не долго, держалась чинно. Она задумывалась не часто, но почти всегда недаром: помолчав немного, она обыкновенно кончала тем, что обращалась к кому-нибудь старшему с вопросом, показывавшим, что голова ее работала над новым впечатлением. Она очень скоро перестала картавить и уже на четвертом году говорила совершенно чисто. Отца она боялась; чувство ее к матери было неопределенно,— она не боялась ее и не ласкалась к ней; впрочем, она и к Агафье не ласкалась, хотя только ее одну и любила. Агафья с ней не расставалась. Странно было видеть их вдвоем. Бывало, Агафья, вся в черном, с темным платком на голове, с похудевшим, как воск прозрачным, но всё еще прекрасным и выразительным лицом, сидит прямо и вяжет чулок; у ног ее, на маленьком креслице, сидит Лиза и тоже трудится над какой-нибудь работой или, важно поднявши светлые глазки, слушает, что рассказывает ей Агафья; а Агафья рассказывает ей не сказки: мерным и ровным голосом рассказывает она житие Пречистой Девы, житие отшельников, угодников Божиих, святых мучениц; говорит она Лизе, как жили святые в пустынях, как спасались, голод терпели и нужду,— и царей не боялись, Христа исповедовали; как им птицы небесные корм носили и звери их слушались; как на тех местах, где кровь их падала, цветы вырастали. «Желтофиоли?» — спросила однажды Лиза, которая очень любила цветы... Агафья говорила с Лизой важно и смиренно, точно она сама чувствовала, что не ей бы произносить такие высокие и святые слова. Лиза ее слушала — и образ вездесущего, всезнающего Бога с какой-то сладкой силой втеснялся в ее душу, наполнял ее чистым, благоговейным страхом, а Христос становился ей чем-то близким, знакомым, чуть не родным. Агафья и молиться ее выучила. Иногда она будила Лизу рано на заре, торопливо ее одевала и уводила тайком к заутрене; Лиза шла за ней на цыпочках, едва дыша; холод и полусвет утра, свежесть и пустота церкви, самая таинственность этих неожиданных отлучек, осторожное возвращение в дом, в постельку,— вся эта смесь запрещенного, странного, святого потрясала девочку, проникала в самую глубь ее существа. Агафья никогда никого не осуждала и Лизу не бранила за шалости. Когда она бывала чем недовольна, она только молчала; и Лиза понимала это молчание; с быстрой прозорливостью ребенка она так же хорошо понимала, когда Агафья была недовольна другими — Марьей ли Дмитриевной, самим ли Калитиным. Года три с небольшим ходила Агафья за Лизой; девица Моро́ ее сменила; но легкомысленная француженка с своими сухими ухватками да восклицанием: «Tout ça c'est des bêtises» — не могла вытеснить из сердца Лизы ее любимую няню: посеянные семена пустили слишком глубокие корни. Притом Агафья, хотя и перестала ходить за Лизой, осталась в доме и часто видалась с своей воспитанницей, которая ей верила по-прежнему.

Агафья, однако, не ужилась с Марфой Тимофеевной, когда та переехала в калитинский дом. Строгая важность бывшей «панёвницы» не нравилась нетерпеливой и самовольной старушке. Агафья отпросилась на богомолье и не вернулась. Ходили темные слухи, будто она удалилась в раскольничий скит. Но след, оставленный ею в душе Лизы, не изгладился. Она по-прежнему шла к обедне, как на праздник, молилась с наслажденьем, с каким-то сдержанным и стыдливым порывом, чему Марья Дмитриевна втайне немало дивилась, да и сама Марфа Тимофеевна, хотя ни в чем не стесняла Лизу, однако старалась умерить ее рвение и не позволяла ей класть лишние земные поклоны: не дворянская, мол, это замашка. Училась Лиза хорошо, то есть усидчиво; особенно блестящими способностями, большим умом ее Бог не наградил; без труда ей ничего не давалось. Она хорошо играла на фортепьяно; но один Лемм знал, чего ей это стоило. Читала она немного; у ней не было «своих слов», но были свои мысли, и шла она своей дорогой. Недаром походила она на отца: он тоже не спрашивал у других, что ему делать. Так росла она — покойно, неторопливо, так достигла девятнадцатилетнего возраста. Она была очень мила, сама того не зная. В каждом ее движенье высказывалась невольная, несколько неловкая грация; голос ее звучал серебром нетронутой юности; малейшее ощущение удовольствия вызывало привлекательную улыбку на ее губы, придавало глубокий блеск и какую-то тайную ласковость ее засветившимся глазам. Вся проникнутая чувством долга, боязнью оскорбить кого бы то ни было, с сердцем добрым и кротким, она любила всех и никого в особенности; она любила одного Бога восторженно, робко, нежно. Лаврецкий первый нарушил ее тихую внутреннюю жизнь.

Такова была Лиза.

XXXVI

На следующий день, часу в двенадцатом, Лаврецкий отправился к Калитиным. На дороге он встретил Паншина, который проскакал мимо его верхом, нахлобучив шляпу на самые брови. У Калитиных Лаврецкого не приняли — в первый раз с тех пор, как он с ними познакомился. Марья Дмитриевна «почивали»,— так доложил лакей; у «них» голова болела. Марфы Тимофеевны и Лизаветы Михайловны не было дома. Лаврецкий походил около сада в смутной надежде встретиться с Лизой, но не увидал никого. Он вернулся через два часа и получил тот же ответ, причем лакей как-то косо посмотрел на него. Лаврецкому показалось неприличным наведываться в тот же день в третий раз — и он решился съездить в Васильевское, где у него без того были дела. На дороге он строил различные планы, один прекраснее другого; но в сельце его тетки на него напала грусть; он вступил в разговор с Антоном; у старика, как нарочно, всё невеселые мысли на уме были. Он рассказал Лаврецкому, как Глафира Петровна перед смертью сама себя за руку укусила,— и, помолчав, сказал со вздохом: «Всяк человек, барин-батюшка, сам себе на съедение предан». Было уже поздно, когда Лаврецкий пустился в обратный путь. Вчерашние звуки охватили его, образ Лизы восстал в его душе во всей своей кроткой ясности; он умилился при мысли, что она его любит,— и подъехал к своему городскому домику успокоенный и счастливый.

Первое, что поразило его при входе в переднюю, был запах пачули, весьма ему противный; тут же стояли какие-то высокие сундуки и баулы. Лицо выскочившего к нему навстречу камердинера показалось ему странным. Не отдавая себе отчета в своих впечатлениях, переступил он порог гостиной... Ему навстречу с дивана поднялась дама в черном шелковом платье с воланами и, поднеся батистовый платок к бледному лицу, переступила несколько шагов, склонила тщательно расчесанную душистую голову — и упала к его ногам... Тут только он узнал ее: эта дама была его жена.

Дыхание у него захватило... Он прислонился к стене.

— Теодор, не прогоняйте меня! — сказала она по-французски, и голос ее как ножом резанул его по сердцу.

Он глянул на нее бессмысленно и, однако, тотчас же невольно заметил, что она и побелела и отекла.

— Теодор! — продолжала она, изредка вскидывая глазами и осторожно ломая свои удивительно красивые пальцы с розовыми лощеными ногтями. — Теодор, я перед вами виновата, глубоко виновата, — скажу более, я преступница; но вы выслушайте меня, раскаяние меня мучит, я стала самой себе в тягость, я не могла более переносить мое положение; сколько раз я думала обратиться к вам, но я боялась вашего гнева: я решилась разорвать всякую связь с прошедшим... puis, j'ai été si malade, я была так больна, — прибавила она и провела рукой по лбу и по щеке, — я воспользовалась распространившимся слухом о моей смерти, я покинула всё; не останавливаясь, день и ночь спешила я сюда; я долго колебалась предстать пред вас, моего судью — paraître devant vous, mon juge; но я решилась, наконец, вспомнив вашу всегдашнюю доброту, ехать к вам; я узнала ваш адрес в Москве. Поверьте, — продолжала она, тихонько поднимаясь с полу и садясь на самый край кресла, — я часто думала о смерти, и я бы нашла в себе довольно мужества, чтобы лишить себя жизни — ах, жизнь теперь для меня несносное бремя! — но мысль о моей дочери, о моей Адочке, меня останавливала; она здесь, она спит в соседней комнате, бедный ребенок! Она устала — вы ее увидите: она по крайней мере перед вами не виновата, а я так несчастна, так несчастна! — воскликнула г-жа Лаврецкая и залилась слезами.

Лаврецкий пришел, наконец, в себя; он отделился от стены и повернулся к двери.

— Вы уходите? — с отчаяньем проговорила его жена, — о, это жестоко! — Не сказавши мне ни одного слова, ни одного даже упрека... Это презрение меня убивает, это ужасно!

Лаврецкий остановился.

— Что вы хотите слышать от меня? — произнес он беззвучным голосом.

— Ничего, ничего, — с живостью подхватила она, — я знаю, я не вправе ничего требовать; я не безумная, поверьте; я не надеюсь, я не смею надеяться на ваше прощение; я только осмеливаюсь просить вас, чтобы вы приказали мне, что мне делать, где мне жить. Я, как рабыня, исполню ваше приказание, какое бы оно ни было.

— Мне нечего вам приказывать, — возразил тем же голосом Лаврецкий, — вы знаете — между нами всё кончено...

и теперь более, чем когда-нибудь. Вы можете жить где вам угодно; и если вам мало вашей пенсии...

— Ах, не говорите таких ужасных слов,— перебила его Варвара Павловна,— пощадите меня, хотя... хотя ради этого ангела...— И, сказавши эти слова, Варвара Павловна стремительно выбежала в другую комнату и тотчас же вернулась с маленькой, очень изящно одетой девочкой на руках. Крупные русые кудри падали ей на хорошенькое румяное личико, на большие черные заспанные глаза; она и улыбалась, и щурилась от огня, и упиралась пухлой ручонкой в шею матери.

— Ada, vois c'est ton père[1],— проговорила Варвара Павловна, отводя от ее глаз кудри и крепко целуя ее,— prie le avec moi[2].

— C'est ça papa[3],— залепетала девочка, картавя.

— Oui, mon enfant, n'est-ce pas que tu l'aimes?[4]

Но тут стало невмочь Лаврецкому.

— В какой это мелодраме есть совершенно такая сцена? — пробормотал он и вышел вон.

Варвара Павловна постояла некоторое время на месте, слегка повела плечами, отнесла девочку в другую комнату, раздела и уложила ее. Потом она достала книжку, села у лампы, подождала около часу и, наконец, сама легла в постель.

— Eh bien, madame?[5] — спросила ее ее служанка француженка, вывезенная ею из Парижа, снимая с нее корсет.

— Eh bien, Justine[6],— возразила она,— он очень постарел, но, мне кажется, он всё такой же добрый. Подайте мне перчатки на ночь, приготовьте к завтрашнему дню серое платье доверху; да не забудьте бараньих котлет для Ады... Правда, их здесь трудно найти; но надо постараться...

— A la guerre comme à la guerre[7],— возразила Жюстина и загасила свечку.

---

[1] Ада, смотри, это твой отец *(фр.).*
[2] проси его вместе со мной *(фр.).*
[3] Так это папа *(фр.).*
[4] Да, мое дитя, не правда ли, ты его любишь? *(фр.)*
[5] Ну как, мадам? *(фр.)*
[6] Да так, Жюстина *(фр.).*
[7] На войне как на войне *(фр.)*

231

XXXVII

Более двух часов скитался Лаврецкий по улицам города. Пришла ему на память ночь, проведенная в окрестностях Парижа. Сердце у него надрывалось, и в голове, пустой и словно оглушенной, кружились всё одни и те же мысли, темные, вздорные, злые. «Она жива, она здесь»,— шептал он с постоянно возрождавшимся изумлением. Он чувствовал, что потерял Лизу. Желчь его душила; слишком внезапно поразил его этот удар. Как мог он так легко поверить вздорной болтовне фельетона, лоскуту бумаги? «Ну, я бы не поверил,— подумал он,— какая была бы разница? Я бы не знал, что Лиза меня любит; она сама бы этого не знала». Он не мог отогнать от себя образа, голоса, взоров своей жены... и он проклинал себя, проклинал всё на свете.

Измученный, пришел он перед утром к Лемму. Долго он не мог достучаться; наконец в окне показалась голова старика в колпаке, кислая, сморщенная, уже нисколько не похожая на ту вдохновенно суровую голову, которая, двадцать четыре часа тому назад, со всей высоты своего художнического величия царски глянула на Лаврецкого.

— Что вам надо? — спросил Лемм,— я не могу каждую ночь играть, я декокт принял.

Но, видно, лицо у Лаврецкого было очень странно: старик сделал себе из руки над глазами козырек, вгляделся в своего ночного посетителя и впустил его.

Лаврецкий вошел в комнату и опустился на стул; старик остановился перед ним, запахнув полы своего пестрого, дряхлого халата, ежась и жуя губами.

— Моя жена приехала,— проговорил Лаврецкий, поднял голову и вдруг сам невольно рассмеялся.

Лицо Лемма выразило изумление, но он даже не улыбнулся, только крепче завернулся в халат.

— Ведь вы не знаете,— продолжал Лаврецкий,— я воображал... я прочел в газете, что ее уже нет на свете.

— О-о, это вы недавно прочли? — спросил Лемм.

— Недавно.

— О-о,— повторил старик и высоко поднял брови.— И она приехала?

— Приехала. Она теперь у меня; а я... я несчастный человек.

И он опять усмехнулся.

— Вы несчастный человек,— медленно повторил Лемм.

— Христофор Федорыч,— начал Лаврецкий,— возьметесь вы доставить записку?

— Гм. Можно узнать кому?

— Лизав...

— А, да, да, понимаю. Хорошо. А когда нужно будет доставить записку?

— Завтра, как можно раньше.

— Гм. Можно послать Катрин, мою кухарку. Нет, я сам пойду.

— И принесете мне ответ?

— И принесу ответ.

Лемм вздохнул.

— Да, мой бедный молодой друг; вы, точно,— несчастный молодой человек.

Лаврецкий написал два слова Лизе: он известил ее о приезде жены, просил ее назначить ему свидание,— и бросился на узенький диван лицом к стене; а старик лег на постель и долго ворочался, кашляя и отпивая глотками свой декокт.

Настало утро; оба они поднялись. Странными глазами поглядели они друг на друга. Лаврецкому хотелось в этот миг убить себя. Кухарка Катрин принесла им скверного кофе. Пробило восемь часов. Лемм надел шляпу и, сказавши, что урок он дает у Калитиных в десять часов, но что он найдет приличный предлог, отправился. Лаврецкий опять бросился на диванчик, и опять со дна его души зашевелился горестный смех. Он думал о том, как жена выгнала его из дому; он представлял себе положение Лизы, закрывал глаза и закидывал руки за голову. Наконец Лемм вернулся и принес ему клочок бумаги, на котором Лиза начертила карандашом следующие слова: «Мы сегодня не можем видеться; может быть — завтра вечером. Прощайте». Лаврецкий сухо и рассеянно поблагодарил Лемма и пошел к себе домой.

Он застал жену за завтраком; Ада, вся в буклях, в беленьком платьице с голубыми ленточками, кушала баранью котлетку. Варвара Павловна тотчас встала, как только Лаврецкий вошел в комнату, и с покорностью на лице подошла к нему. Он попросил ее последовать за ним в кабинет, запер за собою дверь и начал ходить взад и вперед; она села, скромно положила одну руку на другую и принялась следить за ним своими всё еще прекрасными, хотя слегка подрисованными, глазами.

Лаврецкий долго не мог заговорить: он чувствовал, что не владел собою; он видел ясно, что Варвара Павловна нисколько его не боялась, а показывала вид, что вот сейчас в обморок упадет.

— Послушайте, сударыня,— начал он наконец, тяжело дыша и по временам стискивая зубы,— нам нечего притворяться друг перед другом; я вашему раскаянию не верю; да если бы оно и было искренно, сойтись снова с вами, жить с вами — мне невозможно.

Варвара Павловна сжала губы и прищурилась. «Это отвращение,— подумала она,— кончено! я для него даже не женщина».

— Невозможно,— повторил Лаврецкий и застегнулся доверху.— Я не знаю, зачем вам угодно было пожаловать сюда: вероятно, у вас денег больше не стало.

— Увы! вы оскорбляете меня,— прошептала Варвара Павловна.

— Как бы то ни было — вы все-таки, к сожалению, моя жена. Не могу же я вас прогнать... и вот что я вам предлагаю. Вы можете сегодня же, если угодно, отправиться в Лаврики, живите там; там, вы знаете, хороший дом; вы будете получать всё нужное, сверх пенсии... Согласны вы?

Варвара Павловна поднесла вышитый платок к лицу.

— Я вам уже сказала,— промолвила она, нервически подергивая губами,— что я на всё буду согласна, что бы вам ни угодно было сделать со мной; на этот раз остается мне спросить у вас: позволите ли вы мне по крайней мере поблагодарить вас за ваше великодушие?

— Без благодарности, прошу вас, эдак лучше,— поспешно проговорил Лаврецкий.— Стало быть,— продолжал он, приближаясь к двери,— я могу рассчитывать...

— Завтра же я буду в Лавриках,— промолвила Варвара Павловна, почтительно поднимаясь с места.— Но, Федор Иваныч (Теодором она его больше не называла)...

— Что вам угодно?

— Я знаю, я еще ничем не заслужила своего прощения; могу ли я надеяться по крайней мере, что со временем...

— Эх, Варвара Павловна,— перебил ее Лаврецкий,— вы умная женщина, да ведь и я не дурак; я знаю, что этого вам совсем не нужно. А я давно вас простил; но между нами всегда была бездна.

— Я сумею покориться,— возразила Варвара Павловна и склонила голову.— Я не забыла своей вины, я бы не удивилась, если бы узнала, что вы даже обрадовались известию о моей смерти,— кротко прибавила она, слегка указывая рукой на лежавший на столе, забытый Лаврецким номер журнала.

Федор Иваныч дрогнул: фельетон был отмечен карандашом. Варвара Павловна еще с бо́льшим уничижением посмотрела на него. Она была очень хороша в это мгновенье. Серое парижское платье стройно охватывало ее гибкий, почти семнадцатилетний стан, ее тонкая, нежная шея, окруженная белым воротничком, ровно дышавшая грудь, руки без браслетов и колец — вся ее фигура, от лоснистых волос до кончика едва выставленной ботинки, была так изящна...

Лаврецкий окинул ее злобным взглядом, чуть не воскликнул: «Brava!», чуть не ударил ее кулаком по темени — и удалился. Час спустя он уже отправился в Васильевское, а два часа спустя Варвара Павловна велела нанять себе лучшую карету в городе, надела простую соломенную шляпу с черным вуалем и скромную мантилью, поручила Аду Жюстине и отправилась к Калитиным: из расспросов, сделанных ею прислуге, она узнала, что муж ее ездил к ним каждый день.

XXXVIII

День приезда жены Лаврецкого в город О..., невеселый для него день, был также тягостным днем для Лизы. Не успела она сойти вниз и поздороваться с матерью, как уже под окном раздался конский топот, и она с тайным страхом увидела Паншина, въезжавшего на двор. «Он явился так рано для окончательного объяснения», — подумала она — и не обманулась; повертевшись в гостиной, он предложил ей пойти с ним в сад и потребовал решения своей участи. Лиза собралась с духом и объявила ему, что не может быть его женой. Он выслушал ее до конца, стоя к ней боком и надвинув на лоб шляпу; вежливо, но измененным голосом спросил ее: последнее ли это ее слово и не подал ли он чем-нибудь повода к подобной перемене в ее мыслях? Потом прижал руку к глазам, коротко и отрывисто вздохнул и отдернул руку от лица.

— Я не хотел пойти по избитой дороге, — проговорил он глухо, — я хотел найти себе подругу по влечению сердца; но, видно, этому не должно быть. Прощай, мечта! — Он глубоко поклонился Лизе и вернулся в дом.

Она надеялась, что он тотчас же уедет; но он пошел в кабинет к Марье Дмитриевне и около часа просидел у ней. Уходя, он сказал Лизе: «Votre mère vous appelle, adieu à jamais...»[1] — сел на лошадь и от самого крыльца поскакал во всю прыть. Лиза вошла к Марье Дмитриевне и застала ее в слезах: Паншин сообщил ей свое несчастие.

— За что ты меня убила? За что ты меня убила? — так начала свои жалобы огорченная вдова. — Кого тебе еще нужно? Чем он тебе не муж? Камер-юнкер! не интересан! Он в Петербурге на любой фрейлине мог бы жениться. А я-то, я-то надеялась! И давно ли ты к нему изменилась? Откуда-нибудь эта туча надута, не сама собой пришла. Уж не тот ли фофан? Вон нашла советчика!

— А он-то, мой голубчик, — продолжала Марья Дмитриевна, — как он почтителен, в самой печали как внимателен! Обещался не оставлять меня. Ах, я этого не перенесу! Ах, у меня голова смертельно разболелась! Пошли ко мне Палашку. Ты убьешь меня, если не одумаешься, слышишь? — И, назвав ее раза два неблагодарною, Марья Дмитриевна усла́ла Лизу.

Она отправилась в свою комнату. Но не успела она еще отдохнуть от объяснения с Паншиным и с матерью, как на нее опять обрушилась гроза, и с такой стороны, откуда она меньше всего ее ожидала. Марфа Тимофеевна вошла к ней в комнату и тотчас захлопнула за собою дверь. Лицо старушки было бледно, чепец сидел набоку, глаза ее блестели, руки, губы дрожали. Лиза изумилась: она никогда еще не видала своей умной и рассудительной тетки в таком состоянии.

— Прекрасно, сударыня, — начала Марфа Тимофеевна трепетным и прерывистым шёпотом, — прекрасно! У кого ты это только выучилась, мать моя... Дай мне воды; я говорить не могу.

— Успокойтесь, тетушка, что с вами? — говорила Лиза, подавая ей стакан воды. — Ведь вы сами, кажется, не жаловали господина Паншина.

Марфа Тимофеевна отставила стакан.

— Пить не могу: зубы себе последние выбью. Какой тут Паншин? К чему тут Паншин? А ты лучше мне скажи, кто тебя научил свидания по ночам назначать, а, мать моя?

Лиза побледнела.

— Ты, пожалуйста, не вздумай отговариваться, — продолжала Марфа Тимофеевна. — Шурочка сама всё видела и мне сказала. Я ей запретила болтать, а она не солжет.

---

[1] «Ваша матушка вас зовет; прощайте навсегда...» *(фр.)*

— Я и не отговариваюсь, тетушка,— чуть слышно промолвила Лиза.

— А-а! Так вот как, мать моя: ты свидание ему назначила, этому старому греховоднику, смиреннику этому?

— Нет.

— Как же так?

— Я сошла вниз в гостиную за книжкой: он был в саду — и позвал меня.

— И ты пошла? Прекрасно. Да ты любишь его, что ли?

— Люблю,— отвечала тихим голосом Лиза.

— Матушки мои! она его любит! — Марфа Тимофеевна сдернула с себя чепец.— Женатого человека любит! а? любит!

— Он мне сказывал...— начала Лиза.

— Что он тебе сказывал, соколик эдакой, что-о?

— Он мне сказывал, что жена его скончалась.

Марфа Тимофеевна перекрестилась.

— Царство ей небесное,— прошептала она,— пустая была бабенка — не тем будь помянута. Вот как: вдовый он, стало быть. Да он, я вижу, на все руки. Одну жену уморил, да и за другую. Каков тихоня? Только вот что скажу тебе, племянница: в наши времена, как я молода была, девкам за такие проделки больно доставалось. Ты не сердись на меня, мать моя; за правду одни дураки сердятся. Я и отказать ему велела сегодня. Я его люблю, но этого я ему никогда не прощу. Вишь, вдовый! Дай-ка мне воды. А что ты Паншина с носом отослала, за это ты у меня молодец; только не сиди ты по ночам с этой козьей породой, с мужчинами; не сокрушай ты меня, старуху! А го ведь я не всё ласкаться — я и кусаться умею... Вдовый!

Марфа Тимофеевна ушла, а Лиза села в уголок и заплакала. Горько ей стало на душе; не заслужила она такого униженья. Не веселостью сказывалась ей любовь: во второй раз плакала она со вчерашнего вечера. В ее сердце едва только родилось то новое, нежданное чувство, и уже как тяжело поплатилась она за него, как грубо коснулись чужие руки ее заветной тайны! Стыдно, и горько, и больно было ей; но ни сомненья, ни страха в ней не было,— и Лаврецкий стал ей еще дороже. Она колебалась, пока сама себя не понимала; но после того свидания, после того поцелуя — она уже колебаться не могла; она знала, что любит,— и полюбила честно, не шутя, привязалась крепко, на всю жизнь — и не боялась угроз: она чувствовала, что насилию не расторгнуть этой связи.

XXXIX

Марья Дмитриевна очень встревожилась, когда ей доложили о приезде Варвары Павловны Лаврецкой; она даже не знала, принять ли ее: она боялась оскорбить Федора Иваныча. Наконец любопытство превозмогло. «Что ж,— подумала она,— ведь она тоже родная,— и, усевшись в креслах, сказала лакею: — Проси!» Прошло несколько мгновений; дверь отворилась; Варвара Павловна быстро, чуть слышными шагами приблизилась к Марье Дмитриевне и, не давая ей встать с кресел, почти склонила перед ней колени.

— Благодарствуйте, тетушка,— начала она тронутым и тихим голосом по-русски,— благодарствуйте; я не надеялась на такое снисхожденье с вашей стороны; вы добры, как ангел.

Сказавши эти слова, Варвара Павловна неожиданно овладела одной рукой Марьи Дмитриевны и, слегка стиснув ее в своих бледно-лиловых жувеневских перчатках, подобострастно поднесла ее к розовым и полным губам. Марья Дмитриевна совсем потерялась, увидев такую красивую, прелестно одетую женщину почти у ног своих; она не знала, как ей быть: и руку-то свою она у ней отнять хотела, и усадить-то ее она желала, и сказать ей что-нибудь ласковое; она кончила тем, что приподнялась и поцеловала Варвару Павловну в гладкий и пахучий лоб. Варвара Павловна вся сомлела под этим поцелуем.

— Здравствуйте, bonjour,— сказала Марья Дмитриевна,— конечно, я не воображала... впрочем, я, конечно, рада вас видеть. Вы понимаете, милая моя,— не мне быть судьею между женой и мужем...

— Мой муж во всем прав,— перебила ее Варвара Павловна,— я одна виновата.

— Это очень похвальные чувства,— возразила Марья Дмитриевна,— очень. Давно вы приехали? Видели вы его? Да сядьте же, пожалуйста.

— Я вчера приехала,— отвечала Варвара Павловна, смиренно садясь на стул,— я видела Федора Иваныча, я говорила с ним.

— А! Ну, и что же он?

— Я боялась, что мой внезапный приезд возбудит его гнев,— продолжала Варвара Павловна,— но он не лишил меня своего присутствия.

— То есть он не... Да, да, понимаю,— промолвила

Марья Дмитриевна. — Он только с виду немного груб, а сердце у него мягкое.

— Федор Иваныч не простил меня; он не хотел меня выслушать... Но он был так добр, что назначил мне Лаврики местом жительства.

— А! прекрасное именье!

— Я завтра же отправляюсь туда, в исполнение его воли; но я почла долгом побывать прежде у вас.

— Очень, очень вам благодарна, моя милая. Родных никогда забывать не следует. А знаете ли, я удивляюсь, как вы хорошо говорите по-русски. C'est étonnant[1].

Варвара Павловна вздохнула.

— Я слишком долго пробыла за границей, Марья Дмитриевна, я это знаю; но сердце у меня всегда было русское, и я не забывала своего отечества.

— Так, так; это лучше всего. Федор Иваныч вас, однако, вовсе не ожидал... Да; поверьте моей опытности: la patrie avant tout[2]. Ах, покажите, пожалуйста, что это у вас за прелестная мантилья?

— Вам она нравится? — Варвара Павловна проворно спустила ее с плеч. — Она очень простенькая, от madame Baudran.

— Это сейчас видно. От madame Baudran... Как мило и с каким вкусом! Я уверена, вы привезли с собой множество восхитительных вещей. Я бы хоть посмотрела.

— Весь мой туалет к вашим услугам, любезнейшая тетушка. Если позволите, я могу кое-что показать вашей камеристке. Со мной служанка из Парижа — удивительная швея.

— Вы очень добры, моя милая. Но, право, мне совестно.

— Совестно... — повторила с упреком Варвара Павловна. — Хотите вы меня осчастливить — распоряжайтесь мною, как вашей собственностью!

Марья Дмитриевна растаяла.

— Vous êtes charmante[3], — проговорила она. — Да что же вы не снимаете вашу шляпу, перчатки?

— Как? вы позволяете? — спросила Варвара Павловна и слегка, как бы с умиленьем, сложила руки.

— Разумеется; ведь вы обедаете с нами, я надеюсь. Я... я вас познакомлю с моей дочерью. — Марья Дмитриевна немного смутилась. «Ну! куда ни шло!» — подумала она. — Она сегодня что-то нездорова у меня.

---

[1] Это удивительно *(фр.).*
[2] отечество прежде всего *(фр.).*
[3] Вы очаровательны *(фр.).*

— О, ma tante[1], как вы добры! — воскликнула Варвара Павловна и поднесла платок к глазам.

Казачок доложил о приходе Гедеоновского. Старый болтун вошел, отвешивая поклоны и ухмыляясь. Марья Дмитриевна представила его своей гостье. Он сперва было сконфузился; но Варвара Павловна так кокетливо-почтительно обошлась с ним, что у него ушки разгорелись, и выдумки, сплетни, любезности медом потекли с его уст. Варвара Павловна слушала его, сдержанно улыбалась и сама понемногу разговорилась. Она скромно рассказывала о Париже, о своих путешествиях, о Бадене; раза два рассмешила Марью Дмитриевну и всякий раз потом слегка вздыхала и как будто мысленно упрекала себя в неуместной веселости; выпросила позволение привести Аду; снявши перчатки, показывала своими гладкими, вымытыми мылом à la guimauve[2] руками, как и где носятся воланы, рюши, кружева, шу; обещалась принести стклянку с новыми английскими духами: Victoria's Essence[3], и обрадовалась, как дитя, когда Марья Дмитриевна согласилась принять ее в подарок; всплакнула при воспоминании о том, какое чувство она испытала, когда в первый раз услыхала русские колокола: «Так глубоко поразили они меня в самое сердце»,— промолвила она.

В это мгновенье вошла Лиза.

С утра, с самой той минуты, когда она, вся похолодев от ужаса, прочла записку Лаврецкого, Лиза готовилась к встрече с его женою; она предчувствовала, что увидит ее. Она решилась не избегать ее, в наказание своим, как она назвала их, преступным надеждам. Внезапный перелом в ее судьбе потряс ее до основания; в два каких-нибудь часа ее лицо похудело; но она и слезинки не проронила. «Поделом!» — говорила она самой себе, с трудом и волнением подавляя в душе какие-то горькие, злые, ее самое пугавшие порывы. «Ну, надо идти!» — подумала она, как только узнала о приезде Лаврецкой, и она пошла... Долго стояла она перед дверью гостиной, прежде чем решилась отворить ее; с мыслью «Я перед нею виновата» — переступила она порог и заставила себя посмотреть на нее, заставила себя улыбнуться. Варвара Павловна пошла ей навстречу, как только увидала ее, и склонилась перед ней слегка, но все-таки почтительно. «Позвольте мне рекомендовать себя,—

---

[1] тетушка *(фр.)*.
[2] алфейным *(фр.)*.
[3] духи королевы Виктории *(англ.)*.

заговорила она вкрадчивым голосом, — ваша maman так снисходительна ко мне, что я надеюсь, что и вы будете... добры». Выражение лица Варвары Павловны, когда она сказала это последнее слово, ее хитрая улыбка, холодный и в то же время мягкий взгляд, движение ее рук и плечей, самое ее платье, всё ее существо — возбудили такое чувство отвращения в Лизе, что она ничего не могла ей ответить и через силу протянула ей руку. «Эта барышня брезгает мною», — подумала Варвара Павловна, крепко стискивая холодные пальцы Лизы и, обернувшись к Марье Дмитриевне, промолвила вполголоса: «Mais elle est délicieuse!»[1] Лиза слабо вспыхнула: насмешка, обида послышались ей в этом восклицании; но она решилась не верить своим впечатлениям и села к окну за пяльцы. Варвара Павловна и тут не оставила ее в покое: подошла к ней, начала хвалить ее вкус, ее искусство... Сильно и болезненно забилось сердце у Лизы: она едва переломила себя, едва усидела на месте. Ей казалось, что Варвара Павловна всё знает и, тайно торжествуя, подтрунивает над ней. К счастью ее, Гедеоновский заговорил с Варварой Павловной и отвлек ее внимание. Лиза склонилась над пяльцами и украдкой наблюдала за нею. «Эту женщину, — думала она, — любил *он*». Но она тотчас же изгнала из головы самую мысль о Лаврецком: она боялась потерять власть над собою, она чувствовала, что голова у ней тихо кружилась. Марья Дмитриевна заговорила о музыке.

— Я слышала, моя милая, — начала она, — вы удивительная виртуозка.

— Я давно не играла, — возразила Варвара Павловна, немедленно садясь за фортепьяно, и бойко пробежала пальцами по клавишам. — Прикажете?

— Сделайте одолжение.

Варвара Павловна мастерски сыграла блестящий и трудный этюд Герца. У ней было очень много силы и проворства.

— Сильфида! — воскликнул Гедеоновский.

— Необыкновенно! — подтвердила Марья Дмитриевна. — Ну, Варвара Павловна, признаюсь, — промолвила она, в первый раз называя ее по имени, — удивили вы меня; вам хоть бы концерты давать. Здесь у нас есть музыкант, старик, из немцев, чудак, очень ученый; он Лизе уроки дает; тот просто от вас с ума сойдет.

----

[1] «Да она прелестна!» (*фр.*)

— Лизавета Михайловна тоже музыкантша? — спросила Варвара Павловна, слегка обернув к ней голову.

— Да, она играет недурно и любит музыку; но что это значит перед вами? Но здесь есть еще один молодой человек; вот с кем вы должны познакомиться. Это — артист в душе и сочиняет премило. Он один может вас вполне оценить.

— Молодой человек? — проговорила Варвара Павловна.— Кто он такой? Бедный какой-нибудь?

— Помилуйте, первый кавалер у нас, да не только у нас — et à Pétersbourg. Камер-юнкер, в лучшем обществе принят. Вы, наверное, слыхали о нем: Паншин, Владимир Николаич. Он здесь по казенному поручению... будущий министр, помилуйте!

— И артист?

— Артист в душе, и такой любезный. Вы его увидите. Он всё это время очень часто у меня бывал; я пригласила его на сегодняшний вечер; *надеюсь*, что он приедет,— прибавила Марья Дмитриевна с коротким вздохом и косвенной горькой улыбкой.

Лиза поняла значение этой улыбки; но ей было не до того.

— И молодой? — повторила Варвара Павловна, слегка модулируя из тона в тон.

— Двадцати восьми лет — и самой счастливой наружности. Un jeune homme accompli[1], помилуйте.

— Образцовый, можно сказать, юноша,— заметил Гедеоновский.

Варвара Павловна внезапно заиграла шумный штраусовский вальс, начинавшийся такой сильной и быстрой трелью, что Гедеоновский даже вздрогнул; в самой середине вальса она вдруг перешла в грустный мотив и кончила ариею из «Лучии»: Fra poco...[2] Она сообразила, что веселая музыка нейдет к ее положению. Ария из «Лучии», с ударениями на чувствительных нотках, очень растрогала Марью Дмитриевну.

— Какая душа,— проговорила она вполголоса Гедеоновскому.

— Сильфида! — повторил Гедеоновский и поднял глаза к небу.

Настал час обеда. Марфа Тимофеевна сошла сверху, когда уже суп стоял на столе. Она очень сухо обошлась

---

[1] Вполне светский молодой человек *(фр.)*.
[2] Вскоре затем... *(ит.)*

с Варварой Павловной, отвечала полусловами на ее любезности, не глядела на нее. Варвара Павловна сама скоро поняла, что от этой старухи толку не добьешься, и перестала заговаривать с нею; зато Марья Дмитриевна стала еще ласковей с своей гостьей: невежливость тетки ее рассердила. Впрочем, Марфа Тимофеевна не на одну Варвару Павловну не глядела: она и на Лизу не глядела, хотя глаза так и блестели у ней. Она сидела, как каменная, вся желтая, бледная, с сжатыми губами — и не ела ничего. Лиза казалась спокойной; и точно: у ней на душе тише стало; странная бесчувственность, бесчувственность осужденного нашла на нее. За обедом Варвара Павловна говорила мало: она словно опять оробела и распространила по лицу своему выражение скромной меланхолии. Один Гедеоновский оживлял беседу своими рассказами, хотя то и дело трусливо посматривал на Марфу Тимофеевну и перхал,— перхота нападала на него всякий раз, когда он в ее присутствии собирался лгать,— но она ему не мешала, не перебивала его. После обеда оказалось, что Варвара Павловна большая любительница преферанса; Марье Дмитриевне это до того понравилось, что она даже умилилась и подумала про себя: «Какой же, однако, дурак должен быть Федор Иваныч: не умел такую женщину понять!»

Она села играть в карты с нею и Гедеоновским, а Марфа Тимофеевна увела Лизу к себе наверх, сказав, что на ней лица нету, что у ней, должно быть, болит голова.

— Да, у ней ужасно голова болит,— промолвила Марья Дмитриевна, обращаясь к Варваре Павловне и закатывая глаза.— У меня самой такие бывают мигрени...

— Скажите! — возразила Варвара Павловна.

Лиза вошла в теткину комнату и в изнеможении опустилась на стул. Марфа Тимофеевна долго молча смотрела на нее, тихонько стала перед нею на колени — и начала, всё так же молча, целовать попеременно ее руки. Лиза подалась вперед, покраснела — и заплакала, но не подняла Марфы Тимофеевны, не отняла своих рук: она чувствовала, что не имела права отнять их, не имела права помешать старушке выразить свое раскаяние, участие, испросить у ней прощение за вчерашнее; и Марфа Тимофеевна не могла нацеловаться этих бедных, бледных, бессильных рук — и безмолвные слезы лились из ее глаз и глаз Лизы; а кот Матрос мурлыкал в широких креслах возле клубка с чулком, продолговатое пламя лампадки чуть-чуть трогалось и шевелилось перед иконой; в соседней комнатке, за дверью, стояла Настасья Карповна и тоже украдкой утирала себе глаза свернутым в клубочек клетчатым носовым платком.

XL

А между тем внизу, в гостиной, шел преферанс; Марья Дмитриевна выиграла и была в духе. Человек вошел и доложил о приезде Паншина.

Марья Дмитриевна уронила карты и завозилась на кресле; Варвара Павловна посмотрела на нее с полуусмешкой, потом обратила взоры на дверь. Появился Паншин, в черном фраке, в высоких английских воротничках, застегнутый доверху. «Мне было тяжело повиноваться; но вы видите, я приехал» — вот что выражало его неулыбавшееся, только что выбритое лицо.

— Помилуйте, Вольдемар,— воскликнула Марья Дмитриевна,— прежде вы без докладу входили!

Паншин ответил Марье Дмитриевне одним только взглядом, вежливо поклонился ей, но к ручке не подошел. Она представила его Варваре Павловне; он отступил на шаг, поклонился ей так же вежливо, но с оттенком изящества и уважения, и подсел к карточному столу. Преферанс скоро кончился. Паншин осведомился о Лизавете Михайловне, узнал, что она не совсем здорова, изъявил сожаленье; потом он заговорил с Варварой Павловной, дипломатически взвешивая и отчеканивая каждое слово, почтительно выслушивая ее ответы до конца. Но важность его дипломатического тона не действовала на Варвару Павловну, не сообщалась ей. Напротив: она с веселым вниманием глядела ему в лицо, говорила развязно, и тонкие ее ноздри слегка трепетали, как бы от сдержанного смеха. Марья Дмитриевна начала превозносить ее талант; Паншин учтиво, насколько позволяли ему воротнички, наклонил голову, объявил, что «он был в этом заранее уверен»,— и завел речь чуть ли не о самом Меттернихе. Варвара Павловна прищурила свои бархатные глаза и, сказавши вполголоса: «Да ведь вы тоже артист, un confrère»[1],— прибавила еще тише: «Venez!»[2] — и качнула головой в сторону фортепьяно. Это одно брошенное слово: «Venez!» — мгновенно, как бы по волшебству, изменило всю наружность Паншина. Озабоченная осанка его исчезла; он улыб-

---

[1] собрат *(фр.)*.
[2] «Идите!» *(фр.)*

нулся, оживился, расстегнул фрак и, повторяя: «Какой я артист, увы! Вот вы, я слышал, артистка истинная»,— направился вслед за Варварой Павловной к фортепьяно.

— Заставьте его спеть романс — как луна плывет,— воскликнула Марья Дмитриевна.

— Вы поете? — промолвила Варвара Павловна, озарив его светлым и быстрым взором.— Садитесь.

Паншин стал отговариваться.

— Садитесь,— повторила она, настойчиво постучав по спинке стула.

Он сел, кашлянул, оттянул воротнички и спел свой романс.

— Charmant[1],— проговорила Варвара Павловна,— вы прекрасно поете, vous avez du style[2],— повторите.

Она обошла вокруг фортепьяно и стала прямо напротив Паншина. Он повторил романс, придавая мелодраматическое дрожание своему голосу. Варвара Павловна пристально глядела на него, облокотясь на фортепьяно и держа свои белые руки в уровень своих губ. Паншин кончил.

— Charmant, charmante idée[3],— сказала она с спокойной уверенностью знатока.— Скажите, вы написали что-нибудь для женского голоса, для mezzo-soprano?

— Я почти ничего не пишу,— возразил Паншин,— я ведь это только так, между делом... А разве вы поете?

— Пою.

— О! спойте нам что-нибудь,— проговорила Марья Дмитриевна.

Варвара Павловна отвела рукою волосы от заалевшихся щек и встряхнула головой.

— Наши голоса должны идти друг к другу,— промолвила она, обращаясь к Паншину,— споемте дуэт. Знаете ли вы Son geloso, или La ci darem, или Mira la bianca luna?[4]

— Я пел когда-то Mira la bianca luna,— отвечал Паншин,— да давно, забыл.

— Ничего, мы прорепетируем вполголоса. Пустите меня.

Варвара Павловна села за фортепьяно. Паншин стал возле нее. Они спели вполголоса дуэт, причем Варвара Павловна несколько раз его поправляла, потом спели громко, потом два раза повторили: Mira la bianca lu... u... una.

---

[1] Прелестно *(фр.)*.
[2] у вас есть стиль *(фр.)*.
[3] Прелестно, прелестная идея *(фр.)*.
[4] «Я ревную»... «Дай мне ⟨руку⟩»... «Смотри, вот бледная луна» *(ит.)*.

Голос у Варвары Павловны утратил свежесть, но она владела им очень ловко. Паншин сперва робел и слегка фальшивил, потом вошел в азарт, и если пел не безукоризненно, то шевелил плечами, покачивал всем туловищем и поднимал по временам руку, как настоящий певец. Варвара Павловна сыграла две-три тальберговские вещицы и кокетливо «сказала» французскую ариетку. Марья Дмитриевна уже не знала, как выразить свое удовольствие; она хотела несколько раз послать за Лизой; Гедеоновский также не находил слов и только головой качал,— но вдруг неожиданно зевнул и едва успел прикрыть рот рукою. Зевок этот не ускользнул от Варвары Павловны; она вдруг повернулась спиной к фортепьяно, промолвила: «assez de musique comme ça[1], будем болтать»,— и скрестила руки. «Oui, assez de musique»[2],— весело повторил Паншин и завязал с ней разговор — бойкий, легкий, на французском языке. «Совершенно как в лучшем парижском салоне»,— думала Марья Дмитриевна, слушая их уклончивые и вертлявые речи. Паншин чувствовал полное удовольствие; глаза его сияли, он улыбался; сначала он проводил рукой по лицу, хмурил брови и отрывисто вздыхал, когда ему случалось встретиться взглядами с Марьей Дмитриевной; но потом он совсем забыл о ней и отдался весь наслаждению полусветской, полухудожнической болтовни. Варвара Павловна показала себя большой философкой: на всё у ней являлся готовый ответ, она ни над чем не колебалась, не сомневалась ни в чем; заметно было, что она много и часто беседовала с умными людьми разных разборов. Все ее мысли, чувства вращались около Парижа. Паншин навел разговор на литературу; оказалось, что она, так же как и он, читала одни французские книжки; Жорж-Санд приводила ее в негодование, Бальзака она уважала, хоть он ее утомлял, в Сю и Скрибе видела великих сердцеведцев, обожала Дюма и Феваля; в душе она им всем предпочитала Поль де Кока, но, разумеется, даже имени его не упомянула. Собственно говоря, литература ее не слишком занимала. Варвара Павловна очень искусно избегала всего, что могло хотя отдаленно напомнить ее положение; о любви в ее речах и помину не было: напротив, они скорее отзывались строгостью к увлечениям страстей, разочарованьем, смирением. Паншин возражал ей; она с ним не соглашалась... Но, странное дело! — в то самое время, как из уст ее

---

[1] ну, довольно музыки *(фр.)*.
[2] «Да, довольно музыки» *(фр.)*.

исходили слова осуждения, часто сурового, звук этих слов ласкал и нежил, и глаза ее говорили... что именно говорили эти прелестные глаза — трудно было сказать; но то были не строгие, не ясные и сладкие речи. Паншин старался понять их тайный смысл, старался сам говорить глазами, но он чувствовал, что у него ничего не выходило; он сознавал, что Варвара Павловна, в качестве настоящей, заграничной львицы, стояла выше его, а потому он и не вполне владел собою. У Варвары Павловны была привычка во время разговора чуть-чуть касаться рукава своего собеседника; эти мгновенные прикосновения очень волновали Владимира Николаича. Варвара Павловна обладала уменьем легко сходиться со всяким; двух часов не прошло, как уже Паншину казалось, что он знает ее век, а Лиза, та самая Лиза, которую он все-таки любил, которой он накануне предлагал руку,— исчезала как бы в тумане. Подали чай; разговор стал еще непринужденнее. Марья Дмитриевна позвонила казачка и велела сказать Лизе, чтобы она сошла вниз, если ее голове стало легче. Паншин, услышав имя Лизы, пустился толковать о самопожертвовании, о том, кто более способен на жертвы — мужчина или женщина. Марья Дмитриевна тотчас пришла в волненье, начала утверждать, что женщина более способна, объявила, что она это в двух словах докажет, запуталась и кончила каким-то довольно неудачным сравнением. Варвара Павловна взяла тетрадь нот, до половины закрылась ею и, нагнувшись в сторону Паншина, покусывая бисквит, с спокойной улыбочкой на губах и во взоре, вполголоса промолвила: «Elle n'a pas inventé la poudre, la bonne dame»[1]. Паншин немножко испугался и удивился смелости Варвары Павловны; но он не понял, сколько презрения к нему самому таилось в этом неожиданном излиянии, и, позабыв ласки и преданность Марьи Дмитриевны, позабыв обеды, которыми она его кормила, деньги, которые она ему давала взаймы,— он с той же улыбочкой и тем же голосом возразил (несчастный!): «Je crois bien» — и даже не: «Je crois bien», а — «J'crois ben!»[2]

Варвара Павловна бросила на него дружелюбный взгляд и встала. Лиза вошла; Марфа Тимофеевна напрасно ее удерживала: она решилась выдержать испытание до конца. Варвара Павловна пошла ей навстречу вместе с

---

[1] «Она не изобрела пороха, эта милая дама» *(фр.).*
[2] «Да, я думаю» *(фр.).*

Паншиным, на лице которого появилось прежнее дипломатическое выражение.

— Как ваше здоровье? — спросил он Лизу.

— Мне лучше теперь, благодарствуйте,— отвечала она.

— А мы здесь немного занялись музыкой; жаль, что вы не слыхали Варвары Павловны. Она поёт превосходно, en artiste consommée[1].

— Пойдите-ка сюда, ma chère[2],— раздался голос Марьи Дмитриевны.

Варвара Павловна тотчас, с покорностью ребенка, подошла к ней и присела на небольшой табурет у ее ног. Марья Дмитриевна позвала ее для того, чтобы оставить, хотя на мгновенье, свою дочь наедине с Паншиным: она всё еще втайне надеялась, что она опомнится. Кроме того, ей в голову пришла мысль, которую ей непременно захотелось тотчас высказать.

— Знаете ли,— шепнула она Варваре Павловне,— я хочу попытаться помирить вас с вашим мужем; не отвечаю за успех, но попытаюсь. Он меня, вы знаете, очень уважает.

Варвара Павловна медленно подняла глаза на Марью Дмитриевну и красиво сложила руки.

— Вы были бы моей спасительницей, ma tante,— проговорила она печальным голосом,— я не знаю, как благодарить вас за все ваши ласки; но я слишком виновата перед Федором Иванычем; он простить меня не может.

— Да разве вы... в самом деле...— начала было с любопытством Марья Дмитриевна...

— Не спрашивайте меня,— перебила ее Варвара Павловна и потупилась.— Я была молода, легкомысленна... Впрочем, я не хочу оправдываться.

— Ну, все-таки, отчего же не попробовать? Не отчаивайтесь,— возразила Марья Дмитриевна и хотела потрепать ее по щеке, но взглянула ей в лицо — и оробела. «Скромна, скромна,— подумала она,— а уж точно львица».

— Вы больны? — говорил между тем Паншин Лизе.

— Да, я нездорова.

— Я понимаю вас,— промолвил он после довольно продолжительного молчания.— Да, я понимаю вас.

— Как?

— Я понимаю вас,— повторил значительно Паншин, который просто не знал, что сказать.

---

[1] как законченная артистка *(фр.)*.
[2] моя дорогая *(фр.)*.

Лиза смутилась, а потом подумала: «Пусть!» Паншин принял таинственный вид и умолк, с строгостью посматривая в сторону.

— Однако уже, кажется, одиннадцать часов пробило,— заметила Марья Дмитриевна.

Гости поняли намек и начали прощаться. Варвара Павловна должна была обещать, что приедет обедать на следующий день и привезет Аду; Гедеоновский, который чуть было не заснул, сидя в углу, вызвался ее проводить до дому. Паншин торжественно раскланялся со всеми, а на крыльце, подсаживая Варвару Павловну в карету, пожал ей руку и закричал вслед: «Au revoir!»[1] Гедеоновский сел с ней рядом; она всю дорогу забавлялась тем, что ставила, будто не нарочно, кончик своей ножки на его ногу; он конфузился, говорил ей комплименты; она хихикала и делала ему глазки, когда свет от уличного фонаря западал в карету. Сыгранный ею самою вальс звенел у ней в голове, волновал ее; где бы она ни находилась, стоило ей только представить себе огни, бальную залу, быстрое круженье под звуки музыки — и душа в ней так и загоралась, глаза странно меркли, улыбка блуждала на губах, что-то грациозно-вакхическое разливалось по всему телу. Приехавши домой, Варвара Павловна легко выскочила из кареты — только львицы умеют так выскакивать,— обернулась к Гедеоновскому и вдруг расхохоталась звонким хохотом прямо ему в нос.

«Любезная особа,— думал статский советник, пробираясь к себе на квартиру, где ожидал его слуга со склянкой оподельдока,— хорошо, что я степенный человек... только чему ж она смеялась?»

Марфа Тимофеевна всю ночь просидела у изголовья Лизы.

XLI

Лаврецкий провел полтора дня в Васильевском и почти всё время пробродил по окрестностям. Он не мог оставаться долго на одном месте: тоска его грызла; он испытывал все терзанья непрестанных, стремительных и бессильных порывов. Вспомнил он чувство, охватившее его душу на другой день после приезда в деревню; вспомнил свои тогдашние намерения и сильно негодовал на себя. Что могло оторвать его от того, что он признал своим

---

[1] «До свидания!» (фр.)

долгом, единственной задачей своей будущности? Жажда счастья — опять-таки жажда счастья! «Видно, Михалевич прав,— думал он.— Ты захотел вторично изведать счастья в жизни,— говорил он сам себе,— ты позабыл, что и то роскошь, незаслуженная милость, когда оно хоть однажды посетит человека. Оно не было полно, оно было ложно, скажешь ты; да предъяви же свои права на полное, истинное счастье! Оглянись, кто вокруг тебя блаженствует, кто наслаждается? Вон мужик едет на косьбу; может быть, он доволен своей судьбою... Что ж? захотел ли бы ты поменяться с ним? Вспомни мать свою: как ничтожно малы были ее требования, и какова выпала ей доля? Ты, видно, только похвастался перед Паншиным, когда сказал ему, что приехал в Россию затем, чтобы пахать землю; ты приехал волочиться на старости лет за девочками. Пришла весть о твоей свободе, и ты всё бросил, всё забыл, ты побежал, как мальчик за бабочкой...» Образ Лизы беспрестанно представлялся ему посреди его размышлений; он с усилием изгонял его, как и другой неотвязный образ, другие, невозмутимо-лукавые, красивые и ненавистные черты. Старик Антон заметил, что барину не по себе; вздохнувши несколько раз за дверью да несколько раз на пороге, он решился подойти к нему, посоветовал ему напиться чего-нибудь тепленького. Лаврецкий закричал на него, велел ему выйти, а потом извинился перед ним; но Антон от этого еще больше опечалился. Лаврецкий не мог сидеть в гостиной: ему так и чудилось, что прадед Андрей презрительно глядит с полотна на хилого своего потомка. «Эх ты! мелко плаваешь!» — казалось, говорили его набок скрученные губы. «Неужели же,— думал он,— я не слажу с собою, поддамся этому... вздору?» (Тяжело раненные на войне всегда называют «вздором» свои раны. Не обманывать себя человеку — не жить ему на земле.) «Мальчишка я, что ли, в самом деле? Ну да: увидал вблизи, в руках почти держал возможность счастия на всю жизнь — оно вдруг исчезло; да ведь и в лотерее — повернись колесо еще немного, и бедняк, пожалуй, стал бы богачом. Не бывать, так не бывать — и кончено. Возьмусь за дело, стиснув зубы, да и велю себе молчать; благо, мне не в первый раз брать себя в руки. И для чего я бежал, зачем сижу здесь, забивши, как страус, голову в куст? Страшно беде в глаза взглянуть — вздор!» — Антон! — закричал он громко,— прикажи сейчас закладывать тарантас. «Да,— подумал он опять,— надо велеть себе молчать, надо взять себя в ежовые рукавицы...»

Такими-то рассуждениями старался помочь Лаврецкий своему горю, но оно было велико и сильно; и сама выжившая не столько из ума, сколько изо всякого чувства, Апраксея покачала головой и печально проводила его глазами, когда он сел в тарантас, чтобы ехать в город. Лошади скакали; он сидел неподвижно и прямо, и неподвижно глядел вперед на дорогу.

XLII

Лиза накануне написала Лаврецкому, чтобы он явился к ним вечером; но он сперва отправился к себе на квартиру. Он не застал дома ни жены, ни дочери; от людей он узнал, что она отправилась с ней к Калитиным. Это известие и поразило его и взбесило. «Видно, Варвара Павловна решилась не давать мне жить», — подумал он с волнением злобы на сердце. Он начал ходить взад и вперед, беспрестанно отталкивая ногами и руками попадавшиеся ему детские игрушки, книжки, разные женские принадлежности; он позвал Жюстину и велел ей убрать весь этот «хлам». «Oui, monsieur»[1], — сказала она с ужимкой и начала прибирать комнату, грациозно наклоняясь и каждым своим движением давая Лаврецкому чувствовать, что она считает его за необтесанного медведя. С ненавистью смотрел он на ее истасканное, но все еще «пикантное», насмешливое, парижское лицо, на ее белые нарукавнички, шелковый фартук и легкий чепчик. Он услал ее, наконец, и после долгих колебаний (Варвара Павловна всё не возвращалась) решился отправиться к Калитиным, — не к Марье Дмитриевне (он бы ни за что не вошел в ее гостиную, в ту гостиную, где находилась его жена), но к Марфе Тимофеевне; он вспомнил, что задняя лестница с девичьего крыльца вела прямо к ней. Лаврецкий так и сделал. Случай помог ему: он на дворе встретил Шурочку; она провела его к Марфе Тимофеевне. Он застал ее, против ее обыкновения, одну; она сидела в уголку, простоволосая, сгорбленная, с скрещенными на груди руками. Увидев Лаврецкого, старушка очень всполошилась, проворно встала и начала ходить туда и сюда по комнате, как будто отыскивая свой чепец.

— А, вот ты, вот, — заговорила она, избегая его взора и суетясь, — ну, здравствуй. Ну, что ж? Что же делать? Где ты был вчера? Ну, она приехала, ну да. Ну, надо уж так... как-нибудь.

----

[1] «Да, сударь» *(фр.).*

Лаврецкий опустился на стул.

— Ну, садись, садись,— продолжала старушка.— Ты прямо наверх прошел? Ну да, разумеется. Что ж? ты на меня пришел посмотреть? Спасибо.

Старушка помолчала; Лаврецкий не знал, что сказать ей; но она его понимала.

— Лиза... да, Лиза сейчас здесь была,— продолжала Марфа Тимофеевна, завязывая и развязывая шнурки своего ридикюля.— Она не совсем здорова. Шурочка, где ты? Поди сюда, мать моя, что это ты посидеть не можешь? И у меня голова болит. Должно быть, от *эфтого* от пенья да от музыки.

— От какого пенья, тетушка?

— Да как же; тут уж эти как, бишь, они по-вашему, дуэты пошли. И всё по-итальянски: *чи-чи* да *ча-ча,* настоящие сороки. Начнут ноты выводить, просто так за душу и тянут. Паншин этот да вот твоя. И как это всё скоро уладилось: уж точно по-родственному, без церемоний. А впрочем, и то сказать: собака — и та пристанища ищет, не пропадать же, благо люди не гонят.

— Все-таки, признаюсь, я этого не ожидал,— возразил Лаврецкий,— тут смелость нужна была большая.

— Нет, душа моя, это не смелость, это расчет. Да Господь с ней! Ты ее, говорят, в Лаврики посылаешь, правда?

— Да, я предоставляю это именье Варваре Павловне.

— Денег спрашивала?

— Пока еще нет.

— Ну, это не затянется. А я тебя только теперь разглядела. Здоров ты?

— Здоров.

— Шурочка,— воскликнула вдруг Марфа Тимофеевна,— поди-ка скажи Лизавете Михайловне — то есть, нет, спроси у ней... ведь она внизу?

— Внизу-с.

— Ну да; так спроси у ней: куда, мол, она мою книжку дела? Она уж знает.

— Слушаю-с.

Старушка опять засуетилась, начала раскрывать ящики в комоде. Лаврецкий сидел неподвижно на своем стуле.

Вдруг послышались легкие шаги по лестнице — и вошла Лиза.

Лаврецкий встал и поклонился; Лиза остановилась у двери.

— Лиза, Лизочка,— хлопотливо заговорила Марфа Тимофеевна,— куда ты мою книжку, книжку куда положила?

— Какую книжку, тетенька?

— Да, книжку, Боже мой! Я тебя, впрочем, не звала... Ну, всё равно. Что вы там внизу делаете? Вот и Федор Иваныч приехал. Что твоя голова?

— Ничего.

— Ты всё говоришь: ничего. Что у вас там внизу, опять музыка?

— Нет — в карты играют.

— Да, ведь она на все руки. Шурочка, я вижу, тебе по саду бегать хочется. Ступай.

— Да нет, Марфа Тимофеевна...

— Не рассуждай, пожалуйста, ступай. Настасья Карповна в сад пошла одна: ты с ней побудь. Уважь старуху.— Шурочка вышла.— Да где ж это мой чепец? Куда это он делся, право?

— Позвольте, я поищу,— промолвила Лиза.

— Сиди, сиди; у меня самой ноги еще не отвалились. Должно быть, он у меня там в спальне.

И, бросив исподлобья взор на Лаврецкого, Марфа Тимофеевна удалилась. Она оставила было дверь отворенной, но вдруг вернулась к ней и заперла ее.

Лиза прислонилась к спинке кресла и тихо занесла себе руки на лицо; Лаврецкий остался, где был.

— Вот как мы должны были увидеться,— проговорил он наконец.

Лиза приняла руки от лица.

— Да,— сказала она глухо,— мы скоро были наказаны.

— Наказаны,— проговорил Лаврецкий.— За что же вы-то наказаны?

Лиза подняла на него свои глаза. Ни горя, ни тревоги они не выражали; они казались меньше и тусклей. Лицо ее было бледно; слегка раскрытые губы тоже побледнели.

Сердце в Лаврецком дрогнуло от жалости и любви.

— Вы мне написали: всё кончено,— прошептал он,— да, всё кончено — прежде чем началось.

— Это всё надо забыть,— проговорила Лиза,— я рада, что вы пришли; я хотела вам написать, но этак лучше. Только надо скорее пользоваться этими минутами. Нам обоим остается исполнить наш долг. Вы, Федор Иваныч, должны примириться с вашей женой.

— Лиза!

— Я вас прошу об этом; этим одним можно загладить... всё, что было. Вы подумаете — и не откажете мне.

— Лиза, ради Бога, вы требуете невозможного. Я готов сделать всё, что вы прикажете; но *теперь* примириться с нею!.. Я согласен на всё, я всё забыл; но не могу же я заставить свое сердце... Помилуйте, это жестоко!

— Я не требую от вас... того, что вы говорите; не живите с ней, если вы не можете; но примиритесь,— возразила Лиза и снова занесла руку на глаза.— Вспомните вашу дочку; сделайте это для меня.

— Хорошо,— проговорил сквозь зубы Лаврецкий,— это я сделаю, положим; этим я исполню свой долг. Ну, а вы — в чем же ваш долг состоит?

— Про это я знаю.

Лаврецкий вдруг встрепенулся.

— Уж не собираетесь ли вы выйти за Паншина? — спросил он.

Лиза чуть заметно улыбнулась.

— О нет! — промолвила она.

— Ах, Лиза, Лиза! — воскликнул Лаврецкий,— как бы мы могли быть счастливы!

Лиза опять взглянула на него.

— Теперь вы сами видите, Федор Иваныч, что счастье зависит не от нас, а от Бога.

— Да, потому что вы...

Дверь из соседней комнаты быстро растворилась, и Марфа Тимофеевна вошла с чепцом в руке.

— Насилу нашла,— сказала она, становясь между Лаврецким и Лизой.— Сама его заложила. Вот что значит старость-то, беда! А впрочем, и молодость не лучше. Что, ты сам с женой в Лаврики поедешь? — прибавила она, оборотясь к Федору Иванычу.

— С нею в Лаврики? я? Не знаю,— промолвил он, погодя немного.

— Ты вниз не сойдешь?

— Сегодня — нет.

— Ну, хорошо, как знаешь; а тебе, Лиза, я думаю, надо бы вниз пойти. Ах, батюшки-светы, я и забыла снегирю корму насыпать. Да вот постойте, я сейчас...

И Марфа Тимофеевна выбежала, не надев чепца.

Лаврецкий быстро подошел к Лизе.

— Лиза,— начал он умоляющим голосом,— мы расстаемся навсегда, сердце мое разрывается,— дайте мне вашу руку на прощание.

Лиза подняла голову. Ее усталый, почти погасший взор остановился на нем...

— Нет,— промолвила она и отвела назад уже протянутую руку,— нет, Лаврецкий (она в первый раз так его называла), не дам я вам моей руки. К чему? Отойдите, прошу вас. Вы знаете, я вас люблю... да, я люблю вас,— прибавила она с усилием,— но нет... нет.

И она поднесла платок к своим губам.

— Дайте мне по крайней мере этот платок.

Дверь скрыпнула... Платок скользнул по коленям Лизы. Лаврецкий подхватил его, прежде чем он успел упасть на пол, быстро сунул его в боковой карман и, обернувшись, встретился глазами с Марфой Тимофеевной.

— Лизочка, мне кажется, тебя мать зовет,— промолвила старушка.

Лиза тотчас встала и ушла.

Марфа Тимофеевна опять села в свой уголок. Лаврецкий начал прощаться с нею.

— Федя,— сказала она вдруг.

— Что, тетушка?

— Ты честный человек?

— Как?

— Я спрашиваю тебя: честный ли ты человек?

— Надеюсь, да.

— Гм. А дай мне честное слово, что ты честный человек.

— Извольте. Но к чему это?

— Уж я знаю, к чему. Да и ты, мой кормилец, коли подумаешь хорошенько, ведь ты не глуп, сам поймешь, к чему я это у тебя спрашиваю. А теперь прощай, батюшка. Спасибо, что навестил; а слово сказанное помни, Федя, да поцелуй меня. Ох, душа моя, тяжело тебе, знаю; да ведь и всем не легко. Уж на что я, бывало, завидовала мухам: вот, думала я, кому хорошо на свете пожить; да услыхала раз ночью, как муха у паука в лапках ноет,— нет, думаю, и на них есть гроза. Что делать, Федя; а слово свое все-таки помни. Ступай.

Лаврецкий вышел с заднего крыльца и уже приближался к воротам... Его нагнал лакей.

— Марья Дмитриевна приказали просить вас к ней пожаловать,— доложил он Лаврецкому.

— Скажи, братец, что я не могу теперь...— начал было Федор Иваныч.

— Приказали очинно просить,— продолжал лакей,— приказали сказать, что они одни.

— А разве гости уехали? — спросил Лаврецкий.

— Точно так-с,— возразил лакей и осклабился.

Лаврецкий пожал плечами и отправился вслед за ним.

XLIII

Марья Дмитриевна сидела одна у себя в кабинете на вольтеровском кресле и нюхала одеколон; стакан воды с флер-д'оранжем стоял возле нее на столике. Она волновалась и как будто трусила.

Лаврецкий вошел.

— Вы желали меня видеть,— сказал он, холодно кланяясь.

— Да,— возразила Марья Дмитриевна и отпила немного воды.— Я узнала, что вы прошли прямо к тетушке; я приказала вас просить к себе: мне нужно переговорить с вами. Садитесь, пожалуйста.— Марья Дмитриевна перевела дыхание.— Вы знаете,— продолжала она,— ваша жена приехала.

— Это мне известно,— промолвил Лаврецкий.

— Ну да, то есть я хотела сказать: она ко мне приехала, и я приняла ее; вот о чем я хочу теперь объясниться с вами, Федор Иваныч. Я, слава Богу, заслужила, могу сказать, всеобщее уважение и ничего неприличного ни за что на свете не сделаю. Хоть я и предвидела, что это будет вам неприятно, однако я не решилась отказать ей, Федор Иваныч; она мне родственница — по вас: войдите в мое положение, какое же я имела право отказать ей от дома,— согласитесь?

— Вы напрасно волнуетесь, Марья Дмитриевна,— возразил Лаврецкий,— вы очень хорошо сделали; я нисколько не сержусь. Я вовсе не намерен лишать Варвару Павловну возможности видеть своих знакомых; сегодня я не вошел к вам только потому, что не хотел встретиться с нею,— вот и всё.

— Ах, как мне приятно слышать это от вас, Федор Иваныч,— воскликнула Марья Дмитриевна,— впрочем, я всегда этого ожидала от ваших благородных чувств. А что я волнуюсь — это не удивительно: я женщина и мать. А ваша супруга... конечно, я не могу судить вас с нею — это я ей самой сказала; но она такая любезная дама, что, кроме удовольствия, ничего доставить не может.

Лаврецкий усмехнулся и поиграл шляпой.

— И вот что я хотела вам еще сказать, Федор Иваныч,— продолжала Марья Дмитриевна, слегка подвигаясь к нему,— если б вы видели, как она скромно себя держит, как почтительна! Право, это даже трогательно. А если б вы слышали, как она о вас отзывается! Я, говорит, перед ним кругом виновата; я, говорит, не умела ценить его, говорит; это, говорит, ангел, а не человек. Право, так и говорит: ангел. Раскаяние у ней такое... Я, ей-Богу, и не видывала такого раскаяния!

— А что, Марья Дмитриевна,— промолвил Лаврецкий,— позвольте полюбопытствовать: говорят, Варвара Павловна у вас пела; во время своего раскаяния она пела — или как?..

— Ах, как вам не стыдно так говорить! Она пела и играла для того только, чтобы сделать мне угодное, потому что я настоятельно ее просила об этом, почти приказывала ей. Я вижу, что ей тяжело, так тяжело; думаю, чем бы ее развлечь,— да и слышала-то я, что талант у ней такой прекрасный! Помилуйте, Федор Иваныч, она совсем уничтожена, спросите хоть Сергея Петровича; убитая женщина, tout-à-fait,[1] что вы это?

Лаврецкий только плечами пожал.

— А потом, что это у вас за ангелочек эта Адочка, что за прелесть! Как она мила, какая умненькая; по-французски как говорит; и по-русски понимает — меня тетенькой назвала. И знаете ли, этак чтобы дичиться, как все почти дети в ее годы дичатся,— совсем этого нет. На вас так похожа, Федор Иваныч, что ужас. Глаза, брови... ну, вы, как есть — вы. Я маленьких таких детей не очень люблю, признаться; но в вашу дочку просто влюбилась.

— Марья Дмитриевна,— произнес вдруг Лаврецкий,— позвольте вас спросить, для чего вы это всё мне говорить изволите?

— Для чего? — Марья Дмитриевна опять понюхала одеколон и отпила воды.— А для того, Федор Иваныч, я это говорю, что... ведь я вам родственница, я принимаю в вас самое близкое участие... я знаю, сердце у вас добрейшее. Послушайте, mon cousin, я все-таки женщина опытная и не буду говорить на ветер! простите, простите вашу жену.— Глаза Марьи Дмитриевны вдруг наполнились слезами.— Подумайте: молодость, неопытность... ну, может быть, дурной пример: не было такой матери, которая

---

[1] совершенно (фр.).

наставила бы ее на путь. Простите ее, Федор Иваныч, она довольно была наказана.

Слезы закапали по щекам Марьи Дмитриевны; она не утирала их: она любила плакать. Лаврецкий сидел как на угольях. «Боже мой,— думал он,— что же это за пытка, что за день мне выдался сегодня!»

— Вы не отвечаете,— заговорила снова Марья Дмитриевна,— как я должна вас понять? Неужели вы можете быть так жестоки? Нет, я этому верить не хочу. Я чувствую, что мои слова вас убедили, Федор Иваныч, Бог вас наградит за вашу доброту, а вы примите теперь из рук моих вашу жену...

Лаврецкий невольно поднялся со стула; Марья Дмитриевна тоже встала и, проворно зайдя за ширмы, вывела оттуда Варвару Павловну. Бледная, полуживая, с опущенными глазами, она, казалось, отреклась от всякой собственной мысли, от всякой воли — отдалась вся в руки Марьи Дмитриевны.

Лаврецкий отступил шаг назад.

— Вы были здесь! — воскликнул он.

— Не вините ее,— поспешно проговорила Марья Дмитриевна,— она ни за что не хотела остаться, но я приказала ей остаться, я посадила ее за ширмы. Она уверяла меня, что это еще больше вас рассердит; я и слушать ее не стала; я лучше ее вас знаю. Примите же из рук моих вашу жену; идите, Варя, не бойтесь, припадите к вашему мужу (она дернула ее за руку) — и мое благословение...

— Постойте, Марья Дмитриевна,— перебил ее Лаврецкий глухим, но потрясающим голосом.— Вы, вероятно, любите чувствительные сцены (Лаврецкий не ошибался: Марья Дмитриевна еще с института сохранила страсть к некоторой театральности); они вас забавляют; но другим от них плохо приходится. Впрочем, я с вами говорить не буду: в *этой* сцене не вы главное действующее лицо. Что *вы* хотите от меня, сударыня? — прибавил он, обращаясь к жене.— Не сделал ли я для вас, что мог? Не возражайте мне, что не вы затеяли это свидание; я вам не поверю,— и вы знаете, что я вам верить не могу. Что же вы хотите? Вы умны,— вы ничего не делаете без цели. Вы должны понять, что жить с вами, как я жил прежде, я не в состоянии; не оттого, что я на вас сержусь, а оттого, что я стал другим человеком. Я сказал вам это на второй же день вашего возвращения, и вы сами, в это мгновенье, в душе со мной согласны. Но вы желаете восстановить себя в общем мнении; вам мало жить у меня в доме, вы желаете жить со мной под одной кровлей — не правда ли?

— Я желаю, чтобы вы меня простили, — проговорила Варвара Павловна, не поднимая глаз.

— Она желает, чтобы вы ее простили, — повторила Марья Дмитриевна.

— И не для себя, для Ады, — шепнула Варвара Павловна.

— Не для нее, для вашей Ады, — повторила Марья Дмитриевна.

— Прекрасно. Вы этого хотите? — произнес с усилием Лаврецкий. — Извольте, я и на это согласен.

Варвара Павловна бросила на него быстрый взор, а Марья Дмитриевна воскликнула: «Ну, слава Богу!» — и опять потянула Варвару Павловну за руку. — Примите же теперь от меня...

— Постойте, говорю вам, — перебил ее Лаврецкий. — Я соглашаюсь жить с вами, Варвара Павловна, — продолжал он, — то есть я вас привезу в Лаврики и проживу с вами, сколько сил хватит, а потом уеду — и буду наезжать. Вы видите, я вас обманывать не хочу; но не требуйте больше ничего. Вы бы сами рассмеялись, если бы я исполнил желание почтенной нашей родственницы и прижал бы вас к своему сердцу, стал бы уверять вас, что... что прошедшего не было, что срубленное дерево опять зацветет. Но я вижу: надо покориться. Вы это слово не так поймете... это всё равно. Повторяю... я буду жить с вами... или нет, я этого обещать не могу... Я сойдусь с вами, буду вас снова считать моей женой...

— Дайте же ей по крайней мере на том руку, — промолвила Марья Дмитриевна, у которой давно высохли слезы.

— Я до сих пор не обманывал Варвару Павловну, — возразил Лаврецкий, — она мне поверит и так. Я ее отвезу в Лаврики — и помните, Варвара Павловна: уговор наш будет считаться нарушенным, как только вы выедете оттуда. А теперь позвольте мне удалиться.

Он поклонился обеим дамам и торопливо вышел вон.

— Вы не берете ее с собою, — крикнула ему вслед Марья Дмитриевна...

— Оставьте его, — шепнула ей Варвара Павловна и тотчас же обняла ее, начала ее благодарить, целовать у ней руки, называть ее своей спасительницей.

Марья Дмитриевна снисходительно принимала ее ласки; но в душе она не была довольна ни Лаврецким, ни Варварой Павловной, ни всей подготовленной ею сценой. Чувствительности вышло мало; Варвара Павловна, по ее мнению, должна была броситься к ногам мужа.

— Как это вы меня не поняли,— толковала она,— ведь я вам сказала: припадите.

— Этак лучше, милая тетушка; не беспокойтесь — всё прекрасно,— твердила Варвара Павловна.

— Ну, да ведь и он — холодный, как лед,— заметила Марья Дмитриевна.— Положим, вы не плакали, да ведь я перед ним разливалась. В Лавриках запереть вас хочет. Что ж, и ко мне вам нельзя будет ездить? Все мужчины бесчувственны,— сказала она в заключение и значительно покачала головой.

— Зато женщины умеют ценить доброту и великодушие,— промолвила Варвара Павловна и, тихонько опустившись на колени перед Марьей Дмитриевной, обвила ее полный стан руками и прижалась к ней лицом. Лицо это втихомолку улыбалось, а у Марьи Дмитриевны опять закапали слезы.

А Лаврецкий отправился к себе, заперся в комнатке своего камердинера, бросился на диван и пролежал так до утра.

XLIV

На следующий день было воскресенье. Колокольный звон к ранней обедне не разбудил Лаврецкого — он не смыкал глаз всю ночь,— но напомнил ему другое воскресенье, когда он, по желанию Лизы, ходил в церковь. Он поспешно встал; какой-то тайный голос говорил ему, что он и сегодня увидит ее там же. Он без шума вышел из дома, велел сказать Варваре Павловне, которая еще спала, что он вернется к обеду, и большими шагами направился туда, куда звал его однообразно-печальный звон. Он пришел рано: почти никого еще не было в церкви; дьячок на клиросе читал часы; изредка прерываемый кашлем, голос его мерно гудел, то упадая, то вздуваясь. Лаврецкий поместился недалеко от входа. Богомольцы приходили поодиночке, останавливались, крестились, кланялись на все стороны; шаги их звенели в пустоте и тишине, явственно отзываясь под сводами. Дряхлая старушонка в ветхом капоте с капюшоном стояла на коленях подле Лаврецкого и прилежно молилась; ее беззубое, желтое, сморщенное лицо выражало напряженное умиление; красные глаза неотвратимо глядели вверх, на образа иконостаса; костлявая рука беспрестанно выходила из капота и медленно и крепко клала большой широкий крест. Мужик с густой бородой и угрюмым лицом, взъерошенный и измятый, вошел в церковь, разом стал на оба колена и тотчас же принялся поспешно креститься, закидывая назад и встряхивая голову после каждого поклона. Такое горькое горе сказывалось в его лице, во всех его движениях, что Лаврецкий решился подойти к нему и спросить его, что с ним. Мужик пугливо и сурово отшатнулся, посмотрел на него... «Сын помер», — произнес он скороговоркой и снова принялся класть поклоны... «Что для них может заменить утешения церкви?» — подумал Лаврецкий и сам попытался молиться; но сердце его отяжелело, ожесточилось, и мысли были далеко. Он всё ждал Лизы — но Лиза не приходила. Церковь стала наполняться народом; ее всё не было. Обедня началась, дьякон уже прочитал евангелие, зазвонили к достойной; Лаврецкий подвинулся немного вперед — и вдруг увидел Лизу. Она пришла раньше его, но он ее не заметил; прижавшись в промежуточек между стеной и клиросом, она не оглядывалась, не шевелилась. Лаврецкий не свел с нее глаз до самого конца обедни: он п ощался с нею. Народ стал расходиться, а она всё стояла; казалось, она ожидала ухода Лаврецкого. Наконец она перекрестилась в последний раз и пошла, не оборачиваясь; с ней была одна горничная. Лаврецкий вышел вслед за ней из церкви и догнал ее на улице; она шла очень скоро, наклонив голову и спустив вуаль на лицо.

— Здравствуйте, Лизавета Михайловна, — сказал он громко, с насильственной развязностью, — можно вас проводить?

Она ничего не сказала; он отправился с ней рядом.

— Довольны вы мной? — спросил он ее, понизив голос. — Вы слышали, что вчера произошло?

— Да, да, — проговорила она шёпотом, — это хорошо. И она пошла еще быстрей.

— Вы довольны?

Лиза только головой кивнула.

— Федор Иваныч, — начала она спокойным, но слабым голосом, — я хотела вас просить: не ходите больше к нам, уезжайте поскорей; мы можем после увидеться — когда-нибудь, через год. А теперь сделайте это для меня; исполните мою просьбу, ради Бога.

— Я вам во всем готов повиноваться, Лизавета Михайловна; но неужели мы так должны расстаться: неужели вы мне не скажете ни одного слова?..

— Федор Иваныч, вот вы теперь идете возле меня...

261

А уж вы так далеко, далеко от меня. И не вы одни, а...

— Договаривайте, прошу вас! — воскликнул Лаврецкий,— что вы хотите сказать?

— Вы услышите, может быть... но что бы ни было, забудьте... нет, не забывайте меня, помните обо мне.

— Мне вас забыть...

— Довольно, прощайте. Не идите за мной.

— Лиза,— начал было Лаврецкий...

— Прощайте, прощайте! — повторила она, еще ниже спустила вуаль и почти бегом пустилась вперед.

Лаврецкий посмотрел ей вслед и, понурив голову, отправился назад по улице. Он наткнулся на Лемма, который тоже шел, надвинув шляпу на нос и глядя себе под ноги.

Они молча посмотрели друг на друга.

— Ну, что скажете? — проговорил наконец Лаврецкий.

— Что я скажу? — угрюмо возразил Лемм.— Ничего я не скажу. Всё умерло, и мы умерли (Alles ist todt, und wir sind todt). Ведь вам направо идти?

— Направо.

— А мне налево. Прощайте.

На следующее утро Федор Иваныч с женою отправился в Лаврики. Она ехала впереди в карете, с Адой и с Жюстиной; он сзади — в тарантасе. Хорошенькая девочка всё время дороги не отходила от окна кареты; она удивлялась всему: мужикам, бабам, избам, колодцам, дугам, колокольчикам и множеству грачей; Жюстина разделяла ее удивление; Варвара Павловна смеялась их замечаниям и восклицаниям. Она была в духе; перед отъездом из города О... она имела объяснение с своим мужем.

— Я понимаю ваше положение,— сказала она ему,— и он, по выражению ее умных глаз, мог заключить, что она понимала его положение вполне,— но вы отдадите мне хоть ту справедливость, что со мной легко живется; я не стану вам навязываться, стеснять вас; я хотела обеспечить будущность Ады; больше мне ничего не нужно.

— Да, вы достигли всех ваших целей,— промолвил Федор Иваныч.

— Я об одном только мечтаю теперь: зарыться навсегда в глуши; я буду вечно помнить ваши благодеяния...

— Фи! полноте,— перебил он ее.

— И сумею уважать вашу независимость и ваш покой,— докончила она свою приготовленную фразу.

Лаврецкий ей низко поклонился. Варвара Павловна поняла, что муж в душе благодарил ее.

На второй день к вечеру прибыли они в Лаврики; неделю спустя Лаврецкий отправился в Москву, оставив жене тысяч пять на прожиток, а на другой день после отъезда Лаврецкого явился Паншин, которого Варвара Павловна просила не забывать ее в уединении. Она его приняла как нельзя лучше, и до поздней ночи высокие комнаты дома и самый сад оглашались звуками музыки, пенья и веселых французских речей. Три дня прогостил Паншин у Варвары Павловны; прощаясь с нею и крепко пожимая ее прекрасные руки, он обещался очень скоро вернуться — и сдержал свое обещание.

XLV

У Лизы была особая, небольшая комнатка во втором этаже дома ее матери, чистая, светлая, с белой кроваткой, с горшками цветов по углам и перед окнами, с маленьким письменным столиком, горкою книг и распятием на стене. Комнатка эта прозывалась детской; Лиза родилась в ней. Вернувшись из церкви, где ее видел Лаврецкий, она тщательнее обыкновенного привела всё у себя в порядок, отовсюду смела пыль, пересмотрела и перевязала ленточками все свои тетради и письма приятельниц, заперла все ящики, полила цветы и коснулась рукою каждого цветка. Всё это она делала не спеша, без шума, с какой-то умиленной и тихой заботливостью на лице. Она остановилась, наконец, посреди комнаты, медленно оглянулась и, подойдя к столу, над которым висело распятие, опустилась на колени, положила голову на стиснутые руки и осталась неподвижной.

Марфа Тимофеевна вошла и застала ее в этом положении. Лиза не заметила ее прихода. Старушка вышла на цыпочках за дверь и несколько раз громко кашлянула. Лиза проворно поднялась и отерла глаза, на которых сияли светлые, непролившиеся слезы.

— А ты, я вижу, опять прибирала свою келейку,— промолвила Марфа Тимофеевна, низко наклоняясь к горшку с молодым розаном.— Как славно пахнет!

Лиза задумчиво посмотрела на свою тетку.

— Какое вы это произнесли слово! — прошептала она.

— Какое слово, какое? — с живостью подхватила старушка.— Что ты хочешь сказать? Это ужасно,— заговорила она, вдруг сбросив чепец и присевши на Лизиной кроватке,— это сверх сил моих: четвертый день сегодня, как я словно в котле киплю; я не могу больше притворяться, что ничего не замечаю, не могу видеть, как ты бледнеешь, сохнешь, плачешь, не могу, не могу.

— Да что с вами, тетушка? — промолвила Лиза,— я ничего...

— Ничего? — воскликнула Марфа Тимофеевна,— это ты другим говори, а не мне! Ничего! А кто сейчас стоял на коленях? у кого ресницы еще мокры от слез? Ничего! Да ты посмотри на себя, что ты сделала с своим лицом, куда глаза свои девала? — Ничего! разве я не всё знаю?

— Это пройдет, тетушка; дайте срок.

— Пройдет, да когда? Господи Боже мой, владыко! неужели ты так его полюбила? да ведь он старик, Лизочка. Ну, я не спорю он хороший человек, не кусается; да ведь что ж такое? все мы хорошие люди; земля не клином сошлась, этого добра всегда будет много.

— Я вам говорю, всё это пройдет, всё это уже прошло.

— Слушай, Лизочка, что я тебе скажу,— промолвила вдруг Марфа Тимофеевна, усаживая Лизу подле себя на кровати и поправляя то ее волосы. то косынку.— Это тебе только так, сгоряча кажется, что горю твоему пособить нельзя. Эх, душа моя, на одну смерть лекарства нет! Ты только вот скажи себе: «Не поддамся, мол, я, ну его!» — и сама потом как диву дашься, как оно скоро, хорошо проходит. Ты только потерпи.

— Тётушка,— возразила Лиза,— оно уже прошло, всё прошло.

— Прошло! какое прошло! Вот у тебя носик даже завострился, а ты говоришь: прошло. Хорошо «прошло!»

— Да, прошло, тетушка, если вы только захотите мне помочь,— произнесла с внезапным одушевлением Лиза и бросилась на шею Марфе Тимофеевне.— Милая тетушка, будьте мне другом, помогите мне, не сердитесь, поймите меня...

— Да что такое, что такое, мать моя? Не пугай меня, пожалуйста; я сейчас закричу, не гляди так на меня; говори скорее, что такое!

— Я... я хочу...— Лиза спрятала свое лицо на груди Марфы Тимофеевны.— Я хочу идти в монастыь,— проговорила она глухо.

Старушка так и подпрыгнула на кровати.

— Перекрестись, мать моя, Лизочка, опомнись, что ты это, Бог с тобою,— пролепетала она наконец,— ляг, голубушка, усни немножко; это всё у тебя от бессонницы, душа моя.

Лиза подняла голову, щеки ее пылали.

— Нет, тетушка, — промолвила она, — не говорите так; я решилась, я молилась, я просила совета у Бога; всё кончено, кончена моя жизнь с вами. Такой урок недаром; да я уж не в первый раз об этом думаю. Счастье ко мне не шло; даже когда у меня были надежды на счастье, сердце у меня всё щемило. Я всё знаю, и свои грехи, и чужие, и как папенька богатство наше нажил; я знаю всё. Всё это отмолить, отмолить надо. Вас мне жаль, жаль мамаши, Леночки; но делать нечего; чувствую я, что мне не житье здесь; я уже со всем простилась, всему в доме поклонилась в последний раз; отзывает меня что-то; тошно мне, хочется мне запереться навек. Не удерживайте меня, не отговаривайте, помогите мне, не то я одна уйду...

Марфа Тимофеевна с ужасом слушала свою племянницу.

«Она больна, бредит, — думала она, — надо послать за доктором, да за каким? Гедеоновский намедни хвалил какого-то; он всё врет — а может быть, на этот раз и правду сказал». Но когда она убедилась, что Лиза не больна и не бредит, когда на все ее возраженья Лиза постоянно отвечала одним и тем же, Марфа Тимофеевна испугалась и опечалилась не на шутку.

— Да ведь ты не знаешь, голубушка ты моя, — начала она ее уговаривать, — какова жизнь-то в монастырях! Ведь тебя, мою родную, маслищем конопляным зеленым кормить станут, бельище на тебя наденут толстое-претолстое; по холоду ходить заставят; ведь ты всего этого не перенесешь, Лизочка. Это всё в тебе Агашины следы; это она тебя с толку сбила. Да ведь она начала с того, что пожила, и в свое удовольствие пожила; поживи и ты. Дай мне по крайней мере умереть спокойно, а там делай что хочешь. И кто ж это видывал, чтоб из-за эдакой из-за козьей бороды, прости Господи, из-за мужчины в монастырь идти? Ну, коли тебе так тошно, съезди, помолись угоднику, молебен отслужи, да не надевай ты черного шлыка на свою голову, батюшка ты мой, матушка ты моя...

И Марфа Тимофеевна горько заплакала.

Лиза утешала ее, отирала ее слезы, сама плакала, но осталась непреклонной. С отчаянья Марфа Тимофеевна попыталась пустить в ход угрозу: всё сказать матери... но и это не помогло. Только вследствие усиленных просьб старушки Лиза согласилась отложить исполнение своего намерения на полгода; зато Марфа Тимофеевна должна была дать ей слово, что сама поможет ей и выхлопочет согласие Марьи Дмитриевны, если через шесть месяцев она не изменит своего решения.

———

С наступившими первыми холодами Варвара Павловна, несмотря на свое обещание зарыться в глуши, запасшись денежками, переселилась в Петербург, где наняла скромную, но миленькую квартиру, отысканную для нее Паншиным, который еще раньше ее покинул О...скую губернию. В последнее время своего пребывания в О... он совершенно лишился расположения Марьи Дмитриевны; он вдруг перестал ее посещать и почти не выезжал из Лавриков. Варвара Павловна его поработила, именно поработила: другим словом нельзя выразить ее неограниченную, безвозвратную, безответную власть над ним.

Лаврецкий прожил зиму в Москве, а весною следующего года дошла до него весть, что Лиза постриглась в Б......м монастыре, в одном из отдаленнейших краев России.

ЭПИЛОГ

Прошло восемь лет. Опять настала весна... Но скажем прежде несколько слов о судьбе Михалевича, Паншина, г-жи Лаврецкой — и расстанемся с ними. Михалевич, после долгих странствований, попал, наконец, на настоящее свое дело: он получил место старшего надзирателя в казенном заведении. Он очень доволен своей судьбой, и воспитанники его «обожают», хотя и передразнивают его. Паншин сильно подвинулся в чинах и метит уже в директоры; ходит несколько согнувшись: должно быть, Владимирский крест, пожалованный ему на шею, оттягивает его вперед. Чиновник в нем взял решительный перевес над художником; его всё еще моложавое лицо пожелтело, волосы поредели, и он уже не поет, не рисует, но втайне занимается литературой: написал комедийку, вроде «пословиц», и так как теперь все пишущие непременно «выводят» кого-нибудь или что-нибудь, то и он вывел в ней кокетку и читает ее исподтишка двум-трем благоволящим к нему дамам. В брак он, однако, не вступил, хотя много представлялось к тому прекрасных случаев: в этом виновата Варвара Павловна. Что касается до нее, то она по-прежнему постоянно живет в Париже: Федор Иваныч дал ей на себя вексель и откупился от нее, от возможности вторичного неожиданного наезда. Она постарела и потолстела, но всё еще мила и изящна. У каждого человека есть свой идеал: Варвара Павловна нашла свой — в драматических произведениях г-на Дюма-сына. Она прилежно посещает театр, где выводятся на сцену чахоточные и чувствительные камелии; быть г-жою Дош кажется ей верхом человеческого благополучия: она однажды объявила, что не желает для своей дочери лучшей участи. Должно надеяться, что судьба избавит mademoiselle Ada от подобного благополучия: из румяного, пухлого ребенка она превратилась в слабогрудую, бледненькую девочку; нервы ее уже расстроены. Число поклонников Варвары Павловны уменьшилось, но они не перевелись; некоторых она, вероятно, сохранит до конца своей жизни. Самым рьяным из них в последнее время был некто Закурдало-Скубырников, из отставных гвардейских усоносов, человек лет тридцати восьми, необыкновенной крепости сложения. Французские посетители салона г-жи Лаврецкой называют его «le gros taureau de l'Ukraïne»[1]; Варвара Павловна никогда не приглашает его на свои модные вечера, но он пользуется ее благорасположением вполне.

Итак... прошло восемь лет. Опять повеяло с неба сияющим счастьем весны; опять улыбнулась она земле и людям; опять под ее лаской всё зацвело, полюбило и запело. Город О... мало изменился в течение этих восьми лет; но дом Марьи Дмитриевны как будто помолодел: его недавно выкрашенные стены белели приветно, и стекла раскрытых окон румянились и блестели на заходившем солнце; из этих окон неслись на улицу радостные, легкие звуки звонких молодых голосов, беспрерывного смеха; весь дом, казалось, кипел жизнью и переливался весельем через край. Сама хозяйка дома давно сошла в могилу: Марья Дмитриевна скончалась года два спустя после пострижения Лизы; и Марфа Тимофеевна не долго пережила свою племянницу; рядом покоятся они на городском кладбище. Не стало и Настасьи Карповны; верная старушка в течение нескольких лет еженедельно ходила молиться над прахом своей приятельницы... Пришла пора, и ее косточки тоже улеглись в сырой земле. Но дом Марьи Дмитриевны не поступил в чужие руки, не вышел из ее рода, гнездо не разорилось: Леночка, превратившаяся в стройную, красивую девушку, и ее жених — белокурый гусарский офицер; сын

---

[1] «тучный бык с Украины» (фр.).

Марьи Дмитриевны, только что женившийся в Петербурге и вместе с молодой женой приехавший на весну в О...; сестра его жены, шестнадцатилетняя институтка с алыми щеками и ясными глазками; Шурочка, тоже выросшая и похорошевшая — вот какая молодежь оглашала смехом и говором стены калитинского дома. Всё в нем изменилось, всё стало под лад новым обитателям. Безбородые дворовые ребята, зубоскалы и балагуры, заменили прежних степенных стариков; там, где некогда важно расхаживала зажиревшая Роска, две легавых собаки бешено возились и прыгали по диванам; на конюшне завелись поджарые иноходцы, лихие коренники, рьяные пристяжные с плетеными гривами, донские верховые кони; часы завтрака, обеда, ужина перепутались и смешались; пошли, по выражению соседей, «порядки небывалые».

В тот вечер, о котором зашла у нас речь, обитатели калитинского дома (старшему из них, жениху Леночки, было всего двадцать четыре года) занимались немногосложной, но, судя по их дружному хохотанью, весьма для них забавной игрой: они бегали по комнатам и ловили друг друга; собаки тоже бегали и лаяли, и висевшие в клетках перед окнами канарейки наперерыв драли горло, усиливая всеобщий гам звонкой трескотней своего яростного щебетанья. В самый разгар этой оглушительной потехи к воротам подъехал загрязненный тарантас, и человек лет сорока пяти, в дорожном платье, вылез из него и остановился в изумленье. Он постоял некоторое время неподвижно, окинул дом внимательным взором, вошел через калитку на двор и медленно взобрался на крыльцо. В передней никто его не встретил; но дверь залы быстро распахнулась — из нее, вся раскрасневшаяся, выскочила Шурочка, и мгновенно, вслед за ней, с звонким криком выбежала вся молодая ватага. Она внезапно остановилась и затихла при виде незнакомого; но светлые глаза, устремленные на него, глядели так же ласково, свежие лица не перестали смеяться. Сын Марьи Дмитриевны подошел к гостю и приветливо спросил его, что ему угодно?

— Я Лаврецкий,— промолвил гость.

Дружный крик раздался ему в ответ — и не потому, чтобы вся эта молодежь очень обрадовалась приезду отдаленного, почти забытого родственника, а просто потому, что она готова была шуметь и радоваться при всяком удобном случае. Лаврецкого тотчас окружили: Леночка, как старинная знакомая, первая назвала себя, уверила его, что еще бы немножко — и она непременно его бы узнала, и представила ему всё остальное общество, называя каждого, даже жениха своего, уменьшительными именами. Вся толпа двинулась через столовую в гостиную. Обои в обеих комнатах были другие, но мебель уцелела; Лаврецкий узнал фортепьяно; даже пяльцы у окна стояли те же, в том же положении — и чуть ли не с тем же неконченным шитьем, как восемь лет тому назад. Его усадили на покойное кресло; все чинно уселись вокруг него. Вопросы, восклицания, рассказы посыпались наперерыв.

— А давно мы вас не видали,— наивно заметила Леночка,— и Варвару Павловну тоже не видали.

— Еще бы! — поспешно подхватил ее брат.— Я тебя в Петербург увез, а Федор Иваныч всё жил в деревне.

— Да, ведь с тех пор и мамаша скончалась.

— И Марфа Тимофеевна,— промолвила Шурочка.

— И Настасья Карповна,— возразила Леночка,— и мосье Лемм...

— Как? и Лемм умер? — спросил Лаврецкий.

— Да,— отвечал молодой Калитин,— он уехал отсюда в Одессу; говорят, кто-то его туда сманил; там он и скончался.

— Вы не знаете, музыки после него не осталось?

— Не знаю; едва ли.

Все замолкли и переглянулись. Облачко печали налетело на все молодые лица.

— А Матроска жив,— заговорила вдруг Леночка.

— И Гедеоновский жив,— прибавил ее брат.

При имени Гедеоновского разом грянул дружный смех.

— Да, он жив и лжет по-прежнему,— продолжал сын Марьи Дмитриевны,— и вообразите, вот эта егоза (он указал на институтку, сестру своей жены) вчера ему перцу в табакерку насыпала.

— Как он чихал! — воскликнула Леночка,— и снова зазвенел неудержимый смех.

— Мы о Лизе недавно имели вести,— промолвил молодой Калитин,— и опять кругом всё притихло,— ей хорошо, здоровье ее теперь поправляется понемногу.

— Она всё в той же обители? — спросил не без усилия Лаврецкий.

— Всё в той же.

— Она к вам пишет?

— Нет, никогда; к нам через людей вести доходят.— Сделалось внезапное, глубокое молчанье; вот «тихий ангел пролетел»,— подумали все.

— Не хотите ли вы в сад? — обратился Калитин к

Лаврецкому,— он очень хорош теперь, хотя мы его и запустили немножко.

Лаврецкий вышел в сад, и первое, что бросилось ему в глаза,— была та самая скамейка, на которой он некогда провел с Лизой несколько счастливых, не повторившихся мгновений; она почернела, искривилась; но он узнал ее, и душу его охватило то чувство, которому нет равного и в сладости и в горести,— чувство живой грусти об исчезнувшей молодости, о счастье, которым когда-то обладал. Вместе с молодежью прошелся он по аллеям; липы немного постарели и выросли в последние восемь лет, тень их стала гуще; зато все кусты поднялись, малинник вошел в силу, орешник совсем заглох, и отовсюду пахло свежим дромом, лесом, травою, сиренью.

— Вот где хорошо бы играть в четыре угла,— вскрикнула вдруг Леночка, войдя на небольшую зеленую поляну, окруженную липами,— нас, кстати, пятеро.

— А Федора Ивановича ты забыла? — заметил ее брат.— Или ты себя не считаешь?

Леночка слегка покраснела.

— Да разве Федор Иванович, в его лета, может...— начала она.

— Пожалуйста, играйте,— поспешно подхватил Лаврецкий,— не обращайте внимания на меня. Мне самому будет приятнее, когда я буду знать, что я вас не стесняю. А занимать вам меня нечего; у нашего брата, старика, есть занятие, которого вы еще не ведаете и которого никакое развлечение заменить не может: воспоминания.

Молодые люди выслушали Лаврецкого с приветливой и чуть-чуть насмешливой почтительностью,— точно им учитель урок прочел,— и вдруг посыпали от него все прочь, вбежали на поляну; четверо стало около деревьев, один на середине — и началась потеха.

А Лаврецкий вернулся в дом, вошел в столовую, приблизился к фортепьяно и коснулся одной из клавиш; раздался слабый, но чистый звук и тайно задрожал у него в сердце: этой нотой начиналась та вдохновенная мелодия, которой, давно тому назад, в ту же самую счастливую ночь, Лемм, покойный Лемм, привел его в такой восторг. Потом Лаврецкий перешел в гостиную и долго не выходил из нее: в этой комнате, где он так часто видал Лизу, живее возникал перед ним ее образ; ему казалось, что он чувствовал вокруг себя следы ее присутствия; но грусть о ней была томительна и не легка: в ней не было тишины, навеваемой смертью. Лиза еще жила где-то, глухо, далеко; он думал о ней, как о живой, и не узнавал девушки, им некогда любимой, в том смутном, бледном призраке, облаченном в монашескую одежду, окруженном дымными волнами ладана. Лаврецкий сам бы себя не узнал, если б мог так взглянуть на себя, как он мысленно взглянул на Лизу. В течение этих восьми лет совершился, наконец, перелом в его жизни, тот перелом, которого многие не испытывают, но без которого нельзя остаться порядочным человеком до конца; он действительно перестал думать о собственном счастье, о своекорыстных целях. Он утих и — к чему таить правду? — постарел не одним лицом и телом, постарел душою; сохранить до старости сердце молодым, как говорят иные, и трудно и почти смешно; тот уже может быть доволен, кто не утратил веры в добро, постоянства воли, охоты к деятельности. Лаврецкий имел право быть довольным: он сделался действительно хорошим хозяином, действительно выучился пахать землю и трудился не для одного себя; он, насколько мог, обеспечил и упрочил быт своих крестьян.

Лаврецкий вышел из дома в сад, сел на знакомой ему скамейке — и на этом дорогом месте, перед лицом того дома, где он в последний раз напрасно простирал свои руки к заветному кубку, в котором кипит и играет золотое вино наслажденья,— он, одинокий, бездомный странник, под долетавшие до него веселые клики уже заменившего его молодого поколения, оглянулся на свою жизнь. Грустно стало ему на сердце, но не тяжело и не прискорбно: сожалеть ему было о чем, стыдиться — нечего. «Играйте, веселитесь, растите, молодые силы,— думал он, и не было горечи в его думах,— жизнь у вас впереди, и вам легче будет жить: вам не придется, как нам, отыскивать свою дорогу, бороться, падать и вставать среди мрака; мы хлопотали о том, как бы уцелеть — и сколько из нас не уцелело! — а вам надобно дело делать, работать, и благословение нашего брата, старика, будет с вами. А мне, после сегодняшнего дня, после этих ощущений, остается отдать вам последний поклон — и, хотя с печалью, но без зависти, безо всяких темных чувств, сказать, в виду конца, в виду ожидающего Бога: «Здравствуй, одинокая старость! Догорай, бесполезная жизнь!»

Лаврецкий тихо встал и тихо удалился; его никто не заметил, никто не удерживал; веселые клики сильнее прежнего раздавались в саду за зеленой сплошной стеной высоких лип. Он сел в тарантас и велел кучеру ехать домой и не гнать лошадей.

«И конец? — спросит, может быть, неудовлетворенный читатель.— А что же сталось потом с Лаврецким? с Лизой?» Но что сказать о людях, еще живых, но уже сошедших с земного поприща, зачем возвращаться к ним? Говорят, Лаврецкий посетил тот отдаленный монастырь, куда скрылась Лиза,— увидел ее. Перебираясь с клироса на клирос, она прошла близко мимо него, прошла ровной, торопливо-смиренной походкой монахини — и не взглянула на него; только ресницы обращенного к нему глаза чуть-чуть дрогнули, только еще ниже наклонила она свое исхудалое лицо — и пальцы сжатых рук, перевитые четками, еще крепче прижались друг к другу. Что подумали, что почувствовали оба? Кто узнает? Кто скажет? Есть такие мгновения в жизни, такие чувства... На них можно только указать — и пройти мимо.

НАКАНУНЕ

———— · ————

1859

I

В тени высокой липы, на берегу Москвы-реки, недалеко от Кунцева, в один из самых жарких летних дней 1853 года лежали на траве два молодых человека. Один, на вид лет двадцати трех, высокого роста, черномазый, с острым и немного кривым носом, высоким лбом и сдержанною улыбкой на широких губах, лежал на спине и задумчиво глядел вдаль, слегка прищурив свои небольшие серые глазки; другой лежал на груди, подперев обеими руками кудрявую белокурую голову, и тоже глядел куда-то вдаль. Он был тремя годами старше своего товарища, но казался гораздо моложе; усы его едва пробились и на подбородке вился легкий пух. Было что-то детски-миловидное, что-то привлекательно изящное в мелких чертах его свежего, круглого лица, в его сладких карих глазах, красивых выпуклых губках и белых ручках. Всё в нем дышало счастливою веселостью здоровья, дышало молодостью — беспечностью, самонадеянностью, избалованностью, прелестью молодости. Он и поводил глазами, и улыбался, и подпирал голову, как это делают мальчики, которые знают, что на них охотно заглядываются. На нем было просторное белое пальто вроде блузы;

голубой платок охватывал его тонкую шею, измятая соломенная шляпа валялась в траве возле него.

В сравнении с ним его товарищ казался стариком, и никто бы не подумал, глядя на его угловатую фигуру, что и он наслаждается, что и ему хорошо. Он лежал неловко; его большая, кверху широкая, книзу заостренная голова неловко сидела на длинной шее; неловкость сказывалась в самом положении его рук, его туловища, плотно охваченного коротким черным сюртучком, его длинных ног с поднятыми коленями, подобных задним ножкам стрекозы. Со всем тем нельзя было не признать в нем хорошо воспитанного человека; отпечаток «порядочности» замечался во всем его неуклюжем существе, и лицо его, некрасивое и даже несколько смешное, выражало привычку мыслить и доброту. Звали его Андреем Петровичем Берсеневым; его товарищ, белокурый молодой человек, прозывался Шубиным, Павлом Яковлевичем.

— Отчего ты не лежишь, как я, на груди? — начал Шубин.— Так гораздо лучше. Особенно когда поднимешь ноги и стучишь каблуками дружку о дружку — вот так. Трава под носом: надоест глазеть на пейзаж — смотри на какую-нибудь пузатую козявку, как она ползет по былинке, или на муравья, как он суетится. Право, так лучше. А то ты принял теперь какую-то псевдоклассическую позу, ни дать ни взять танцовщица в балете, когда она облокачивается на картонный утес. Ты вспомни, что ты теперь имеешь полное право отдыхать. Шутка сказать: вышел третьим кандидатом! Отдохните, сэр; перестаньте напрягаться, раскиньте свои члены!

Шубин произнес всю эту речь в нос, полулениво, полушутливо (балованные дети говорят так с друзьями дома, которые привозят им конфекты), и, не дождавшись ответа, продолжал:

— Меня больше всего поражает в муравьях, жуках и других господах насекомых их удивительная серьезность; бегают взад и вперед с такими важными физиономиями, точно и их жизнь что-то значит! Помилуйте, человек, царь созданья, существо высшее, на них взирает, а им и дела до него нет; еще, пожалуй, иной комар сядет на нос царю создания и станет употреблять его себе в пищу. Это обидно. А с другой стороны, чем их жизнь хуже нашей жизни? И отчего же им не важничать, если мы позволяем себе важничать? Ну-ка, философ, разреши мне эту задачу! Что ж ты молчишь? А?

— Что? — проговорил, встрепенувшись, Берсенев.

— Что! — повторил Шубин.— Твой друг излагает перед тобою глубокие мысли, а ты его не слушаешь.

— Я любовался видом. Посмотри, как эти поля горячо блестят на солнце! (Берсенев немного пришепетывал.)

— Важный пущен колер,— промолвил Шубин.— Одно слово, натура!

Берсенев покачал головой.

— Тебе бы еще больше меня следовало восхищаться всем этим. Это по твоей части: ты артист.

— Нет-с; это не по моей части-с,— возразил Шубин и надел шляпу на затылок.— Я мясник-с; мое дело — мясо, мясо лепить, плечи, ноги, руки, а тут и формы нет, законченности нет, разъехалось во все стороны... Пойди поймай!

— Да ведь и тут красота,— заметил Берсенев.— Кстати, кончил ты свой барельеф?

— Какой?

— Ребенка с козлом.

— К чёрту! к чёрту! к чёрту! — воскликнул нараспев Шубин.— Посмотрел на настоящих, на стариков, на антики, да и разбил свою чепуху. Ты указываешь мне на природу и говоришь: «И тут красота». Конечно, во всем красота, даже и в твоем носе красота, да за всякою красотой не угоняешься. Старики — те за ней и не гонялись; она сама сходила в их создания, откуда — Бог весть, с неба, что ли. Им весь мир принадлежал; нам так широко распространяться не приходится: коротки руки. Мы закидываем удочку на одной точечке, да и караулим. Клюнет — браво! а не клюнет...

Шубин высунул язык.

— Постой, постой,— возразил Берсенев.— Это парадокс. Если ты не будешь сочувствовать красоте, любить ее всюду, где бы ты ее ни встретил, так она тебе и в твоем искусстве не дастся. Если прекрасный вид, прекрасная музыка ничего не говорят твоей душе, я хочу сказать, если ты им не сочувствуешь...

— Эх ты, сочувственник! — брякнул Шубин и сам засмеялся новоизобретенному слову, а Берсенев задумался.— Нет, брат,— продолжал Шубин,— ты умница, философ, третий кандидат Московского университета, с тобой спорить страшно, особенно мне, недоучившемуся студенту; но я тебе вот что скажу: кроме своего искусства, я люблю красоту только в женщинах... в девушках, да и то с некоторых пор...

Он перевернулся на спину и заложил руки за голову. Несколько мгновений прошло в молчании. Тишина полуденного зноя тяготела над сияющей и заснувшей землей.

— Кстати, о женщинах,— заговорил опять Шубин.— Что это никто не возьмет Стахова в руки? Ты видел его в Москве?

— Нет.

— Совсем с ума сошел старец. Сидит по целым дням у своей Августины Христиановны, скучает страшно, а сидит. Глазеют друг на друга, так глупо... Даже противно смотреть. Вот поди ты! Каким семейством Бог благословил этого человека: нет, подай ему Августину Христиановну! Я ничего не знаю гнуснее ее утиной физиономии! На днях я вылепил ее карикатуру, в дантановском вкусе. Очень вышло недурно. Я тебе покажу.

— А Елены Николаевны бюст,— спросил Берсенев,— подвигается?

— Нет, брат, не подвигается. От этого лица можно в отчаяние прийти. Посмотришь, линии чистые, строгие, прямые; кажется, нетрудно схватить сходство. Не тут-то было... Не дается, как клад в руки. Заметил ты, как она слушает? Ни одна черта не тронется, только выражение взгляда беспрестанно меняется, а от него меняется вся фигура. Что тут прикажешь делать скульптору, да еще плохому? Удивительное существо... странное существо,— прибавил он после короткого молчания.

— Да; она удивительная девушка,— повторил за ним Берсенев.

— А дочь Николая Артемьевича Стахова! Вот после этого и рассуждай о крови, о породе. И ведь забавно то, что она точно его дочь, похожа на него и на мать похожа, на Анну Васильевну. Я Анну Васильевну уважаю от всего сердца, она же моя благодетельница; но ведь она курица. Откуда же взялась эта душа у Елены? Кто зажег этот огонь? Вот опять тебе задача, философ!

Но «философ» по-прежнему ничего не отвечал. Берсенев вообще не грешил многоглаголанием и, когда говорил, выражался неловко, с запинками, без нужды разводя руками; а в этот раз какая-то особенная тишина нашла на его душу,— тишина, похожая на усталость и на грусть. Он недавно переселился за город после долгой и трудной работы, отнимавшей у него по нескольку часов в день. Бездействие, нега и чистота воздуха, сознание достигнутой цели, прихотливый и небрежный разговор с приятелем, внезапно вызванный образ милого существа — все эти разнородные и в то же время почему-то сходные впечатления слились в нем в одно общее чувство, которое и успокоивало его, и волновало, и обессиливало... Он был очень нервический молодой человек.

Под липой было прохладно и спокойно; залетавшие в круг ее тени мухи и пчелы, казалось, жужжали тише; чистая мелкая трава изумрудного цвета, без золотых отливов, не колыхалась; высокие стебельки стояли неподвижно, как очарованные; как очарованные, как мертвые, висели маленькие гроздья желтых цветов на нижних ветках липы. Сладкий запах с каждым дыханием втеснялся в самую глубь груди, но грудь им охотно дышала. Вдали, за рекой, до небосклона всё сверкало, всё горело; изредка пробегал там ветерок и дробил и усиливал сверкание; лучистый пар колебался над землей. Птиц не было слышно: они не поют в часы зноя; но кузнечики трещали повсеместно, и приятно было слушать этот горячий звук жизни, сидя в прохладе, на покое: он клонил ко сну и будил мечтания.

— Заметил ли ты,— начал вдруг Берсенев, помогая своей речи движениями рук,— какое странное чувство возбуждает в нас природа? Всё в ней так полно, так ясно, я хочу сказать, так удовлетворено собою, и мы это понимаем и любуемся этим, и в то же время она, по крайней мере во мне, всегда возбуждает какое-то беспокойство, какую-то тревогу, даже грусть. Что это значит? Сильнее ли сознаем мы перед нею, перед ее лицом, всю нашу неполноту, нашу неясность, или же нам мало того удовлетворения, каким она довольствуется, а другого, то есть я хочу сказать, того, чего нам нужно, у нее нет?

— Гм,— возразил Шубин,— я тебе скажу, Андрей Петрович, отчего всё это происходит. Ты описал ощущения одинокого человека, который не живет, а только смотрит да млеет. Чего смотреть? Живи сам и будешь молодцом. Сколько ты ни стучись природе в дверь, не отзовется она понятным словом, потому что она немая. Будет звучать и ныть, как струна, а песни от нее не жди. Живая душа — та отзовется, и по преимуществу женская душа. А потому, благородный друг мой, советую тебе запастись подругой сердца, и все твои тоскливые ощущения тотчас исчезнут. Вот что нам «нужно», как ты говоришь. Ведь эта тревога, эта грусть, ведь это просто своего рода голод. Дай желудку настоящую пищу, и всё тотчас придет в порядок. Займи свое место в пространстве, будь телом, братец ты мой. Да и что такое, к чему природа? Ты послушай сам: любовь... какое сильное, горячее слово! Природа... какое холодное, школьное выражение! А потому (Шубин запел): «Да здравствует Марья Петровна!» — или нет,— прибавил он,— не Марья Петровна, ну да всё равно!' Ву ме компрене.[1]

Берсенев приподнялся и оперся подбородком на сложенные руки.

— Зачем насмешка,— проговорил он, не глядя на своего товарища,—зачем глумление? Да, ты прав: любовь — великое слово, великое чувство... Но о какой любви говоришь ты?

Шубин тоже приподнялся.

— О какой любви? О какой угодно, лишь бы она была налицо. Признаюсь тебе, по-моему, вовсе нет различных родов любви. Коли ты полюбил...

— От всей души,— подхватил Берсенев.

— Ну да, это само собой разумеется, душа не яблоко: ее не разделишь. Коли ты полюбил, ты и прав. А я не думал глумиться. У меня на сердце теперь такая нежность, так оно смягчено... Я хотел только объяснить, почему природа, по-твоему, так на нас действует. Потому, что она будит в нас потребность любви и не в силах удовлетворить ее. Она нас тихо гонит в другие, живые объятия, а мы ее не понимаем и чего-то ждем от нее самой. Ах, Андрей, Андрей, прекрасно это солнце, это небо, всё, всё вокруг нас прекрасно, а ты грустишь; но если бы в это мгновение ты держал в своей руке руку любимой женщины, если б эта рука и вся эта женщина были твои, если бы ты даже глядел *ее* глазами, чувствовал не своим, одиноким, а *ее* чувством,— не грусть, Андрей, не тревогу возбуждала бы в тебе природа, и не стал бы ты замечать ее красоты; она бы сама радовалась и пела, она бы вторила твоему гимну, потому что ты в нее, в немую, вложил бы тогда язык!

Шубин вскочил на ноги и прошелся раза два взад и вперед, а Берсенев наклонил голову, и лицо, его покрылось слабой краской.

— Я не совсем согласен с тобою,— начал он,— не всегда природа намекает нам на... любовь. (Он не сразу произнес это слово.) Она также грозит нам; она напоминает о страшных... да, о недоступных тайнах. Не она ли должна поглотить нас, не беспрестанно ли она поглощает нас? В ней и жизнь и смерть; и смерть в ней так же громко говорит, как и жизнь.

---

[1] Вы меня понимаете (Vous me comprenez — *фр.*).

— И в любви жизнь и смерть,— перебил Шубин

— А потом,— продолжал Берсенев,— когда я, например, стою весной в лесу, в зеленой чаще, когда мне чудятся романтические звуки Оберонова рога (Берсеневу стало немножко совестно, когда он выговорил эти слова),— разве и это...

— Жажда любви, жажда счастия, больше ничего! — подхватил Шубин.— Знаю и я эти звуки, знаю и я то умиление и ожидание, которые находят на душу под сенью леса, в его недрах, или вечером, в открытых полях, когда заходит солнце и река дымится за кустами. Но и от леса, и от реки, и от земли, и от неба, от всякого облачка, от всякой травки я жду, я хочу счастия, я во всем чую его приближение, слышу его призыв! «Мой Бог — Бог светлый и веселый!» Я было так начал одно стихотворение; сознайся: славный первый стих, да второго никак подобрать не мог. Счастья! счастья! пока жизнь не прошла, пока все наши члены в нашей власти, пока мы идем не под гору, а в гору! Чёрт возьми! — продолжал Шубин с внезапным порывом,— мы молоды, не уроды, не глупы: мы завоюем себе счастие!

Он встряхнул кудрями и самоуверенно, почти с вызовом, глянул вверх, на небо. Берсенев поднял на него глаза.

— Будто нет ничего выше счастья? — проговорил он тихо.

— А например? — спросил Шубин и остановился.

— Да вот, например, мы с тобой, как ты говоришь, молоды, мы хорошие люди, положим; каждый из нас желает для себя счастья... Но такое ли это слово «счастье», которое соединило, воспламенило бы нас обоих, заставило бы нас подать друг другу руки? Не эгоистическое ли, я хочу сказать, не разъединяющее ли это слово?

— А ты знаешь такие слова, которые соединяют?

— Да; и их не мало; и ты их знаешь.

— Ну-ка? какие это слова?

— Да хоть бы искусство,— так как ты художник,— родина, наука, свобода, справедливость.

— А любовь? — спросил Шубин.

— И любовь соединяющее слово; но не та любовь, которой ты теперь жаждешь: не любовь-наслаждение, любовь-жертва.

Шубин нахмурился.

— Это хорошо для немцев; а я хочу любить для себя; я хочу быть номером первым.

— Номером первым,— повторил Берсенев.— А мне кажется, поставить себя номером вторым — всё назначение нашей жизни.

— Если все так будут поступать, как ты советуешь,— промолвил с жалобною гримасой Шубин,— никто на земле не будет есть ананасов: все другим их предоставлять будут.

— Значит, ананасы не нужны; а впрочем, не бойся: всегда найдутся любители даже хлеб от чужого рта отнимать.

Оба приятеля помолчали.

— Я на днях опять встретил Инсарова,— начал Берсенев,— я пригласил его к себе; я непременно хочу познакомить его с тобой... и с Стаховыми.

— Какой это Инсаров? Ах, да, этот серб или болгар, о котором ты мне говорил? Патриот этот? Уж не он ли внушил тебе все эти философические мысли?

— Может быть.

— Необыкновенный он индивидуум, что ли?

— Да.

— Умный? Даровитый?

— Умный?.. Да. Даровитый? Не знаю, не думаю.

— Нет? Что же в нем замечательного?

— Вот увидишь. А теперь, я думаю, нам пора идти. Анна Васильевна нас, чай, дожидается. Который-то час?

— Третий. Пойдем. Как душно! Этот разговор во мне всю кровь зажег. И у тебя была минута... я недаром артист: я на всё заметлив. Признайся, занимает тебя женщина?..

Шубин хотел заглянуть в лицо Берсеневу, но он отвернулся и вышел из-под липы. Шубин отправился вслед за ним, развалисто-грациозно переступая своими маленькими ножками. Берсенев двигался неуклюже, высоко поднимал на ходу плечи, вытягивал шею; а все-таки он казался более порядочным человеком, чем Шубин, более джентльменом, сказали бы мы, если б это слово не было у нас так опошлено.

II

Молодые люди спустились к Москве-реке и пошли вдоль ее берега. От воды веяло свежестью, и тихий плеск небольших волн ласкал слух.

— Я бы опять выкупался,— заговорил Шубин,— да боюсь опоздать. Посмотри на реку: она словно нас манит.

Древние греки в ней признали бы нимфу. Но мы не греки, о нимфа! мы толстокожие скифы.

— У нас есть русалки,— заметил Берсенев.

— Поди ты с своими русалками! На что мне, ваятелю, эти исчадия запуганной, холодной фантазии, эти образы, рожденные в духоте избы, во мраке зимних ночей? Мне нужно света, простора... Когда же, боже мой, поеду я в Италию? Когда...

— То есть, ты хочешь сказать, в Малороссию?

— Стыдно тебе, Андрей Петрович, упрекать меня в необдуманной глупости, в которой я и без того горько раскаиваюсь. Ну да, я поступил, как дурак: добрейшая Анна Васильевна дала мне денег на поездку в Италию, а я отправился к хохлам, есть галушки, и...

— Не договаривай, пожалуйста,— перебил Берсенев.

— И все-таки я скажу, что эти деньги не были истрачены даром. Я увидал там такие типы, особенно женские... Конечно, я знаю: вне Италии нет спасения!

— Ты поедешь в Италию,— проговорил Берсенев, не оборачиваясь к нему,— и ничего не сделаешь. Будешь всё только крыльями размахивать и не полетишь. Знаем мы вас!

— Ставассер полетел же... И не он один. А не полечу — значит, я пингуин морской, без крыльев. Мне душно здесь, в Италию хочу,— продолжал Шубин,— там солнце, там красота...

Молодая девушка, в широкой соломенной шляпе, с розовым зонтиком на плече, показалась в это мгновение на тропинке, по которой шли приятели.

— Но что я вижу? И здесь к нам навстречу идет красота! Привет смиренного художника очаровательной Зое! — крикнул вдруг Шубин, театрально размахнув шляпой.

Молодая девушка, к которой относилось это восклицание, остановилась, погрозила ему пальцем и, допустив до себя обоих приятелей, проговорила звонким голоском и чуть-чуть картавя:

— Что же вы это, господа, обедать не идете? Стол накрыт.

— Что я слышу? — заговорил, всплеснув руками, Шубин.— Неужели вы, восхитительная Зоя, в такую жару решились идти нас отыскивать? Так ли я должен понять смысл вашей речи? Скажите, неужели? Или нет, лучше не произносите этого слова: раскаяние убьет меня мгновенно.

— Ах, перестаньте, Павел Яковлевич,— возразила не

без досады девушка,— отчего вы никогда не говорите со мной серьезно? Я рассержусь,— прибавила она с кокетливой ужимкой и надула губки.

— Вы не рассердитесь на меня, идеальная Зоя Никитишна; вы не захотите повергнуть меня в мрачную бездну исступленного отчаяния. А серьезно я говорить не умею, потому что я не серьезный человек.

Девушка пожала плечом и обратилась к Берсеневу.

— Вот он всегда так: обходится со мной, как с ребенком; а мне уж восемнадцать лет минуло. Я уже большая.

— О, Боже! — простонал Шубин и закатил глаза под лоб, а Берсенев усмехнулся молча.

Девушка топнула ножкой.

— Павел Яковлевич! Я рассержусь! Hélène пошла было со мною,— продолжала она,— да осталась в саду. Ее жара испугала, но я не боюсь жары. Пойдемте.

Она отправилась вперед по тропинке, слегка раскачивая свой тонкий стан при каждом шаге и откидывая хорошенькою ручкой, одетой в черную митенку, мягкие длинные локоны от лица.

Приятели пошли за нею (Шубин то безмолвно прижимал руки к сердцу, то поднимал их выше головы) и несколько мгновений спустя очутились перед одною из многочисленных дач, окружающих Кунцево. Небольшой деревянный домик с мезонином, выкрашенный розовою краской, стоял посреди сада и как-то наивно выглядывал из-за зелени деревьев. Зоя первая отворила калитку, вбежала в сад и закричала: «Привела скитальцев!» Молодая девушка с бледным и выразительным лицом поднялась со скамейки близ дорожки, а на пороге дома показалась дама в лиловом шёлковом платье и, подняв вышитый батистовый платок над головой для защиты от солнца, улыбнулась томно и вяло.

III

Анна Васильевна Стахова, урожденная Шубина, семи лет осталась круглой сиротою и наследницей довольно значительного имения. У нее были родственники очень богатые и очень бедные — бедные по отцу, богатые по матери: сенатор Волгин, князья Чикурасовы. Князь Ардалион Чикурасов, назначенный к ней опекуном, поместил ее в лучший московский пансион, а по выходе ее из пансиона взял ее к себе в дом. Он жил открыто и давал зимой балы. Будущий муж Анны Васильевны, Николай Артемьевич

Стахов, завоевал ее на одном из этих балов, где она была в «прелестном розовом платье с куафюрой из маленьких роз». Она берегла эту куафюру... Николай Артемьевич Стахов, сын отставного капитана, раненного в двенадцатом году и получившего доходное место в Петербурге, шестнадцати лет поступил в юнкерскую школу и вышел в гвардию. Он был красив собою, хорошо сложен и считался едва ли не лучшим кавалером на вечеринках средней руки, которые посещал преимущественно: в большой свет ему не было дороги. Смолоду его занимали две мечты: попасть в флигель-адъютанты и выгодно жениться; с первою мечтой он скоро расстался, но тем крепче держался за вторую. Вследствие этого он каждую зиму ездил в Москву. Николай Артемьевич порядочно говорил по-французски и слыл философом, потому что не кутил. Будучи только прапорщиком, он уже любил настойчиво поспорить, например, о том, можно ли человеку в течение всей своей жизни объездить весь земной шар, можно ли ему знать, что происходит на дне морском, — и всегда держался того мнения, что нельзя.

Николаю Артемьевичу минуло двадцать пять лет, когда он «подцепил» Анну Васильевну; он вышел в отставку и поехал в деревню хозяйничать. Деревенское житье ему скоро надоело, имение же было оброчное; он поселился в Москве, в доме жены. В молодости он ни в какие игры не играл, а тут пристрастился к лото, а когда запретили лото, к ералашу. Дома он скучал; сошелся со вдовой немецкого происхождения и проводил у ней почти всё время. На лето 53-го года он не переехал в Кунцево: он остался в Москве, будто бы для того, чтобы пользоваться минеральными водами; в сущности, ему не хотелось расстаться с своею вдовой. Впрочем, он и с ней разговаривал мало, а также больше спорил о том, можно ли предвидеть погоду и т. д. Раз кто-то назвал его frondeur; это название очень ему понравилось. «Да, — думал он, самодовольно опуская углы губ и покачиваясь, — меня удовлетворить не легко; меня не надуешь». Фрондерство Николая Артемьевича состояло в том, что он услышит, например, слово «нервы» и скажет: «А что такое нервы?» — или кто-нибудь упомянет при нем об успехах астрономии, а он скажет: «А вы верите в астрономию?» Когда же он хотел окончательно сразить противника, он говорил: «Всё это одни фразы». Должно сознаться, что многим лицам такого рода возражения казались (и до сих пор кажутся) неопровержимыми; но Николай Артемьевич никак не подозревал того, что

Августина Христиановна в письмах к своей кузине, Феодолинде Петерзилиус, называла его: Mein Pinselchen[1].

Жена Николая Артемьевича, Анна Васильевна, была маленькая и худенькая женщина, с тонкими чертами лица, склонная к волнению и грусти. В пансионе она занималась музыкой и читала романы, потом всё это бросила; стала рядиться, и это оставила; занялась было воспитанием дочери, и тут ослабела и передала ее на руки к гувернантке; кончилось тем, что она только и делала, что грустила и тихо волновалась. Рождение Елены Николаевны расстроило ее здоровье, и она уже не могла более иметь детей; Николай Артемьевич намекал на это обстоятельство, оправдывая свое знакомство с Августиной Христиановной. Неверность мужа очень огорчала Анну Васильевну; особенно больно ей было то, что он однажды обманом подарил своей немке пару серых лошадей с ее, Анны Васильевны, собственного завода. В глаза она его никогда не упрекала, но украдкой жаловалась на него поочередно всем в доме, даже дочери. Анна Васильевна не любила выезжать; ей было приятно, когда у ней сидел гость и рассказывал что-нибудь; в одиночестве она тотчас занемогала. Сердце у ней было очень любящее и мягкое: жизнь ее скоро перемолола.

Павел Яковлевич Шубин доводился ей троюродным племянником. Отец его служил в Москве. Братья его поступили в кадетские корпуса; он был самый младший, любимец матери, нежного телосложения: он остался дома. Его назначали в университет и с трудом поддерживали в гимназии. С ранних лет начал он оказывать наклонность к ваянию, тяжеловесный сенатор Волгин увидал однажды одну его статуэтку у его тетки (ему было тогда лет шестнадцать) и объявил, что намерен покровительствовать юному таланту. Внезапная смерть отца Шубина чуть было не изменила всей будущности молодого человека. Сенатор, покровитель талантов, подарил ему гипсовый бюст Гомера — и только; но Анна Васильевна помогла ему деньгами, и он, с грехом пополам, девятнадцати лет поступил в университет, на медицинский факультет. Павел не чувствовал никакого расположения к медицине, но, по существовавшему в то время штату студентов, ни в какой другой факультет поступить было невозможно; притом он надеялся поучиться анатомии. Но он не выучился анатомии; на второй курс он не перешел и, не дождавшись

---

[1] Мой дурачок (*нем.*).

экзамена, вышел из университета с тем, чтобы посвятиться исключительно своему призванию. Он трудился усердно, но урывками; скитался по окрестностям Москвы, лепил и рисовал портреты крестьянских девок, сходился с разными лицами, молодыми и старыми, высокого и низкого полета, италиянскими формовщиками и русскими художниками, слышать не хотел об академии и не признавал ни одного профессора. Талантом он обладал положительным,— его начали знать по Москве. Мать его, парижанка родом, хорошей фамилии, добрая и умная женщина, выучила его по-французски, хлопотала и заботилась о нем денно и нощно, гордилась им и, умирая еще в молодых летах от чахотки, упросила Анну Васильевну взять его к себе на руки. Ему тогда уже пошел двадцать первый год. Анна Васильевна исполнила ее последнее желание: он занимал небольшую комнатку во флигеле дачи.

IV

— Пойдемте же кушать, пойдемте,— проговорила жалостным голосом хозяйка, и все отправились в столовую.— Сядьте подле меня, Zoé,— промолвила Анна Васильевна,— а ты, Hélène, займи гостя, а ты, Paul, пожалуйста, не шали и не дразни Zoé. У меня голова болит сегодня.

Шубин опять возвел глаза к небу; Zoé ответила ему полуулыбкой. Эта Zoé, или, говоря точнее Зоя Никитишна Мюллер, была миленькая, немного косенькая русская немочка с раздвоенным на конце носиком и красными крошечными губками, белокурая, пухленькая. Она очень недурно пела русские романсы, чистенько разыгрывала на фортепьяно разные то веселенькие, то чувствительные штучки; одевалась со вкусом, но как-то по-детски и уже слишком опрятно. Анна Васильевна взяла ее в компаньонки к своей дочери и почти постоянно держала ее при себе. Елена на это не жаловалась: она решительно не знала, о чем ей говорить с Зоей, когда ей случалось остаться с ней наедине.

Обед продолжался довольно долго; Берсенев разговаривал с Еленой об университетской жизни, о своих намерениях и надеждах; Шубин прислушивался и молчал, ел с преувеличенною жадностью, изредка бросая комически унылые взоры на Зою, которая отвечала ему все тою же флегматической улыбочкой. После обеда Елена с Берсеневым и Шубиным отправились в сад; Зоя посмотрела им вслед и, слегка пожав плечиком, села за фортепьяно. Анна Васильевна проговорила было: «Отчего же вы не идете тоже гулять?» — но, не дождавшись ответа, прибавила: «Сыграйте мне что-нибудь такое грустное...»

— «La dernière pensée» de Weber?[1] — спросила Зоя.

— Ах да, Вебера,— промолвила Анна Васильевна, опустилась в кресла, и слеза навернулась на ее ресницу.

Между тем Елена повела обоих приятелей в беседку из акаций, с деревянным столиком посередине и скамейками вокруг. Шубин оглянулся, подпрыгнул несколько раз и, промолвив шёпотом: «Подождите!», сбегал к себе в комнату, принес кусок глины и начал лепить фигуру Зои, покачивая головой, бормоча и посмеиваясь.

— Опять старые шутки,— произнесла Елена, взглянув на его работу, и обратилась к Берсеневу, с которым продолжала разговор, начатый за обедом.

— Старые шутки,— повторил Шубин.— Предмет-то больно неистощимый! Сегодня особенно она меня из терпения выводит.

— Это почему? — спросила Елена.— Подумаешь, вы говорите о какой-нибудь злой, неприятной старухе. Хорошенькая, молоденькая девочка...

— Конечно,— перебил Шубин,— она хорошенькая, очень хорошенькая; я уверен, что всякий прохожий, взглянув на нее, непременно должен подумать: вот бы с кем отлично... польку протанцевать; я также уверен, что она это знает и что это ей приятно... К чему же эти стыдливые ужимки, эта скромность? Ну, да вам известно, что я хочу сказать,— прибавил он сквозь зубы.— Впрочем, вы теперь другим заняты.

И, сломив фигуру Зои, Шубин принялся торопливо и словно с досадой лепить и мять глину.

— Итак, вы желали бы быть профессором? — спросила Елена Берсенева.

— Да,— возразил тот, втискивая между колен свои красные руки.— Это моя любимая мечта. Конечно, я очень хорошо знаю всё, чего мне недостает для того, чтобы быть достойным такого высокого... Я хочу сказать, что я слишком мало подготовлен, но я надеюсь получить позволение съездить за границу; пробуду там три-четыре года, если нужно, и тогда...

Он остановился, потупился, потом быстро вскинул глаза и, неловко улыбаясь, поправил волосы. Когда Берсенев

---

[1] «Последнюю думу» Вебера? (*фр.*)

говорил с женщиной, речь его становилась еще медлительнее и он еще более пришепетывал.

— Вы хотите быть профессором истории? — спросила Елена.

— Да, или философии,— прибавил он, понизив голос,— если это будет возможно.

— Он уже теперь силен, как чёрт, в философии,— заметил Шубин, проводя глубокие черты ногтем по глине,— на что ему за границу ездить?

— И вы будете вполне довольны вашим положением? — спросила Елена, подпершись локтем и глядя ему прямо в лицо.

— Вполне, Елена Николаевна, вполне. Какое же может быть лучше призвание? Помилуйте, пойти по следам Тимофея Николаевича... Одна мысль о подобной деятельности наполняет меня радостью и смущением, да... смущением, которого... которое происходит от сознания моих малых сил. Покойный батюшка благословил меня на это дело... Я никогда не забуду его последних слов.

— Ваш батюшка скончался нынешнею зимой?

— Да, Елена Николаевна, в феврале.

— Говорят,— продолжала Елена,— он оставил замечательное сочинение в рукописи; правда ли это?

— Да, оставил. Это был чудесный человек. Вы бы полюбили его, Елена Николаевна.

— Я в этом уверена. А какое содержание этого сочинения?

— Содержание этого сочинения, Елена Николаевна, передать вам в немногих словах несколько трудно. Мой отец был человек очень ученый, шеллингианец, он употреблял выражения не всегда ясные.

— Андрей Петрович,— перебила его Елена,— извините мое невежество, что такое значит: шеллингианец?

Берсенев слегка улыбнулся.

— Шеллингианец, это значит последователь Шеллинга, немецкого философа, а в чем состояло учение Шеллинга...

— Андрей Петрович! — воскликнул вдруг Шубин,— ради самого Бога! Уж не хочешь ли ты прочесть Елене Николаевне лекцию о Шеллинге? Пощади!

— Вовсе не лекцию,— пробормотал Берсенев и покраснел,— я хотел...

— А почему ж бы и не лекцию,— подхватила Елена.— Нам с вами лекции очень нужны, Павел Яковлевич.

Шубин уставился на нее и вдруг захохотал.

— Чему же вы смеетесь? — спросила она холодно и почти резко.

Шубин умолк.

— Ну полноте, не сердитесь,— промолвил он спустя немного.— Я виноват. Но в самом деле, что за охота, помилуйте, теперь, в такую погоду, под этими деревьями, толковать о философии? Давайте лучше говорить о соловьях, о розах, о молодых глазах и улыбках.

— Да; и о французских романах, о женских тряпках,— продолжала Елена.

— Пожалуй, и о тряпках,— возразил Шубин,— если они красивы.

— Пожалуй. Но если нам не хочется говорить о тряпках? Вы величаете себя свободным художником, зачем же вы посягаете на свободу других? И позвольте вас спросить, при таком образе мыслей зачем вы нападаете на Зою? С ней особенно удобно говорить о тряпках и о розах.

Шубин вдруг вспыхнул и приподнялся со скамейки.

— А, вот как? — начал он неверным голосом.— Я понимаю ваш намек; вы меня отсылаете к ней, Елена Николаевна. Другими словами, я здесь лишний?

— Я не думала отсылать вас отсюда.

— Вы хотите сказать,— продолжал запальчиво Шубин,— что я не стою другого общества, что я ей под пару, что я так же пуст, и вздорен, и мелок, как эта сладковатая немочка? Не так ли-с?

Елена нахмурила брови.

— Вы не всегда так о ней отзывались, Павел Яковлевич,— заметила она.

— А! упрек! упрек теперь! — воскликнул Шубин.— Ну да, я не скрываю, была минута, именно одна минута, когда эти свежие, пошлые щечки... Но если б я захотел отплатить вам упреком и напомнить вам... Прощайте-с,— прибавил он вдруг,— я готов завраться.

И, ударив рукой по слепленной в виде головы глине, он выбежал из беседки и ушел к себе в комнату.

— Дитя,— проговорила Елена, поглядев ему вслед.

— Художник,— промолвил с тихой улыбкой Берсенев.— Все художники таковы. Надобно им прощать их капризы. Это их право.

— Да,— возразила Елена,— но Павел до сих пор еще ничем не упрочил за собой этого права. Что он сделал до сих пор? Дайте мне руку и пойдемте по аллее. Он помешал нам. Мы говорили о сочинении вашего батюшки.

Берсенев взял руку Елены и пошел за ней по саду,

но начатый разговор, слишком рано прерванный, не возобновился; Берсенев снова принялся излагать свои воззрения на профессорское звание, на будущую свою деятельность. Он тихо двигался рядом с Еленой, неловко выступал, неловко поддерживал ее руку, изредка толкал ее плечом и ни разу не взглянул на нее; но речь его текла легко, если не совсем свободно, он выражался просто и верно, и в глазах его, медленно блуждавших по стволам деревьев, по песку дорожки, по траве, светилось тихое умиление благородных чувств, а в успокоенном голосе слышалась радость человека, который сознает, что ему удается высказываться перед другим, дорогим ему человеком. Елена слушала его внимательно и, обернувшись к нему вполовину, не отводила взора от его слегка побледневшего лица, от глаз его, дружелюбных и кротких, хотя избегавших встречи с ее глазами. Душа ее раскрывалась, и что-то нежное, справедливое, хорошее не то вливалось в ее сердце, не то вырастало в нем.

V

Шубин не выходил из своей комнаты до самой ночи. Уже совсем стемнело, неполный месяц стоял высоко на небе. Млечный Путь забелел и звезды запестрели, когда Берсенев, простившись с Анной Васильевной, Еленой и Зоей, подошел к двери своего приятеля. Он нашел ее запертою и постучался.

— Кто там? — раздался голос Шубина.

— Я, — отвечал Берсенев.

— Чего тебе?

— Впусти меня, Павел, полно капризничать; как тебе не стыдно?

— Я не капризничаю, я сплю и вижу во сне Зою.

— Перестань, пожалуйста. Ты не ребенок. Впусти меня. Мне нужно с тобою поговорить.

— Ты не наговорился еще с Еленой?

— Полно же, полно; впусти меня!

Шубин отвечал притворным храпеньем. Берсенев пожал плечами и отправился домой.

Ночь была тепла и как-то особенно безмолвна, точно всё кругом прислушивалось и караулило; и Берсенев, охваченный неподвижною мглою, невольно останавливался и тоже прислушивался и караулил. Легкий шорох, подобный шелесту женского платья, поднимался по временам в верхушках близких деревьев и возбуждал в Берсеневе

291

ощущение сладкое и жуткое, ощущение полустраха. Мурашки пробегали по его щекам, глаза холодели от мгновенной слезы,— ему бы хотелось выступать совсем неслышно, прятаться, красться. Резкий ветерок набежал на него сбоку: он чуть-чуть вздрогнул и замер на месте; сонный жук свалился с ветки и стукнулся о дорогу; Берсенев тихо воскликнул: «А!» — и опять остановился. Но он начал думать о Елене, и все эти мимолетные ощущения исчезли разом: осталось одно живительное впечатление ночной свежести и ночной прогулки; всю душу его занял образ молодой девушки. Берсенев шел, потупя голову, и припоминал ее слова, ее вопросы. Топот быстрых шагов почудился ему сзади. Он приник ухом: кто-то бежал, кто-то догонял его; послышалось прерывистое дыхание, и вдруг перед ним, из черного круга тени, падавшей от большого дерева, без шапки на растрепанных волосах, весь бледный при свете луны, вынырнул Шубин.

— Я рад, что ты пошел по этой дороге,— с трудом проговорил он,— я бы всю ночь не заснул, если б я не догнал тебя. Дай мне руку. Ведь ты домой идешь?

— Домой.

— Я тебя провожу.

— Да как же ты пойдешь без шапки?

— Ничего. Я и галстух снял. Теперь тепло.

Приятели сделали несколько шагов.

— Не правда ли, я был очень глуп сегодня? — спросил внезапно Шубин.

— Откровенно говоря, да. Я тебя понять не мог. Я тебя таким никогда не видал. И отчего ты рассердился, помилуй! Из-за каких пустяков?

— Гм,— промычал Шубин.— Вот как ты выражаешься, а мне не до пустяков. Видишь ли,— прибавил он,— я должен тебе заметить, что я... что... Думай обо мне что хочешь... я... ну да! я влюблен в Елену.

— Ты влюблен в Елену! — повторил Берсенев и остановился.

— Да,— с принужденною небрежностию продолжал Шубин.— Это тебя удивляет? Скажу тебе более. До нынешнего вечера я мог надеяться, что и она со временем меня полюбит. Но сегодня я убедился, что мне надеяться нечего. Она полюбила другого.

— Другого? кого же?

— Кого? Тебя! — воскликнул Шубин и ударил Берсенева по плечу.

— Меня!

— Тебя,— повторил Шубин.

Берсенев отступил шаг назад и остался неподвижен. Шубин зорко посмотрел на него.

— И это тебя удивляет? Ты скромный юноша. Но она тебя любит. На этот счет ты можешь быть спокоен.

— Что за вздор ты мелешь! — произнес, наконец, с досадой Берсенев.

— Нет, не вздор. А впрочем, что же мы стоим? Пойдем вперед. На ходу легче. Я ее давно знаю, и хорошо ее знаю. Я не могу ошибиться. Ты пришелся ей по сердцу. Было время, я ей нравился; но, во-первых, я для нее слишком легкомысленный молодой человек, а ты существо серьезное, ты нравственно и физически опрятная личность, ты... постой, я не кончил, ты добросовестно-умеренный энтузиаст, истый представитель тех жрецов науки, которыми,— нет, не которыми,— *коими* столь справедливо гордится класс среднего русского дворянства! А во-вторых, Елена на днях застала меня целующим руки у Зои!

— У Зои?

— Да, у Зои. Что прикажешь делать? У нее плечи так хороши.

— Плечи?

— Ну да, плечи, руки, не всё ли равно? Елена застала меня посреди этих свободных занятий после обеда, а перед обедом я в ее присутствии бранил Зою. Елена, к сожалению, не понимает всей естественности подобных противоречий. Тут *ты* подвернулся: ты идеалист, ты веришь... во что, бишь, ты веришь?.. ты краснеешь, смущаешься, толкуешь о Шиллере, о Шеллинге (она же всё отыскивает замечательных людей), вот ты и победил, а я, несчастный, стараюсь шутить... и... и... между тем...

Шубин вдруг заплакал, отошел в сторону, присел на землю и схватил себя за волосы.

Берсенев приблизился к нему.

— Павел,— начал он,— что это за детство? Помилуй! Что с тобою сегодня? Бог знает, какой вздор взбрел тебе в голову, и ты плачешь. Мне, право, кажется, что ты притворяешься.

Шубин поднял голову. Слезы блистали на его щеках в лучах луны, но лицо его улыбалось.

— Андрей Петрович,— заговорил он,— ты можешь думать обо мне что тебе угодно. Я даже готов согласиться, что у меня теперь истерика, но я, ей-Богу, влюблен в Елену, и Елена тебя любит. Впрочем, я обещал проводить тебя до дому и сдержу свое обещание.

Он встал.

— Какая ночь! серебристая, темная, молодая! Как хорошо теперь тем, кого любят! Как им весело не спать! Ты будешь спать, Андрей Петрович?

Берсенев ничего не отвечал и ускорил шаги.

— Куда ты торопишься? — продолжал Шубин.— Поверь моим словам, такой ночи в твоей жизни не повторится, а дома ждет тебя Шеллинг. Правда, он сослужил тебе сегодня службу; но ты все-таки не спеши. Пой, если умеешь, пой еще громче; если не умеешь — сними шляпу, закинь голову и улыбайся звездам. Они все на тебя смотрят, на одного тебя: звезды только и делают что смотрят на влюбленных людей,— оттого они так прелестны. Ведь ты влюблен, Андрей Петрович?.. Ты не отвечаешь мне... Отчего ты не отвечаешь? — заговорил опять Шубин.— О, если ты чувствуешь себя счастливым, молчи, молчи! Я болтаю, потому что я горемыка, я нелюбимый, я фокусник, артист, фигляр; но какие безмолвные восторги пил бы я в этих ночных струях, под этими звездами, под этими алмазами, если б я знал, что меня любят!.. Берсенев, ты счастлив?

Берсенев по-прежнему молчал и быстро шел по ровной дороге. Впереди, между деревьями, замелькали огни деревеньки, в которой он жил; она вся состояла из десятка небольших дач. При самом ее начале, направо от дороги, под двумя развесистыми березами, находилась мелочная лавочка; окна в ней уже были все заперты, но широкая полоса света падала веером из растворенной двери на притоптанную траву и била вверх по деревьям, резко озаряя беловатую изнанку сплошных листьев. Девушка, с виду горничная, стояла в лавке спиной к порогу и торговалась с хозяином: из-под красного платка, который она накинула себе на голову и придерживала обнаженной рукой у подбородка, едва виднелась ее круглая щечка и тонкая шейка. Молодые люди вступили в полосу света, Шубин глянул во внутренность лавки, остановился и кликнул: «Аннушка!» Девушка живо обернулась. Показалось миловидное, немножко широкое, но свежее лицо с веселыми карими глазами и черными бровями. «Аннушка!» — повторил Шубин. Девушка всмотрелась в него, испугалась, застыдилась и, не кончив покупки, спустилась с крылечка, проворно скользнула мимо и, чуть-чуть озираясь, пошла через дорогу, налево. Лавочник, человек пухлый и равнодушный ко всему на свете, как все загородные мелочные торговцы, крякнул и зевнул ей вслед, а Шубин обратился к Берсеневу со словами: «Это... это, вот видишь... тут есть у меня знакомое семейство... так это у них... ты не подумай...» — и, не докончив речи, побежал за уходившею девушкой.

— Утри по крайней мере свои слезы,— крикнул ему Берсенев и не мог удержаться от смеха. Но когда он вернулся домой, на лице его не было веселого выражения; он не смеялся более. Он ни на одно мгновение не поверил тому, что сказал ему Шубин, но слово, им произнесенное, запало глубоко ему в душу. «Павел меня дурачил,— думал он...— но она когда-нибудь полюбит... Кого полюбит она?»

У Берсенева в комнате стояло фортепьяно, небольшое и не новое, но с мягким и приятным, хоть и не совсем чистым тоном. Берсенев присел к нему и начал брать аккорды. Как все русские дворяне, он в молодости учился музыке и, как почти все русские дворяне, играл очень плохо; но он страстно любил музыку. Собственно говоря, он любил в ней не искусство, не формы, в которых она выражается (симфонии и сонаты, даже оперы наводили на него уныние), а ее стихию: любил те смутные и сладкие, беспредметные и всеобъемлющие ощущения, которые возбуждаются в душе сочетанием и переливами звуков. Более часа не отходил он от фортепьяно, много раз повторяя одни и те же аккорды, неловко отыскивая новые, останавливаясь и замирая на уменьшенных септимах. Сердце в нем ныло, и глаза не однажды наполнялись слезами. Он не стыдился их: он проливал их в темноте. «Прав Павел,— думал он,— я предчувствую: этот вечер не повторится». Наконец он встал, зажег свечку, накинул халат, достал с полки второй том «Истории Гогенштауфенов» Раумера — и, вздохнув раза два, прилежно занялся чтением.

VI

Между тем Елена вернулась в свою комнату, села перед раскрытым окном и оперлась головой на руки. Проводить каждый вечер около четверти часа у окна своей комнаты вошло у ней в привычку. Она беседовала сама с собою в это время, отдавала себе отчет в протекшем дне. Ей недавно минул двадцатый год. Росту она была высокого, лицо имела бледное и смуглое, большие серые глаза под круглыми бровями, окруженные крошечными веснушками, лоб и нос совершенно прямые, сжатый рот и довольно острый подбородок. Ее темно-русая коса спускалась низко на тонкую шею. Во всем ее существе, в выражении лица, внимательном и немного пугливом, в ясном, но изменчивом взоре, в улыбке, как будто напряженной, в голосе, тихом и неровном, было что-то нервическое, электрическое, что-то порывистое и торопливое, словом что-то такое, что не могло всем нравиться, что даже отталкивало иных. Руки у ней были узкие, розовые, с длинными пальцами, ноги тоже узкие: она ходила быстро, почти стремительно, немного наклоняясь вперед. Она росла очень странно; сперва обожала отца, потом страстно привязалась к матери и охладела к обоим, особенно к отцу. В последнее время она обходилась с матерью, как с больною бабушкой; а отец, который гордился ею, пока она слыла за необыкновенного ребенка, стал ее бояться, когда она выросла, и говорил о ней, что она какая-то восторженная республиканка, Бог знает в кого! Слабость возмущала ее, глупость сердила, ложь она не прощала «во веки веков»; требования ее ни перед чем не отступали, самые молитвы не раз мешались с укором. Стоило человеку потерять ее уважение, — а суд произносила она скоро, часто слишком скоро, — и уж он переставал существовать для нее. Все впечатления резко ложились в ее душу; не легко давалась ей жизнь.

Гувернантка, которой Анна Васильевна поручила докончить воспитание своей дочери, — воспитание, заметим в скобках, даже не начатое скучавшей барыней, — была из русских, дочь разорившегося взяточника, институтка, очень чувствительное, доброе и лживое существо; она то и дело влюблялась и кончила тем, что в пятидесятом году (когда Елене минуло семнадцать лет) вышла замуж за какого-то офицера, который тут же ее и бросил. Гувернантка эта очень любила литературу и сама пописывала стишки; она приохотила Елену к чтению, но чтение одно ее не удовлетворяло: она с детства жаждала деятельности, деятельного добра; нищие, голодные, больные ее занимали, тревожили, мучили; она видела их во сне, расспрашивала об них всех своих знакомых; милостыню она подавала заботливо, с невольною важностью, почти с волнением. Все притесненные животные, худые дворовые собаки, осужденные на смерть котята, выпавшие из гнезда воробьи, даже насекомые и гады находили в Елене покровительство и защиту: она сама кормила их, не гнушалась ими. Мать не мешала ей; зато отец очень негодовал на свою дочь за ее, как он выражался, пошлое нежничанье и уверял, что от собак да кошек в доме ступить негде. «Леночка, — кричал он ей бывало, — иди скорей, паук муху сосет, освобождай несчастную!» И Леночка, вся встревоженная, прибегала, освобождала муху, расклеивала ей лапки. «Ну, теперь дай себя покусать, коли ты такая добрая»,— иронически замечал отец; но она его не слушала. На десятом году Елена познакомилась с нищею девочкой Катей и тайком ходила к ней на свидание в сад, приносила ей лакомства, дарила ей платки, гривеннички — игрушек Катя не брала. Она садилась с ней рядом на сухую землю, в глуши, за кустом крапивы; с чувством радостного смирения ела ее черствый хлеб, слушала ее рассказы. У Кати была тетка, злая старуха, которая ее часто била; Катя ее ненавидела и всё говорила о том, как она убежит от тетки, как будет жить на *всей Божьей воле;* с тайным уважением и страхом внимала Елена этим неведомым, новым словам, пристально смотрела на Катю, и всё в ней тогда — ее черные, быстрые, почти звериные глаза, ее загорелые руки, глухой голосок, даже ее изорванное платье — казалось Елене чем-то особенным, чуть не священным. Елена возвращалась домой и долго потом думала о нищих, о Божьей воле; думала о том, как она вырежет себе ореховую палку, и сумку наденет, и убежит с Катей, как она будет скитаться по дорогам в венке из васильков: она однажды видела Катю в таком венке. Входил ли в это время кто-нибудь из родных в комнату, она дичилась и глядела букой. Однажды она в дождь бегала на свиданье с Катей и запачкала себе платье; отец увидал ее и назвал замарашкой, крестьянкой. Она вспыхнула вся — и страшно и чудно стало ей на сердце. Катя часто напевала какую-то полудикую солдатскую песенку; Елена выучилась у ней этой песенке... Анна Васильевна подслушала ее и пришла в негодование.

— Откуда ты набралась этой мерзости? — спросила она свою дочь.

Елена только посмотрела на мать и ни слова не сказала: она почувствовала, что скорее позволит растерзать себя на части, чем выдаст свою тайну, и опять стало ей и страшно и сладко на сердце. Впрочем, знакомство ее с Катей продолжалось недолго: бедная девочка занемогла горячкой и через несколько дней умерла.

Елена очень тосковала и долго по ночам заснуть не могла, когда узнала о смерти Кати. Последние слова нищей девочки беспрестанно звучали у ней в ушах, и ей самой казалось, что ее зовут...

А годы шли да шли; быстро и неслышно, как подснежные воды, протекала молодость Елены, в бездействии внешнем, во внутренней борьбе и тревоге. Подруг у ней не было: изо всех девиц, посещавших дом Стаховых, она не сошлась ни с одной. Родительская власть никогда не тяготела над Еленой, а с шестнадцатилетнего возраста она стала совсем независима; она зажила собственною своею жизнию, но жизнию одинокою. Ее душа и разгоралась и погасала одиноко, она билась, как птица в клетке, а клетки не было: никто не стеснял ее, никто ее не удерживал, а она рвалась и томилась. Она иногда сама себя не понимала, даже боялась самой себя. Всё, что окружало ее, казалось ей не то бессмысленным, не то непонятным. «Как жить без любви? а любить некого!» — думала она, и страшно становилось ей от этих дум, от этих ощущений. Восемнадцати лет она чуть не умерла от злокачественной лихорадки; потрясенный до основания, весь ее организм, от природы здоровый и крепкий, долго не мог справиться: последние следы болезни исчезли наконец, но отец Елены Николаевны всё еще не без озлобления толковал об ее нервах. Иногда ей приходило в голову, что она желает чего-то, чего никто не желает, о чем никто не мыслит в целой России. Потом она утихала, даже смеялась над собой, беспечно проводила день за днем, но внезапно что-то сильное, безымянное, с чем она совладеть не умела, так и закипало в ней, так и просилось вырваться наружу. Гроза проходила, опускались усталые, не взлетевшие крылья; но эти порывы не обходились ей даром. Как она ни старалась не выдать того, что в ней происходило, тоска взволнованной души сказывалась в самом ее наружном спокойствии, и родные ее часто были вправе пожимать плечами, удивляться и не понимать ее «странностей».

В день, с которого начался наш рассказ, Елена дольше обыкновенного не отходила от окна. Она много думала о Берсеневе, о своем разговоре с ним. Он ей нравился; она верила теплоте его чувств, чистоте его намерений. Он никогда еще так не говорил с ней, как в тот вечер. Она вспомнила выражение его несмелых глаз, его улыбки — и сама улыбнулась и задумалась, но уже не о нем. Она принялась глядеть «в ночь» через открытое окно. Долго глядела она на темное, низко нависшее небо; потом она встала, движением головы откинула от лица волосы и, сама не зная зачем, протянула к нему, к этому небу, свои обнаженные, похолодевшие руки; потом она их уронила, стала на колени перед своею постелью, прижалась лицом к подушке и, несмотря на все свои усилия не поддаться нахлынувшему на нее чувству, заплакала какими-то странными, недоумевающими, но жгучими слезами.

VII

На другой день, часу в двенадцатом, Берсенев отправился на обратном извозчике в Москву. Ему нужно было получить с почты деньги, купить кой-какие книги, да кстати ему хотелось повидаться с Инсаровым и переговорить с ним. Берсеневу, во время последней беседы с Шубиным, пришла мысль пригласить Инсарова к себе на дачу. Но он не скоро отыскал его: с прежней своей квартиры он переехал на другую, до которой добраться было нелегко: она находилась на заднем дворе безобразного каменного дома, построенного на петербургский манер между Арбатом и Поварской. Тщетно Берсенев скитался от одного грязного крылечка к другому, тщетно взывал то к дворнику, то к «кому-нибудь». Дворники и в Петербурге стараются избегать взоров посетителей, а в Москве подавно: никто не откликнулся Берсеневу; только любопытный портной, в одном жилете и с мотком серых ниток на плече, выставил молча из высокой форточки свое тусклое и небритое лицо с подбитым глазом да черная безрогая коза, взобравшаяся на навозную кучу, обернулась, проблеяла жалобно и проворнее прежнего зажевала свою жвачку. Какая-то женщина в старом салопе и стоптанных сапогах сжалилась, наконец, над Берсеневым и указала ему квартиру Инсарова. Берсенев застал его дома. Он нанимал комнату у самого того портного, который столь равнодушно взирал из форточки на затруднение забредшего человека,— большую, почти совсем пустую комнату с темно-зелеными стенами, тремя квадратными окнами, крошечною кроваткой в одном углу, кожаным диванчиком в другом и громадной клеткой, подвешенной под самый потолок; в этой клетке когда-то жил соловей. Инсаров пошел навстречу Берсеневу, как только тот переступил порог дверей, но не воскликнул: «А, это вы!» или: «Ах, Боже мой, какими судьбами?», не сказал даже: «Здравствуйте», а просто стиснул ему руку и подвел его к единственному, находившемуся в комнате, стулу.

— Сядьте,— сказал он и сам присел на край стола.

— У меня, вы видите, еще беспорядок,— прибавил Инсаров, указывая на груду бумаг и книг на полу,— еще не обзавелся как должно. Некогда еще было.

Инсаров говорил по-русски совершенно правильно, крепко и чисто произнося каждое слово; но его гортанный, впрочем приятный голос звучал чем-то нерусским. Иностранное происхождение Инсарова (он был болгар родом) еще яснее сказывалось в его наружности: это был молодой человек лет двадцати пяти, худощавый и жилистый, с впалою грудью, с узловатыми руками; черты лица имел он резкие, нос с горбиной, иссиня-черные прямые волосы, небольшой лоб, небольшие, пристально глядевшие, углубленные глаза, густые брови; когда он улыбался, прекрасные белые зубы показывались на миг из-под тонких, жестких, слишком отчетливо очерченных губ. Одет он был в старенький, но опрятный сюртучок, застегнутый доверху.

— Зачем вы с прежней вашей квартиры съехали? — спросил его Берсенев.

— Эта дешевле; к университету ближе.

— Да ведь теперь вакации... И что вам за охота жить в городе летом! Наняли бы дачу, коли уж решились переезжать.

Инсаров ничего не отвечал на это замечание и предложил Берсеневу трубку, примолвив: «Извините, папирос и сигар не имею».

Берсенев закурил трубку.

— Вот я,— продолжал он,— нанял себе домик возле Кунцева. Очень дешево и очень удобно. Так что даже лишняя есть комната наверху.

Инсаров опять ничего не отвечал.

Берсенев затянулся.

— Я даже думал,— заговорил он снова, выпуская дым тонкою струей,— что если бы, например, нашелся кто-нибудь... вы, например, так думал я... который бы захотел... который бы согласился поместиться у меня там наверху... как бы это хорошо было! Как вы полагаете, Дмитрий Никанорыч?

Инсаров вскинул на него свои небольшие глазки.

— Вы мне предлагаете жить у вас на даче?

— Да; у меня наверху там есть лишняя комната.

— Очень вам благодарен, Андрей Петрович; но я полагаю, средства мои мне не позволяют этого.

— То есть как же не позволяют?

— Не позволяют жить на даче. Мне две квартиры держать невозможно.

— Да ведь я...— начал было Берсенев и остановился.— Вам от этого никаких лишних расходов бы не было,— продолжал он.— Здешняя квартира осталась бы, положим, за вами; зато там всё очень дешево; можно бы даже так устроиться, чтоб обедать, например, вместе.

Инсаров молчал. Берсеневу стало неловко.

— По крайней мере навестите меня когда-нибудь,—

начал он, погодя немного.— От меня в двух шагах живет семейство, с которым мне очень хочется вас познакомить. Какая там есть чудная девушка, если бы вы знали, Инсаров! Там также живет один мой близкий приятель, человек с большим талантом; я уверен, что вы с ним сойдетесь. (Русский человек любит потчевать — коли нечем иным, так своими знакомыми.) Право, приезжайте. А еще лучше, переселяйтесь к нам, право. Мы бы могли вместе работать, читать... Я, вы знаете, занимаюсь историей, философией. Всё это вас интересует, у меня и книг много.

Инсаров встал и прошелся по комнате.

— Позвольте узнать,— спросил он наконец,— сколько вы платите за вашу дачу?

— Сто рублей серебром.

— А сколько в ней всего комнат?

— Пять.

— Стало быть, по расчету, приходилось бы за одну комнату двадцать рублей?

— По расчету... Да помилуйте, она мне совсем не нужна. Просто стоит пустая.

— Может быть; но послушайте,— прибавил Инсаров с решительным и в то же время простодушным движением головы.— Я только в таком случае могу воспользоваться вашим предложением, если вы согласитесь взять с меня деньги по расчету. Двадцать рублей дать я в силах, тем более что, по вашим словам, я буду там делать экономию на всем прочем.

— Разумеется; но, право же, мне совестно.

— Иначе нельзя, Андрей Петрович.

— Ну, как хотите; только какой же вы упрямый!

Инсаров опять ничего не ответил.

Молодые люди условились насчет дня, в который Инсаров должен был переселиться. Позвали хозяина; но он сперва прислал свою дочку, девочку лет семи, с огромным пестрым платком на голове; она внимательно, чуть не с ужасом, выслушала всё, что ей сказал Инсаров, и ушла молча; вслед за ней появилась ее мать, беременная на сносе, тоже с платком на голове, только крошечным. Инсаров объяснил ей, что он переезжает на дачу возле Кунцева, но оставляет квартиру за собой и поручает ей все свои вещи; портниха тоже словно испугалась и удалилась. Наконец, пришел хозяин; этот сначала как будто всё понял и только задумчиво проговорил: «Возле Кунцева?» — а потом вдруг отпер дверь и закричал: «За вами, што ль, фатера?» Инсаров его успокоил. «Потому, надо знать»,— повторил портной сурово и скрылся.

Берсенев отправился восвояси, очень довольный успехом своего предложения. Инсаров проводил его до двери с любезною, в России мало употребительною вежливостью и, оставшись один, бережно снял сюртук и занялся раскладыванием своих бумаг.

VIII

Вечером того же дня Анна Васильевна сидела в своей гостиной и собиралась плакать. Кроме ее, в комнате находился ее муж да еще некто Увар Иванович Стахов, троюродный дядя Николая Артемьевича, отставной корнет лет шестидесяти, человек тучный до неподвижности, с сонливыми желтыми глазками и бесцветными толстыми губами на желтом пухлом лице. Он с самой отставки постоянно жил в Москве процентами с небольшого капитала, оставленного ему женой из купчих. Он ничего не делал и навряд ли думал, а если и думал, так берег свои думы про себя. Раз только в жизни он пришел в волнение и оказал деятельность, а именно: он прочел в газетах о новом инструменте на всемирной лондонской выставке — «контробомбардоне» и пожелал выписать себе этот инструмент, даже спрашивал, куда послать деньги и через какую контору? Увар Иванович носил просторный сюртук табачного цвета и белый платок на шее, ел часто и много, и только в затруднительных случаях, то есть всякий раз, когда ему приходилось выразить какое-либо мнение, судорожно двигал пальцами правой руки по воздуху, сперва от большого пальца к мизинцу, потом от мизинца к большому пальцу, с трудом приговаривая: «Надо бы... как-нибудь, того...»

Увар Иванович сидел в креслах возле окна и дышал напряженно. Николай Артемьевич ходил большими шагами по комнате, засунув руки в карманы; лицо его выражало неудовольствие.

Он остановился наконец и покачал головой.

— Да,— начал он,— в наше время молодые люди были иначе воспитаны. Молодые люди не позволяли себе манкировать старшим. (Он произнес: *ман*, в нос, по-французски.) А теперь я только гляжу и удивляюсь. Может быть, не прав *я*, а *они* правы; может быть. Но всё же у меня есть свой взгляд на вещи: не олухом же я родился. Как вы об этом думаете, Увар Иванович?

Увар Иванович только поглядел на него и поиграл пальцами.

— Елену Николаевну, например,— продолжал Николай Артемьевич,— Елену Николаевну я не понимаю, точно. Я для нее не довольно возвышен. Ее сердце так обширно, что обнимает всю природу, до малейшего таракана или лягушки, словом всё, за исключением родного отца. Ну, прекрасно; я это знаю и уж не суюсь. Потому тут и нервы, и ученость, и паренье в небеса, это всё не по нашей части. Но господин Шубин... положим, он артист удивительный, необыкновенный, я об этом не спорю; однако манкировать старшему, человеку, которому он все-таки, можно сказать, обязан многим,— это я, признаюсь, dans mon gros bon sens[1], допустить не могу. Я от природы не взыскателен, нет; но всему есть мера.

Анна Васильевна позвонила с волнением. Вошел казачок.

— Что же Павел Яковлевич не идет? — проговорила она.— Что это я его дозваться не могу?

Николай Артемьевич пожал плечами.

— Да на что, помилуйте, вы хотите его позвать? Я этого вовсе не требую, не желаю даже.

— Как на что, Николай Артемьевич? Он вас обеспокоил; может быть, помешал курсу вашего лечения. Я хочу объясниться с ним. Я хочу знать, чем он мог вас прогневать.

— Я вам повторяю, что я этого не требую. И что за охота... devant les domestiques[2]...

Анна Васильевна слегка покраснела.

— Напрасно вы это говорите, Николай Артемьевич. Я никогда... devant... les domestiques... Ступай, Федюшка, да смотри, сейчас приведи сюда Павла Яковлевича.

Казачок вышел.

— И нисколько это всё не нужно,— проговорил сквозь зубы Николай Артемьевич и снова принялся шагать по комнате.— Я совсем не к тому речь вел.

— Помилуйте, Paul должен извиниться перед вами.

— Помилуйте, на что мне его извинения? И что такое извинения? Это всё фразы.

— Как на что? его вразумить надо.

— Вразумите его вы сами. Он вас скорей послушает. А я на него не в претензии.

---

[1] по моему простому здравому смыслу *(фр.)*.
[2] при слугах... *(фр.)*

— Нет, Николай Артемьевич, вы сегодня с самого вашего приезда не в духе. Вы даже, на мои глаза, похудели в последнее время. Я боюсь, что курс лечения вам не помогает.

— Курс лечения мне необходим,— заметил Николай Артемьевич,— у меня печень не в порядке.

В это мгновение вошел Шубин. Он казался усталым. Легкая, чуть-чуть насмешливая улыбка играла на его губах.

— Вы меня спрашивали, Анна Васильевна? — промолвил он.

— Да, конечно спрашивала. Помилуй, Paul, это ужасно. Я тобой очень недовольна. Как ты можешь манкировать Николаю Артемьевичу?

— Николай Артемьевич вам жаловался на меня? — спросил Шубин и с тою же усмешкой на губах глянул на Стахова.

Тот отвернулся и опустил глаза.

— Да, жаловался. Я не знаю, чем ты перед ним провинился, но ты должен сейчас извиниться, потому что его здоровье очень теперь расстроено, и, наконец, мы все в молодых летах должны уважать своих благодетелей.

«Эх, логика!» — подумал Шубин и обратился к Стахову:

— Я готов извиниться перед вами, Николай Артемьевич,— проговорил он с учтивым полупоклоном,— если я вас точно чем-нибудь обидел.

— Я вовсе... не с тем,— возразил Николай Артемьевич, по-прежнему избегая взоров Шубина.— Впрочем, я охотно вас прощаю, потому что, вы знаете, я невзыскательный человек.

— О, это не подвержено никакому сомнению! — промолвил Шубин.— Но позвольте полюбопытствовать: известно ли Анне Васильевне, в чем именно состоит моя вина?

— Нет, я ничего не знаю,— заметила Анна Васильевна и вытянула шею.

— О Боже мой! — торопливо воскликнул Николай Артемьевич,— сколько раз уж я просил, умолял, сколько раз говорил, как мне противны все эти объяснения и сцены! В кои-то веки приедешь домой, хочешь отдохнуть,— говорят: семейный круг, intérieur, будь семьянином,— а тут сцены, неприятности. Минуты нет покоя. Поневоле поедешь в клуб или... или куда-нибудь. Человек живой, у него физика, она имеет свои требования, а тут...

И, не докончив начатой речи, Николай Артемьевич

быстро вышел вон и хлопнул дверью. Анна Васильевна посмотрела ему вслед.

— В клуб? — горько прошептала она.— Не в клуб вы едете, ветреник! В клубе некому дарить лошадей собственного завода — да еще серых! Любимой моей масти. Да, да, легкомысленный человек,— прибавила она, возвысив голос,— не в клуб вы едете. А ты, Paul,— продолжала она вставая,— как тебе не стыдно? Кажется, не маленький. Вот теперь у меня голова заболела. Где Зоя, не знаешь?

— Кажется, у себя наверху. Рассудительная сия лисичка в такую погоду всегда в свою норку прячется.

— Ну, пожалуйста, пожалуйста! — Анна Васильевна поискала вокруг себя.— Рюмочку мою с натертым хреном ты не видел? Raul, сделай одолжение, вперед не серди меня.

— Где вас рассердить, тетушка? Дайте мне вашу ручку поцеловать. А хрен ваш я видел в кабинете на столике.

— Дарья его вечно где-нибудь позабудет,— промолвила Анна Васильевна и удалилась, шумя шелковым платьем.

Шубин хотел было пойти за ней, но остановился, услышав за собою медлительный голос Увара Ивановича.

— Не так бы тебя, молокососа... следовало,— говорил вперемежку отставной корнет.

Шубин подошел к нему.

— А за что же бы меня следовало, достохвальный Увар Иванович?

— За что? Млад ты, так уважай. Да.

— Кого?

— Кого? Известно кого. Скаль зубы-то.

Шубин скрестил руки на груди.

— Ах вы, представитель хорового начала,— воскликнул он,— черноземная вы сила, фундамент вы общественного здания!

Увар Иванович заиграл пальцами.

— Полно, брат, не искушай.

— Ведь вот,— продолжал Шубин,— не молодой, кажется, дворянин, а сколько в нем еще таится счастливой, детской веры! Уважать! Да знаете ли вы, стихийный вы человек, за что Николай Артемьевич гневается на меня? Ведь я с ним сегодня целое утро провел у его немки; ведь мы сегодня втроем пели «Не отходи от меня»; вот бы вы послушали. Вас, кажется, это берет. Пели мы, сударь мой, пели — ну и скучно мне стало; вижу я: дело неладно, нежности много. Я и начал дразнить обоих. Хорошо вышло. Сперва она на меня рассердилась, а потом на него; а потом

305

он на нее рассердился и сказал ей, что он только дома счастлив и что у него там рай; а она ему сказала, что он нрав-
венности не имеет; а я ей сказал «Ах!» по-немецки;
он ушел, а я остался; он приехал сюда, в рай то есть, а
в раю ему тошно. Вот он и принялся брюзжать. Ну-с, кто
теперь, по-вашему, виноват?

— Конечно, ты,— возразил Увар Иванович.

Шубин уставился на него.

— Осмелюсь спросить у вас, почтенный витязь,—
начал он подобострастным голосом,— эти загадочные слова
вы изволили произнести вследствие какого-либо соображения вашей мыслительной способности или же под наитием
мгновенной потребности произвести сотрясение в воздухе,
называемое звуком?

— Не искушай, говорят! — простонал Увар Иванович.

Шубин засмеялся и выбежал вон.

— Эй! — воскликнул четверть часа спустя Увар Иванович,— того... рюмку водки.

Казачок принес водки и закуску на подносе. Увар Иванович тихонько взял с подноса рюмку и долго, с усиленным вниманием глядел на нее, как будто не понимая хорошенько, что у него такое в руке. Потом он посмотрел на
казачка и спросил: не Васькой ли его зовут? Потом он
принял огорченный вид, выпил водки, закусил и полез
доставать носовой платок из кармана. Но казачок уже давно отнес поднос и графин на место, и остаток селедки съел,
и уже успел соснуть, прикорнув к барскому пальто, а Увар
Иванович всё еще держал платок перед собой на расто-
пыренных пальцах и с тем же усиленным вниманием посматривал то в окно, то на пол и стены.

IX

Шубин вернулся к себе во флигель и раскрыл было
книгу. Камердинер Николая Артемьевича осторожно вошел в его комнату и вручил ему небольшую трехугольную
записку, запечатанную крупною гербовою печатью. «Я надеюсь,— стояло в этой записке,— что вы, как честный человек, не позволите себе намекнуть даже единым словом
на некоторый вексель, о котором была сегодня утром речь.
Вам известны мои отношения и мои правила, незначитель-
ность самой суммы и другие обстоятельства; наконец,
есть семейные тайны, которые должно уважать, и семей-
ное спокойствие есть такая святыня, которую одни êtres

sans coeur[1], к которым я не имею причины вас причислить, отвергают! (Сию записку возвратите.) Н. С.».

Шубин начертил внизу карандашом: «Не беспокойтесь — я еще пока платков из карманов не таскаю»; возвратил записку камердинеру и снова взялся за книгу. Но она скоро выскользнула у него из рук. Он посмотрел на заалевшееся небо, на две молодые могучие сосны, стоявшие особняком от остальных деревьев, подумал: «Днем сосны синеватые бывают, а какие они великолепно-зеленые вечером» — и отправился в сад, с тайною надеждой встретить там Елену. Он не обманулся. Впереди, на дороге между кустами, мелькнуло ее платье. Он нагнал ее и, поравнявшись с нею, промолвил:

— Не глядите в мою сторону, я не стóю.

Она бегло взглянула на него, бегло улыбнулась и пошла дальше, в глубь сада. Шубин отправился вслед за нею.

— Я прошу вас не смотреть на меня,— начал он,— а заговариваю с вами: противоречие явное! Но это всё равно, мне не впервой. Я сейчас вспомнил, что я еще не попросил у вас как следует прощения в моей глупой вчерашней выходке. Вы не сердитесь на меня, Елена Николаевна?

Она остановилась и не тотчас отвечала ему — не потому, чтоб она сердилась, а ее мысли были далеко.

— Нет,— сказала она наконец,— я нисколько не сержусь.

Шубин закусил губу.

— Какое озабоченное... и какое равнодушное лицо! — пробормотал он.— Елена Николаевна,— продолжал он, возвысив голос,— позвольте мне рассказать вам маленький анекдотец. У меня был приятель, а у этого приятеля был тоже приятель, который сперва вел себя, как следует порядочному человеку, а потом запил. Вот однажды рано поутру мой приятель встречает его на улице (а уж они, заметьте, раззнакомились), встречает его и видит, что он пьян. Мой приятель взял да отвернулся от него. А тот-то подошел, да и говорит: «Я бы не рассердился, говорит, если б вы не поклонились, но зачем отворачиваться? Может быть, это я с горя. Мир моему праху!»

Шубин умолк.

— И только? — спросила Елена.

— Только.

---

[1] бессердечные существа *(фр.)*.

— Я вас не понимаю. На что вы намекаете? Сейчас вы говорили мне, чтоб я не глядела в вашу сторону.

— Да, а теперь я вам рассказал, как нехорошо отворачиваться.

— Да разве я...— начала было Елена.

— А разве нет?

Елена слегка покраснела и протянула Шубину руку. Он крепко пожал ее.

— Вот вы меня как будто поймали на дурном чувстве,— сказала Елена,— а ваше подозрение несправедливо. Я и не думала чуждаться вас.

— Положим, положим. Но сознайтесь, что у вас в эту минуту тысяча мыслей в голове, из которых вы мне ни одной не поверите. Что? небось не правду я сказал?

— Может быть.

— Да отчего же это? отчего?

— Мои мысли мне самой не ясны,— проговорила Елена.

— Тут-то их и доверять другому,— подхватил Шубин.— Но я вам скажу, в чем дело. Вы дурного мнения обо мне.

— Я?

— Да, вы. Вы воображаете, что во мне всё наполовину притворно, потому что я художник; что я не способен не только ни на какое дело,— в этом вы, вероятно, правы,— но даже ни к какому истинному, глубокому чувству: что я и плакать-то искренно не могу, что я болтун и сплетник,— и всё потому, что я художник. Что же мы после этого за несчастные, Богом убитые люди? Вы, например, я побожиться готов, не верите в мое раскаяние.

— Нет, Павел Яковлевич, я верю в ваше раскаяние, и в ваши слезы я верю. Но мне кажется, самое ваше раскаяние вас забавляет, да и слезы тоже.

Шубин дрогнул.

— Ну, я вижу, это, как выражаются доктора, неизлечимый казус, casus incurabilis. Тут остается только поникнуть головой да покориться. А между тем, господи! неужели это правда, неужели же я всё с собой вожусь, когда рядом живет такая душа? И знать, что никогда не проникнешь в эту душу, никогда не будешь ведать, отчего она грустит, отчего она радуется, что́ в ней бродит, чего ей хочется, куда она идет... Скажите,— промолвил он после небольшого молчания,— вы никогда, ни за что, ни в каком случае не полюбили бы художника?

Елена посмотрела ему прямо в глаза.

— Не думаю, Павел Яковлевич; нет.

— Что и требовалось доказать,— проговорил с комической унылостию Шубин.— Засим, я полагаю, мне приличнее не мешать вашей уединенной прогулке. Профессор спросил бы вас: а на основании каких данных вы сказали нет? Но я не профессор, я дитя, по вашим понятиям; но от детей не отворачиваются, помните. Прощайте. Мир моему праху!

Елена хотела было остановить его, но подумала и тоже сказала:

— Прощайте.

Шубин вышел со двора. В недальнем расстоянии от дачи Стаховых встретился ему Берсенев. Он шел проворными шагами, наклонив голову и сдвинув шляпу на затылок.

— Андрей Петрович! — крикнул Шубин.

Тот остановился.

— Ступай, ступай,— продолжал Шубин,— я только так, я тебя не задерживаю,— и проберись прямо в сад; там ты найдешь Елену. Она, кажется, тебя ждет... кого-то она ждет во всяком случае... Понимаешь ты силу этих слов: она ждет! А знаешь, брат, какое удивительное обстоятельство? Представь, вот уже два года, как я живу с ней в одном доме, я в нее влюблен, и только сейчас, сию минуту, не то что понял, а увидал ее. Увидал и руки расставил. Не взирай на меня, пожалуйста, с этою лжеязвительною усмешкой, которая мало идет к твоим степенным чертам. Ну да, разумею, ты хочешь напомнить мне об Аннушке. Что же? Я не отказываюсь. Нашему брату Аннушки под стать. Да здравствуют же Аннушки, и Зои, и самые даже Августины Христиановны! Ты ступай к Елене теперь, а я отправлюсь... ты думаешь, к Аннушке? Нет, брат, хуже: к князю Чикурасову. Есть такой меценат из казанских татар, вроде Волгина. Видишь ты это пригласительное письмо, эти буквы: R. S. V. P.?[1] И в деревне мне нет покоя. Addio![2]

Берсенев выслушал тираду Шубина молча и как будто конфузясь немножко за него; потом он вошел на двор стаховской дачи. А Шубин действительно поехал к князю Чикурасову, которому наговорил, с самым любезным видом, самых колких дерзостей. Меценат из казанских татар хохотал, гости-мецената смеялись, а никому не было весело и, расставшись, все злились. Так два малознакомых господина, встретившись на Невском, внезапно оскалят друг перед другом зубы, приторно съежат глаза, нос и щеки и тотчас же, миновав друг друга, принимают прежнее, равнодушное или угрюмое, большею частию геморроидальное выражение.

---

[1] Répondes s'il vous plaît — Ответьте, пожалуйста *(фр.)*.
[2] Прощай *(ит.)*.

X

Елена дружелюбно встретила Берсенева, уже не в саду, а в гостиной, и тотчас же, почти нетерпеливо, возобновила вчерашний разговор. Она была одна: Николай Артемьевич тихонько скрылся куда-то, Анна Васильевна лежала наверху с мокрою повязкой на голове. Зоя сидела возле нее, аккуратно расправив юбку и сложив на коленях ручки; Увар Иванович почивал в мезонине на широком и удобном диване, получившем прозвище «Самосон». Берсенев снова упомянул о своем отце: он свято чтил его память. Скажем и мы несколько слов о нем.

Владелец восьмидесяти двух душ, которых он освободил перед смертию, иллюминат, старый гёттингенский студент, автор рукописного сочинения о «Проступлениях или прообразованиях духа в мире», сочинения, в котором шеллингианизм, сведенборгианизм и республиканизм смешались самым оригинальным образом, отец Берсенева привез его в Москву еще мальчиком, тотчас после кончины его матери, и сам занялся его воспитанием. Он подготовлялся к каждому уроку, трудился необыкновенно добросовестно и совершенно неуспешно: он был мечтатель, книжник, мистик, говорил с запинкой, глухим голосом, выражался темно и кудряво, всё больше сравнениями, дичился даже сына, которого любил страстно. Не мудрено, что сын только хлопал глазами за его уроками и не подвигался ни на волос. Старик (ему было под пятьдесят лет, он женился очень поздно) догадался наконец, что дело не идет на лад, и поместил своего Андрюшу в пансион. Андрюша стал учиться, но из-под родительского присмотра не вышел: отец навещал его беспрестанно, надоедая содержателю своими наставлениями и беседами; надзиратели также тяготились незваным гостем: он то и дело приносил им какие-то, по их словам, премудреные книги о воспитании. Даже школьникам становилось неловко при виде смуглого и рябого лица старика, его тощей фигуры, постоянно облеченной в какой-то вострополый серый фрак. Школьники не подозревали тогда, что этот угрюмый, никогда не улыбавшийся господин, с журавлиной походкой и длинным носом — сердцем сокрушался и болел о каждом из них почти так же, как о собственном сыне. Он однажды вздумал побеседовать с ними о Вашингтоне. «Юные питомцы!» — начал он, но при первых звуках его странного голоса юные питомцы разбежались. Честный гёттингенец жил не на розах: он был постоянно подавлен ходом истории, всякого рода вопросами и соображениями. Когда молодой Берсенев поступил в университет, он ездил с ним на лекции; но уже здоровье начинало изменять ему. События 48-го года потрясли его до основания (надо было всю книгу переделать), и он умер зимой 53-го года, не дождавшись выхода сына из университета, но заранее поздравив его кандидатом и благословив его на служение науке. «Передаю тебе светоч, — говорил он ему за два часа до смерти, — я держал его, покамест мог, не выпускай и ты сей светоч до конца».

Берсенев долго говорил с Еленой о своем отце. Неловкость, которую он чувствовал в ее присутствии, исчезла, и пришепетывал он не так сильно. Разговор перешел к университету.

— Скажите, — спросила его Елена, — между вашими товарищами были замечательные люди?

Берсенев вспомнил слова Шубина.

— Нет, Елена Николаевна, сказать вам по правде, не было между нами ни одного замечательного человека. Да и где! Было, говорят, время в Московском университете! Только не теперь. Теперь это училище — не университет. Мне было тяжело с моими товарищами, — прибавил он, понизив голос.

— Тяжело?.. — прошептала Елена.

— Впрочем, — продолжал Берсенев, — я должен оговориться. Я знаю одного студента, — правда, он не моего курса, — это действительно замечательный человек.

— Как его зовут? — с живостью спросила Елена.

— Инсаров, Дмитрий Никанорович. Он болгар.

— Не русский?

— Нет, не русский.

— Зачем же он живет в Москве?

— Он приехал сюда учиться. И знаете ли, с какою целью он учится? У него одна мысль: освобождение его родины. И судьба его необыкновенная. Отец его был довольно зажиточный купец, родом из Тырнова. Тырнов теперь небольшой городок, а в старину это была столица Болгарии, когда еще Болгария была независимым королевством. Торговал он в Софии, имел сношения с Россией; сестра его, родная тетка Инсарова, до сих пор живет в Киеве, замужем за старшим учителем истории в тамошней гимназии. В 1835 году, стало быть восемнадцать лет тому назад, совершилось ужасное злодеяние: мать Инсарова вдруг пропала без вести; через неделю ее нашли зарезанною. Елена содрогнулась. Берсенев остановился.

— Продолжайте, продолжайте,— проговорила она.

— Ходили слухи, что ее похитил и убил турецкий ага; ее муж, отец Инсарова, дознался правды, хотел отмстить, но он только ранил кинжалом агу... Его расстреляли.

— Расстреляли? без суда?

— Да. Инсарову в то время пошел восьмой год. Он остался на руках у соседей. Сестра узнала об участи братниного семейства и пожелала иметь племянника у себя. Его доставили в Одессу, а оттуда в Киев. В Киеве он прожил целых двенадцать лет. Оттого он так хорошо говорит по-русски.

— Он говорит по-русски?

— Как мы с вами. Когда ему минуло двадцать лет (это было в начале 48 года), он пожелал вернуться на родину. Был в Софии и Тырнове, всю Болгарию исходил вдоль и поперек, провел в ней два года, выучился опять родному языку. Турецкое правительство преследовало его, и он, вероятно, в эти два года подвергался большим опасностям; я раз увидел у него на шее широкий рубец, должно быть след раны; но он об этом говорить не любит. Он тоже в своем роде молчальник. Я пытался его расспрашивать — не тут-то было. Отвечает общими фразами. Он ужасно упрям. В 50-м году он опять приехал в Россию, в Москву, с намерением образоваться вполне, сблизиться с русскими, а потом, когда он выйдет из университета...

— Что же тогда? — перебила Елена.

— А что Бог даст. Мудрено вперед загадывать.

Елена долго не спускала глаз с Берсенева.

— Вы очень заинтересовали меня своим рассказом,— промолвила она.— Каков он из себя, этот ваш, как вы его назвали... Инсаров?

— Как вам сказать? по-моему, недурен. Да вот вы сами его увидите.

— Как так?

— Я его приведу сюда, к вам. Он послезавтра переезжает в нашу деревеньку и будет жить со мной на одной квартире.

— Неужели? Да захочет ли он прийти к нам?

— Еще бы! Он очень будет рад.

— Он не горд?

— Он? Нимало. То есть, если хотите, он горд, только не в том смысле, как вы понимаете. Денег он, например, взаймы ни от кого не возьмет.

— А он беден?

— Да, не богат. Ездивши в Болгарию, он собрал кой-какие крохи, уцелевшие от отцовского достояния, и тетка ему помогает; но всё это безделица.

— У него, должно быть, много характера,— заметила Елена.

— Да. Это железный человек. И в то же время, вы увидите, в нем есть что-то детское, искреннее, при всей его сосредоточенности и даже скрытности. Правда, его искренность — не наша дрянная искренность, искренность людей, которым скрывать решительно нечего... Да вот я его к вам приведу, погодите.

— И не застенчив он? — спросила опять Елена.

— Нет, не застенчив. Одни самолюбивые люди застенчивы.

— А разве вы самолюбивы?

Берсенев смешался и развел руками.

— Вы возбуждаете мое любопытство,— продолжала Елена.— Ну, а скажите, не отомстил он этому турецкому аге?

Берсенев улыбнулся.

— Мстят только в романах, Елена Николаевна; да и притом в двенадцать лет этот ага мог умереть.

— Однако господин Инсаров вам ничего об этом не говорил?

— Ничего.

— Зачем он ездил в Софию?

— Там отец его жил.

Елена задумалась.

— Освободить свою родину! — промолвила она.— Эти слова даже выговорить страшно, так они велики...

В это мгновение вошла в комнату Анна Васильевна, и разговор прекратился.

Странные ощущения волновали Берсенева, когда он возвращался домой в тот вечер. Он не раскаивался в своем намерении познакомить Елену с Инсаровым, он находил весьма естественным то глубокое впечатление, которое произвели на нее его рассказы о молодом болгаре... не сам ли он старался усилить это впечатление! Но тайное и темное чувство скрытно гнездилось в его сердце; он грустил нехорошею грустию. Эта грусть не помешала ему, однако, взяться за «Историю Гогенштауфенов» и начать читать ее с самой той страницы, на которой он остановился накануне.

XI

Два дня спустя Инсаров, по обещанию, явился к Берсеневу с своею поклажей. Слуги у него не было, но он без всякой помощи привел свою комнату в порядок, уставил мебель, подтер пыль и вымел пол. Особенно долго возился он с письменным столом, который никак не хотел поместиться в назначенный для него простенок; но Инсаров, с свойственною ему молчаливою настойчивостью, добился своего. Устроившись, он попросил Берсенева взять с него десять рублей вперед и, вооружившись толстой палкой, отправился осматривать окрестности своего нового жилища. Он вернулся часа через три и на приглашение Берсенева разделить с ним его трапезу отвечал, что он не отказывается обедать с ним сегодня, но что он уже переговорил с хозяйкой дома и будет вперед получать свою еду от нее.

— Помилуйте,— возразил Берсенев,— вас будут скверно кормить: эта баба совсем стряпать не умеет. Отчего вы не хотите обедать со мною? Мы бы расход пополам делили.

— Мои средства не позволяют мне обедать так, как вы обедаете,— отвечал с спокойной улыбкой Инсаров.

В этой улыбке было что-то такое, что не позволяло настаивать: Берсенев слова не прибавил. После обеда он предложил Инсарову свести его к Стаховым; но тот отвечал, что располагает посвятить весь вечер на переписку с своими болгарами и потому просит его отсрочить посещение Стаховых до другого дня. Непреклонность воли Инсарова была уже прежде известна Берсеневу; но только теперь, находясь с ним под одной кровлей, он мог окончательно убедиться в том, что Инсаров никогда не менял никакого своего решения, точно так же как никогда не откладывал исполнения данного обещания. Берсеневу, как коренному русскому человеку, эта более чем немецкая аккуратность сначала казалась несколько дикою, немножко даже смешною; но он скоро привык к ней и кончил тем, что находил ее если не почтенною, то по крайней мере весьма удобною.

На второй день после своего переселения Инсаров встал в четыре часа утра, обегал почти всё Кунцево, искупался в реке, выпил стакан холодного молока и принялся за работу; а работы у него было немало: он учился и русской истории, и праву, и политической экономии, переводил болгарские песни и летописи, собирал материалы о восточном вопросе, составлял русскую грамматику для болгар, болгарскую для русских. Берсенев зашел к нему и потолковал с ним о Фейербахе. Инсаров слушал его внимательно, возражал редко, но дельно; из возражений его видно было, что он старался дать самому себе отчет в том, нужно ли ему заняться Фейербахом, или же можно обойтись без него. Берсенев навел потом речь на его занятия и спросил: не покажет ли он ему что-нибудь? Инсаров прочел ему свой перевод двух или трех болгарских песен и пожелал узнать его мнение. Берсенев нашел перевод правильным, но не довольно оживленным. Инсаров принял его замечание к сведению. От песен Берсенев перешел к современному положению Болгарии, и тут он впервые заметил, какая совершалась перемена в Инсарове при одном упоминовении его родины: не то чтобы лицо его разгоралось или голос возвышался — нет! но всё существо его как будто крепло и стремилось вперед, очертание губ обозначалось резче и неумолимее, а в глубине глаз зажигался какой-то глухой, неугасимый огонь. Инсаров не любил распространяться о собственной своей поездке на родину, но о Болгарии вообще говорил охотно со всяким. Он говорил, не спеша, о турках, об их притеснениях, о горе и бедствиях своих сограждан, об их надеждах; сосредоточенная обдуманность единой и давней страсти слышалась в каждом его слове.

«А ведь чего доброго,— подумал между тем Берсенев,— турецкий ага, пожалуй, поплатился ему за смерть матери и отца».

Инсаров не успел еще умолкнуть, как дверь растворилась и на пороге появился Шубин.

Он вошел в комнату как-то слишком развязно и добродушно; Берсенев, который знал его хорошо, тотчас понял, что его что-то коробило.

— Рекомендуюсь без церемоний,— начал он с светлым и открытым выражением лица,— моя фамилия Шубин; я приятель вот этого молодого человека. (Он указал на Берсенева.) Ведь вы господин Инсаров, не так ли?

— Я Инсаров.

— Так дайте же руку и познакомимтесь. Не знаю, говорил ли вам Берсенев обо мне, а мне он много говорил об вас. Вы здесь поселились? Отлично! Не сердитесь на меня, что я так пристально на вас гляжу. Я по ремеслу моему ваятель и предвижу, что в скором времени попрошу у вас позволение слепить вашу голову.

— Моя голова к вашим услугам,— проговорил Инсаров.

— Что же мы делаем сегодня, а? — заговорил Шубин, внезапно садясь на низенький стул и опираясь обеими руками на широко расставленные колени.— Андрей Петрович, есть какой-нибудь план на нынешний день у вашего благородия? Погода славная; сеном и сухою земляникой пахнет так... словно грудной чай пьешь. Надо бы сочинить какой-нибудь фокус. Покажем новому обитателю Кунцева все его многочисленные красоты. («А его коробит»,— продолжал думать про себя Берсенев.) Ну, что ж ты молчишь, мой друг Горацио? Раскрой свои вещие уста. Сочиним мы фокус или нет?

— Я не знаю,— заметил Берсенев,— как Инсаров. Он, кажется, собирается работать.

Шубин повернулся на стуле.

— Вы хотите работать? — спросил он как-то в нос.

— Нет,— отвечал тот,— нынешний день я могу посвятить прогулке.

— А! — промолвил Шубин.— Ну и прекрасно. Ступайте, друг мой Андрей Петрович, прикройте шляпой вашу мудрую голову, и пойдемте куда глаза глядят. Наши глаза молодые — глядят далеко. Я знаю трактирчик прескверненький, где нам дадут обедишко препакостный; а нам будет очень весело. Пойдемте.

Полчаса спустя они все трое шли по берегу Москвы-реки. У Инсарова оказался довольно странный, ушастый картуз, от которого Шубин пришел в не совсем естественный восторг. Инсаров выступал не спеша, глядел, дышал, говорил и улыбался спокойно: он отдал этот день удовольствию и наслаждался вполне. «Благоразумные мальчики так гуляют по воскресеньям»,— шепнул Шубин Берсеневу на ухо. Сам Шубин очень дурачился, выбегал вперед, становился в позы известных статуй, кувыркался на траве: спокойствие Инсарова не то чтобы раздражало его, а заставляло его кривляться. «Что ты так егозишь, француз!» — раза два заметил ему Берсенев. «Да, я француз, полуфранцуз,— возражал ему Шубин,— а ты держи середину между шуткою и серьезом, как говаривал мне один половой». Молодые люди повернули прочь от реки и пошли по узкой и глубокой рытвине между двумя стенами золотой высокой ржи; голубоватая тень падала на них от одной из этих стен; лучистое солнце, казалось, скользило по верхушкам колосьев; жаворонки пели, перепела кричали; повсюду зеленели травы; теплый ветерок шевелил и поднимал их листья, качал головки цветов. После долгих странствований. отдыхов, болтовни (Шубин пробовал даже играть в чехарду с каким-то прохожим беззубым мужичком, который всё смеялся, что с ним ни делали господа) молодые люди добрели до «скверненького» трактирчика. Слуга чуть не сшиб каждого из них с ног и действительно накормил их очень дурным обедом, с каким-то забалканским вином, что, впрочем, не мешало им веселиться от души, как предсказывал Шубин; сам он веселился громче всех — и меньше всех. Он пил здоровье непонятного, но великого Венелина, здоровье болгарского короля Крума, Хрума или Хрома, жившего чуть не в Адамовы времена.

— В девятом столетии,— поправил его Инсаров.

— В девятом столетии? — воскликнул Шубин.— О, какое счастье!

Берсенев заметил, что посреди всех своих проказ, выходок и шуток Шубин всё как будто бы экзаменовал Инсарова, как будто щупал его и волновался внутренно,— а Инсаров оставался по-прежнему спокойным и ясным.

Наконец они вернулись домой, переоделись и, чтобы уже не выходить из колеи, в которую попали с утра, решились отправиться в тот же вечер к Стаховым. Шубин побежал вперед известить об их приходе.

XII

— *Ирой* Инсаров сейчас сюда пожалует! — торжественно воскликнул он, входя в гостиную Стаховых, где в ту минуту находились только Елена да Зоя.

— Wer?[1] — спросила по-немецки Зоя. Взятая врасплох, она всегда выражалась на родном языке. Елена выпрямилась. Шубин поглядел на нее с игривою улыбочкой на губах. Ей стало досадно, но она ничего не сказала.

— Вы слышали,— повторил он,— господин Инсаров сюда идет.

— Слышала,— отвечала она,— и слышала, как вы его назвали. Удивляюсь вам, право. Нога господина Инсарова еще здесь не была, а вы уже считаете за нужное ломаться.

Шубин вдруг опустился.

— Вы правы, вы всегда правы, Елена Николаевна,— пробормотал он,— но это я только так, ей-Богу. Мы целый день с ним вместе гуляли, и он, я уверяю вас, отличный человек.

---

[1] Кто? (*нем.*)

— Я об этом вас не спрашивала,— промолвила Елена и встала.

— Господин Инсаров молод? — спросила Зоя.

— Ему сто сорок четыре года,— отвечал с досадой Шубин.

Казачок доложил о приходе двух приятелей. Они вошли. Берсенев представил Инсарова. Елена попросила их сесть и сама села, а Зоя отправилась наверх: надо было предуведомить Анну Васильевну. Начался разговор, довольно незначительный, как все первые разговоры. Шубин наблюдал молчком из уголка, но наблюдать было не за чем. В Елене он замечал следы сдержанной досады против него, Шубина,— и только. Он глядел на Берсенева и на Инсарова и, как ваятель, сравнивал их лица. «Оба,— думал он,— не красивы собой; у болгара характерное, скульптурное лицо; вот теперь оно хорошо осветилось; у великоросса просится больше в живопись: линий нету, физиономия есть. А пожалуй, и в того и в другого влюбиться можно. Она еще не любит, но полюбит Берсенева»,— решил он про себя. Анна Васильевна появилась в гостиную, и разговор принял оборот совершенно *дачный,* именно дачный, не деревенский. То был разговор весьма разнообразный по обилию обсуждаемых предметов; но коротенькие, довольно томительные паузы прерывали его каждые три минуты. В одну из этих пауз Анна Васильевна обратилась к Зое. Шубин понял ее немой намек и скорчил кислую рожу, а Зоя села за фортепьяно, сыграла и спела все свои штучки. Увар Иванович показался было из-за двери, но пошевелил перстами и отретировался. Потом подали чай, потом прошлись всем обществом по саду... На дворе стемнело, и гости удалились.

Инсаров действительно произвел на Елену меньше впечатления, чем она сама ожидала, или, говоря точнее, он произвел на нее не то впечатление, которого ожидала она. Ей понравилась его прямота и непринужденность, и лицо его ей понравилось; но всё существо Инсарова, спокойно твердое и обыденно простое, как-то не ладилось с тем образом, который составился у нее в голове от рассказов Берсенева. Елена, сама того не подозревая, ожидала чего-то более «фатального». «Но,— думала она,— он сегодня говорил очень мало, я сама виновата; я не расспрашивала его; подождем до другого раза... а глаза у него выразительные, честные глаза!». Она чувствовала, что ей преклониться перед ним хотелось, а подать ему дружески руку, и она недоумевала: не такими воображала она себе людей, подобных Инсарову, «героев». Это последнее слово напомнило ей Шубина, и она, уже лежа в постели, вспыхнула и рассердилась.

— Как вам понравились ваши новые знакомые? — спросил на возвратном пути Берсенев у Инсарова.

— Они мне очень понравились,— отвечал Инсаров,— особенно дочь. Славная, должно быть, девушка. Она волнуется, но в ней это хорошее волнение.

— Надо будет к ним ходить почаще,— заметил Берсенев.

— Да, надо,— проговорил Инсаров и ничего больше не сказал до самого дома. Он тотчас заперся в своей комнате, но свеча горела у него далеко за полночь.

Берсенев не успел еще прочесть страницу из Раумера, как горсть брошенного мелкого песку стукнула о стекла его окна. Он невольно вздрогнул, раскрыл окно и увидал Шубина, бледного, как полотно.

— Экой ты неугомонный! ночная ты бабочка! — начал было Берсенев.

— Тс! — перебил его Шубин,— я пришел к тебе украдкой, как Макс к Агате. Мне непременно нужно сказать тебе два слова наедине.

— Да войди же в комнату.

— Нет, не нужно,— возразил Шубин и облокотился на оконницу,— этак веселее, больше на Испанию похоже. Во-первых, поздравляю тебя: твои акции поднялись. Твой хваленый необыкновенный человек провалился. За это я тебе поручиться могу. А чтоб тебе доказать мою беспристрастность, слушай: вот формулярный список господина Инсарова. Талантов никаких, поэзии *нема,* способностей к работе пропасть, память большая, ум не разнообразный и не глубокий, но здравый и живой; сушь и сила, и даже дар слова, когда речь идет об его, между нами сказать, скучнейшей Болгарии. Что? ты скажешь, я несправедлив? Еще замечание: ты с ним никогда на *ты* не будешь, и никто с ним на *ты* не бывал; я, как артист, ему протизен, чем я горжусь. Сушь, сушь, а всех нас в порошок стереть может. Он с своею землею связан — не то, что наши пустые сосуды, которые ластятся к народу: влейся, мол, в нас, живая вода! Зато и задача его легче, удобопонятнее: стоит только турок вытурить, велика штука! Но все эти качества, слава Богу, не нравятся женщинам. Обаяния нет, *шарму;* не то что в нас с тобой.

— К чему ты меня приплел? — пробормотал Берсенев.— И в остальном ты не прав: ты ему нисколько не противен, и с своими соотечественниками он на *ты*... я это знаю.

— Это другое дело! Для них он герой; а, признаться сказать, я себе героев иначе представляю; герой не должен уметь говорить: герой мычит, как бык; зато двинет рогом — стены валятся. И он сам не должен знать, зачем он двигает, а двигает. Впрочем, может быть, в наши времена требуются герои другого калибра.

— Что тебя Инсаров так занимает? — спросил Берсенев.— Неужели ты только для того прибежал сюда, чтоб описать мне его характер?

— Я пришел сюда,— начал Шубин,— потому что мне дома очень было грустно.

— Вот как! Уже не хочешь ли ты опять заплакать?

— Смейся! Я пришел сюда, потому что я готов локти себе кусать, потому что отчаяние меня грызет, досада, ревность...

— Ревность? к кому?

— К тебе, к нему, ко всем. Меня терзает мысль, что если б я раньше понял ее, если б я умеючи взялся за дело... Да что толковать! Кончится тем, что я буду всё смеяться, дурачиться, ломаться, как она говорит, а там возьму да удавлюсь.

— Ну, удавиться ты не удавишься,— заметил Берсенев.

— В такую ночь, конечно, нет; но дай нам только дожить до осени. В такую ночь люди умирают тоже, только от счастья. Ах, счастье! Каждая вытянутая через дорогу тень от дерева так, кажется, и шепчет теперь: «Знаю я, где счастье... Хочешь, скажу?» Я бы позвал тебя гулять, да ты теперь под влиянием прозы. Спи, и да снятся тебе математические фигуры! А у меня душа разрывается. Вы, господа, видите, что человек смеется, значит, по-вашему, ему легко; вы можете доказать ему, что он самому себе противоречит,— значит, он не страдает... Бог с вами!

Шубин быстро отошел от окошка. «Аннушка!» — хотел было крикнуть ему вслед Берсенев, но удержался: на Шубине действительно лица не было. Минуты две спустя Берсеневу даже почудились рыдания: он встал, отворил окно; всё было тихо; только где-то вдали какой-то, должно быть, проезжий мужичок тянул «Степь моздокскую».

XIII

В течение первых двух недель после переселения Инсарова в соседство Кунцева он не более четырех или пяти раз посетил Стаховых; Берсенев ходил к ним через день. Елена всегда ему была рада, всегда завязывалась между им и ею живая и интересная беседа, и все-таки он возвращался домой часто с печальным лицом. Шубин почти не показывался; он с лихорадочною деятельностию занялся своим искусством: либо сидел взаперти у себя в комнате и выскакивал оттуда в блузе, весь выпачканный глиной, либо проводил дни в Москве, где у него была студия, куда приходили к нему модели и италиянские формовщики, его приятели и учители. Елена ни разу не поговорила с Инсаровым так, как бы она хотела; в его отсутствие она готовилась расспросить его о многом, но когда он приходил, ей становилось совестно своих приготовлений. Самое спокойствие Инсарова ее смущало: ей казалось, что она не имеет права заставить его высказываться, и она решалась ждать; со всем тем она чувствовала, что с каждым его посещением, как бы незначительны ни были обменные между ними слова, он привлекал ее более и более; но ей не пришлось остаться с ним наедине, а чтобы сблизиться с человеком — нужно хоть однажды побеседовать с ним с глазу на глаз. Она много говорила о нем с Берсеневым. Берсенев понимал, что воображение Елены поражено Инсаровым, и радовался, что его приятель не провалился, как утверждал Шубин; он с жаром, до малейших подробностей, рассказывал ей всё, что знал о нем (мы часто, когда сами хотим понравиться другому человеку, превозносим в разговоре с ним наших приятелей, почти никогда притом не подозревая, что мы тем самих себя хвалим), и лишь изредка, когда бледные щеки Елены слегка краснели, а глаза светлели и расширялись, та нехорошая, уже им испытанная, грусть щемила его сердце.

Однажды Берсенев пришел к Стаховым не в обычную пору, часу в одиннадцатом утра. Елена вышла к нему в залу.

— Вообразите себе,— начал он с принужденной улыбкой,— наш Инсаров пропал.

— Как пропал? — проговорила Елена.

— Пропал. Третьего дня вечером ушел куда-то, и с тех пор его нет.

— Он не сказал вам, куда он пошел?

— Нет.

Елена опустилась на стул.

— Он, вероятно, в Москву отправился,— промолвила она, стараясь казаться равнодушной и в то же время сама дивясь тому, что она старается казаться равнодушной.

— Не думаю,— возразил Берсенев.— Он ушел не один.

— С кем же?

— К нему третьего дня, перед обедом, явились два каких-то человека, должно быть его соотечественники.

— Болгары? почему вы это думаете?

— А потому, что, сколько я мог расслышать, они говорили с ним на языке, мне не известном, но славянском... Вот вы всё находите, Елена Николаевна, что в Инсарове таинственного мало: уж на что таинственнее этого посещения? Представьте: вошли к нему — и ну кричать и спорить, да так дико, злобно... И он кричал.

— И он?

— И он. Кричал на них. Они как будто жаловались друг на друга. И если бы вы взглянули на этих посетителей! Лица смуглые, широкоскулые, тупые, с ястребиными носами, лет каждому за сорок, одеты плохо, в пыли, в поту, с виду ремесленники — не ремесленники и не господа... Бог знает что за люди.

— И он с ними отправился?

— С ними. Накормил их да ушел с ними. Хозяйка мне сказывала,— они вдвоем целый огромный горшок каши съели. Так, говорит, вперегонку и глотали, словно волки.

Елена слабо усмехнулась.

— Вы увидите,— промолвила она,— всё это разрешится чем-нибудь очень прозаическим.

— Дай Бог! Только напрасно вы употребили это слово. В Инсарове нет ничего прозаического, хотя Шубин и уверяет...

— Шубин! — перебила Елена и пожала плечом.— Но сознайтесь, что эти два господина, глотающие кашу...

— И Фемистокл ел накануне Саламинского сражения,— с улыбкой заметил Берсенев.

— Так; но зато на другой день и было сражение.— А вы все-таки дайте мне знать, когда он вернется,— прибавила Елена и попыталась переменить разговор, но разговор не клеился.

Появилась Зоя и стала ходить по комнате на цыпочках, давая тем знать, что Анна Васильевна еще не проснулась.

Берсенев ушел.

В тот же день, вечером, принесли от него записку Елене. «Вернулся,— писал он ей,— загорелый и в пыли по самые брови; но зачем и куда ездил, не знаю; не узнаете ли вы?»

— Не узнаете ли вы! — прошептала Елена.— Разве он говорит со мной?

XIV

На следующий день, часу во втором, Елена стояла в саду перед небольшою закуткой, где у ней воспитывались два дворовые щенка. (Садовник нашел их заброшенными под забором и принес их барышне, про которую ему сказали прачки, что она, мол, всяких зверей и скотов жалует. Он не ошибся в расчете: Елена дала ему четвертак.) Она заглянула в закутку, убедилась, что щенки живы и здоровы и что солому им постлали свежую, обернулась и чуть не вскрикнула: прямо к ней, по аллее, шел Инсаров, один.

— Здравствуйте,— промолвил он, приближаясь к ней и снимая картуз. Она заметила, что он точно сильно загорел в последние три дня.— Я хотел прийти сюда с Андреем Петровичем, да он что-то замешкался; вот я и отправился без него. В доме у вас никого нет: все спят или гуляют, я и пришел сюда.

— Вы как будто извиняетесь,— отвечала Елена.— Это совсем не нужно. Мы все очень рады вас видеть... Сядемте тут на скамейке, в тени.

Она села. Инсаров поместился возле нее.

— Вас, кажется, дома не было это время? — начала она.

— Да,— отвечал он,— я уходил... Вам Андрей Петрович сказывал?

Инсаров глянул на нее, улыбнулся и начал играть картузом. Улыбаясь, он быстро моргал глазами и выдвигал вперед губы, что придавало ему очень добродушный вид.

— Андрей Петрович, вероятно, вам также сказал, что я ушел с какими-то... безобразными людьми,— проговорил он, продолжая улыбаться.

Елена немного смутилась, но тотчас почувствовала, что Инсарову надо всегда говорить правду.

— Да,— сказала она решительно.

— Что же вы подумали обо мне? — спросил он ее вдруг.

Елена подняла на него глаза.

— Я подумала,— промолвила она...— я подумала, что

вы всегда знаете, что́ делаете, и что вы ничего дурного не в состоянии сделать.

— Ну, и спасибо вам за это. Вот видите ли, Елена Николаевна,— начал он, как-то доверчиво подсаживаясь к ней,— наших здесь небольшая семейка; есть между нами люди мало образованные; но все крепко преданы общему делу. К несчастию, без ссор нельзя, а меня все знают, верят мне; вот и позвали меня разобрать одну ссору. Я отправился.

— Далеко отсюда?

— Я за шестьдесят верст ездил, в Троицкий посад. Там, при монастыре, тоже есть наши. По крайней мере недаром хлопотал: уладил дело.

— И трудно вам было?

— Трудно. Один всё упрямился. Деньги не хотел отдать.

— Как? Из-за денег была ссора?

— Да; и деньги-то небольшие. А вы что полагали?

— И вы для таких пустяков за шестьдесят верст ездили? Три дня потеряли?

— То не пустяки, Елена Николаевна, когда свои земляки замешаны. Тут отказаться грех. Вы вот, я вижу, даже щенкам не отказываете в помощи, и я вас хвалю за это. А что я время-то потерял, это не беда, потом наверстаю. Наше время не нам принадлежит.

— Кому же?

— А всем, кому в нас нужда. Я вам всё это так сбухта-барахта рассказал, потому что я дорожу вашим мнением. Я воображаю, как Андрей Петрович вас удивил!

— Вы дорожите моим мнением,— проговорила Елена вполголоса,— почему?

Инсаров опять улыбнулся.

— Потому что вы хорошая барышня, не аристократка... вот и всё.

Настало небольшое молчание.

— Дмитрий Никанорович,— сказала Елена,— знаете ли вы, что вы в первый раз со мной так откровенны?

— Как так? Мне кажется, я всегда говорил вам всё, что думал.

— Нет, это в первый раз, и я очень этому рада, и я тоже хочу быть откровенною с вами. Можно?

Инсаров засмеялся и сказал:

— Можно.

— Предваряю вас, что я очень любопытна.

— Ничего, говорите.

— Мне Андрей Петрович много рассказывал о вашей жизни, о вашей молодости. Мне известно одно обстоятельство, одно ужасное обстоятельство... Я знаю, что вы ездили потом к себе на родину... Не отвечайте мне, ради Бога, если мой вопрос вам покажется нескромным, но меня мучит одна мысль... Скажите, встретились ли вы с тем человеком...

Дыхание захватило у Елены. Ей стало и стыдно и страшно своей смелости. Инсаров глядел на нее пристально, слегка прищурив глаза и трогая пальцами подбородок.

— Елена Николаевна,— начал он наконец, и голос его был тише обыкновенного, что почти испугало Елену,— я понимаю, о каком человеке вы сейчас упомянули. Нет, я не встретился с ним, и слава Богу! Я не искал его. Я не искал его не потому, чтоб я не почитал себя вправе убить его,— я бы очень спокойно убил его,— но потому, что тут не до частной мести, когда дело идет о народном, общем отмщении... или нет, это слово не годится... когда дело идет об освобождении народа. Одно помешало бы другому. В свое время и то не уйдет... И то не уйдет,— повторил он и покачал головой.

Елена посмотрела на него сбоку.

— Вы очень любите свою родину? — произнесла она робко.

— Это еще не известно,— отвечал он.— Вот когда кто-нибудь из нас умрет за нее, тогда можно будет сказать, что он ее любил.

— Так что, если бы вас лишили возможности возвратиться в Болгарию,— продолжала Елена,— вам было бы очень тяжело в России?

Инсаров потупился.

— Мне кажется, я бы этого не вынес,— проговорил он.

— Скажите,— начала опять Елена,— трудно выучиться болгарскому языку?

— Нисколько. Русскому стыдно не знать по-болгарски. Русский должен знать все славянские наречия. Хотите, я вам принесу болгарские книги? Вы увидите, как это легко. Какие у нас песни! не хуже сербских. Да вот постойте, я вам переведу одну из них. В ней говорится про... Да вы знаете ли хоть немножко нашу историю?

— Нет, я ничего не знаю,— ответила Елена.

— Постойте, я вам принесу книжку. Вы из нее хоть главные факты узнаете. Так слушайте же песню... Впрочем, я вам лучше принесу написанный перевод. Я уверен, вы полюбите нас: вы всех притесненных любите. Если бы вы знали, какой наш край благодатный! А между тем его топчут, его терзают,— подхватил он с невольным движением руки, и лицо его потемнело,— у нас всё отняли, всё: наши церкви, наши права, наши земли; как стадо гоняют нас поганые турки, нас режут...

— Дмитрий Никанорович! — воскликнула Елена.

Он остановился.

— Извините меня. Я не могу говорить об этом хладнокровно. Но вы сейчас спрашивали меня, люблю ли я свою родину? Что же другое можно любить на земле? Что одно неизменно, что выше всех сомнений, чему нельзя не верить после Бога? И когда эта родина нуждается в тебе... Заметьте: последний мужик, последний нищий в Болгарии и я — мы желаем одного и того же. У всех у нас одна цель. Поймите, какую это дает уверенность и крепость!

Инсаров замолк на мгновение и снова заговорил о Болгарии. Елена слушала его с пожирающим, глубоким и печальным вниманием. Когда он кончил, она еще раз спросила его:

— Так вы ни за что не остались бы в России?

А когда он ушел, она долго смотрела ему вслед. Он в этот день стал для нее другим человеком. Не таким она провожала его, каким встретила его за два часа тому назад.

С того дня он стал ходить всё чаще и чаще, а Берсенев всё реже. Между обоими приятелями завелось что-то странное, что они оба хорошо чувствовали, но назвать не могли, а разъяснить боялись. Так прошел месяц.

XV

Анна Васильевна любила сидеть дома, как уже известно читателю; но иногда, совершенно неожиданно, проявлялось в ней непреодолимое желание чего-нибудь необыкновенного, какой-нибудь удивительной partie de plaisir[1]; и чем затруднительнее была эта partie de plaisir, чем больше требовала она приготовлений и сборов, чем больше волновалась сама Анна Васильевна, тем ей было приятнее. Находил ли на нее этот *стих* зимой — она приказывала нанять две-три ложи рядом, забирала всех своих знакомых и отправлялась в театр или даже в маскарад; летом — она ехала за город, куда-нибудь подальше. На другой день она жаловалась на головную боль, кряхтела и не вставала с постели, а месяца через два в ней опять загоралась жажда

_____
[1] увеселительной прогулки *(фр.)*.

«необыкновенного». То же случилось и теперь. Кто-то упомянул при ней о красотах Царицына, и Анна Васильевна внезапно объявила, что она послезавтра намерена ехать в Царицыно. Поднялась тревога в доме: нарочный поскакал в Москву за Николаем Артемьевичем; с ним же поскакал и дворецкий закупать вина, паштетов и всяких съестных припасов; Шубину вышел приказ нанять ямскую коляску (одной кареты было мало) и приготовить подставных лошадей; казачок два раза сбегал к Берсеневу и Инсарову и снес им две пригласительные записки, написанные сперва по-русски, потом по-французски, Зоей; сама Анна Васильевна хлопотала о дорожном туалете барышень. Между тем partie de plaisir чуть не расстроилась: Николай Артемьевич прибыл из Москвы в кислом и недоброжелательном, фрондерском расположении духа (он всё еще дулся на Августину Христиановну) и, узнав в чем дело, решительно объявил, что он не поедет; что скакать из Кунцева в Москву, а из Москвы в Царицыно, а из Царицына опять в Москву, а из Москвы опять в Кунцево — нелепость,— и, наконец, прибавил он, пусть мне сперва докажут, что на одном пункте земного шара может быть веселее, чем на другом пункте, тогда я поеду. Это ему никто, разумеется, доказать не мог, и Анна Васильевна, за неимением солидного кавалера, уже готова была отказаться от partie de plaisir, да вспомнила об Уваре Ивановиче и с горя послала за ним в его комнатку, говоря: «Утопающий и за соломинку хватается». Его разбудили; он сошел вниз, выслушал молча предложение Анны Васильевны, поиграл пальцами и, к общему изумлению, согласился. Анна Васильевна поцеловала его в щеку и назвала миленьким; Николай Артемьевич улыбнулся презрительно и сказал: «Quelle bourde!»[1] (он любил при случае употреблять «шикарные» французские слова) — а на следующее утро, в семь часов, карета и коляска, нагруженные доверху, выкатились со двора стаховской дачи. В карете сидели дамы, горничная и Берсенев; Инсаров поместился на козлах; а в коляске находились Увар Иванович и Шубин. Увар Иванович сам движением пальца подозвал к себе Шубина; он знал, что тот будет дразнить его всю дорогу, но между «черноземной силой» и молодым художником существовала какая-то странная связь и бранчивая откровенность. Впрочем, на этот раз Шубин оставил своего толстого друга в покое: он был молчалив, рассеян и мягок.

---

[1] Какая нелепость! *(фр.)*

Солнце уже высоко стояло на безоблачной лазури, когда экипажи подкатили к развалинам Царицынского замка, мрачным и грозным даже в полдень. Всё общество спустилось на траву и тотчас же двинулось в сад. Впереди шли Елена и Зоя с Инсаровым; за ними, с выражением полного счастия на лице, выступала Анна Васильевна под руку с Уваром Ивановичем. Он пыхтел и переваливался, новая соломенная шляпа резала ему лоб, и ноги горели в сапогах, но и ему было хорошо; Шубин и Берсенев замыкали шествие. «Мы будем, братец, в резерве, как некие ветераны,— шепнул Берсеневу Шубин.— Там теперь Болгария»,— прибавил он, показав бровями на Елену.

Погода была чудесная. Всё кругом цвело, жужжало и пело; вдали сияли воды прудов; праздничное, светлое чувство охватывало душу. «Ах, хорошо! ах, хорошо!» — беспрестанно твердила Анна Васильевна; Увар Иванович потряхивал одобрительно головой в ответ на ее восторженные восклицания и раз даже промолвил: «Что толковать!» Елена изредка менялась словами с Инсаровым; Зоя придерживала двумя пальчиками край широкой шляпы, кокетливо выносила из-под розового барежевого платья свои маленькие ножки, обутые в светло-серые ботинки с тупыми носками, и посматривала то вбок, то назад. «Эге! — воскликнул вдруг вполголоса Шубин,— Зоя Никитишна никак оглядывается. Пойду-ка я к ней. Елена Николаевна теперь меня презирает, а тебя, Андрей Петрович, уважает, что на одно выходит. Пойду; довольно я кис. Тебе же, мой друг, советую ботанизировать: в твоем положении это самое лучшее, что̀ ты придумать можешь; оно же и в ученом отношении полезно. Прощай!» Шубин подбежал к Зое, подставил ей руку кренделем и, сказав: «Ihre Hand, Madame»[1], подхватил ее и пустился с ней вперед. Елена остановилась, подозвала Берсенева и тоже взяла его руку, но продолжала говорить с Инсаровым. Она спрашивала у него, как на его языке называются ландыш, клен, дуб, липа... («Болгария!» — подумал бедный Андрей Петрович.)

Вдруг впереди раздался крик; все подняли голову: сигарочница Шубина летела в куст, брошенная рукой Зои. «Погодите, я с вами за это рассчитаюсь!» — воскликнул он, полез в куст, нашел там сигарочницу и вернулся было к Зое; но не успел он к ней приблизиться, как уже опять

---

[1] Вашу руку, сударыня *(нем.)*.

его сигарочница летела через дорожку. Раз пять повторилась эта проделка, он всё хохотал и грозился, а Зоя только втихомолку улыбалась и пожималась, как кошечка. Наконец он поймал ее пальцы и так их тиснул, что она пискнула и долго потом дула на руку, притворно сердилась, а он ей напевал что-то на ухо.

— Шалуны, молодой народ,— весело заметила Анна Васильевна Увару Ивановичу.

Тот поиграл перстами.

— Какова Зоя Никитишна? — сказал Берсенев Елене

— А Шубин? — отвечала она.

Между тем всё общество подошло к беседке, известной под именем Миловидовой, и остановилось, чтобы полюбоваться зрелищем Царицынских прудов. Они тянулись один за другим на несколько верст; сплошные леса темнели за ними. Мурава, покрывавшая весь скат холма до главного пруда, придавала самой воде необыкновенно яркий, изумрудный цвет. Нигде, даже у берега, не вспухала волна, не белела пена; даже ряби не пробегало по ровной глади. Казалось, застывшая масса стекла тяжело и светло улеглась в огромной купели, и небо ушло к ней на дно, и кудрявые деревья неподвижно гляделись в ее прозрачное лоно. Все долго и молча любовались видом; даже Шубин притих, даже Зоя задумалась. Наконец, все единодушно захотели покататься по воде. Шубин, Инсаров и Берсенев побежали вниз по траве взапуски. Они отыскали большую раскрашенную лодку, отыскали двух гребцов и позвали дам. Дамы сошли к ним; Увар Иванович осторожно спустился за дамами. Пока он входил в лодку, пока усаживался, много было смеху. «Смотрите, барин, не затопите нас»,— заметил один из гребцов, молодой курносый парень в александрийской рубахе. «Ну, ну, фуфыря!» — проговорил Увар Иванович. Лодка отчалила. Молодые люди взялись было за весла, но грести умел из них один Инсаров. Шубин предложил спеть хором какую-нибудь русскую песню и сам затянул: «Вниз по матушке...» Берсенев, Зоя и даже Анна Васильевна подхватили (Инсаров не умел петь), но вышла разноголосица; на третьем стихе певцы запутались, один Берсенев пытался продолжать басом: «Ничего в волнах не видно»,— но тоже скоро сконфузился. Гребцы перемигнулись и оскалили зубы молча. «Что? — обратился к ним Шубин,— видно, господа петь-то не умеют?» Малый в александрийской рубахе только головой тряхнул. «Так погоди ж, курносый,— возразил Шубин,— мы тебе покажем. Зоя Никитишна, спойте нам:

„Le lac"[1] Нидермейера. Не гребите, вы!» Мокрые весла поднялись на воздух, как крылья, и так и замерли, звонко роняя капли; лодка проплыла еще немного и остановилась, чуть-чуть закружившись на воде, как лебедь. Зоя поломалась... «Allons!»[2] — ласково промолвила Анна Васильевна... Зоя скинула шляпу и запела: «O lac! l'année á peine a fini sa carrière...»[3]

Ее небольшой, но чистый голосок так и помчался по зеркалу пруда; далеко в лесах отзывалось каждое слово: казалось, и там кто-то пел четким и таинственным, но нечеловеческим, нездешним голосом. Когда Зоя кончила, громкое браво раздалось из одной прибрежной беседки и оттуда выскочило несколько краснорожих немцев, приехавших *покнейпировать* в Царицыно. Некоторые из них были без сюртуков, без галстухов и даже без жилетов и до того неистово кричали bis!, что Анна Васильевна велела поскорее отъехать на другой конец пруда. Но прежде чем лодка пристала к берегу, Увару Ивановичу еще раз удалось удивить своих знакомых: заметив, что в одном месте леса эхо особенно ясно повторяло каждый звук, он вдруг начал кричать перепелом. Сперва все вздрогнули, но тотчас же почувствовали истинное удовольствие, тем более что Увар Иванович кричал очень верно и похоже. Это его поощрило, и он попробовал мяукать; но мяуканье выходило у него не так хорошо; он крикнул еще раз перепелом, посмотрел на всех и умолк. Шубин бросился его целовать; он оттолкнул его. В это мгновение лодка причалила, и всё общество вышло на берег.

Между тем кучер с лакеем и горничной принесли корзинки из кареты и приготовили обед на траве под старыми липами. Все уселись вокруг разостланной скатерти и принялись за паштет и прочие яства. У всех аппетит был отличный, а Анна Васильевна то и дело угащивала и уговаривала своих гостей, чтобы побольше ели, уверяя, что на воздухе это очень здорово; она обращалась с такими речами к самому Увару Ивановичу. «Будьте спокойны»,— промычал он ей с набитым ртом. «Дал же Господь такой славный день!» — твердила она беспрестанно. Ее нельзя было узнать: она точно двадцатью годами помолодела. Берсенев заметил ей это. «Да, да,— сказала она,— была и я в мое время хоть куда: из десятка бы меня не выкинули». Шубин

---

[1] «Озеро» *(фр.).*
[2] «Ну же» *(фр.).*
[3] «О озеро! год едва закончил свой бег» *(фр.).*

присоседился к Зое и беспрестанно наливал ей вина; она отказывалась, он ее потчевал и кончал тем, что сам выпивал стакан и потом опять ее потчевал; он также уверял ее, что желает преклонить свою голову к ней на колени; она никак не хотела позволить ему «этакую большую вольность». Елена казалась серьезнее всех, но на сердце у ней было чудное спокойствие, какого она давно не испытала. Она чувствовала себя бесконечно доброю, и ей всё хотелось иметь возле себя не одного только Инсарова, но и Берсенева... Андрей Петрович смутно понимал, что это значило, и вздыхал украдкой.

Часы летели; вечер приближался. Анна Васильевна вдруг всполошилась. «Ах, батюшки мои, как поздно,— заговорила она.— Пожито, попито, господа; пора и бороду утирать». Она засуетилась, и все засуетились, встали и пошли в направлении к замку, где находились экипажи. Проходя мимо прудов, все остановились, чтобы в последний раз полюбоваться Царицыным. Везде горели яркие, передвечерние краски; небо рдело, листья переливчато блистали, возмущенные поднявшимся ветерком; растопленным золотом струились отдаленные воды; резко отделялись от темной зелени деревьев красноватые башенки и беседки, кое-где разбросанные по саду. «Прощай, Царицыно, не забудем мы сегодняшнюю поездку!» — промолвила Анна Васильевна... Но в это мгновенье, и как бы в подтверждение ее последних слов, случилось странное происшествие, которое действительно не так-то легко было позабыть.

А именно: не успела Анна Васильевна послать свой прощальный привет Царицыну, как вдруг в нескольких шагах от нее, за высоким кустом сирени, раздались нестройные восклицания, хохотня и крики — и целая гурьба растрепанных мужчин, тех самых любителей пения, которые так усердно хлопали Зое, высыпала на дорожку. Господа любители казались сильно навеселе. Они остановились при виде дам; но один из них, огромного росту, с бычачьей шеей и бычачьими воспаленными глазами, отделился от своих товарищей и, неловко раскланиваясь и покачиваясь на ходу, приблизился к окаменевшей от испуга Анне Васильевне.

— Бонжур, мадам,— проговорил он сиплым голосом,— как ваше здоровье?

Анна Васильевна пошатнулась назад.

— А отчего вы,— продолжал великан дурным русским языком,— не хотел петь bis, когда наш компани кричал bis, и браво, и форо?

— Да, да, отчего? — раздалось в рядах компании.

Инсаров шагнул было вперед, но Шубин остановил его и сам заслонил Анну Васильевну.

— Позвольте, — начал он, — почтенный незнакомец, выразить вам то неподдельное изумление, в которое вы повергаете всех нас своими поступками. Вы, сколько я могу судить, принадлежите к саксонской отрасли кавказского племени; следовательно, мы должны предполагать в вас знание светских приличий, а между тем вы заговариваете с дамой, которой вы не были представлены. Поверьте, в другое время я в особенности был бы очень рад сблизиться с вами, ибо замечаю в вас такое феноменальное развитие мускулов biceps, triceps и deltoïdeus, что, как ваятель, почел бы за истинное счастие иметь вас своим натурщиком; но на сей раз оставьте нас в покое.

«Почтенный незнакомец» выслушал всю речь Шубина, презрительно скрутив голову на сторону и уперши руки в бока.

— Я ничего не понимайт, что вы говорит такое, — промолвил он наконец. — Вы думает, может быть, я сапожник или часовых дел мастер? Э! Я официр, я чиновник, да.

— Я не сомневаюсь в этом, — начал было Шубин...

— А я вот что говорю, — продолжал незнакомец, отстраняя его своею мощною рукой, как ветку с дороги, — я говорю: отчего вы не пел bis, когда мы кричал bis? А теперь я сейчас, сей минутой уйду, только вот нушна, штоп эта флейлейн, не эта мадам, нет, эта не нушна, а вот эта или эта (он указал на Елену и Зою) дала мне einen Kuss, как мы это говорим по-немецки, поцалуйшик, да; что ж? это ничего.

— Ничего, einen Kuss, это ничего, — раздалось опять в рядах компании.

— Ih! der Sakramenter![1] — проговорил, давясь от смеху, один уже совершенно чирый немец.

Зоя ухватила за руку Инсарова, но он вырвался у нее и стал прямо перед великорослым нахалом.

— Извольте идти прочь, — сказал он ему не громким, но резким голосом.

Немец тяжело захохотал.

— Как прочь? Вот это и я люблю! Разве я тоже не могу гуляйт? Как это прочь? Отчего прочь?

— Оттого что вы осмелились беспокоить даму, — проговорил Инсаров и вдруг побледнел, — оттого что вы пьяны.

— Как? я пьян? Слышить? Hören Sie das, Herr Provi-

---

[1] Ох! вот чудодей! *(нем.)*

332

sor?[1] Я офицер, а он смеет... Теперь я требую Satisfaction! Einen Kuss will ich![2]

— Если вы сделаете еще шаг,— начал Инсаров...

— Ну? И что тогда?

— Я вас брошу в воду.

— В воду? Herr Je![3] И только? Ну, посмотрим, это очень любопытно, как это в воду...

Господин *офицер* поднял руки и подался вперед, но вдруг произошло нечто необыкновенное: он крякнул, всё огромное туловище его покачнулось, поднялось от земли, ноги брыкнули на воздухе, и, прежде чем дамы успели вскрикнуть, прежде чем кто-нибудь мог понять, каким образом это сделалось, господин *офицер*, всей своей массой, с тяжким плеском бухнулся в пруд и тотчас же исчез под заклубившейся водой.

— Ай! — дружно взвизгнули дамы.

— Mein Gott![4] — послышалось с другой стороны.

Прошла минута... и круглая голова, вся облепленная мокрыми волосами, показалась над водой; она пускала пузыри, эта голова; две руки судорожно барахтались у самых ее губ...

— Он утонет, спасите его, спасите! — закричала Анна Васильевна Инсарову, который стоял на берегу, расставив ноги и глубоко дыша.

— Выплывет,— проговорил он с презрительной и безжалостной небрежностью.— Пойдемте,— прибавил он, взявши Анну Васильевну за руку,— пойдемте, Увар Иванович, Елена Николаевна.

— А... а... о... о...— раздался в это мгновение вопль несчастного немца, успевшего ухватиться за прибрежный тростник.

Все двинулись вслед за Инсаровым, и всем пришлось пройти мимо самой «компании». Но, лишившись своего главы, гуляки присмирели и ни словечка не вымолвили; один только, самый храбрый из них, пробормотал, потряхивая головой: «Ну, это, однако... это Бог знает что... после этого»; а другой даже шляпу снял. Инсаров казался им очень грозным, и недаром: что-то недоброе, что-то опасное выступило у него на лице. Немцы бросились вытаскивать своего товарища, и тот, как только очутился на твердой земле, начал слезливо браниться и кричать вслед этим

---

[1] Вы слышите это, господин провизор? *(нем.)*
[2] Удовлетворения! Я хочу поцелуя! *(нем.)*
[3] Господи Иисусе! *(нем.)*
[4] Боже мой! *(нем.)*

«русским мошенникам», что он жаловаться будет, что он к самому его превосходительству графу фон Кизериц пойдет...

Но «русские мошенники» не обращали внимания на его возгласы и как можно скорее спешили к замку. Все молчали, пока шли по саду, только Анна Васильевна слегка охала. Но вот они приблизились к экипажам, остановились, и неудержимый, несмолкаемый смех поднялся у них, как у небожителей Гомера. Первый визгливо, как безумный, залился Шубин, за ним горохом забарабанил Берсенев, там Зоя рассыпалась тонким бисером, Анна Васильевна тоже вдруг так и покатилась, даже Елена не могла не улыбнуться, даже Инсаров не устоял наконец. Но громче всех, и дольше всех, и неистовее всех хохотал Увар Иванович: он хохотал до колотья в боку, до чихоты, до удушья. Притихнет немного, да проговорит сквозь слезы: «Я... думаю... что́ это хлопнуло?.. а это... он... плашмя...» И вместе с последним, судорожно выдавленным словом новый взрыв хохота потрясал весь его состав. Зоя его еще больше подзадоривала. «Я, говорит, вижу, ноги по воздуху...» — «Да, да,— подхватит Увар Иванович,— ноги, ноги... а там хлоп! а это он п-п-плашмя!..» — «Да и как они это ухитрились, ведь немец-то втрое больше их был?» — спросила Зоя. «А я вам доложу,— ответил, утирая глаза, Увар Иванович,— я видел: одною рукой за поясницу, ногу подставил, да как хлоп! Я слышу: что это?.. а это он, плашмя...»

Уже экипажи давно тронулись, уже Царицынский замок скрылся из виду, а Увар Иванович всё не мог успокоиться. Шубин, который опять с ним поехал в коляске, пристыдил его наконец.

А Инсарову было совестно. Он сидел в карете против Елены (на козлах поместился Берсенев) и молчал; она тоже молчала. Он думал, что она его осуждает; а она не осуждала его. Она очень испугалась в первую минуту; потом ее поразило выражение его лица; потом она всё размышляла. Ей не было совершенно ясно, о чем размышляла она. Чувство, испытанное ею в течение дня, исчезло: это она сознавала; но оно заменилось чем-то другим, чего она пока не понимала. Partie de plaisir продолжалась слишком долго: вечер незаметно перешел в ночь. Карета быстро неслась то вдоль созревающих нив, где воздух был душен и душист и отзывался хлебом, то вдоль широких лугов, и внезапная их свежесть била легкою волной по лицу. Небо словно дымилось по краям. Наконец выплыл месяц, тусклый и красный. Анна Васильевна дремала; Зоя высунулась из окна и глядела на дорогу. Елене пришло, наконец, в голову, что она более часу не говорила с Инсаровым. Она обратилась к нему с незначительным вопросом; он тотчас радостно ответил ей. В воздухе стали носиться какие-то неясные звуки; казалось, будто вдали говорили тысячи голосов: Москва неслась им навстречу. Впереди замелькали огоньки; их становилось всё более и более; наконец, под колесами застучали камни. Анна Васильевна проснулась; все заговорили в карете, хотя никто уже не мог расслышать, о чем шла речь: так сильно гремела мостовая под двумя экипажами и тридцатью двумя лошадиными ногами. Длинным и скучным показался переезд из Москвы в Кунцево; все спали или молчали, прижавшись головами к разным уголкам; одна Елена не закрывала глаз: она не сводила их с темной фигуры Инсарова. На Шубина напала грусть: ветерок дул ему в глаза и раздражал его; он завернулся в воротник шинели и чуть-чуть было не всплакнул. Увар Иванович благополучно похрапывал, качаясь направо и налево. Экипажи остановились наконец. Два лакея вынесли Анну Васильевну из кареты; она совсем расклеилась и, прощаясь с своими спутниками, объявила им, что она чуть жива; они стали ее благодарить, а она только повторила: «Чуть жива». Елена пожала в первый раз руку Инсарову и долго не раздевалась, сидя под окном; а Шубин улучил время шепнуть уходившему Берсеневу:

— Ну как же не герой: в воду пьяных немцев бросает!

— А ты и того не сделал,— возразил Берсенев и отправился домой с Инсаровым.

Заря уже занималась в небе, когда оба приятеля возвратились на свою квартиру. Солнце еще не вставало, но уже заиграл холодок, седая роса покрыла травы, и первые жаворонки звенели высоко-высоко в полусумрачной воздушной бездне, откуда, как одинокий глаз, смотрела крупная последняя звезда.

XVI

Елена вскоре после знакомства с Инсаровым начала (в пятый или шестой раз) дневник. Вот отрывки из этого дневника:

Июня... Андрей Петрович мне приносит книги, но я их читать не могу. Сознаться ему в этом — совестно; отдать книги, солгать, сказать, что читала,— не хочется. Мне кажется, это его огорчит. Он все за мной замечает. Он, кажется, очень ко мне привязан. Очень хороший человек Андрей Петрович.

...Чего мне хочется? Отчего у меня так тяжело на сердце, так томно? Отчего я с завистью гляжу на пролетающих птиц? Кажется, полетела бы с ними, полетела — куда, не знаю, только далеко, далеко отсюда. И не грешно ли это желание? У меня здесь мать, отец, семья. Разве я не люблю их? Нет, я не люблю их так, как бы хотелось любить. Мне страшно вымолвить это, но это правда. Может быть, я большая грешница; может быть, оттого мне так грустно, оттого мне нет покоя. Какая-то рука лежит на мне и давит меня. Точно я в тюрьме, и вот-вот сейчас на меня повалятся стены. Отчего же другие этого не чувствуют? Кого же я буду любить, если я к своим холодна? Видно, папенька прав: он упрекает меня, что я люблю одних собак да кошек. Надо об этом подумать. Я мало молюсь; надо молиться... А кажется, я бы умела любить!

...Я всё еще робею с господином Инсаровым. Не знаю, отчего; я, кажется, не молоденькая, а он такой простой и добрый. Иногда у него очень серьезное лицо. Ему, должно быть, не до нас. Я это чувствую, и мне как будто совестно отнимать у него время. Андрей Петрович — другое дело. Я с ним готова болтать хоть целый день. Но и он мне всё говорит об Инсарове. И какие страшные подробности! Я его видела сегодня ночью с кинжалом в руке. И будто он мне говорит: «Я тебя убью и себя убью». Какие глупости!

...О, если бы кто-нибудь мне сказал: вот что ты должна делать! Быть доброю — этого мало; делать добро... да; это главное в жизни. Но как делать добро? О, если б я могла овладеть собою! Не понимаю, отчего я так часто думаю о господине Инсарове. Когда он приходит, и сидит и слушает внимательно, а сам не старается, не хлопочет, я гляжу на него, и мне приятно — но только; а когда он уйдет, я всё припоминаю его слова и досадую на себя и даже волнуюсь... сама не знаю отчего. (Он плохо говорит по-французски, и не стыдится — это мне нравится.) Впрочем, я всегда много думаю о новых лицах. Разговаривая с ним, я вдруг вспомнила нашего буфетчика Василия, который вытащил из горевшей избы безногого старика и сам чуть не погиб. Папенька назвал его молодцом, мамаша дала ему пять рублей, а мне хотелось ему в ноги поклониться. И у него было простое, даже глупое лицо, и он потом сделался пьяницей.

...Я сегодня подала грош одной нищей, а она мне говорит: отчего ты такая печальная? А я и не подозревала, что у меня печальный вид. Я думаю, это оттого происходит, что я одна, всё одна, со всем моим добром, со всем моим злом. Некому протянуть руку. Кто подходит ко мне, того не надобно; а кого бы хотела... тот идет мимо.

...Я не знаю, что со мною сегодня; голова моя путается, я готова упасть на колени и просить и умолять пощады. Не знаю, кто и как, но меня как будто убивают, и внутренно я кричу и возмущаюсь; я плачу и не могу молчать... Боже мой! Боже мой! укроти во мне эти порывы! Ты один это можешь, всё другое бессильно: ни мои ничтожные милостыни, ни занятия, ничего, ничего мне помочь не может. Пошла бы куда-нибудь в служанки, право: мне было бы легче.

К чему молодость, к чему я живу, зачем у меня душа, зачем всё это?

...Инсаров, господин Инсаров,— я, право, не знаю, как писать,— продолжает занимать меня. Мне хочется знать, что у него там в душе? Он, кажется, так открыт, так доступен, а мне ничего не видно. Иногда он глядит на меня какими-то испытующими глазами... или это одна моя фантазия? Поль меня всё дразнит — я сердита на Поля. Что ему надобно? Он в меня влюблен... да мне не нужно его любви. Он и в Зою влюблен. Я к нему несправедлива; он мне вчера сказал, что я не умею быть несправедливой вполовину... это правда. Это очень дурно.

Ах, я чувствую, человеку нужно несчастье, или бедность, или болезнь, а то как раз зазнаешься.

...Зачем Андрей Петрович рассказал мне сегодня об этих двух болгарах! Он как будто с намерением рассказал мне это. Что мне до господина Инсарова? Я сердита на Андрея Петровича.

...Берусь за перо и не знаю, как начать. Как неожиданно он сегодня заговорил со мною в саду! Как он был ласков и доверчив! Как это скоро сделалось! Точно мы старые, старые друзья и только сейчас узнали друг друга. Как я могла не понимать его до сих пор! Как он теперь мне близок! И вот что удивительно: я теперь гораздо спокойнее стала. Мне смешно: вчера я сердилась на Андрея Петровича, на него, я даже назвала его *господин Инсаров*, а сегодня... Вот, наконец, правдивый человек; вот на кого положиться можно. Этот не лжет; это первый человек, которого я встречаю, который не лжет: все другие лгут, всё лжет. Андрей Петрович, милый, добрый, за что же я вас обижаю? Нет! Андрей Петрович, может быть, ученее его, может быть, даже умнее... Но, я не знаю, он перед ним такой маленький. Когда *тот* говорит о своей родине, он растет,

337

22 — 582

растет, и лицо его хорошеет, и голос как сталь, и нет, кажется, тогда на свете такого человека, перед кем бы он глаза опустил. И он не только говорит — он делал и будет делать. Я его расспрошу... Как он вдруг обернулся ко мне и улыбнулся мне!.. Только братья так улыбаются. Ах, как я довольна! Когда он пришел к нам в первый раз, я никак не думала, что мы так скоро сблизимся. А теперь мне даже нравится, что я в первый раз осталась равнодушною... Равнодушною! Разве я теперь не равнодушна?

...Я давно не чувствовала такого внутреннего спокойствия. Так тихо во мне, так тихо. И записывать нечего. Я его часто вижу, вот и всё. Что еще записывать?

...Поль заперся; Андрей Петрович стал реже ходить... бедный! Мне кажется, он... Впрочем, это быть не может. Я люблю говорить с Андреем Петровичем: никогда ни слова о себе, всё о чем-нибудь дельном, полезном. Не то, что Шубин. Шубин наряжен, как бабочка, да любуется своим нарядом; этого бабочки не делают. Впрочем, и Шубин и Андрей Петрович... я знаю, что я хочу сказать.

...*Ему* приятно к нам ходить, я это вижу. Но отчего? что он нашел во мне? Правда, у нас вкусы похожи: и он и я, мы оба стихов не любим, оба не знаем толка в художестве. Но насколько он лучше меня! Он спокоен, а я в вечной тревоге; у него есть дорога, есть цель — а я, куда я иду? где мое гнездо? Он спокоен, но все его мысли далеко. Придет время, и он покинет нас навсегда, уйдет к себе, туда, за море. Что ж? Дай Бог ему! А я все-таки буду рада, что я его узнала, пока он здесь был.

Отчего он не русский? Нет, он не мог быть русским.

И мамаша его любит; говорит: скромный человек. Добрая мамаша! Она его не понимает. Поль молчит: он догадался, что мне его намеки неприятны, но он к нему ревнует. Злой мальчик! И с какого права? Разве я когда-нибудь...

Всё это пустяки! Зачем мне это всё в голову приходит?

...А ведь странно, однако, что я до сих пор, до двадцати лет, никого не любила! Мне кажется, что у Д. (буду называть его Д., мне нравится это имя: Димитрий) оттого так ясно на душе, что он весь отдался своему делу, своей мечте. Из чего ему волноваться? Кто отдался весь... весь... весь... тому горя мало, тот уж ни за что не отвечает. Не *я* хочу: *то* хочет. Кстати, и он и я, мы одни цветы любим. Я сегодня сорвала розу. Один лепесток упал, он его поднял... Я ему отдала всю розу.

Я с некоторых пор вижу странные сны. Что бы это значило?

...Д. к нам ходит часто. Вчера он просидел целый вечер. Он хочет учить меня по-болгарски. Мне с ним хорошо, как дома. Лучше, чем дома.

...Дни летят... И хорошо мне, и почему-то жутко, и Бога благодарить хочется, и слезы недалеко. О теплые, светлые дни!

...Мне всё по-прежнему легко и только изредка, изредка немножко грустно. Я счастлива. Счастлива ли я?

...Долго не забуду я вчерашней поездки. Какие странные, новые, страшные впечатления! Когда он вдруг взял этого великана и швырнул его, как мячик, в воду, я не испугалась... но он меня испугал. И потом — какое лицо зловещее, почти жестокое! Как он сказал: выплывет! Это меня перевернуло. Стало быть, я его не понимала. И потом, когда все смеялись, когда я смеялась, как мне было больно за него! Он стыдился, я это чувствовала, он меня стыдился. Он мне это сказал потом в карете, в темноте, когда я старалась его разглядеть и боялась его. Да, с ним шутить нельзя, и заступиться он умеет. Но к чему же эта злоба, эти дрожащие губы, этот яд в глазах? Или, может быть, иначе нельзя? Нельзя быть мужчиной, бойцом, и остаться кротким и мягким? Жизнь дело грубое, сказал он мне недавно. Я повторила это слово Андрею Петровичу; он не согласился с Д. Кто из них прав? А как начался этот день! Как мне было хорошо идти с ним рядом, даже молча... Но я рада тому, что случилось. Видно, так следовало.

...Опять беспокойство... Я не совсем здорова.

...Я все эти дни ничего не записывала в этой тетрадке, потому что писать не хотелось. Я чувствовала: что бы я ни написала, всё будет не то, что у меня на душе... А что у меня на душе? Я имела с ним большой разговор, который мне открыл многое. Он мне рассказал свои планы (кстати, я теперь знаю, отчего у него рана на шее... Боже мой! когда я подумаю, что он уже был приговорен к смерти, что он едва спасся, что его изранили...). Он предчувствует войну и радуется ей. И со всем тем я никогда не видала Д. таким грустным. О чем он... он!.. может грустить? Папенька из города вернулся, застал нас обоих и как-то странно поглядел на нас. Андрей Петрович пришел; я заметила, что он очень стал худ и бледен. Он упрекнул меня, будто бы я уже слишком холодно и небрежно обращаюсь с Шубиным. А я совсем забыла о Поле. Увижу его, постараюсь загладить свою вину. Мне теперь не до него... и ни до кого в мире.

Андрей Петрович говорил со мною с каким-то сожалением. Что всё это значит? Отчего так темно вокруг меня и во мне? Мне кажется, что вокруг меня и во мне происходит что-то загадочное, что нужно найти слово..

...Я не спала ночь, голова болит. К чему писать? Он сегодня ушел так скоро, а мне хотелось поговорить с ним... Он как будто избегает меня. Да, он меня избегает.

...Слово найдено, свет озарил меня! Боже! сжалься надо мною... Я влюблена!

XVII

В тот самый день, когда Елена вписывала это последнее, роковое слово в свой дневник, Инсаров сидел у Берсенева в комнате, а Берсенев стоял перед ним, с выражением недоумения на лице. Инсаров только что объявил ему о своем намерении на другой же день переехать в Москву.

— Помилуйте! — воскликнул Берсенев,— теперь наступает самое красное время. Что вы будете делать в Москве? Что за внезапное решение! Или вы получили какое-нибудь известие?

— Я никакого известия не получал,— возразил Инсаров,— но, по моим соображениям, мне нельзя здесь оставаться.

— Да как же это можно...

— Андрей Петрович,— проговорил Инсаров,— будьте так добры, не настаивайте, прошу вас. Мне самому тяжело расстаться с вами, да делать нечего.

Берсенев пристально посмотрел на него.

— Я знаю,— проговорил он наконец,— вас не убедишь. Итак, это дело решенное?

— Совершенно решенное,— отвечал Инсаров, встал и удалился.

Берсенев прошелся по комнате, взял шляпу и отправился к Стаховым.

— Вы имеете сообщить мне что-то,— сказала ему Елена, как только они остались вдвоем.

— Да; почему вы догадались?

— Это всё равно. Говорите, что такое?

Берсенев передал ей решение Инсарова.

Елена побледнела.

— Что это значит? — произнесла она с трудом.

— Вы знаете,— промолвил Берсенев,— что Дмитрий Никанорович не любит отдавать отчета в своих поступках. Но я думаю... Сядемте, Елена Николаевна, вы как будто не совсем здоровы... Я, кажется, могу догадаться, какая собственно причина этого внезапного отъезда.

— Какая, какая причина? — повторила Елена, крепко стискивая, и сама того не замечая, руку Берсенева в своей похолодевшей руке.

— Вот видите ли,— начал Берсенев с грустною улыбкой,— как бы это вам объяснить? Придется мне возвратиться к нынешней весне, к тому времени, когда я ближе познакомился с Инсаровым. Я тогда встретился с ним в доме одного родственника; у этого родственника была дочка, очень хорошенькая. Мне показалось, что Инсаров к ней неравнодушен, и я сказал ему это. Он рассмеялся и отвечал мне, что я ошибался, что сердце его не пострадало, но что он немедленно бы уехал, если бы что-нибудь подобное с ним случилось, так как он не желает,— это были его собственные слова,— для удовлетворения личного чувства изменить своему делу и своему долгу. «Я болгар,— сказал он,— и мне русской любви не нужно...»

— Ну... и что же... вы теперь...— прошептала Елена, невольно отворачивая голову, как человек, ожидающий удара, но всё не выпуская схваченной руки Берсенева.

— Я думаю,— промолвил он и сам понизил голос,— я думаю, что теперь сбылось то, что я тогда напрасно предполагал.

— То есть... вы думаете... не мучьте меня! — вырвалось вдруг у Елены.

— Я думаю,— поспешно подхватил Берсенев,— что Инсаров полюбил теперь одну русскую девушку и, по обещанию своему, решается бежать.

Елена еще крепче стиснула его руку и еще ниже наклонила голову, как бы желая спрятать от чужого взора румянец стыда, обливший внезапным пламенем всё лицо ее и шею.

— Андрей Петрович, вы добры как ангел,— проговорила она,— но ведь он придет проститься?

— Да, я полагаю, наверное он придет, потому что не захочет уехать...

— Скажите ему, скажите...

Но тут бедная девушка не выдержала: слезы хлынули у ней из глаз, и она выбежала из комнаты.

«Так вот как она его любит,— думал Берсенев, медленно возвращаясь домой.— Я этого не ожидал; я не ожидал, что это уже так сильно. Я добр, говорит она,— продолжал он свои размышления...— Кто скажет, в силу каких чувств и побуждений я сообщил всё это Елене? Но не по доброте, не по доброте. Всё проклятое желание убедиться, действительно ли кинжал сидит в ране? Я должен быть доволен — они любят друг друга, и я им помог... „Будущий посредник между наукой и российскою публикой“,— зовет меня Шубин; видно, мне на роду написано быть посредником. Но если я ошибся? Нет, я не ошибся...»

Горько было Андрею Петровичу, и не шел ему в голову Раумер.

На следующий день, часу во втором, Инсаров явился к Стаховым. Как нарочно, о ту пору в гостиной Анны Васильевны сидела гостья, соседка протопопица, очень хорошая и почтенная женщина, но имевшая маленькую неприятность с полицией за то, что вздумала в самый припек жара выкупаться в пруду, близ дороги, по которой часто проезжало какое-то важное генеральское семейство. Присутствие постороннего лица было сперва даже приятно Елене, у которой кровинки в лице не осталось, как только она услышала походку Инсарова; но сердце у ней замерло при мысли, что он может проститься, не поговоривши с ней наедине. Он же казался смущенным и избегал ее взгляда. «Неужели он сейчас будет прощаться?» — думала Елена. Действительно, Инсаров обратился было к Анне Васильевне; Елена поспешно встала и отозвала его в сторону, к окну. Протопопица удивилась и попыталась обернуться; но она так туго затянулась, что корсет скрипел на ней при каждом движении. Она осталась неподвижною.

— Послушайте,— торопливо проговорила Елена,— я знаю, зачем вы пришли; Андрей Петрович сообщил мне ваше намерение, но я прошу вас, я вас умоляю не прощаться с нами сегодня, а прийти завтра сюда пораньше, часов в одиннадцать. Мне нужно сказать вам два слова.

Инсаров молча наклонил голову.

— Я вас не буду удерживать... Вы мне обещаете?

Инсаров опять поклонился, но ничего не сказал.

— Леночка, поди сюда,— промолвила Анна Васильевна,— посмотри, какой у матушки чудесный ридикюль.

— Сама вышивала,— заметила протопопица.

Елена отошла от окна.

Инсаров остался не более четверти часа у Стаховых. Елена наблюдала за ним украдкой. Он переминался на месте, по-прежнему не знал, куда девать глаза, и ушел как-то странно, внезапно; точно исчез.

Медлительно прошел этот день для Елены; еще медлительнее протянулась долгая, долгая ночь. Елена то сидела на кровати, обняв колени руками и положив на них голову, то подходила к окну, прикладывалась горячим лбом к холодному стеклу и думала, думала, до изнурения думала всё одни и те же думы. Сердце у ней не то окаменело, не то исчезло из груди; она его не чувствовала, но в голове тяжко бились жилы, и волосы ее жгли, и губы сохли. «Он придет... он не простился с мамашей... он не обманет... Неужели Андрей Петрович правду сказал? Быть не может... Он словами не обещал прийти... Неужели я навсегда с ним рассталась?» Вот какие мысли не покидали ее... именно не покидали: они не приходили, не возвращались — они беспрестанно колыхались в ней, как туман. «Он меня любит!» — вспыхивало вдруг во всем ее существе, и она пристально глядела в темноту; никому не видимая тайная улыбка раскрывала ее губы... но она тотчас встряхивала головой, заносила к затылку сложенные пальцы рук, и снова, как туман, колыхались в ней прежние думы. Перед утром она разделась и легла в постель, но заснуть не могла. Первые огнистые лучи солнца ударили в ее комнату... «О, если он меня любит!» — воскликнула она вдруг и, не стыдясь озарившего ее света, раскрыла свои объятия...

Она встала, оделась, сошла вниз. Еще никто не просыпался в доме. Она пошла в сад; но в саду так было тихо, и зелено, и свежо, так доверчиво чирикали птицы, так радостно выглядывали цветы, что ей жутко стало. «О! — подумала она,— если это правда, нет ни одной травки счастливее меня, да правда ли это?» Она вернулась в свою комнату и, чтоб как-нибудь убить время, стала менять платье. Но всё у ней падало и скользило из рук, и она еще сидела полураздетая перед своим туалетным зеркальцем, когда ее позвали чай пить. Она сошла вниз; мать заметила ее бледность, но сказала только: «Какая ты сегодня интересная» — и, окинув ее взглядом, прибавила: «Это платье очень к тебе идет: ты его всегда надевай, когда вздумаешь кому понравиться». Елена ничего не отвечала и села в уголок. Между тем пробило девять часов; до одиннадцати оставалось еще два часа. Елена взялась за книгу, потом за шитье, потом опять за книгу; потом она дала себе слово пройтись сто раз по одной аллее и прошлась сто раз; потом она долго смотрела, как Анна Васильевна пасьянс раскладывала... да взглянула на часы: еще десяти не было. Шубин пришел в гостиную. Она попыталась заговорить с ним и извинилась перед ним, сама не зная в чем... Каждое ее слово не то чтоб усилий ей стоило, но возбуждало в ней самой какое-то недоумение. Шубин нагнулся к ней. Она ожидала насмешки, подняла глаза и увидела перед собою печальное и дружелюбное лицо... Она улыбнулась этому лицу. Шубин тоже улыбнулся ей, молча, и тихонько вышел. Она хотела удержать его, но не тотчас вспомнила, как позвать его. Наконец пробило одиннадцать часов. Она стала ждать, ждать, ждать и прислушиваться. Она уже ничего не могла делать; она перестала даже думать. Сердце в ней ожило и стало биться громче, всё громче, и странное дело! время как будто помчалось быстрее. Прошло четверть часа, прошло полчаса, прошло еще несколько минут, по мнению Елены, и вдруг она вздрогнула: часы пробили не двенадцать, они пробили час. «Он не придет, он уедет, не простясь...» Эта мысль, вместе с кровью, так и бросилась ей в голову. Она почувствовала, что дыхание ей захватывает, что она готова зарыдать... Она побежала в свою комнату и упала, лицом на сложенные руки, на постель.

Полчаса пролежала она неподвижно; сквозь ее пальцы на подушку лились слезы. Она вдруг приподнялась и села; что-то странное совершалось в ней: лицо ее изменилось, влажные глаза сами собою высохли и заблестели, брови надвинулись, губы сжались. Прошло еще полчаса. Елена в последний раз приникла ухом: не долетит ли до нее знакомый голос? встала, надела шляпу, перчатки, накинула мантилью на плечи и, незаметно выскользнув из дома, пошла проворными шагами по дороге, ведущей к квартире Берсенева.

XVIII

Елена шла, потупив голову и неподвижно устремив глаза вперед. Она ничего не боялась, она ничего не соображала; она хотела еще раз увидаться с Инсаровым. Она шла, не замечая, что солнце давно скрылось, заслоненное тяжелыми черными тучами, что ветер порывисто шумел в деревьях и клубил ее платье, что пыль внезапно поднималась и неслась столбом по дороге... Крупный дождик закапал, она и его не замечала; но он пошел всё чаще, всё сильнее, сверкнула молния, гром ударил. Елена остановилась, посмотрела вокруг... К ее счастию, невдалеке от того места, где застала ее гроза, находилась ветхая заброшенная часовенка над развалившимся колодцем. Она добежала до нее и вошла под низенький навес. Дождь хлынул ручьями; небо кругом обложилось. С немым отчаянием глядела Елена на частую сетку быстро падавших капель.

Последняя надежда увидеться с Инсаровым исчезала. Старушка нищая вошла в часовенку, отряхнулась, проговорила с поклоном: «От дождя, матушка» — и, кряхтя и охая, присела на уступчик возле колодца. Елена опустила руку в карман: старушка заметила это движение, и лицо ее, сморщенное и желтое, но когда-то красивое, оживилось. «Спасибо тебе, кормилица, родная»,— начала она. В кармане Елены не нашлось кошелька, а старушка протягивала уже руку...

— Денег у меня нет, бабушка,— сказала Елена,— а вот возьми, на что-нибудь пригодится.

Она подала ей свой платок.

— О-ох, красавица ты моя,— проговорила нищая,— да на что же мне платочек твой? Разве внучке подарить, когда замуж выходить будет. Пошли тебе Господь за твою доброту!

Раздался удар грома.

— Господи, Иисусе Христе,— пробормотала нищая и перекрестилась три раза.— Да никак я уже тебя видела,— прибавила она погодя немного.— Никак ты мне Христову милостыню подавала?

Елена вгляделась в старуху и узнала ее.

— Да, бабушка,— отвечала она.— Ты еще меня спросила, отчего я такая печальная.

— Так, голубка, так. То-то я тебя признала. Да ты и теперь словно кручинна живешь. Вот и платочек твой мокрый, знать от слез. Ох вы, молодушки, всем вам одна печаль, горе великое!

— Какая же печаль, бабушка?

— Какая? Эх, барышня хорошая, не моги ты со мной, со старухой, лукавить. Знаю я, о чем ты тужишь: не сиротское твое горе. Ведь и я была молода, светик, мытарства-то эти я тоже проходила. Да. А я тебе, за твою доброту, вот что скажу: попался тебе человек хороший, не ветреник, ты уже держись одного; крепче смерти держись. Уж быть, так быть, а не быть, видно Богу так угодно. Да. Ты что на меня дивишься? Я та же ворожея. Хошь, унесу с твоим платочком всё твое горе? Унесу, и полно. Вишь, дождик реденький пошел; ты-то подожди еще, а я пойду. Меня ему не впервой мочить. Помни же, голубка: была печаль, сплыла печаль, и помину ей нет. Господи, помилуй!

Нищая приподнялась с уступчика, вышла из часовенки и поплелась своею дорогой. Елена с изумлением посмотрела ей вслед. «Что это значит?» — прошептала она невольно.

Дождик сеялся всё мельче и мельче, солнце заиграло

на мгновение. Елена уже собиралась покинуть свое убежище... Вдруг в десяти шагах от часовни она увидела Инсарова. Закутанный плащом, он шел по той же самой дороге, по которой пришла Елена; казалось, он спешил домой.

Она оперлась рукой о ветхое перильце крылечка, хотела позвать его, но голос изменил ей... Инсаров уже проходил мимо, не поднимая головы...

— Дмитрий Никанорович! — проговорила она наконец.

Инсаров внезапно остановился, оглянулся... В первую **минуту** он не узнал Елены, но тотчас же подошел к ней.

— Вы! вы здесь! — воскликнул он.

Она отступила молча в часовню. Инсаров последовал за Еленой.

— Вы здесь? — повторил он.

Она продолжала молчать и только глядела на него каким-то долгим, мягким взглядом. Он опустил глаза.

— Вы шли от нас? — спросила она его.

— Нет... не от вас.

— Нет? — повторила Елена и постаралась улыбнуться.— Так-то вы держите ваши обещания? Я вас ждала с утра.

— Я вчера, вспомните, Елена Николаевна, ничего не обещал.

Елена опять едва улыбнулась и провела рукой по лицу. И лицо и рука были очень бледны.

— Вы, стало быть, хотели уехать, не простившись с нами?

— Да,— сурово и глухо промолвил Инсаров.

— Как? После нашего знакомства, после этих разговоров, после всего... Стало быть, если б я вас здесь не встретила случайно (голос Елены зазвенел, и она умолкла на мгновение)... так бы вы и уехали, и руки бы мне не пожали в последний раз, и вам бы не было жаль?

Инсаров отвернулся.

— Елена Николаевна, пожалуйста, не говорите так. Мне и без того невесело. Поверьте, мое решение мне стоило больших усилий. Если б вы знали...

— Я не хочу знать,— с испугом перебила его Елена,— зачем вы едете... Видно, так нужно. Видно, нам должно расстаться. Вы без причины не захотели бы огорчить ваших друзей. Но разве так расстаются друзья? Ведь мы друзья с вами, не правда ли?

— Нет,— сказал Инсаров.

— Как?..— промолвила Елена. Щеки ее покрылись легким румянцем.

346

— Я именно оттого и уезжаю, что мы не друзья. Не заставляйте меня сказать то, что я не хочу сказать, что я не скажу.

— Вы прежде были со мной откровенны,— с легким упреком произнесла Елена.— Помните?

— Тогда я мог быть откровенным, тогда мне скрывать было нечего; а теперь...

— А теперь? — спросила Елена.

— А теперь... А теперь я должен удалиться. Прощайте.

Если бы в это мгновение Инсаров поднял глаза на Елену, он бы заметил, что лицо ее всё больше светлело, чем больше он сам хмурился и темнел; но он упорно глядел на пол.

— Ну, прощайте, Дмитрий Никанорович,— начала она.— Но по крайней мере, так как мы уже встретились, дайте мне теперь вашу руку.

Инсаров протянул было руку.

— Нет, и этого я не могу,— промолвил он и отвернулся снова.

— Не можете?

— Не могу. Прощайте.

И он направился к выходу часовни.

— Погодите еще немножко,— сказала Елена.— Вы как будто боитесь меня. А я храбрее вас,— прибавила она с внезапной легкой дрожью во всем теле.— Я могу вам сказать... хотите?.. отчего вы меня здесь застали? Знаете ли, куда я шла?

Инсаров с изумлением посмотрел на Елену.

— Я шла к вам.

— Ко мне?

Елена закрыла лицо.

— Вы хотели заставить меня сказать, что я вас люблю,— прошептала она,— вот... я сказала.

— Елена! — вскрикнул Инсаров.

Она приняла руки, взглянула на него и упала к нему на грудь.

Он крепко обнял ее и молчал. Ему не нужно было говорить ей, что он ее любит. Из одного его восклицания, из этого мгновенного преобразования всего человека, из того, как поднималась и опускалась эта грудь, к которой она так доверчиво прильнула, как прикасались концы его пальцев к ее волосам, Елена могла понять, что она любима. Он молчал, и ей не нужно было слов. «Он тут, он любит... чего ж еще?» Тишина блаженства, тишина невозмутимой пристани, достигнутой цели, та небесная тишина, которая и самой смерти придает и смысл и красоту, наполнила ее всю своею божественной волной. Она ничего не желала, потому что она обладала всем. «О мой брат, мой друг, мой милый!..» — шептали ее губы, и она сама не знала, чье это сердце, его ли, ее ли, так радостно билось и таяло в ее груди.

А он стоял неподвижно, он окружал своими крепкими объятиями эту молодую, отдавшуюся ему жизнь, он ощущал на груди это новое, бесконечно дорогое бремя; чувство умиления, чувство благодарности неизъяснимой разбило в прах его твердую душу, и никогда еще не изведанные слезы навернулись на его глаза...

А она не плакала; она твердила только: «О мой друг, о мой брат!»

— Так ты пойдешь за мною всюду? — говорил он ей четверть часа спустя, по-прежнему окружая и поддерживая ее своими объятиями.

— Всюду, на край земли. Где ты будешь, там я буду.

— И ты себя не обманываешь, ты знаешь, что родители твои никогда не согласятся на наш брак?

— Я себя не обманываю; я это знаю.

— Ты знаешь, что я беден, почти нищий?

— Знаю.

— Что я не русский, что мне не суждено жить в России, что тебе придется разорвать все свои связи с отечеством, с родными?

— Знаю, знаю.

— Ты знаешь также, что я посвятил себя делу трудному, неблагодарному, что мне... что нам придется подвергаться не одним опасностям, но и лишениям, унижению, быть может?

— Знаю, всё знаю... Я тебя люблю.

— Что ты должна будешь отстать от всех твоих привычек, что там, одна, между чужими, ты, может быть, принуждена будешь работать...

Она положила ему руку на губы.

— Я люблю тебя, мой милый.

Он начал горячо целовать ее узкую розовую руку. Елена не отнимала ее от его губ и с какою-то детскою радостью, с смеющимся любопытством глядела, как он покрывал поцелуями то самую руку ее, то пальцы...

Вдруг она покраснела и спрятала свое лицо на его груди.

Он ласково приподнял ее голову и пристально посмотрел ей в глаза.

— Так здравствуй же,— сказал он ей,— моя жена перед людьми и перед Богом!

XIX

Час спустя Елена, с шляпою в одной руке, с мантильей в другой, тихо входила в гостиную дачи. Волосы ее слегка развились, на каждой щеке виднелось маленькое розовое пятнышко, улыбка не хотела сойти с ее губ, глаза смыкались и, полузакрытые, тоже улыбались. Она едва переступала от усталости, и ей была приятна эта усталость: да и всё ей было приятно. Всё казалось ей милым и ласковым. Увар Иванович сидел под окном; она подошла к нему, положила ему руку на плечо, потянулась немного и как-то невольно засмеялась.

— Чему? — спросил он, удивившись.

Она не знала, что сказать. Ей хотелось поцеловать Увара Ивановича.

— Плашмя!..— промолвила она наконец.

Но Увар Иванович даже бровью не повел и продолжал с удивлением глядеть на Елену. Она уронила на него и мантилью и шляпу.

— Милый Увар Иванович,— проговорила она,— я спать хочу, я устала,— и она опять засмеялась и упала на кресло возле него.

— Гм,— крякнул Увар Иванович и заиграл пальцами.— Это, надо бы, да...

А Елена глядела вокруг себя и думала: «Со всем этим я скоро должна расстаться... и странно: нет во мне ни страха, ни сомнения, ни сожаления... Нет, мамаши жалко!» Потом опять возникла перед ней часовенка, прозвучал опять его голос, она почувствовала вокруг себя его руки. Сердце ее радостно, но слабо шевельнулось: истома счастия лежала и на нем. Вспомнилась ей старушка нищая. «Точно, унесла она мое горе,— подумала она.— О, как я счастлива! как незаслуженно! как скоро!» Ей бы стоило дать себе крошечку воли, и полились бы у нее сладкие, нескончаемые слезы. Она удерживала их только тем, что посмеивалась. Какое положение она ни принимала, ей казалось, что уж лучше и ловче нельзя: точно ее баюкали. Все движения ее были медленны и мягки; куда девалась ее торопливость, ее угловатость? Вошла Зоя: Елена решила, что она не видала прелестнее личика; Анна Васильевна вошла: что-то кольнуло

Елену, но с какою нежностию она обняла свою добрую мать и поцеловала ее в лоб, подле волос, уже слегка поседелых! Потом она отправилась в свою комнатку: как там ей всё улыбнулось! С каким чувством стыдливого торжества и смирения села она на свою кроватку, на ту самую кроватку, где три часа тому назад она провела такие горькие мгновения! «А ведь уж я тогда знала, что он меня любит,— подумала она,— да и прежде... Ай, нет! нет! это грех». «Ты моя жена...» — прошептала она, закрывшись руками, и бросилась на колени.

К вечеру она стала задумчивее. Грусть ее взяла при мысли, что она не скоро увидится с Инсаровым. Он не мог, не возбуждая подозрения, оставаться у Берсенева, и потому вот на чем они с Еленой порешили: Инсаров должен был вернуться в Москву и приехать к ним в гости раза два до осени; с своей стороны, она обещалась писать ему письма и, если будет можно, назначить ему свидание где-нибудь около Кунцева. К чаю она сошла в гостиную и застала там всех своих домашних и Шубина, который зорко посмотрел на нее, как только она появилась; она хотела было заговорить с ним дружески, по-старому, да боялась его проницательности, боялась самой себя. Ей сдавалось, что он недаром более двух недель оставлял ее в покое. Скоро пришел Берсенев и передал Анне Васильевне поклон от Инсарова вместе с извинениями его в том, что он вернулся в Москву, не засвидетельствовав ей своего почтения. Имя Инсарова в первый раз в течение дня произносилось перед Еленой; она почувствовала, что покраснела; она поняла в то же время, что ей следовало выразить сожаление о внезапном отъезде такого хорошего знакомого, но она не могла принудить себя к притворству и продолжала сидеть неподвижно и безмолвно, между тем как Анна Васильевна охала и горевала. Елена старалась держаться около Берсенева; она его не боялась, хоть он и знал часть ее тайны; она спасалась под его крылышко от Шубина, который всё продолжал посматривать на нее — не насмешливо, но внимательно. На Берсенева в течение вечера тоже находило недоумение: он ожидал, что увидит Елену более печальной. К счастию ее, между ним и Шубиным завязался спор об искусстве; она отодвинулась и словно сквозь сон слушала их голоса. Понемногу не только они, но и вся комната, всё, что окружало ее, показалось ей как бы сном — всё: и самовар на столе, и коротенький жилет Увара Ивановича, и гладкие ногти Зои, и масляный портрет великого князя Константина Павловича на стене: всё уходило, всё покрывалось дымкой, всё переставало существовать. Только жаль ей было их всех. «Для чего живут?» — думала она.

— Ты спать хочешь, Леночка,— спросила ее мать.

Она не слышала вопроса матери.

— Полусправедливый намек, говоришь ты?..— Эти слова, резко произнесенные Шубиным, внезапно возбудили внимание Елены.— Помилуй,— продолжал он,— в этом-то самый вкус и есть. Справедливый намек возбуждает уныние — это не по-христиански; к несправедливому человек равнодушен — это глупо, а от полусправедливого он и досаду чувствует и нетерпение. Например, если я скажу, что Елена Николаевна влюблена в одного из нас, какого рода это будет намек, ась?

— Ах, мсьё Поль,— проговорила Елена,— я бы хотела показать вам мою досаду, да право, не могу. Я очень устала.

— Что ж ты не ляжешь? — промолвила Анна Васильевна, которая вечером сама всегда дремала и оттого охотно посылала спать других.— Простись со мной да ступай с Богом. Андрей Петрович извинит.

Елена поцеловала свою мать, поклонилась всем и пошла. Шубин проводил ее до двери.

— Елена Николаевна,— шепнул он ей на пороге,— вы топчете мсьё Поля, вы безжалостно ходите по нем, а мсьё Поль благословляет вас, и ваши ножки, и башмаки на ваших ножках, и подошвы ваших башмаков.

Елена пожала плечом, нехотя протянула ему руку — не ту, которую целовал Инсаров,— и вернувшись к себе в комнату, тотчас разделась, легла и заснула. Она спала глубоким, безмятежным сном... Так даже дети не спят: так спит только выздоровевший ребенок, когда мать сидит возле его колыбельки и глядит на него и слушает его дыхание.

XX

— Зайди ко мне на минутку,— сказал Берсеневу Шубин, как только тот простился с Анной Васильевной,— у меня есть кое-что тебе показать.

Берсенев отправился к нему во флигель. Его поразило множество студий, статуэток и бюстов, окутанных мокрыми тряпками и расставленных по всем уголкам комнаты.

— Да ты, я вижу, работаешь не на шутку,— заметил он Шубину.

— Что-нибудь надобно ж делать,— ответил тот.— Одно

не везет, надо пробовать другое. Впрочем, я, как корсиканец, занимаюсь больше вендеттой, нежели чистым искусством. Trema, Bisanzia![1]

— Я тебя не понимаю,— проговорил Берсенев.

— А вот погоди. Вот извольте поглядеть, любезный друг и благодетель, мою месть номер 1-й.

Шубин раскутал одну фигуру, и Берсенев увидел отменно схожий, отличный бюст Инсарова. Черты лица были схвачены Шубиным верно до малейшей подробности, и выражение он им придал славное: честное, благородное и смелое.

Берсенев пришел в восторг.

— Да это просто прелесть! — воскликнул он.— Поздравляю тебя. Хоть на выставку! Почему ты называешь это великолепное произведение местью?

— А потому, сэр, что я намерен поднести это, как вы изволили выразиться, великолепное произведение Елене Николаевне в день ее именин. Понимаете вы сию аллегорию? Мы не слепые, мы видим, что́ около нас происходит, но мы джентльмены, милостивый государь, и мстим по-джентльменски.

— А вот,— прибавил Шубин, раскутывая другую фигурку,— так как художник, по новейшим эстетикам, пользуется завидным правом воплощать в себе всякие мерзости, возводя их в перл создания, то мы, при возведении сего перла, номера второго, мстили уже вовсе не как джентльмены, а просто en canaille[2].

Он ловко сдернул полотно, и взорам Берсенева предстала статуэтка, в дантановском вкусе, того же Инсарова. Злее и остроумнее невозможно было ничего придумать. Молодой болгар был представлен бараном, поднявшимся на задние ножки и склоняющим рога для удара. Тупая важность, задор, упрямство, неловкость, ограниченность так и отпечатались на физиономии «супруга овец тонкорунных», и между тем сходство было до того поразительно, несомненно, что Берсенев не мог не расхохотаться.

— Что? забавно? — промолвил Шубин,— узналироя? На выставку тоже советуешь послать? Это, братец ты мой, я сам себе в собственные именины подарю... Ваше высокоблагородие, позвольте выкинуть коленце!

И Шубин прыгнул раза три, ударяя себя сзади подошвами.

_____

[1] Трепещи, Византия! *(ит.)*
[2] как канальи *(фр.)*.

Берсенев поднял с полу полотно и забросил им статуэтку.

— Ох ты, великодушный,— начал Шубин,— кто бишь в истории считается особенно великодушным? Ну, всё равно! А теперь,— продолжал он, торжественно и печально раскутывая третью, довольно большую массу глины,— ты узришь нечто, что докажет тебе смиренномудрие и прозорливость твоего друга. Ты убедишься в том, что он, опять-таки как истинный художник, чувствует потребность и пользу собственного заушения. Взирай!

Полотно взвилось, и Берсенев увидел две, рядом и близко поставленные, точно сросшиеся, головы... Он не тотчас понял, в чем дело, но, приглянувшись, узнал в одной из них Аннушку, в другой самого Шубина. Впрочем, это были скорее карикатуры, чем портреты. Аннушка была представлена красивою жирною девкой с низким лбом, заплывшими глазами и бойко вздернутым носом. Ее крупные губы нагло ухмылялись; всё лицо выражало чувственность, беспечность и удаль, не без добродушия. Себя Шубин изобразил испитым, исхудалым жуиром, с ввалившимися щеками, с бессильно висящими косицами жидких волос, с бессмысленным выражением в погасших глазах, с заостренным, как у мертвеца, носом.

Берсенев отвернулся с отвращением.

— Какова двоешка, брат? — промолвил Шубин.— Не соблаговолишь ли сочинить приличную подпись? К первым двум штукам я уже подписи придумал. Под бюстом будет стоять: «Герой, намеревающийся спасти свою родину». Под статуэткой: «Берегитесь, колбасники!» А под этой штукой — как ты думаешь? — «Будущность художника Павла Яковлева Шубина...» Хорошо?

— Перестань,— возразил Берсенев.— Стоило терять время на такую...— Он не тотчас подобрал подходящее слово.

— Гадость? — хочешь ты сказать. Нет, брат, извини, уж коли чему на выставку идти, так этой группе.

— Именно гадость,— повторил Берсенев.— Да и что за вздор? В тебе вовсе нет тех залогов подобного развития, которыми до сих пор, к несчастию, так обильно одарены наши артисты. Ты просто наклеветал на себя.

— Ты полагаешь? — мрачно проговорил Шубин.— Если во мне их нет и если они ко мне привьются, то в этом будет виновата... одна особа. Ты знаешь ли,— прибавил он, трагически нахмурив брови,— что я уже пробовал пить?

— Врешь?!

— Пробовал, ей-Богу,— возразил Шубин и вдруг осклабился и просветлел,— да невкусно, брат, в горло не лезет, и голова потом, как барабан. Сам великий Лущихин — Харлампий Лущихин, первая московская, а по другим, великороссийская воронка — объявил, что из меня проку не будет. Мне, по его словам, бутылка ничего не говорит.

Берсенев замахнулся было на группу, но Шубин остановил его.

— Полно, брат, не бей; это как урок годится, как пугало.

Берсенев засмеялся.

— В таком случае, пожалуй, пощажу твое пугало,— промолвил он,— и да здравствует вечное, чистое искусство!

— Да здравствует! — подхватил Шубин.— С ним и хорошее лучше и дурное не беда!

Приятели крепко пожали друг другу руку и разошлись.

XXI

Первым ощущением Елены, когда она проснулась, был радостный испуг. «Неужели? неужели?» — спрашивала она себя, и сердце ее замирало от счастия. Воспоминания нахлынули на нее... она потонула в них. Потом опять ее осенила та блаженная, восторженная тишина. Но в течение утра Еленой понемногу овладело беспокойство, а в следующие дни ей стало и томно и скучно. Правда, она теперь знала, чего она хотела, но от этого ей не было легче. То незабвенное свидание выбросило ее навсегда из старой колеи: она уже не стояла в ней, она была далеко, а между тем кругом всё совершалось обычным порядком, всё шло своим чередом, как будто ничего не изменилось; прежняя жизнь по-прежнему двигалась, по-прежнему рассчитывая на участие и содействие Елены. Она пыталась начать письмо к Инсарову, но и это не удалось: слова выходили на бумаге не то мертвые, не то лживые. Дневник свой она покончила: она под последнею строкой провела большую черту. То было прошедшее, а она всеми помыслами своими, всем существом ушла в будущее. Ей было тяжело. Сидеть с матерью, ничего не подозревающей, выслушивать ее, отвечать ей, говорить с ней — казалось Елене чем-то преступным; она чувствовала в себе присутствие какой-то фальши; она возмущалась, хотя краснеть ей было не за что; не раз поднималось в ее душе почти непреодолимое желание высказать всё без утайки, что бы там ни было потом. «Для чего,— думала она,— Дмитрий не тогда же, не из этой часовни увел меня, куда хотел? Не сказал ли он мне, что я его жена перед Богом? Зачем я здесь?» Она вдруг стала дичиться всех, даже Увара Ивановича, который более чем когда-либо недоумевал и играл перстами. Уже ни ласковым, ни милым, ни даже сном не казалось ей всё окружающее: оно как кошмар давило ей грудь неподвижным, мертвенным бременем; оно как будто и упрекало ее, и негодовало, и знать про нее не хотело... Ты, мол, все-таки наша. Даже ее бедные питомцы, угнетенные птицы и звери, глядели на нее,— по крайней мере так чудилось ей,— недоверчиво и враждебно. Ей становилось совестно и стыдно своих чувств. «Ведь это все-таки мой дом,— думала она,— моя семья, моя родина...».— «Нет, это больше не твоя родина, не твоя семья»,— твердил ей другой голос. Страх овладевал ею, и она досадовала на свое малодушие. Беда только начиналась, а уж она теряла терпение... То ли она обещала?

Не скоро она совладела с собою. Но прошла неделя, другая... Елена немного успокоилась и привыкла к новому своему положению. Она написала две маленькие записочки Инсарову и сама отнесла их на почту — она бы ни за что, и из стыдливости и из гордости, не решалась довериться горничной. Она начинала уже поджидать его самого... Но вместо его, в одно прекрасное утро, прибыл Николай Артемьевич.

XXII

Еще никто в доме отставного гвардии поручика Стахова не видал его таким кислым и в то же время таким самоуверенным и важным, как в тот день. Он вошел в гостиную в пальто и шляпе — вошел медленно, широко расставляя ноги и стуча каблуками; приблизился к зеркалу и долго смотрел на себя, с спокойною строгостью покачивая головой и кусая губы. Анна Васильевна встретила его с наружным волнением и тайною радостью (она его иначе никогда не встречала); он даже шляпы не снял, не поздоровался с нею и молча дал Елене поцеловать свою замшевую перчатку. Анна Васильевна стала его расспрашивать о курсе лечения — он ничего не отвечал ей; явился Увар Иванович — он взглянул на него и сказал: «Ба!» С Уваром Ивановичем он вообще обходился холодно и свысока, хотя признавал в нем «следы настоящей стаховской крови». Известно, что почти все русские дворянские фамилии убеждены в существовании исключительных, породистых особенностей, им одним свойственных: нам не однажды довелось слышать толки «между своими» о «подсаласкинских» носах и «перепреевских» затылках. Зоя вошла и присела перед Николаем Артемьевичем. Он крякнул, опустился в кресла, потребовал себе кофею и только тогда снял шляпу. Ему принесли кофею; он выпил чашку и, посмотрев поочередно на всех, промолвил сквозь зубы: «Sortez, s'il vous plaît»[1], и, обратившись к жене, прибавил: «Et vous, madame, restez, je vous prie»[2].

Все вышли, кроме Анны Васильевны. У нее голова задрожала от волнения. Торжественность приемов Николая Артемьевича ее поразила. Она ожидала чего-то необыкновенного.

— Что такое! — воскликнула она, как только дверь затворилась.

Николай Артемьевич бросил равнодушный взгляд на Анну Васильевну.

— Ничего особенного, что это у вас за манера тотчас принимать вид какой-то жертвы? — начал он, безо всякой нужды опуская углы губ на каждом слове.— Я только хотел вас предуведомить, что у нас сегодня будет обедать новый гость.

— Кто такой?

— Курнатовский, Егор Андреевич. Вы его не знаете. Обер-секретарь в сенате.

— Он будет сегодня у нас обедать?

— Да.

— И вы только для того, чтобы мне это сказать, велели всем выйти?

Николай Артемьевич снова бросил на Анну Васильевну взгляд, на этот раз уже иронический.

— Вас это удивляет? Погодите удивляться.

Он умолк. Анна Васильевна тоже помолчала немного.

— Я желала бы,— заговорила она...

— Я знаю, вы меня всегда считали за «иморального» человека,— начал вдруг Николай Артемьевич.

— Я! — с изумлением пробормотала Анна Васильевна.

— И, может быть, вы и правы. Я не хочу отрицать, что действительно я вам иногда подавал справедливый повод к неудовольствию («серые лошади!» — промелькнуло в голове Анны Васильевны), хотя вы сами должны согла-

---

[1] «Выйдите, пожалуйста» *(фр.).*
[2] «А вы, сударыня, останьтесь, прошу вас» *(фр.).*

ситься, что при известном вам состоянии вашей конституции...

— Да я вас нисколько не обвиняю, Николай Артемьевич.

— C'est possible[1]. Во всяком случае я не намерен себя оправдывать. Меня оправдает время. Но я почитаю своим долгом уверить вас, что знаю свои обязанности и умею радеть о... о пользах вверенного мне... вверенного мне семейства.

«Что всё это значит?» — думала Анна Васильевна. (Она не могла знать, что накануне, в английском клубе, в углу диванной, поднялось прение о неспособности русских произносить *спичи*. «Кто у нас умеет говорить? Назовите кого-нибудь?» — воскликнул один из споривших. «Да хоть бы Стахов, например»,— отвечал другой и указал на Николая Артемьевича, который тут же стоял и чуть не пискнул от удовольствия.)

— Например,— продолжал Николай Артемьевич,— дочь моя, Елена. Не находите ли вы, что пора ей, наконец, ступить твердой стопою на стезю... выйти замуж, я хочу сказать. Все эти умствования и филантропии хороши, но до известной степени, до известных лет. Пора ей покинуть свои туманы, выйти из общества разных артистов, школяров и каких-то черногорцев и сделаться как все.

— Как я должна понять ваши слова? — спросила Анна Васильевна.

— А вот извольте выслушать,— отвечал Николай Артемьевич всё с тем же опусканием губ.— Скажу вам прямо, без обиняков: я познакомился, я сблизился с этим молодым человеком — господином Курнатовским, в надежде иметь его своим зятем. Смею думать, что, увидевши его, вы не обвините меня в пристрастии или в опрометчивости суждений. (Николай Артемьевич говорил и сам любовался своим красноречием.) Образования отличного, он правовед, манеры прекрасные, тридцать три года, обер-секретарь, коллежский советник, и Станислав на шее. Вы, надеюсь, отдадите мне справедливость, что я не принадлежу к числу тех pères de comédie[2], которые бредят одними чинами; но вы сами мне говорили, что Елене Николаевне нравятся дельные, положительные люди: Егор Андреевич первый по своей части делец; теперь, с другой стороны, дочь моя имеет слабость к великодушным поступкам: так знайте же, что

---

[1] Возможно *(фр.).*
[2] отцов из комедии *(фр.).*

Егор Андреевич, как только достиг возможности, вы понимаете меня, возможности безбедно существовать своим жалованьем, тотчас отказался в пользу своих братьев от ежегодной суммы, которую назначал ему отец.

— А кто его отец? — спросила Анна Васильевна.

— Отец его? Отец его тоже известный в своем роде человек, нравственности самой высокой, un vrai stoïcien[1], отставной, кажется, майор, всеми имениями графов Б... управляет.

— А! — промолвила Анна Васильевна.

— А! что: а? — подхватил Николай Артемьевич.— Ужели и вы заражены предрассудками?

— Да я ничего не сказала,— начала было Анна Васильевна...

— Нет, вы сказали: а!.. Как бы то ни было, я счел нужным вас предупредить о моем образе мыслей и смею думать... смею надеяться, что господин Курнатовский будет принят à bras ouverts[2]. Это не какой-нибудь черногорец.

— Разумеется; надо будет только Ваньку-повара позвать, блюдо приказать прибавить.

— Вы понимаете, что я в это не вхожу,— проговорил Николай Артемьевич, встал, надел шляпу и, посвистывая (он от кого-то слышал, что посвистывать можно только у себя на даче и в манеже), отправился гулять в сад. Шубин поглядел на него из окошка своего флигеля и молча высунул ему язык.

В четыре часа без десяти минут к крыльцу стаховской дачи подъехала ямская карета, и человек еще молодой, благообразной наружности, просто и изящно одетый, вышел из нее и велел доложить о себе. Это был Егор Андреевич Курнатовский.

Вот что, между прочим, писала на следующий день Инсарову Елена.

«Поздравь меня, милый Дмитрий, у меня жених. Он вчера у нас обедал; папенька познакомился с ним, кажется, в английском клубе и пригласил его. Разумеется, он приезжал вчера не женихом. Но добрая мамаша, которой папенька сообщил свои надежды, шепнула мне на ухо, что это за гость. Зовут его Егор Андреевич Курнатовский; он служит обер-секретарем при сенате. Опишу тебе сперва его наружность. Он небольшого роста, меньше тебя, хорошо сложен; черты у него правильные, он коротко острижен,

---

[1] истинный стоик *(фр.)*
[2] с распростертыми объятиями *(фр.).*

носит большие бакенбарды. Глаза у него небольшие (как у тебя), карие, быстрые, губы плоские, широкие; на глазах и на губах постоянная улыбка, официальная какая-то; точно она у него дежурит. Держится он очень просто, говорит отчетливо, и всё у него отчетливо: он ходит, смеется, ест, словно дело делает. «Как она его изучила!» — думаешь ты, может быть, в эту минуту. Да; для того, чтоб описать тебе его. Да и как же не изучать своего жениха! В нем есть что-то железное... и тупое и пустое в то же время — и честное; говорят, он точно очень честен. Ты у меня тоже железный, да не так, как этот. За столом он сидел возле меня, против нас сидел Шубин. Сперва речь зашла о каких-то коммерческих предприятиях: говорят, он в них толк знает и чуть было не бросил своей службы, чтобы взять в руки большую фабрику. Вот не догадался! Потом Шубин заговорил о театре; господин Курнатовский объявил, и — я должна сознаться — без ложной скромности, что он в художестве ничего не смыслит. Это мне тебя напомнило... но я подумала: нет, мы с Дмитрием все-таки иначе не понимаем художества. Этот как будто хотел сказать: я не понимаю его, да оно и не нужно, но в благоустроенном государстве допускается. К Петербургу и к comme il faut он, впрочем, довольно равнодушен: он раз даже назвал себя пролетарием. Мы, говорит, чернорабочие. Я подумала: если бы Дмитрий это сказал, мне бы это не понравилось, а этот пускай себе говорит! пусть хвастается! Со мной он был очень вежлив; но мне всё казалось, что со мной беседует очень, очень снисходительный начальник. Когда он хочет похвалить кого, он говорит, что у такого-то *есть правила* — это его любимое слово. Он должен быть самоуверен, трудолюбив, способен к самопожертвованию (ты видишь: я беспристрастна), то есть к пожертвованию своих выгод, но он большой деспот. Беда попасться ему в руки! За столом заговорили о взятках...

— Я понимаю,— сказал он,— что во многих случаях берущий взятку не виноват; он иначе поступить не мог. А все-таки, если он попался, должно его раздавить.

Я вскрикнула.

— Раздавить невиноватого!

— Да, ради принципа.

— Какого? — спросил Шубин.

Курнатовский не то смешался, не то удивился и сказал:
— Этого нечего объяснять.

Папаша, который, кажется, благоговеет перед ним, подхватил, что, конечно, нечего, и, к досаде моей, разговор этот прекратился. Вечером пришел Берсенев и вступил с ним в ужасный спор. Никогда я еще не видала нашего доброго Андрея Петровича в таком волнении. Господин Курнатовский вовсе не отрицал пользы науки, университетов и т. д. ... а между тем я понимала негодование Андрея Петровича. Тот смотрит на всё это как на гимнастику какую-то. Шубин подошел ко мне после стола и сказал: «Вот этот и некто другой (он твоего имени произнести не может) — оба практические люди, а посмотрите, какая разница; там настоящий, живой, жизнью данный идеал; а здесь даже не чувство долга, а просто служебная честность и дельность без содержания». Шубин умен, и я для тебя запомнила его слова; а по-моему, что же общего между вами? Ты *веришь*, а тот нет, потому что только в самого себя *верить нельзя*.

Он уехал поздно, но мамаша успела мне сообщить, что я ему понравилась, что папенька в восторге... Уж не сказал ли он обо мне, что и у меня есть правила? А я чуть было не ответила мамаше, что мне очень жалко, но что у меня уже есть муж. Отчего тебя папенька так не любит? С мамашей еще можно было бы как-нибудь...

О мой милый! Я тебе так подробно описала этого господина для того, чтобы заглушить мою тоску. Я не живу без тебя, я беспрестанно тебя вижу, слышу... Я жду тебя, только не у нас, как ты было хотел,— представь, как нам будет тяжело и неловко! — а знаешь, где я тебе писала — в той роще... О мой милый! Как я тебя люблю!»

XXIII

Недели три после первого посещения Курнатовского Анна Васильевна, к великой радости Елены, переселилась в Москву, в свой большой деревянный дом возле Пречистенки, дом с колоннами, белыми лирами и венками над каждым окном, с мезонином, службами, палисадником, огромным зеленым двором, колодцем на дворе и собачьей конуркой возле колодца. Анна Васильевна никогда так рано не съезжала с дачи, но в тот год у ней от первых осенних холодов *разыгрались* флюсы; Николай Артемьевич, с своей стороны, окончивши курс лечения, соскучился по жене; притом же Августина Христиановна уехала погостить к своей кузине в Ревель; в Москву прибыло какое-то иностранное семейство, показывавшее *пластические позы*, des poses plastiques, описание которых в «Московских ведомостях» сильно возбудило любопытство Анны Васильевны. Словом, дальнейшее пребывание на даче оказалось неудобным и даже, по словам Николая Артемьевича, несовместным с исполнением его «предначертаний». Последние две недели показались очень длинными Елене. Курнатовский приезжал два раза, по воскресеньям; в другие дни он был занят. Он приезжал собственно для Елены, но разговаривал больше с Зоей, которой он очень понравился. «Das ist ein Mann!»[1] — думала она про себя, глядя на его смуглое и мужественное лицо, слушая его самоуверенные, снисходительные речи. По ее мнению, ни у кого не было такого чудного голоса, никто не умел так отлично произнести: «я имел чес-с-ть» или «я весьма доволен». Инсаров не был у Стаховых, но Елена видела его раз украдкой в небольшой рощице над Москвой-рекой, где она назначила ему свидание. Они едва успели сказать несколько слов друг другу. Шубин возвратился в Москву вместе с Анной Васильевной; Берсенев несколькими днями позже.

Инсаров сидел у себя в комнате и в третий раз перечитывал письма, доставленные ему из Болгарии с «оказией»; по почте их боялись посылать. Он был очень встревожен ими. События быстро развивались на Востоке; занятие княжеств русскими войсками волновало все умы; гроза росла, слышалось уже веяние близкой, неминуемой войны. Кругом занимался пожар, и никто не мог предвидеть, куда он пойдет, где остановится; старые обиды, давние надежды — всё зашевелилось. Сердце Инсарова сильно билось и *его* надежды сбывались. «Но не рано ли? не напрасно ли? — думал он, стискивая руки.— Мы еще не готовы. Но так и быть! Надо будет ехать».

Что-то слегка зашумело за дверью, она быстро распахнулась — и в комнату вошла Елена.

Инсаров затрепетал весь, бросился к ней, упал перед нею на колени, обнял ее стан и крепко прижался к нему головой.

— Ты меня не ждал? — заговорила она, едва переводя дух. (Она быстро взбежала по лестнице.) Милый! милый! — Она положила ему обе руки на голову и оглянулась.— Так вот где ты живешь? Я тебя скоро нашла. Дочь твоего хозяина меня проводила. Мы третьего дня переехали. Я хотела тебе написать, но подумала, лучше я сама пойду. Я к тебе на четверть часа. Встань, запри дверь.

Он поднялся, проворно запер дверь, воротился к ней и взял ее за руки. Он не мог говорить; радость его душила. Она

---

[1] «Это — мужчина!» *(нем.)*

с улыбкой глядела ему в глаза... в них было столько счастия... Она застыдилась.

— Постой,— сказала она, ласково отнимая у него руки,— дай мне шляпу снять.

Она развязала ленты шляпы, сбросила ее, спустила с плеч мантилью, поправила волосы и села на маленький старенький диванчик. Инсаров не шевелился и глядел на нее, как очарованный.

— Сядь же,— проговорила она, не поднимая на него глаз и указывая ему на место возле себя.

Инсаров сел, но не на диван, а на пол, у ее ног.

— На, сними с меня перчатки,— промолвила она неровным голосом. Ей становилось страшно.

Он принялся сперва расстегивать, потом стаскивать одну перчатку, стащил ее до половины и жадно прильнул губами к забелевшей под нею тонкой и нежной кисти.

Елена вздрогнула и хотела отслонить его другой рукою, он начал целовать другую руку. Елена потянула ее к себе, он откинул голову, она посмотрела ему в лицо, нагнулась — и губы их слились...

Прошло мгновение... Она вырвалась, встала, шепнула: «Нет, нет» — и быстро подошла к письменному столу.

— Ведь я здесь хозяйка, для меня не должно быть у тебя тайны,— проговорила она, стараясь казаться беспечной и становясь к нему спиной.— Сколько бумаг! Это что за письма?

Инсаров наморщил брови.

— Эти письма? — промолвил он, вставая с полу.— Ты можешь их прочесть.

Елена повертела их в руке.

— Их так много, и они так мелко написаны, а я сейчас должна уйти... Бог с ними! Не от соперницы?.. Да они и не по-русски,— прибавила она, перебирая тонкие листы.

Инсаров приблизился к ней и коснулся ее стана. Она вдруг обернулась к нему, светло ему улыбнулась и оперлась на его плечо.

— Эти письма из Болгарии, Елена; друзья мне пишут, они меня зовут.

— Теперь? Туда?

— Да... теперь. Пока еще время, пока проехать можно.

Она вдруг бросила ему обе руки вокруг шеи.

— Ведь ты меня возьмешь с собой?

Он прижал ее к сердцу.

— О моя милая девушка, о моя героиня, как ты произнесла это слово! Но не грешно ли, не безумно ли мне,

мне, бездомному, одинокому, увлекать тебя с собою... И куда же!

Она зажала ему рот.

— Тсс... или я рассержусь и никогда больше не приду к тебе. Разве не всё решено, не всё кончено между нами? Разве я не твоя жена? Разве жена расстается с мужем?

— Жены не идут на войну,— промолвил он с полупечальной улыбкой.

— Да, когда они могут остаться. А разве я могу остаться здесь?

— Елена, ты ангел!.. Но подумай, мне, может быть, придется выехать из Москвы... через две недели. Мне уже нельзя помышлять ни об университетских лекциях, ни об окончании работ.

— Что же такое? — перебила Елена.— Ты должен скоро ехать? Да хочешь ли, я теперь же, сейчас, сию минуту останусь у тебя, с тобой навсегда, и домой не вернусь, хочешь? Поедем сейчас, хочешь?

Инсаров с удвоенною силой заключил ее в свои объятия.

— Так пусть же Бог накажет меня,— воскликнул он,— если я делаю дурное дело! С нынешнего дня мы соединены навек!

— Я остаюсь? — спросила Елена.

— Нет, моя чистая девушка; нет, мое сокровище. Ты сегодня вернешься домой, но будь готова. Это дело нельзя разом сделать; надо хорошенько всё обдумать. Тут нужны деньги, паспорт...

— Деньги у меня есть,— перебила Елена,— восемьдесят рублей.

— Ну, это не много,— заметил Инсаров,— а всё годится.

— Да я могу достать, я займу, я попрошу у мамаши... Нет, я у ней просить не буду... Да можно часы продать... У меня серьги есть, два браслета... кружево.

— Не в деньгах дело, Елена; паспорт, твой паспорт, как с этим быть?

— Да, как с этим быть? А непременно нужен паспорт?

— Непременно.

Елена усмехнулась.

— Что мне в голову пришло! Помнится, я была еще маленькая... У нас ушла горничная. Ее поймали, простили, и она долго жила у нас... а все-таки все ее величали: Татьяна беглая. Не думала я тогда, что и я, может быть, буду беглая, как она.

— Елена, как тебе не стыдно!

— А что? Конечно, лучше поехать с паспортом. Но если нельзя...

— Это мы всё уладим после, после, погоди,— промолвил Инсаров.— Дай мне только осмотреться, дай подумать. Мы обо всем переговорим с тобой как следует. А деньги есть и у меня.

Елена отвела рукой волосы, падавшие на его лоб.

— О Дмитрий! как нам весело будет ехать вдвоем!

— Да,— сказал Инсаров,— а там, куда мы приедем...

— Что ж? — перебила Елена,— разве умирать вдвоем тоже не весело? Да нет, зачем умирать? Мы будем жить, мы молоды. Сколько тебе лет? Двадцать шесть?

— Двадцать шесть.

— А мне двадцать. Еще много времени впереди. А! ты хотел убежать от меня? Тебе не нужно было русской любви, болгар! Посмотрим теперь, как ты от меня отделаешься! Но что бы было с нами, если б я тогда не пошла к тебе!

— Елена, ты знаешь, что заставляло меня удаляться.

— Знаю: ты полюбил и испугался. Но неужели ты не подозревал, что и тебя любили?

— Честью клянусь, Елена, нет.

Она быстро и неожиданно его поцеловала.

— Вот за это-то я тебя и люблю. А теперь прощай.

— Ты не можешь больше остаться? — спросил Инсаров.

— Нет, мой милый. Ты думаешь, мне легко было уйти одной? Четверть часа давно минуло.— Она надела мантилью и шляпу.— А ты приходи к нам завтра вечером. Нет, послезавтра. Будет натянуто, скучно, да делать нечего: по крайней мере увидимся. Прощай. Выпусти меня.— Он обнял ее в последний раз.— Ай! смотри, ты мою цепочку сломал. О мой неловкий! Ну, ничего. Тем лучше. Я пойду на Кузнецкий мост, отдам ее в починку. Если меня спросят, я скажу, что была на Кузнецком мосту.— Она взялась за ручку двери.— Кстати, я тебе и забыла сказать: мусье Курнатовский, вероятно, на днях сделает мне предложение. Но я сделаю ему... вот что.— Она приставила большой палец левой руки к кончику носа и поиграла остальными пальцами на воздухе.— Прощай. До свидания. Теперь я дорогу знаю... А ты не теряй времени...

Елена открыла немножко дверь, прислушалась, обернулась к Инсарову, кивнула головой и выскользнула из комнаты.

С минуту стоял Инсаров перед затворившеюся дверью

и тоже прислушивался. Дверь внизу на двор стукнула. Он подошел к дивану, сел и закрыл глаза рукой. С ним еще никогда ничего подобного не случалось. «Чем заслужил я такую любовь? — думал он. — Не сон ли это?»

Но тонкий запах резеды, оставленный Еленой в его бедной, темной комнатке, напоминал ее посещение. Вместе с ним, казалось, еще оставались в воздухе и звуки молодого голоса, и шум легких, молодых шагов, и теплота и свежесть молодого девственного тела.

XXIV

Инсаров решился подождать еще более положительных известий, а сам начал готовиться к отъезду. Дело было очень трудное. Собственно для него не предстояло никаких препятствий: стоило вытребовать паспорт, — но как быть с Еленой? Достать ей паспорт законным путем было невозможно. Обвенчаться с ней тайно, а потом явиться к родителям... «Они тогда отпустят нас, — думал он. — А если нет? Мы все-таки уедем. А если они будут жаловаться... если... Нет, лучше постараться достать как-нибудь паспорт».

Он решился посоветоваться (разумеется, никого не называя) с одним своим знакомым, отставным или отставленным прокурором, опытным и старым докой по части всяких секретных дел. Почтенный этот человек жил не близко: Инсаров тащился к нему целый час на скверном ваньке, да еще вдобавок не застал его дома; а на возвратном пути промок до костей благодаря внезапно набежавшему ливню. На следующее утро Инсаров, несмотря на довольно сильную головную боль, вторично отправился к отставному прокурору. Отставной прокурор выслушал его внимательно, понюхивая табачок из табакерки, украшенной изображением полногрудой нимфы, и искоса посматривая на гостя своими лукавыми, тоже табачного цвету, глазками; выслушал и потребовал «большей определительности в изложении фактических данных»; а заметив, что Инсаров неохотно вдавался в подробности (он и приехал к нему скрепя сердце), ограничился советом вооружиться прежде всего «пенёнзами» и попросил побывать в другой раз, «когда у вас, — прибавил он, нюхая табак над раскрытою табакеркою, — прибудет доверчивости и убудет недоверчивости (он говорил на о). А паспорт, — продолжал он как бы про себя, — дело рук человеческих; вы, например, едете: кто вас знает, Марья ли вы Бредихина, или же Каролина Фогельмейер?» Чувство гадливости шевельнулось в Инсарове, но он поблагодарил прокурора и обещался завернуть на днях.

В тот же вечер он поехал к Стаховым. Анна Васильевна встретила его ласково, попеняла ему, что он совсем их забыл, и, найдя его бледным, осведомилась о его здоровье; Николай Артемьевич ни слова ему не сказал, только поглядел на него с задумчиво-небрежным любопытством; Шубин обошелся с ним холодно; но Елена удивила его. Она его ждала; она для него надела то самое платье, которое было на ней в день их первого свидания в часовне; но она так спокойно его приветствовала и так была любезна и беспечно весела, что, глядя на нее, никто бы не подумал, что судьба этой девушки уже решена и что одно тайное сознание счастливой любви придавало оживление ее чертам, легкость и прелесть всем ее движениям. Она разливала чай вместо Зои, шутила, болтала; она знала, что за ней будет наблюдать Шубин, что Инсаров не сумеет надеть маску, не сумеет прикинуться равнодушным, и вооружилась заранее. Она не ошиблась: Шубин не спускал с нее глаз, а Инсаров был очень молчалив и пасмурен в течение всего вечера. Елена чувствовала себя до того счастливой, что ей захотелось подразнить его.

— Ну что? — спросила она его вдруг,— план наш подвигается?

Инсаров смутился.

— Какой план? — проговорил он.

— А вы забыли? — ответила она, смеясь ему в лицо: он один мог понять значение этого счастливого смеха.— Ваша болгарская хрестоматия для русских?

— Quelle bourde![1] — пробормотал сквозь зубы Николай Артемьевич.

Зоя села за фортепьяно. Елена едва заметно пожала плечом и показала Инсарову глазами на дверь, как бы отпуская его домой. Потом она с расстановкой два раза коснулась пальцем стола и посмотрела на него. Он понял, что она ему назначала свидание через два дня, и она быстро улыбнулась, когда увидела, что он ее понял. Инсаров встал и начал прощаться: он чувствовал себя нездоровым. Явился Курнатовский. Николай Артемьевич вскочил, поднял правую руку выше головы и мягко опустил ее на ладонь обер-секретаря. Инсаров остался еще несколько минут, чтобы посмотреть на своего соперника. Елена украдкой лукаво покачала головой, хозяин не счел нужным их представить друг другу, и Инсаров ушел, в последний раз обменяв-

---

[1] См. стр. 329.

шись взором с Еленой. Шубин подумал, подумал — и яростно заспорил с Курнатовским о юридическом вопросе, в котором ничего не смыслил.

Инсаров не спал всю ночь и утром чувствовал себя дурно; однако он занялся приведением в порядок своих бумаг и писанием писем, но голова у него была тяжела и как-то запутана. К обеду у него сделался жар: он ничего есть не мог. Жар быстро усилился к вечеру; появилась ломота во всех членах и мучительная головная боль. Инсаров лег на тот самый диванчик, где так недавно сидела Елена; он подумал: «Поделом я наказан, зачем таскался к этому старому плуту»,— и попытался заснуть... Но уже недуг завладел им. С страшною силой забились в нем жилы, знойно вспыхнула кровь, как птицы закружились мысли. Он впал в забытье. Как раздавленный, навзничь лежал он, и вдруг ему почудилось: кто-то над ним тихо хохочет и шепчет; он с усилием раскрыл глаза, свет от нагоревшей свечки дернул по ним, как ножом... Что это? Старый прокурор перед ним, в халате из тармаламы, подпоясанный фуляром, как он видел его накануне... «Каролина Фогельмейер»,— бормочет беззубый рот. Инсаров глядит, а старик ширится, пухнет, растет, уж он не человек — он дерево... Инсарову надо лезть по крутым сучьям. Он цепляется, падает грудью на острый камень, а Каролина Фогельмейер сидит на корточках, в виде торговки, и лепечет: «Пирожки, пирожки, пирожки»,— а там течет кровь, и сабли блестят нестерпимо... Елена!.. И всё исчезло в багровом хаосе.

XXV

— К вам пришел какой-то, кто его знает, слесарь, что ль, какой,— говорил на следующий вечер Берсеневу его слуга, отличавшийся строгим обхождением с барином и скептическим направлением ума,— хочет вас видеть.

— Позови,— промолвил Берсенев.

Вошел «слесарь». Берсенев узнал в нем портного, хозяина квартиры, где жил Инсаров.

— Что ты? — спросил он его.

— Я к вашей милости,— начал портной, медленно переставляя ноги и по временам взмахивая правою рукой с захваченным тремя последними пальцами обшлагом.— Наш жилец, кто его знает, оченно болен.

— Инсаров?

— Точно так, наш жилец. Кто его знает, вчера еще

367

с утра был на ногах, вечером только пить просил, наша хозяйка ему и воду носила, а ночью залопотал, нам-то слышно, потому перегородка; а сегодня утром уж и без языка, лежит, как пласт, а жар от него, Боже ты мой! Я подумал, кто его знает, умрет того и гляди; в квартал, думаю, надо дать знать. Потому как он один; да хозяйка мне говорит: «Сходи, мол, ты к тому жильцу, у кого наш-то на даче нанимался: может, он тебе что скажет аль сам придет». Вот я к вашей милости и пришел, потому как нам нельзя, то есть...

Берсенев схватил фуражку, сунул портному в руку целковый и тотчас поскакал с ним на квартиру Инсарова.

Он нашел его лежащего на диване в беспамятстве, не раздетого. Лицо его страшно изменилось. Берсенев тотчас приказал хозяину с хозяйкой раздеть его и перенесть на постель, а сам бросился к доктору и привез его. Доктор прописал разом пиявки, мушки, каломель и велел пустить кровь.

— Он опасен? — спросил Берсенев.

— Да, очень,— отвечал доктор.— Сильнейшее воспаление в легких; перипневмония в полном развитии, может быть, и мозг поражен, а субъект молодой. Его же силы теперь против него направлены. Поздно послали, а впрочем, мы всё сделаем, что требует наука.

Доктор был еще сам молод и верил в науку.

Берсенев остался на ночь. Хозяин и хозяйка оказались добрыми и даже расторопными людьми, как только нашелся человек, который стал им говорить, что́ надо было делать. Явился фельдшер — и начались медицинские истязания.

К утру Инсаров очнулся на несколько минут, узнал Берсенева, спросил: «Я, кажется, нездоров?» — посмотрел вокруг себя с тупым и вялым недоумением трудно больного и опять забылся. Берсенев поехал домой, переоделся, захватил с собой кое-какие книги и вернулся на квартиру Инсарова. Он решился поселиться у него, по крайней мере на первое время. Он огородил его кровать ширмами, а себе устроил местечко около диванчика. Невесело и нескоро прошел день. Берсенев отлучился только для того, чтобы пообедать. Настал вечер. Он зажег свечку с абажуром и принялся за чтение. Всё было тихо кругом. У хозяев за перегородкой слышался то сдержанный шёпот, то зевок, то вздох... Кто-то у них чихнул, и его шёпотом побранили; за ширмами раздавалось тяжелое и неровное дыхание, изредка прерываемое коротким стоном да тоскливым метанием головы по подушке... Странные нашли на Берсенева думы. Он находился в комнате человека, жизнь которого висела на нитке,— человека, которого, он это знал, любила Елена... Вспомнилась ему та ночь, когда Шубин нагнал его и объявил ему, что она его любит, его, Берсенева! А теперь... «Что мне теперь делать? — спрашивал он самого себя.— Известить ли Елену об его болезни? Подождать ли? Это известие печальнее того, которое я же ей сообщил когда-то: странно, как судьба меня всё ставит третьим лицом между ними!» Он решил, что лучше подождать. Взоры его упали на стол, покрытый грудами бумаг... «Исполнит ли он свои замыслы? — подумал Берсенев.— Неужели всё исчезнет?» И жалко ему становилось молодой погибающей жизни, и он давал себе слово ее спасти...

Ночь была нехороша. Больной много бредил. Несколько раз вставал Берсенев с своего диванчика, приближался на цыпочках к постели и печально прислушивался к его несвязному лепетанию. Раз только Инсаров произнес с внезапной ясностью: «Я не хочу, я не хочу, ты не должна...» Берсенев вздрогнул и посмотрел на Инсарова: лицо его, страдальческое и мертвенное в то же время, было неподвижно, и руки лежали бессильно... «Я не хочу»,— повторил он едва слышно.

Доктор приехал поутру, покачал головой и прописал новые лекарства.

— Еще далеко до кризиса,— сказал он, надевая шляпу.

— А после кризиса? — спросил Берсенев.

— После кризиса? Исход бывает двоякий: aut Caesar, aut nihil[1].

Доктор уехал. Берсенев прошелся несколько раз по улице: ему нужен был чистый воздух. Он вернулся и взялся за книгу. Раумера уж он давно кончил: он теперь изучал Грота.

Вдруг дверь тихо скрипнула, и осторожно вдвинулась в комнату головка хозяйской дочери, покрытая, по обыкновению, тяжелым платком.

— Здесь,— заговорила она вполголоса,— та барышня, что тогда мне гривенничек...

Головка хозяйской дочери внезапно скрылась, и на место ее появилась Елена.

Берсенев вскочил, как ужаленный; но Елена не шевельнулась, не вскрикнула... Казалось, она всё поняла в одно

---

[1] или — Цезарь, или — ничто (*лат.*).

мгновение. Страшная бледность покрыла ее лицо, она подошла к ширмам, заглянула за них, всплеснула руками и окаменела. Еще мгновение, и она бы бросилась к Инсарову, но Берсенев остановил ее:

— Что вы делаете? — проговорил он трепещущим шёпотом.— Вы его погубить можете!

Она зашаталась. Он подвел ее к диванчику и посадил ее.

Она посмотрела ему в лицо, потом окинула его взглядом, потом уставилась на пол.

— Он умирает? — спросила она так холодно и спокойно, что Берсенев испугался.

— Ради бога, Елена Николаевна,— начал он,— что вы это? Он болен, точно,— и довольно опасно... Но мы его спасем; за это я вам ручаюсь.

— Он без памяти? — спросила она так же, как в первый раз.

— Да, он теперь в забытьи... Это всегда бывает в начале этих болезней, но это ничего не значит, ничего, уверяю вас. Выпейте воды.

Она подняла на него глаза, и он понял, что она не слышала его ответов.

— Если он умрет,— проговорила она всё тем же голосом,— и я умру.

Инсаров в это мгновение простонал слегка; она затрепетала, схватила себя за голову, потом стала развязывать ленты шляпы.

— Что это вы делаете? — спросил ее Берсенев.

Она не отвечала.

— Что вы делаете? — повторил он.

— Я остаюсь здесь.

— Как... надолго?

— Не знаю, может быть, на весь день, на ночь, навсегда... не знаю.

— Ради Бога, Елена Николаевна, придите в себя. Я, конечно, никак не мог ожидать вас здесь увидеть; но я все-таки... предполагаю, что вы зашли сюда на короткое время. Вспомните, вас могут хватиться дома...

— И что же?

— Вас будут искать... Вас найдут...

— И что же?

— Елена Николаевна! Вы видите... Он вас теперь защитить не может.

Она опустила голову, словно задумалась, поднесла платок к губам, и судорожные рыдания с потрясающею силою внезапно исторглись из ее груди... Она бросилась лицом на диван, старалась заглушить их, но всё ее тело поднималось и билось, как только что пойманная птичка.

— Елена Николаевна... ради Бога...— твердил над ней Берсенев.

— А? Что такое? — раздался вдруг голос Инсарова.

Елена выпрямилась, а Берсенев так и замер на месте... Погодя немного он подошел к постели... Голова Инсарова по-прежнему бессильно лежала на подушке; глаза были закрыты.

— Он бредит? — прошептала Елена.

— Кажется,— отвечал Берсенев,— но это ничего; это тоже всегда так бывает, особенно если...

— Когда он занемог? — перебила Елена.

— Третьего дня; со вчерашнего дня я здесь. Положитесь на меня, Елена Николаевна. Я не отойду от него; все средства будут употреблены. Если нужно, мы созовем консилиум.

— Он умрет без меня,— воскликнула она, ломая руки.

— Я вам даю слово извещать вас ежедневно о ходе его болезни, и если бы наступила действительная опасность...

— Клянитесь мне, что вы тотчас пошлете за мною когда бы то ни было, днем, ночью; пишите записку прямо ко мне... Мне всё равно теперь. Слышите ли вы? обещаетесь ли вы это сделать?

— Обещаюсь, перед Богом.

— Поклянитесь.

— Клянусь.

Она вдруг схватила его руку и, прежде чем он успел ее отдернуть, припала к ней губами.

— Елена Николаевна... что вы это,— пролепетал он.

— Нет... нет... не надо...— произнес невнятно Инсаров и тяжело вздохнул.

Елена подошла к ширмам, стиснула платок зубами и долго, долго глядела на больного. Безмолвные слезы потекли по ее щекам.

— Елена Николаевна,— сказал ей Берсенев,— он может прийти в себя, узнать вас; Бог знает, хорошо ли это будет. Притом же я с часу на час жду доктора...

Елена взяла шляпу с диванчика, надела ее и остановилась. Глаза ее печально блуждали по комнате. Казалось, она вспоминала...

— Я не могу уйти,— прошептала она наконец.

Берсенев пожал ей руку.

— Соберитесь с силами,— промолвил он,— успокойтесь; вы оставляете его на моем попечении. Я сегодня же вечером заеду к вам.

Елена взглянула на него, проговорила: «О, мой добрый друг!» — зарыдала и бросилась вон.

Берсенев прислонился к двери. Чувство горестное и горькое, не лишенное какой-то странной отрады, сдавило ему сердце. «Мой добрый друг!» — подумал он и повел плечом.

— Кто здесь? — послышался голос Инсарова.

Берсенев подошел к нему.

— Я здесь, Дмитрий Никанорович. Что вам? Как вы себя чувствуете?

— Один? — спросил больной.

— Один.

— А она?

— Кто она? — проговорил почти с испугом Берсенев.

Инсаров помолчал.

— Резеда,— шепнул он, и глаза его опять закрылись.

XXVI

Инсаров целых восемь дней находился между жизнию и смертию. Доктор приезжал беспрестанно, интересуясь, опять-таки как молодой человек, трудным больным. Шубин услышал об опасном положении Инсарова и навестил его; явились его соотечественники — болгары; в числе их Берсенев узнал обе странные фигуры, возбудившие его изумление своим нежданным посещением на даче; все изъявили искреннее участие, некоторые предлагали Берсеневу сменить его у постели больного; но он не соглашался, помня обещание, данное Елене. Он каждый день ее видел и украдкой передавал ей — иногда на словах, иногда в маленькой записочке — все подробности хода болезни. С каким сердечным замиранием она его ожидала, как она его выслушивала и расспрашивала! Она сама всё порывалась к Инсарову, но Берсенев умолял ее этого не делать: Инсаров редко бывал один. В первый день, когда она узнала об его болезни, она сама чуть не занемогла; она, как только вернулась, заперлась у себя в комнате; но ее позвали к обеду, и она явилась в столовую с таким лицом, что Анна Васильевна испугалась и хотела непременно уложить ее в постель. Елене, однако, удалось переломить себя. «Если он умрет,— твердила она,— и меня не станет». Эта мысль ее успокоила и дала ей силу казаться равнодушною. Впрочем, никто ее слишком не тревожил: Анна Васильевна возилась со своими флюсами; Шубин работал с остервенением; Зоя предавалась меланхолии и собиралась прочесть «Вертера»; Николай Артемьевич очень был недоволен частыми посещениями «школяра», тем более что его «предначертания» насчет Курнатовского подвигались туго: практический обер-секретарь недоумевал и выжидал. Елена даже не благодарила Берсенева: есть услуги, за которые жутко и стыдно благодарить. Только однажды, в четвертое свое свидание с ним (Инсаров очень плохо провел ночь, доктор намекнул на консилиум), только в это свидание она напомнила ему об его клятве. «Ну, в таком случае пойдемте»,— сказал он ей. Она встала и пошла было одеваться. «Нет,— промолвил он,— подождемте еще до завтра». К вечеру Инсарову полегчило.

Восемь дней продолжалась эта пытка. Елена казалась покойной, но ничего не могла есть, не спала по ночам. Тупая боль стояла во всех ее членах; какой-то сухой, горячий дым, казалось, наполнял ее голову. «Наша барышня как свечка тает»,— говорила о ней ее горничная.

Наконец, на девятый день, перелом совершился. Елена сидела в гостиной подле Анны Васильевны и, сама не понимая, что делает, читала ей «Московские ведомости»; Берсенев вошел. Елена взглянула на него (как быстр, и робок, и проницателен, и тревожен был первый взгляд, который она на него всякий раз бросала!) и тотчас же догадалась, что он принес добрую весть. Он улыбался; он слегка кивал ей: она приподнялась ему навстречу.

— Он пришел в себя, он спасен, он через неделю будет совсем здоров,— шепнул он ей.

Елена протянула руки, как будто отклоняя удар, и ничего не сказала, только губы ее задрожали и алая краска разлилась по всему лицу. Берсенев заговорил с Анной Васильевной, а Елена ушла к себе, упала на колени и стала молиться, благодарить Бога... Легкие, светлые слезы полились у ней из глаз. Она вдруг почувствовала крайнюю усталость, положила голову на подушку, шепнула: «Бедный Андрей Петрович!» — и тут же заснула, с мокрыми ресницами и щеками. Она давно уже не спала и не плакала.

XXVII

Слова Берсенева сбылись только отчасти: опасность миновалась, но силы Инсарова восстановлялись медленно, и доктор поговаривал о глубоком и общем потрясении всего организма. Со всем тем больной оставил постель и начал ходить по комнате; Берсенев переехал к себе на квартиру; но он каждый день заходил к своему, всё еще слабому, приятелю и каждый день по-прежнему уведомлял Елену о состоянии его здоровья. Инсаров не смел писать к ней и только косвенно, в разговорах с Берсеневым, намекал на нее; а Берсенев, с притворным равнодушием, рассказывал ему о своих посещениях у Стаховых, стараясь, однако, дать ему понять, что Елена была очень огорчена и что теперь она успокоилась. Елена тоже не писала Инсарову; у ней иное было в голове.

Однажды — Берсенев только что сообщил ей с веселым лицом, что доктор уже разрешил Инсарову съесть котлетку и что он, вероятно, скоро выйдет,— она задумалась, потупилась...

— Угадайте, что я хочу сказать вам,— промолвила она. Берсенев смутился. Он ее понял.

— Вероятно,— ответил он, глянув в сторону,— вы хотите мне сказать, что вы желаеге его видеть.

Елена покраснела и едва слышно произнесла:

— Да.

— Так что ж? Это вам, я думаю, очень легко. «Фи! — подумал он,— какое у меня гадкое чувство на сердце!»

— Вы хотите сказать, что я уже прежде...— проговорила Елена.— Но я боюсь... теперь он, вы говорите, редко бывает один.

— Этому нетрудно помочь,— возразил Берсенев, всё не глядя на нее.— Предуведомить я его, разумеется, не могу; но дайте мне записку. Кто вам может запретить написать ему как хорошему знакомому, в котором вы принимаете участие? Тут ничего нет предосудительного. Назначьте ему... то есть напишите ему, когда вы будете...

— Мне совестно,— шепнула Елена.

— Дайте записку, я отнесу.

— Это не нужно, а я хотела вас попросить... Не сердитесь на меня, Андрей Петрович... не приходите завтра к нему.

Берсенев закусил губу.

— А! да, понимаю, очень хорошо, очень хорошо.— И, прибавив два-три слова, он быстро удалился.

«Тем лучше, тем лучше,— думал он, спеша домой.— Я не узнал ничего нового, но тем лучше. Что за охота лепиться к краешку чужого гнезда? Я ни в чем не раскаиваюсь, я сделал, что мне совесть велела, но теперь полно. Пусть их! Недаром мне говаривал отец: „Мы с тобой, брат, не сибариты, не аристократы, не баловни судьбы и природы, мы даже не мученики,— мы труженики, труженики и труженики. Надевай же свой кожаный фартук, труженик, да становись за свой рабочий станок, в своей темной мастерской! А солнце пусть другим сияет! И в нашей глухой жизни есть своя гордость и свое счастие!"»

На другое утро Инсаров получил по городской почте коротенькую записку. «Жди меня,— писала ему Елена,— и вели всем отказывать. А. П. не придет».

XXVIII

Инсаров прочел записку Елены — и тотчас же стал приводить свою комнату в порядок, попросил хозяйку унести стклянки с лекарством, снял шлафрок, надел сюртук. От слабости и от радости у него голова кружилась и сердце билось. Ноги у него подкосились: он опустился на диван и стал глядеть на часы. «Теперь три четверти двенадцатого,— сказал он самому себе,— раньше двенадцати она никак прийти не может, буду думать о чем-нибудь другом в течение четверти часа, а то я не вынесу. Раньше двенадцати она никак не может...»

Дверь распахнулась, и в легком шёлковом платье, вся бледная и вся свежая, молодая, счастливая, вошла Елена и с слабым радостным криком упала к нему на грудь.

— Ты жив, ты мой,— твердила она, обнимая и лаская его голову. Он замер весь, он задыхался от этой близости, от этих прикосновений, от этого счастия.

Она села возле него и прижалась к нему и стала глядеть на него тем смеющимся и ласкающим и нежным взглядом, который светится в одних только женских любящих глазах.

Ее лицо внезапно опечалилось.

— Как ты похудел, мой бедный Дмитрий,— сказала она, проводя рукой по его щеке,— какая у тебя борода!

— И ты похудела, моя бедная Елена,— отвечал он, ловя губами ее пальцы.

Она весело встряхнула кудрями.

— Это ничего. Посмотри, как мы поправимся! Гроза налетела, как в тот день, когда мы встретились в часовне, налетела и прошла. Теперь мы будем живы!

Он отвечал ей одною улыбкой.

— Ах, какие дни, Дмитрий, какие жестокие дни! Как это люди переживают тех, кого они любят? Я наперед всякий раз знала, что́ мне Андрей Петрович скажет, право: моя жизнь падала и поднималась вместе с твоей. Здравствуй, мой Дмитрий!

Он не знал, что сказать ей. Ему хотелось броситься к ее ногам.

— Еще что я заметила,— продолжала она, откидывая назад его волосы (я много делала замечаний всё это время, на досуге),— когда человек очень, очень несчастлив,— с каким глупым вниманием он следит за всем, что около него происходит! Я, право, иногда заглядывалась на муху, а у самой на душе такой холод и ужас! Но это всё прошло, прошло, не правда ли? Всё светло впереди, не правда ли?

— Ты для меня впереди,— ответил Инсаров,— для меня светло.

— А для меня-то! А помнишь ли ты, тогда, когда я у тебя была, не в последний раз... нет, не в последний раз,— повторила она с невольным содроганием,— а когда мы говорили с тобой, я, сама не знаю отчего, упомянула о смерти; я и не подозревала тогда, что она нас караулила. Но ведь ты здоров теперь?

— Мне гораздо лучше, я почти здоров.

— Ты здоров, ты не умер. О, как я счастлива!

Настало небольшое молчание.

— Елена? — спросил ее Инсаров.

— Что, мой милый?

— Скажи мне, не приходило ли тебе в голову, что эта болезнь послана нам в наказание?

Елена серьезно взглянула на него.

— Эта мысль мне в голову приходила, Дмитрий. Но я подумала: за что же я буду наказана? Какой долг я преступила, против чего согрешила я? Может быть, совесть у меня не такая, как у других, но она молчала; или, может быть, я против тебя виновата? Я тебе помешаю, я остановлю тебя...

— Ты меня не остановишь, Елена, мы пойдем вместе.

— Да, Дмитрий, мы пойдем вместе, я пойду за тобой... Это мой долг. Я тебя люблю... другого долга я не знаю.

— О Елена! — промолвил Инсаров,— какие несокрушимые цепи кладет на меня каждое твое слово!

— Зачем говорить о цепях? — подхватила она.— Мы с тобой вольные люди. Да,— продолжала она, задумчиво глядя на пол, а одной рукой по-прежнему разглаживая его волосы,— многое я испытала в последнее время, о чем и понятия не имела никогда! Если бы мне предсказал кто-нибудь, что я, барышня, благовоспитанная, буду уходить одна из дома под разными сочиненными предлогами, и куда же уходить? к молодому человеку на квартиру,— какое я почувствовала бы негодование! Ей-Богу! — прибавила она и обернулась к Инсарову.

Он глядел на нее с таким выражением обожания, что она тихо опустила руку с его волос на его глаза.

— Дмитрий! — начала она снова,— ведь ты не знаешь, ведь я тебя видела там, на этой страшной постели, я видела тебя в когтях смерти, без памяти...

— Ты меня видела?

— Да.

Он помолчал.

— И Берсенев был здесь?

Она кивнула головой.

Инсаров наклонился к ней.

— О Елена! — прошептал он,— я не смею глядеть на тебя.

— Отчего? Андрей Петрович такой добрый! Я его не стыдилась. И чего мне стыдиться? Я готова сказать всему свету, что я твоя... А Андрею Петровичу я доверяю, как брату.

— Он меня спас! — воскликнул Инсаров.— Он благороднейший, добрейший человек!

— Да... И знаешь ли ты, что я ему всем обязана? Знаешь ли ты, что он мне первый сказал, что ты меня любишь? И если б я могла всё открыть... Да, он благороднейший человек.

Инсаров посмотрел пристально на Елену.

— Он влюблен в тебя, не правда ли?

Елена опустила глаза.

— Он меня любил,— проговорила она вполголоса.

Инсаров крепко стиснул ей руку.

— О вы, русские,— сказал он,— золотые у вас сердца! И он, он ухаживал за мной, он не спал ночи... И ты, ты, мой ангел... Ни упрека, ни колебания... И это всё мне, мне...

— Да, да, всё тебе, потому что тебя любят. Ах, Дмитрий! Как это странно! Я, кажется, тебе уже говорила об этом,— но всё равно, мне приятно это повторить, а тебе будет приятно это слушать,— когда я тебя увидала в первый раз...

— Отчего у тебя на глазах слезы? — перебил ее Инсаров.

— У меня? слезы? — Она утерла глаза платком.— О глупый! Он еще не знает, что и от счастья плачут. Так я хотела сказать: когда я увидала тебя в первый раз, я в тебе ничего особенного не нашла, право. Я помню, сначала Шубин мне гораздо более понравился, хотя я никогда его не любила, а что касается до Андрея Петровича,— о! тут была минута, когда я подумала: уж не он ли? А ты — ничего; зато... потом... потом... так ты у меня сердце обеими руками и взял!

— Пощади меня...— проговорил Инсаров. Он хотел встать и тотчас же опустился на диван.

— Что с тобой? — заботливо спросила Елена.

— Ничего... я еще немного слаб... Мне это счастье еще не по силам.

— Так сиди смирно. Не извольте шевелиться, не волнуйтесь,— прибавила она, грозя ему пальцем.— И зачем вы ваш шлафрок сняли? Рано еще вам щеголять! Сидите, а я вам буду сказки рассказывать. Слушайте и молчите. После вашей болезни вам много разговаривать вредно.

Она начала говорить ему о Шубине, о Курнатовском, о том, что она делала в течение двух последних недель, о том, что, судя по газетам, война неизбежна и что, следовательно, как только он выздоровеет совсем, надо будет, не теряя ни минуты, найти средства к отъезду... Она говорила всё это, сидя с ним рядом, опираясь на его плечо...

Он слушал ее, слушал, то бледнея, то краснея... он несколько раз хотел остановить ее — и вдруг выпрямился.

— Елена,— сказал он ей каким-то странным и резким голосом,— оставь меня, уйди.

— Как? — промолвила она с изумлением.— Ты дурно себя чувствуешь? — прибавила она с живостью.

— Нет... мне хорошо... но, пожалуйста, оставь меня.

— Я тебя не понимаю. Ты меня прогоняешь?.. Что это ты делаешь? — проговорила она вдруг: он склонился с дивана почти до полу и приник губами к ее ногам.— Не делай этого, Дмитрий... Дмитрий...

Он приподнялся.

— Так оставь меня! Вот видишь ли, Елена, когда я сделался болен, я не тотчас лишился сознания; я знал, что я на краю гибели; даже в жару, в бреду, я понимал, я смутно чувствовал, что это смерть ко мне идет, я прощался с жизнью, с тобой, со всем, я расставался с надеждой... И вдруг это возрождение, этот свет после тьмы, ты... ты... возле меня, у меня... твой голос, твое дыхание... Это свыше сил моих! Я чувствую, что я люблю тебя страстно, я слышу, что ты сама называешь себя моею, я ни за что не отвечаю... Уйди!

378

— Дмитрий...— прошептала Елена и спрятала к нему на плечо голову. Она только теперь его поняла.

— Елена,— продолжал он,— я тебя люблю, ты это знаешь, я жизнь свою готов отдать за тебя... Зачем же ты пришла ко мне теперь, когда я слаб, когда я не владею собою, когда вся кровь моя зажжена... Ты моя, говоришь ты... ты меня любишь...

— Дмитрий,— повторила она и вспыхнула вся и еще теснее к нему прижалась.

— Елена, сжалься надо мной — уйди, я чувствую, я могу умереть — я не выдержу этих порывов... вся душа моя стремится к тебе... Подумай, смерть едва не разлучила нас... и теперь ты здесь, ты в моих объятиях... Елена...

Она затрепетала вся.

— Так возьми ж меня,— прошептала она чуть слышно...

XXIX

Николай Артемьевич ходил, нахмурив брови, взад и вперед по своему кабинету. Шубин сидел у окна и, положив ногу на ногу, спокойно курил сигару.

— Перестаньте, пожалуйста, шагать из угла в угол,— промолвил он, отряхая пепел с сигары.— Я всё ожидаю, что вы заговорите, слежу за вами — шея у меня заболела. Притом же в вашей походке есть что-то напряженное, мелодраматическое.

— Вам бы всё только балагурить,— ответил Николай Артемьевич.— Вы не хотите войти в мое положение; вы не хотите понять, что я привык к этой женщине, что я привязан к ней наконец, что отсутствие ее меня должно мучить. Вот уж октябрь на дворе, зима на носу... Что она может делать в Ревеле?

— Должно быть, чулки вяжет... себе; себе — не вам.

— Смейтесь, смейтесь; а я вам скажу, что я подобной женщины не знаю. Эта честность, это бескорыстие...

— Подала она вексель ко взысканию? — спросил Шубин.

— Это бескорыстие,— повторил, возвысив голос, Николай Артемьевич,— это удивительно. Мне говорят, на свете есть миллион других женщин; а я скажу: покажите мне этот миллион; покажите мне этот миллион, говорю я: ces femmes — qu'on me les montre![1] И не пишет, вот что убийственно!

[1] эти женщины — пусть их мне покажут! *(фр.)*

— Вы красноречивы, как Пифагор,— заметил Шубин,— но знаете ли, что бы я вам присоветовал?

— Что?

— Когда Августина Христиановна возвратится... вы понимаете меня?

— Ну да; что же?

— Когда вы ее увидите... Вы следите за развитием моей мысли?

— Ну да, да.

— Попробуйте ее побить: что из этого выйдет?

Николай Артемьевич отвернулся с негодованием.

— Я думал, он мне в самом деле какой-нибудь путный совет подаст. Да что от него ожидать! Артист, человек без правил...

— Без правил! А вот, говорят, ваш фаворит, господин Курнатовский, человек с правилами, вчера вас на сто рублей серебром обыграл. Это уж не деликатно, согласитесь.

— Что ж? Мы играли в коммерческую. Конечно, я мог бы ожидать... Но его так мало умеют ценить в этом доме...

— Что он подумал: «Куда ни шла! — подхватил Шубин,— тесть ли он мне, или нет — это еще скрыто в урне судьбы, а сто рублей — хорошо человеку, который взяток не берет».

— Тесть!.. Какой я к чёрту тесть? Vous rêvez, mon cher[1]. Конечно, всякая другая девушка обрадовалась бы такому жениху. Посудите сами: человек бойкий, умный, сам собою в люди вышел, в двух губерниях лямку тер...

— В ...ой губернии губернатора за нос водил,— заметил Шубин.

— Очень может быть. Видно, так и следовало. Практик, делец...

— И в карты хорошо играет,— опять заметил Шубин.

— Ну да, и в карты хорошо играет. Но Елена Николаевна... Разве ее возможно понять? Желаю я знать, где тот человек, который бы взялся постигнуть, чего она хочет? То она весела, то скучает; похудеет вдруг так, что не смотрел бы на нее, а там вдруг поправится, и всё это без всякой видимой причины...

Вошел неблаговидный лакей с чашкой кофе, сливочником и сухарями на подносе.

---

[1] Вы бредите, мой дорогой (фр.).

— Отцу нравится жених,— продолжал Николай Артемьевич, размахивая сухарем,— а дочери что до этого за дело! Это было хорошо в прежние, патриархальные времена, а теперь мы всё это переменили. Nous avons changé tout ça. Теперь барышня разговаривает с кем ей угодно, читает что ей угодно; отправляется одна по Москве, без лакея, без служанки, как в Париже; и всё это принято. На днях я спрашиваю: где Елена Николаевна? Говорят, изволила выйти. Куда? Неизвестно. Что это — порядок?

— Возьмите же вашу чашку да отпустите человека,— промолвил Шубин.— Сами же вы говорите, что не надо devant les domestiques[1],— прибавил он вполголоса.

Лакей исподлобья взглянул на Шубина, а Николай Артемьевич взял чашку, налил себе сливок и сгреб штук десять сухарей.

— Я хотел сказать,— начал он, как только лакей вышел,— что я ничего в этом доме не значу.— Вот и все. Потому, в наше время все судят по наружности: иной человек и пуст и глуп, да важно себя держит,— его уважают; а другой, может быть, обладает талантами, которые могли бы... могли бы принести великую пользу, но по скромности...

— Вы государственный человек, Николенька? — спросил Шубин тоненьким голоском.

— Полноте паясничать! — воскликнул с сердцем Николай Артемьевич.— Вы забываетесь! Вот вам новое доказательство, что я в этом доме ничего не значу, ничего!

— Анна Васильевна вас притесняет... бедненький! — проговорил, потягиваясь, Шубин.— Эх, Николай Артемьевич, грешно нам с вами! Вы бы лучше какой-нибудь подарочек для Анны Васильевны приготовили. На днях ее рождение, а вы знаете, как она дорожит малейшим знаком внимания с вашей стороны.

— Да, да,— торопливо ответил Николай Артемьевич,— очень вам благодарен, что напомнили. Как же, как же; непременно. Да вот есть у меня вещица: фермуарчик, я его на днях купил у Розенштрауха; только не знаю, право, годится ли?

— Ведь вы его для той, для ревельской жительницы купили?

— То есть... я... да... я думал...

— Ну, в таком случае наверное годится.

---

[1] См. стр. 305.

Шубин поднялся со стула.

— Куда бы нам сегодня вечером, Павел Яковлевич, а? — спросил его Николай Артемьевич, любезно заглядывая ему в глаза.

— Да ведь вы в клуб поедете.

— После клуба... после клуба.

Шубин опять потянулся.

— Нет, Николай Артемьевич, мне нужно завтра работать. До другого раза.— И он вышел.

Николай Артемьевич насупился, прошелся раза два по комнате, достал из бюро бархатный ящичек с «фермуарчиком» и долго его рассматривал и обтирал фуляром. Потом он сел перед зеркалом и принялся старательно расчесывать свои густые черные волосы, с важностию на лице наклоняя голову то направо, то налево, упирая в щеку языком и не спуская глаз с пробора. Кто-то кашлянул за его спиною: он оглянулся и увидал лакея, который приносил ему кофе.

— Ты зачем? — спросил он его.

— Николай Артемьевич! — проговорил не без некоторой торжественности лакей,— вы наш барин!

— Знаю: что же дальше?

— Николай Артемьевич, вы не извольте на меня прогневаться; только я, будучи у вашей милости на службе с малых лет, из рабского, значит, усердия должо́н вашей милости донести...

— Да что такое?

Лакей помялся на месте.

— Вы вот изволите говорить,— начал он,— что не изволите знать, куда Елена Николаевна отлучаться изволят. Я про то известен стал.

— Что ты врешь, дурак?!

— Вся ваша воля, а только я их четвертого дня видел, как они в один дом изволили войти.

— Где? что? какой дом?

— В ...м переулке возле Поварской. Недалече отсюда. Я и у дворника спросил, что, мол, у вас тут, какие жильцы?

Николай Артемьевич затопал ногами.

— Молчать, бездельник! Как ты смеешь?.. Елена Николаевна, по доброте своей, бедных посещает, а ты... Вон, дурак!

Испуганный лакей бросился было к двери.

— Стой! — воскликнул Николай Артемьевич.— Что тебе дворник сказал?

— Да ни... ничего не сказал. Говорит, сту... студент.

— Молчать, бездельник! Слушай, мерзавец, если ты хоть во сне кому-нибудь об этом проговоришься...

— Помилуйте-с...

— Молчать! если ты хоть пикнешь... если кто-нибудь... если я узнаю... Ты у меня и под землей-то места не найдешь! Слышишь? Убирайся!

Лакей исчез.

«Господи, Боже мой! Что это значит? — подумал Николай Артемьевич, оставшись один,— что мне сказал этот болван? А? Надо будет, однако, узнать, какой это дом и кто там живет. Самому сходить. Вот до чего дошло наконец!.. Un laquais! Quelle humiliation!»[1]

И, повторив громко: «Un laquais!», Николай Артемьевич запер фермуар в бюро и отправился к Анне Васильевне. Он нашел ее в постели, с повязанною щекой. Но вид ее страданий только раздражал его, и он очень скоро довел ее до слез.

XXX

Между тем гроза, собиравшаяся на Востоке, разразилась. Турция объявила России войну; срок, назначенный для очищения княжеств, уже минул; уже недалек был день Синопского погрома. Последние письма, полученные Инсаровым, неотступно звали его на родину. Здоровье его всё еще не поправилось: он кашлял, чувствовал слабость, легкие приступы лихорадки, но он почти не сидел дома. Душа его загорелась; он уже не думал о болезни. Он беспрестанно разъезжал по Москве, виделся украдкой с разными лицами, писал по целым ночам, пропадал по целым дням; хозяину он объявил, что скоро выезжает, и заранее подарил ему свою незатейливую мебель. С своей стороны, Елена также готовилась к отъезду. В один ненастный вечер она сидела в своей комнате и, обрубая платки, с невольным унынием прислушивалась к завываниям ветра. Ее горничная вошла и сказала ей, что папенька в маменькиной спальне и зовет ее туда... «Маменька плачут,— шепнула она вслед уходившей Елене,— а папенька гневаются...»

Елена слегка пожала плечами и вошла в спальню Анны Васильевны. Добродушная супруга Николая Артемьевича полулежала в откидном кресле и нюхала платок с одеколоном; сам он стоял у камина, застегнутый на все пугови-

---

[1] Лакей! Какое унижение! *(фр.)*

цы, в высоком твердом галстуке и в туго накрахмаленных воротничках, смутно напоминая своей осанкой какого-то парламентского оратора. Ораторским движением руки указал он своей дочери на стул, и когда та, не понявши его движения, вопросительно посмотрела на него, он промолвил с достоинством, но не оборачивая головы: «Прошу вас сесть». (Николай Артемьевич всегда говорил жене *вы*, дочери — в экстраординарных случаях.)

Елена села.

Анна Васильевна слезливо высморкалась. Николай Артемьевич заложил правую руку за борт сюртука.

— Я вас призвал, Елена Николаевна,— начал он после продолжительного молчания,— с тем, чтоб объясниться с вами, или, лучше сказать, с тем, чтобы потребовать от вас объяснений. Я вами недоволен, или нет: это слишком мало сказано; ваше поведение огорчает, оскорбляет меня — меня и вашу мать... вашу мать, которую вы здесь видите.

Николай Артемьевич пускал в ход одни басовые ноты своего голоса. Елена молча посмотрела на него, потом на Анну Васильевну — и побледнела.

— Было время,— начал снова Николай Артемьевич,— когда дочери не позволяли себе глядеть свысока на своих родителей, когда родительская власть заставляла трепетать непокорных. Это время прошло, к сожалению; так по крайней мере думают многие; но поверьте, еще существуют законы, не позволяющие... не позволяющие... словом, еще существуют законы. Прошу вас обратить на это внимание: законы существуют.

— Но, папенька,— начала было Елена...

— Прошу вас не перебивать меня. Перенесемся мыслию в прошедшее. Мы с Анной Васильевной исполнили свой долг. Мы с Анной Васильевной ничего не жалели для вашего воспитания; ни издержек, ни попечений. Какую вы пользу извлекли изо всех этих попечений, этих издержек — это другой вопрос; но я имел право думать... мы с Анной Васильевной имели право думать, что вы по крайней мере свято сохраните те правила нравственности, которые... которые мы вам, как нашей единственной дочери... que nous vous avons inculqués, которые мы вам внушили. Мы имели право думать, что никакие новые «идеи» не коснутся этой, так сказать, заветной святыни. И что же? Не говорю уже о легкомыслии, свойственном вашему полу, вашему возрасту... но кто мог ожидать, что вы до того забудетесь...

— Папенька,— проговорила Елена,— я знаю, что вы хотите сказать...

— Нет, ты не знаешь, что я хочу сказать! — вскрикнул фальцетом Николай Артемьевич, внезапно изменив и величавости парламентской осанки, и плавной важности речи, и басовым нотам,— ты не знаешь, дерзкая девчонка!

— Ради Бога, Nicolas,— пролепетала Анна Васильевна,— vous me faites mourir[1].

— Не говорите мне этого, que je vous fais mourir[2], Анна Васильевна! Вы себе и представить не можете, что́ вы сейчас услышите,— приготовьтесь к худшему, предупреждаю вас!

Анна Васильевна так и обомлела.

— Нет,— продолжал Николай Артемьевич, обратившись к Елене,— ты не знаешь, что я хочу сказать!

— Я виновата перед вами,— начала она...

— А, наконец-то!

— Я виновата перед вами,— продолжала Елена,— в том, что давно не призналась...

— Да ты знаешь ли,— перебил ее Николай Артемьевич,— что я могу уничтожить тебя одним словом?

Елена подняла на него глаза.

— Да, сударыня, одним словом! Нечего глядеть-то! (Он скрестил руки на груди.) Позвольте вас спросить, известен ли вам некоторый дом в ...м переулке, возле Поварской? Вы посещали этот дом? (Он топнул ногой.) Отвечай же, негодная, и не думай хитрить! Люди, люди, лакеи, сударыня, des vils laquais[3] видели вас, как вы входили туда, к вашему...

Елена вся вспыхнула, и глаза ее заблистали.

— Мне незачем хитрить,— промолвила она,— да, я посещала этот дом.

— Прекрасно! Слышите, слышите, Анна Васильевна? И вы, вероятно, знаете, кто в нем живет?

— Да, знаю: мой муж...

Николай Артемьевич вытаращил глаза.

— Твой...

— Мой муж,— повторила Елена.— Я замужем за Дмитрием Никаноровичем Инсаровым.

— Ты?.. замужем?..— едва проговорила Анна Васильевна.

---

[1] вы меня убиваете *(фр.).*
[2] что я вас убиваю *(фр.).*
[3] презренные лакеи *(фр.).*

— Да, мамаша... Простите меня... Две недели тому назад мы обвенчались тайно.

Анна Васильевна упала в кресло; Николай Артемьевич отступил на два шага.

— Замужем! За этим оборвышем, черногорцем! Дочь столбового дворянина Николая Стахова вышла за бродягу, за разночинца! Без родительского благословения! И ты думаешь, что я это так оставлю? что я не буду жаловаться? что я позволю тебе... что ты... что... В монастырь тебя, а его в каторгу, в арестантские роты! Анна Васильевна, извольте сейчас сказать ей, что вы лишаете ее наследства.

— Николай Артемьевич, ради Бога,— простонала Анна Васильевна.

— И когда, каким образом это сделалось? Кто вас венчал? где? как? Боже мой! Что скажут теперь все знакомые, весь свет! И ты, бесстыдная притворщица, могла после эдакого поступка жить под родительской кровлей! Ты не побоялась... грома небесного?

— Папенька,— проговорила Елена (она вся дрожала с ног до головы, но голос ее был тверд),— вы вольны делать со мною всё что угодно, но напрасно вы обвиняете меня в бесстыдстве и в притворстве. Я не хотела... огорчать вас заранее, но я поневоле на днях сама бы всё вам сказала, потому что мы на будущей неделе уезжаем отсюда с мужем.

— Уезжаете? Куда это?

— На его родину, в Болгарию.

— К туркам! — воскликнула Анна Васильевна и лишилась чувств.

Елена бросилась к матери.

— Прочь! — возопил Николай Артемьевич и схватил дочь за руку,— прочь, недостойная!

Но в это мгновение дверь спальни отворилась и показалась бледная голова с сверкающими глазами; то была голова Шубина.

— Николай Артемьевич! — крикнул он во весь голос.— Августина Христиановна приехала и зовет вас!

Николай Артемьевич с бешенством обернулся, погрозил Шубину кулаком, остановился на минуту и быстро вышел из комнаты.

Елена упала к ногам матери и обняла ее колени.

Увар Иванович лежал на своей постели. Рубашка без ворота, с крупною запонкой, охватывала его полную шею и расходилась широкими, свободными складками на его почти женской груди, оставляя на виду большой кипарисовый крест и ладанку. Легкое одеяло покрывало его пространные члены. Свечка тускло горела на ночном столике, возле кружки с квасом, а в ногах Увара Ивановича, на постели, сидел, подгорюнившись, Шубин.

— Да, — задумчиво говорил он, — она замужем и собирается уехать. Ваш племянничек шумел и орал на весь дом; заперся, для секрету, в спальню, а не только лакеи и горничные, — кучера всё слышать могли! Он и теперь так и рвет и мечет, со мной чуть не подрался, с отцовским проклятием носится, как медведь с чурбаном; да не в нем сила. Анна Васильевна убита, но ее гораздо больше сокрушает отъезд дочери, чем ее замужество.

Увар Иванович поиграл пальцами.

— Мать, — проговорил он, — ну... и того.

— Племянник ваш, — продолжал Шубин, — грозится и митрополиту, и генерал-губернатору, и министру жалобы подать, а кончится тем, что она уедет. Кому весело свою родную дочь губить! Попетушится и опустит хвост.

— Права... не имеют, — заметил Увар Иванович и отпил из кружки.

— Так, так. А какая поднимется по Москве туча осуждений, пересудов, толков! Она их не испугалась... Впрочем, она выше их. Уезжает она — и куда? даже страшно подумать! В какую даль, в какую глушь! Что ждет ее там? Я гляжу на нее, точно она ночью, в метель, в тридцать градусов мороза, с постоялого двора съезжает. Расстается с родиной, с семьей; а я ее понимаю. Кого она здесь оставляет? Кого видела? Курнатовских, да Берсеневых, да нашего брата; и это еще лучшие. Чего тут жалеть? Одно худо: говорят, ее муж — черт знает, язык как-то не поворачивается на это слово, — говорят, Инсаров кровью кашляет; это худо. Я его видел на днях, лицо, хоть сейчас лепи с него Брута... Вы знаете, кто был Брут, Увар Иванович?

— Что знать? человек.

— Именно: «Человек он был». Да, лицо чудесное, а нездоровое, очень нездоровое.

— Сражаться-то... всё равно, — проговорил Увар Иванович.

— Сражаться-то все равно, точно; вы сегодня совершенно справедливо изволите выражаться, да жить-то не всё равно. А ведь ей с ним пожить захочется.

— Дело молодое,— отозвался Увар Иванович.

— Да, молодое, славное, смелое дело. Смерть, жизнь, борьба, падение, торжество, любовь, свобода, родина... Хорошо, хорошо. Дай Бог всякому! Это не то, что сидеть по горло в болоте да стараться показывать вид, что тебе всё равно, когда тебе действительно в сущности все равно. А там — натянуты струны, звени на весь мир или порвись!

Шубин уронил голову на грудь.

— Да,— продолжал он после долгого молчания,— Инсаров ее стоит. А впрочем, что за вздор! Никто ее не стоит. Инсаров... Инсаров... К чему ложное смирение? Ну, положим, он молодец, он постоит за себя, хотя до сих пор делал то же, что и мы, грешные, да будто уж мы такая совершенная дрянь? Ну хоть я, разве я дрянь, Увар Иванович? Разве Бог меня так-таки всем и обидел? Никаких способностей, никаких талантов мне не дал? Кто знает, может быть, имя Павла Шубина будет со временем славное имя? Вот у вас на столе лежит медный грош. Кто знает, может быть, когда-нибудь, через столетие, эта медь пойдет на статую Павла Шубина, воздвигнутую в честь ему благодарным потомством?

Увар Иванович оперся на локоть и уставился на разгорячившегося художника.

— Далека песня,— проговорил он наконец, с обычной игрой пальцев,— о других речь, а ты... того... о себе.

— О великий философ земли русской! — воскликнул Шубин.— Каждое ваше слово — чистое золото, и не мне — вам следует воздвигнуть статую, и за это берусь я. Вот как вы теперь лежите, в этой позе, про которую не знаешь, что в ней больше — лени или силы? — так я вас и отолью. Справедливым укором поразили вы мой эгоизм и мое самолюбие! Да! да! нечего говорить о себе; нечего хвастаться. Нет еще у нас никого, нет людей, куда ни посмотри. Всё — либо мелюзга, грызуны, гамлетики, самоеды, либо темнота и глушь подземная, либо толкачи, из пустого в порожнее переливатели да палки барабанные! А то вот еще какие бывают: до позорной тонкости самих себя изучили, щупают беспрестанно пульс каждому своему ощущению и докладывают самим себе: вот что я, мол, чувствую, вот что я думаю. Полезное, дельное занятие! Нет, кабы были между нами путные люди, не ушла бы от нас эта девушка, эта чуткая душа, не ускользнула бы, как рыба в воду! Что ж это, Увар Иванович? Когда ж наша придет пора? Когда у нас народятся люди?

— Дай срок,— ответил Увар Иванович,— будут.

— Будут? Почва! черноземная сила! ты сказала: будут? Смотрите же, я запишу ваше слово. Да зачем же вы гасите свечку?

— Спать хочу, прощай.

XXXI

Шубин сказал правду. Неожиданное известие о свадьбе Елены чуть не убило Анны Васильевны. Она слегла в постель. Николай Артемьевич потребовал от нее, чтоб она не пускала своей дочери к себе на глаза; он как будто обрадовался случаю показать себя в полном значении хозяина дома, во всей силе главы семейства: он беспрерывно шумел и гремел на людей, то и дело приговаривая: «Я вам докажу, кто я таков, я вам дам знать — погодите!» Пока он сидел дома, Анна Васильевна не видела Елены и довольствовалась присутствием Зои, которая очень усердно ей услуживала, а сама думала про себя: «Diesen Insaroff vorziehen — und wem?»[1] Но как только Николай Артемьевич уезжал (а это случалось довольно часто: Августина Христиановна взаправду вернулась), Елена являлась к своей матери — и та долго, молча, со слезами глядела на нее. Этот немой укор глубже всякого другого проникал в сердце Елены; не раскаяние чувствовала она тогда, но глубокую, бесконечную жалость, похожую на раскаяние.

— Мамаша, милая мамаша! — твердила она, целуя ее руки,— что же было делать? Я не виновата, я полюбила его, я не могла поступить иначе. Вините судьбу: она меня свела с человеком, который не нравится папеньке, который увозит меня от вас.

— Ох! — перебивала ее Анна Васильевна,— не напоминай мне об этом. Как я вспомню, куда ты хочешь ехать, сердце у меня так и покатится!

— Милая мамаша,— отвечала Елена,— утешьтесь хоть тем, что могло быть и хуже: я могла бы умереть.

— Да я и так не надеюсь больше тебя видеть. Либо ты кончишь жизнь там, где-нибудь под шалашом (Анне Васильевне Болгария представлялась чем-то вроде сибирских тундр), либо я не перенесу разлуки...

---

[1] «Предпочесть этого Инсарова — и кому?» (нем.)

— Не говорите этого, добрая мамаша, мы еще увидимся, Бог даст. А в Болгарии такие же города, как и здесь.

— Какие там города! Там война теперь идет; теперь там, я думаю, куда ни поди, всё из пушек стреляют... Скоро ты ехать собираешься?

— Скоро... если только папенька... Он хочет жаловаться, он грозится развести нас.

Анна Васильевна подняла глаза к небу.

— Нет, Леночка, он не будет жаловаться. Я бы сама ни за что не согласилась на эту свадьбу, скорее умерла бы; да ведь сделанного не воротишь, а я не дам позорить мою дочь.

Так прошло несколько дней. Наконец, Анна Васильевна собралась с духом и в один вечер заперлась с своим мужем наедине в спальне. Все в доме притихло и приникло. Сперва ничего не было слышно; потом загудел голос Николая Артемьевича, потом завязался спор, поднялись крики, почудились даже стенания... Уже Шубин вместе с горничными и Зоей собирался снова явиться на выручку; но шум в спальне стал понемногу ослабевать, перешел в говор — и умолк. Только изредка раздавались слабые всхлипыванья — и те прекратились. Зазвенели ключи, послышался визг отворяемого бюро... Дверь раскрылась, и появился Николай Артемьевич. Сурово посмотрел он на всех встречных и отправился в клуб; а Анна Васильевна потребовала к себе Елену, крепко обняла ее, и залившись горькими слезами, промолвила:

— Всё улажено, он не будет поднимать истории, и ничего теперь тебе не мешает уехать... бросить нас.

— Вы позволите Дмитрию прийти благодарить вас? — спросила Елена свою мать, как только та немного успокоилась.

— Подожди, душа моя, не могу я теперь видеть нашего разлучника... Перед отъездом успеем.

— Перед отъездом,— печально повторила Елена.

Николай Артемьевич согласился «не поднимать истории»; но Анна Васильевна не сказала своей дочери, какую цену он положил своему согласию. Она не сказала ей, что обещалась заплатить все его долги да с рук на руки дала ему тысячу рублей серебром. Сверх того, он решительно объявил Анне Васильевне, что не желает встретиться с Инсаровым, которого продолжал величать черногорцем, а приехавши в клуб, безо всякой нужды заговорил о свадьбе Елены с своим партнером, отставным инженерным генералом. «Вы слышали,— промолвил он с притворною небрежностию,— дочь моя, от очень большой учености, вышла замуж за какого-то студента». Генерал посмотрел на него через очки, промычал: «Гм!» — и спросил его, в чем он играет?

XXXII

А день отъезда приближался. Ноябрь уж истекал, проходили последние сроки. Инсаров давно кончил все свои сборы и горел желанием поскорее вырваться из Москвы. И доктор его торопил: «Вам нужен теплый климат,— говорил он ему,— вы здесь не поправитесь». Нетерпение томило и Елену; ее тревожила бледность Инсарова, его худоба. Она часто с невольным испугом глядела на его изменившиеся черты. Положение ее в родительском доме становилось невыносимым. Мать причитала над ней, как над мертвою, а отец обходился с ней презрительно холодно: близость разлуки втайне мучила и его, но он считал своим долгом, долгом оскорбленного отца, скрывать свои чувства, свою слабость. Анна Васильевна пожелала, наконец, увидеться с Инсаровым. Его провели к ней тихонько, через заднее крыльцо. Когда он вошел к ней в комнату, она долго не могла заговорить с ним, не могла даже решиться взглянуть на него: он сел возле ее кресла и с спокойной почтительностию ожидал ее первого слова. Елена сидела тут же и держала в руке своей руку матери. Анна Васильевна подняла, наконец, глаза, промолвила: «Бог вам судья, Дмитрий Никанорович...» — и остановилась: упреки замерли на ее устах.

— Да вы больны,— воскликнула она.— Елена, он у тебя болен!

— Я был нездоров, Анна Васильевна,— ответил Инсаров,— и теперь еще не совсем поправился; но я надеюсь, родной воздух меня восстановит окончательно.

— Да... Болгария! — пролепетала Анна Васильевна и подумала: «Боже мой, болгар, умирающий, голос как из бочки, глаза как лукошко, скелет скелетом, сюртук на нем с чужого плеча, желт как пупавка — и она его жена, она его любит... да это сон какой-то...» Но она тотчас же спохватилась.— Дмитрий Никанорович,— проговорила она,— вы непременно... непременно должны ехать?

— Непременно, Анна Васильевна.

Анна Васильевна посмотрела на него.

— Ох, Дмитрий Никанорович, не дай вам Бог испытать то, что я теперь испытываю... Но вы обещаетесь мне беречь ее, любить ее... Нужды вы терпеть не будете, пока я жива!

Слезы заглушили ее голос. Она раскрыла свои объятия, и Елена и Инсаров припали к ней.

Роковой день наступил наконец. Положено было, чтобы Елена простилась с родителями дома, а пустилась бы в путь с квартиры Инсарова. Отъезд был назначен в двенадцать часов. За четверть часа до срока пришел Берсенев. Он полагал, что застанет у Инсарова его соотечественников, которые захотят его проводить; но они уже все вперед уехали; уехали также и известные читателю две таинственные личности (они служили свидетелями на свадьбе Инсарова). Портной встретил с поклоном «доброго барина»; он, должно быть, с горя, а может, и с радости, что мебель ему доставалась, сильно выпил; жена скоро его увела. В комнате уже всё было прибрано; чемодан, перевязанный веревкой, стоял на полу. Берсенев задумался: много воспоминаний прошло у него по душе.

Двенадцать часов давно пробило, и ямщик уже привел лошадей, а «молодые» всё еще не являлись. Наконец послышались торопливые шаги на лестнице, и Елена вошла в сопровождении Инсарова и Шубина. У Елены глаза были красны: она оставила мать свою лежащую в обмороке; прощание было очень тяжело. Елена уже больше недели не видела Берсенева: в последнее время он редко ходил к Стаховым. Она не ожидала его встретить, вскрикнула: «Вы! благодарствуйте!» — и бросилась ему на шею; Инсаров тоже его обнял. Настало томительное молчание. Что могли сказать эти три человека, что чувствовали эти три сердца? Шубин понял необходимость живым звуком, словом прекратить это томление.

— Собралось опять наше трио,— заговорил он,— в последний раз! Покоримся велениям судьбы, помянем прошлое добром — и с богом на новую жизнь! «С Богом, в дальнюю дорогу»,— запел он и остановился. Ему вдруг стало совестно и неловко. Грешно петь там, где лежит покойник; а в это мгновение, в этой комнате, умирало то прошлое, о котором он упомянул, прошлое людей, собравшихся в нее. Оно умирало для возрождения к новой жизни, положим... но все-таки умирало.

— Ну, Елена,— начал Инсаров, обращаясь к жене,—

кажется, всё? Всё заплачено, уложено. Остается только этот чемодан стащить. Хозяин!

Хозяин вошел в комнату вместе с женой и дочерью. Он выслушал, слегка качаясь, приказание Инсарова, взвалил чемодан к себе на плечи и быстро побежал вниз по лестнице, стуча сапогами.

— Теперь, по русскому обычаю, сесть надо,— заметил Инсаров.

Все сели: Берсенев поместился на старом диванчике; Елена села возле него; хозяйка с дочкой прикорнули на пороге. Все умолкли; все улыбались напряженно, и никто не знал, зачем он улыбается; каждому хотелось что-то сказать на прощанье, и каждый (за исключением, разумеется, хозяйки и ее дочери: те только глаза таращили), каждый чувствовал, что в подобные мгновенья позволительно сказать одну лишь пошлость, что всякое значительное, или умное, или просто задушевное слово было бы чем-то неуместным, почти ложным. Инсаров поднялся первый и стал креститься... «Прощай, наша комнатка!» — воскликнул он.

Раздались поцелуи, звонкие, но холодные поцелуи разлуки, напутственные недосказанные желания, обещания писать, последние, полусдавленные прощальные слова...

Елена, вся в слезах, уже садилась в повозку; Инсаров заботливо покрывал ее ноги ковром; Шубин, Берсенев, хозяин, его жена, дочка с неизбежным платком на голове, дворник, посторонний мастеровой в полосатом халате — все стояли у крыльца, как вдруг на двор влетели богатые сани, запряженные лихим рысаком, и из саней, стряхая снег с воротника шинели, выскочил Николай Артемьевич.

— Застал еще, слава Богу,— воскликнул он и подбежал к повозке.— Вот тебе, Елена, наше последнее родительское благословение,— сказал он, нагнувшись под балчук, и, достав из кармана сюртука маленький образок, зашитый в бархатную сумочку, надел ей на шею. Она зарыдала и стала целовать его руки, а кучер между тем вынул из передка саней полубутылку шампанского и три бокала.

— Ну! — сказал Николай Артемьевич, а у самого слезы так и капали на бобровый воротник шинели,— надо проводить... и пожелать...— Он стал наливать шампанское; руки его дрожали, пена поднималась через край и падала на снег. Он взял один бокал, а два другие подал Елене и Инсарову, который уже успел поместиться возле нее.— Дай Бог вам...— начал Николай Артемьевич, и не мог договорить — и выпил вино; те тоже выпили.— Теперь вам бы следовало, господа,— прибавил он, обращаясь к Шубину и Берсеневу, но в это мгновение ямщик тронул лошадей. Николай Артемьевич побежал рядом с повозкой.— Смотри ж, пиши нам,— говорил он прерывистым голосом. Елена выставила голову, промолвила: «Прощайте, папенька, Андрей Петрович, Павел Яковлевич, прощайте все, прощай, Россия!» — и откинулась назад. Ямщик взмахнул кнутом, засвистал; повозка, заскрипев полозьями, повернула из ворот направо — и исчезла.

XXXIII

Был светлый апрельский день. По широкой лагуне, отделяющей Венецию от узкой полосы наносного морского песку, называемой Лидо, скользила острогрудая гондола, мерно покачиваясь при каждом толчке падавшего на длинное весло гондольера. Под низенькою ее крышей, на мягких кожаных подушках, сидели Елена и Инсаров.

Черты лица Елены не много изменились со дня ее отъезда из Москвы, но выражение их стало другое: оно было обдуманнее и строже, и глаза глядели смелее. Всё ее тело расцвело, и волосы, казалось, пышнее и гуще лежали вдоль белого лба и свежих щек. В одних только губах, когда она не улыбалась, сказывалось едва заметною складкой присутствие тайной, постоянной заботы. У Инсарова, напротив, выражение лица осталось то же, но черты его жестоко изменились. Он похудел, постарел, побледнел, сгорбился; он почти беспрестанно кашлял коротким, сухим кашлем, и впалые глаза его блестели странным блеском. На пути из России Инсаров пролежал почти два месяца больной в Вене и только в конце марта приехал с женой в Венецию: он оттуда надеялся пробраться через Зару в Сербию, в Болгарию; другие пути ему были закрыты. Война уже кипела на Дунае; Англия и Франция объявили России войну, все славянские земли волновались и готовились к восстанию.

Гондола пристала ко внутреннему краю Лидо. Елена и Инсаров отправились по узкой песчаной дорожке, обсаженной чахоточными деревцами (их каждый год сажают, и они умирают каждый год), на внешний край Лидо, к морю.

Они пошли по берегу. Адриатика катила перед ними свои мутно-синие волны; они пенились, шипели, набегали и, скатываясь назад, оставляли на песке мелкие раковины и обрывки морских трав.

— Какое унылое место! — заметила Елена.— Я боюсь, не слишком ли здесь холодно для тебя; но я догадываюсь, зачем ты хотел сюда приехать.

— Холодно! — возразил с быстрою, но горькою усмешкой Инсаров.— Хорош я буду солдат, коли мне холоду бояться. А приехал я сюда... я тебе скажу зачем. Я гляжу на это море, и мне кажется, что отсюда ближе до моей родины. Ведь она там,— прибавил он, протянув руку на восток.— Вот и ветер оттуда тянет.

— Не пригонит ли этот ветер тот корабль, который ты ждешь? — сказала Елена.— Вон белеет парус, уж не он ли это?

Инсаров посмотрел в морскую даль, куда показывала ему Елена.

— Рендич обещался через неделю всё нам устроить,— заметил он.— На него, кажется, положиться можно... Слы шала ты, Елена,— прибавил он с внезапным одушевлением,— говорят, бедные далматские рыбаки пожертвовали своими свинчатками,— ты знаешь, этими тяжестями, от которых невода на дно опускаются,— на пули! Денег у них не было, они только и живут что рыбною ловлей; но они с радостию отдали свое последнее достояние и голодают теперь. Что за народ!

— Aufgepasst![1] — крикнул сзади их надменный голос. Раздался глухой топот лошадиных копыт, и австрийский офицер, в короткой серой тюнике и зеленом картузе, проскакал мимо них... Они едва успели посторониться. Инсаров мрачно посмотрел ему вслед.

— Он не виноват,— промолвила Елена,— ты знаешь, у них здесь нет другого места, чтобы наезжать лошадей.

— Он не виноват,— возразил Инсаров,— да кровь он мне расшевелил своим криком, своими усами, своим картузом, всей своей наружностью. Вернемся.

— Вернемся, Дмитрий. Притом здесь в самом деле дует. Ты не поберегся после твоей московской болезни и поплатился за это в Вене. Надо теперь быть осторожнее.

Инсаров промолчал, только прежняя горькая усмешка скользнула по его губам.

— Хочешь? — продолжала Елена,— покатаемся по Са-

---

[1] Берегись! *(нем.)*

nal Grande[1]. Ведь мы с тех пор, как здесь, хорошенько не видели Венеции. А вечером поедем в театр: у меня есть два билета на ложу. Говорят, новую оперу дают. Хочешь, мы нынешний день отдадим друг другу, позабудем о политике, о войне, обо всем, будем знать только одно: что мы живем, дышим, думаем вместе, что мы соединены навсегда... Хочешь?

— Ты этого хочешь, Елена,— отвечал Инсаров,— стало быть, и я этого хочу.

— Я это знала,— заметила с улыбкой Елена.— Пойдем, пойдем.

Они вернулись к гондоле, сели и велели везти себя, не спеша, по Canal Grande.

Кто не видал Венеции в апреле, тому едва ли знакома вся несказанная прелесть этого волшебного города. Кротость и мягкость весны идут к Венеции, как яркое солнце лета к великолепной Генуе, как золото и пурпур осени к великому старцу — Риму. Подобно весне, красота Венеции и трогает и возбуждает желания; она томит и дразнит неопытное сердце, как обещание близкого, не загадочного, но таинственного счастия. Все в ней светло, понятно, и все обвеяно дремотною дымкой какой-то влюбленной тишины: все в ней молчит, и все приветно; все в ней женственно, начиная с самого имени: недаром ей одной дано название *Прекрасной*. Громады дворцов, церквей стоят легки и чудесны, как стройный сон молодого Бога; есть что-то сказочное, что-то пленительно странное в зелено-сером блеске и шелковистых отливах немой волны каналов, в бесшумном беге гондол, в отсутствии грубых городских звуков, грубого стука, треска и гама. «Венеция умирает, Венеция опустела»,— говорят вам ее жители; но, быть может, этой-то последней прелести, прелести увядания в самом расцвете и торжестве красоты, недоставало ей. Кто ее не видел, тот не знает: ни Каналетти, ни Гварди (не говоря уже о новейших живописцах) не в силах передать этой серебристой нежности воздуха, этой улетающей и близкой дали, этого дивного созвучия изящнейших очертаний и тающих красок. Отжившему, разбитому жизнию не для чего посещать Венецию: она будет ему горька, как память о несбывшихся мечтах первоначальных дней; но сладка будет она тому, в ком кипят еще силы, кто чувствует себя благополучным; пусть он принесет свое счастие под ее очарованные

---

[1] Большому каналу *(ит.)*.

396

небеса, и как бы оно ни было лучезарно, она еще озолотит его неувядаемым сиянием.

Гондола, в которой сидели Инсаров и Елена, тихонько минула Riva dei Schiavoni[1], Дворец дожей, Пиаццетту и вошла в Большой канал. С обеих сторон потянулись мраморные дворцы; они, казалось, тихо плыли мимо, едва давая взору обнять и понять все свои красоты. Елена чувствовала себя глубоко счастливою; в лазури ее неба стояло одно темное облачко — и оно удалялось: Инсарову было гораздо лучше в тот день. Они доплыли до крутой арки Риальто и вернулись назад. Елена боялась холода церквей для Инсарова; но она вспомнила об академии delle Belle arti[2] и велела гондольеру ехать туда. Они скоро обошли все залы этого небольшого музея. Не будучи ни знатоками, ни дилетантами, они не останавливались перед каждой картиной, не насиловали себя: какая-то светлая веселость неожиданно нашла на них. Им вдруг все показалось очень забавно. (Детям хорошо известно это чувство.) К великому скандалу трех посетителей англичан, Елена хохотала до слез над святым Марком Тинторета, прыгающим с неба, как лягушка в воду, для спасения истязаемого раба; с своей стороны, Инсаров пришел в восторг от спины и икр того энергического мужа в зеленой хламиде, который стоит на первом плане тициановского «Вознесения» и воздымает руки вослед Мадонны; зато сама Мадонна — прекрасная, сильная женщина, спокойно и величественно стремящаяся в лоно Бога-отца,— поразила и Инсарова и Елену; понравилась им также строгая и святая картина старика Чима да Конельяно. Выходя из академии, они еще раз оглянулись на шедших за ними англичан с длинными, заячьими зубами и висячими бакенбардами — и засмеялись; увидали своего гондольера с куцою курткой и короткими панталонами — и засмеялись; увидали торговку с узелком седых волос на самой вершине головы — и засмеялись пуще прежнего; посмотрели, наконец, друг другу в лицо — и залились смехом, а как только сели в гондолу — крепко, крепко пожали друг другу руку. Они приехали в гостиницу, побежали в свою комнату и велели подать себе обедать. Веселость не покидала их и за столом. Они потчевали друг друга, пили за здоровье московских приятелей, рукоплескали камериеру за вкусное блюдо рыбы и всё требовали от него живых frutti di mare[3], камериере пожимался и шаркал ногами, а выходя от них, покачи-

---

[1] Набережную Скьявони *(ит.).*

[2] изящных искусств *(ит.).*

[3] морских плодов (съедобных ракушек)*(ит.).*

вал головой и раз даже со вздохом шепнул: poveretti! (бедняжки!). После обеда они отправились в театр.

В театре давали оперу Верди, довольно пошлую, сказать по совести, но уже успевшую облететь все европейские сцены, оперу, хорошо известную нам, русским,— «Травиату». Сезон в Венеции минул, и все певцы не возвышались над уровнем посредственности; каждый кричал, во сколько хватало сил. Роль Виолетты исполняла артистка, не имевшая репутации и, судя по холодности к ней публики, мало любимая, но не лишенная дарования. Это была молодая, не очень красивая, черноглазая девушка с не совсем ровным и уже разбитым голосом. Одета она была до наивности пестро и плохо: красная сетка покрывала ее волосы, платье из полинялого голубого атласа давило ей грудь, толстые шведские перчатки восходили до острых локтей; да и где ж было ей, дочери какого-нибудь бергамского пастуха, знать, как одеваются парижские камелии! И держаться на сцене она не умела; но в ее игре было много правды и бесхитростной простоты, и пела она с той особенной страстностью выражения и ритма, которая дается одним италиянцам. Елена и Инсаров сидели вдвоем в темной ложе, возле самой сцены; игривое расположение духа, которое нашло на них в академии delle Belle arti, всё еще не проходило. Когда отец несчастного юноши, попавшего в сети соблазнительницы, появился на сцене в гороховом фраке и взъерошенном белом парике, раскрыл криво рот и, сам заранее смущаясь, выпустил унылое басовое *тремоло*, они чуть оба не прыснули... Но игра Виолетты подействовала на них.

— Этой бедной девушке почти не хлопают,— сказала Елена,— а я в тысячу раз предпочитаю ее какой-нибудь самоуверенной второстепенной знаменитости, которая бы ломалась и кривлялась и все била бы на эффект. Этой как будто самой не до шутки; посмотри, она не замечает публики.

Инсаров припал к краю ложи и пристально посмотрел на Виолетту.

— Да,— промолвил он,— она не шутит: смертью пахнет.

Елена умолкла.

Начался третий акт. Занавес поднялся... Елена дрогнула при виде этой постели, этих завешенных гардин, стклянок с лекарством, заслоненной лампы... Вспомнилось ей близкое прошедшее... «А будущее? а настоящее?» — мелькнуло у ней в голове. Как нарочно, в ответ на притворный кашель актрисы раздался в ложе глухой, неподдельный кашель Инсарова... Елена украдкой взглянула на него и тотчас же придала своим чертам выражение безмятежное и спокойное; Инсаров ее понял и сам начал улыбаться и чуть-чуть подтягивать пению.

Но он скоро притих. Игра Виолетты становилась всё лучше, всё свободнее. Она отбросила всё постороннее, всё ненужное и *нашла себя*: редкое, высочайшее счастие для художника! Она вдруг переступила ту черту, которую определить невозможно, но за которой живет красота. Публика встрепенулась, удивилась. Некрасивая девушка с разбитым голосом начинала забирать ее в руки, овладевать ею. Но уже и голос певицы не звучал, как разбитый: он согрелся и окреп. Явился «Альфредо»; радостный крик Виолетты чуть не поднял той бури, имя которой fanatismo и перед которой ничто все наши северные завывания... Мгновение — и публика опять замерла. Начался дуэт, лучший нумер оперы, в котором удалось композитору выразить все сожаления безумно растраченной молодости, последнюю борьбу отчаянной и бессильной любви. Увлеченная, подхваченная дуновением общего сочувствия, с слезами художнической радости и действительного страдания на глазах, певица отдалась поднимавшей ее волне, лицо ее преобразилось, и перед грозным признаком внезапно приблизившейся смерти с таким, до неба достигающим, порывом моленья исторглись у ней слова: «Lascia mi vivere... morir si giovane!» (Дай мне жить... умереть такой молодой!), что весь театр затрещал от бешеных рукоплесканий и восторженных кликов.

Елена вся похолодела. Она начала тихо искать своей рукою руку Инсарова, нашла ее и стиснула ее крепко. Он ответил на ее пожатие; но ни она не посмотрела на него, ни он на нее. Это пожатие не походило на то, которым они, несколько часов тому назад, приветствовали друг друга в гондоле.

Они поплыли в свою гостиницу опять по Canal Grande. Ночь уже наступила, светлая, мягкая ночь. Те же дворцы потянулись им навстречу, но они казались другими. Те из них, которые освещала луна, золотисто белели, и в самой этой белизне как будто исчезали подробности украшений и очертания окон и балконов; они отчетливее выдавались на зданиях, залитых легкой мглою ровной тени. Гондолы с своими маленькими красными огонечками, казалось, еще неслышнее и быстрее бежали; таинственно блистали их стальные гребни, таинственно вздымались и опускались весла над серебряными рыбками возмущенной струи; там, сям коротко и негромко восклицали гондольеры (они теперь никогда не поют); других звуков почти не было слышно. Гостиница, где жили Инсаров и Елена, находилась на Riva dei Schiavoni; не доезжая до нее, они вышли из гондолы и прошлись несколько раз вокруг площади святого Марка, под арками, где перед крошечными кофейными толпилось множество праздного народа. Ходить вдвоем с любимым существом в чужом городе, среди чужих, как-то особенно приятно: все кажется прекрасным и значительным, всем желаешь добра, мира и того же счастия, которым исполнен сам. Но Елена уже не могла беспечно предаваться чувству своего счастия: сердце ее, потрясенное недавними впечатлениями, не могло успокоиться; а Инсаров, проходя мимо Дворца дожей, указал молча на жерла австрийских пушек, выглядывавших из-под нижних сводов, и надвинул шляпу на брови. Притом он чувствовал себя усталым — и, взглянув в последний раз на церковь св. Марка, на ее куполы, где под лучами луны на голубоватом свинце зажигались пятна фосфорического света, они медленно вернулись домой.

Комнатка их выходила окнами на широкую лагуну, расстилающуюся от Riva dei Schiavoni до Джиудекки. Почти напротив их гостиницы возвышалась остроконечная башня св. Георгия; направо, высоко в воздухе, сверкал золотой шар Доганы — и, разубранная как невеста, стояла красивейшая из церквей, Redentore Палладия; налево чернели мачты и реи кораблей, трубы пароходов; кое-где висел, как больное крыло, наполовину подобранный парус, и вымпела едва шевелились. Инсаров присел перед окном, но Елена не дала ему долго любоваться видом; у него вдруг показался жар, его охватила какая-то пожирающая слабость. Она уложила его в постель и, дождавшись пока он заснул, тихонько вернулась к окну. О, как тиха и ласкова была ночь, какою голубиною кротостию дышал лазурный воздух, как всякое страдание, всякое горе должно было замолкнуть и заснуть под этим ясным небом, под этими святыми, невинными лучами! «О Боже! — думала Елена,— зачем смерть, зачем разлука, болезнь и слезы? или зачем эта красота, это сладостное чувство надежды, зачем успокоительное сознание прочного убежища, неизменной защиты, бессмертного покровительства? Что же значит это улыбающееся, благословляющее небо, эта счастливая, отдыхающая земля? Ужели это всё только в нас, а вне нас вечный холод и безмолвие? Ужели мы одни... одни... а там, повсюду, во всех этих недосягаемых безднах и глубинах,— все, всё нам чуждо? К чему же тогда эта жажда и радость молитвы? („Morir si giovane“,— зазвучало у нее в душе...) Неужели же нельзя умолить, отвратить, спасти... О Боже! неужели нельзя верить чуду? — Она положила голову на сжатые руки.— Довольно? — шепнула она.— Неужели уже довольно! Я была счастлива не одни только минуты, не часы, не целые дни — нет, целые недели сряду, а с какого права?» Ей стало страшно своего счастия. «А если этого нельзя? — подумала она.— Если это не дается даром? Ведь это было небо... а мы люди, бедные, грешные люди... Morir si giovane... О темный призрак, удались! Не для меня одной нужна его жизнь!»

«Но если это — наказание,— подумала она опять,— если мы должны теперь внести полную уплату за нашу вину? Моя совесть молчала, она теперь молчит, но разве это доказательство невинности? О Боже, неужели мы так преступны! Неужели ты, создавший эту ночь, это небо, захочешь наказать нас за то, что мы любили? А если так, если он виноват, если я виновата,— прибавила она с невольным порывом,— так дай ему, о Боже, дай нам обоим умереть по крайней мере честной, славной смертью — там, на родных его полях, а не здесь, не в этой глухой комнате».

«А горе бедной, одинокой матери?» — спросила она себя и сама смутилась и не нашла возражений на свой вопрос. Елена не знала, что счастие каждого человека основано на несчастии другого, что даже его выгода и удобство требуют, как статуя — пьедестала, невыгоды и неудобства других.

«Рендич!» — пролепетал сквозь сон Инсаров.

Елена подошла к нему на цыпочках, нагнулась над ним и отерла пот с его лица. Он пометался немного на подушке и затих.

Она опять подошла к окну, и опять взяли ее думы. Она начала самое себя уговаривать и уверять себя, что нет причин бояться. Она даже устыдилась своей слабости. «Разве есть опасность? разве ему не лучше? — шепнула она.— Ведь если бы мы не были сегодня в театре, мне бы всё это в голову не пришло». В это мгновение она увидела высоко над водой белую чайку; ее, вероятно, вспугнул рыбак, и она летала молча, неровным полетом, как бы высматривая место, где бы опуститься. «Вот если она полетит сюда,— подумала Елена,— это будет хороший знак...» Чайка закружилась на месте, сложила крылья — и, как подстреленная, с жалобным криком пала куда-то далеко за темный корабль. Елена вздрогнула, а потом ей стало совестно, что она вздрогнула, и она, не раздеваясь, прилегла на постель возле Инсарова, который дышал тяжело и часто.

XXXIV

Инсаров проснулся поздно, с глухою болью в голове, с чувством, как он выразился, безобразной слабости во всем теле. Однако он встал.

— Рендич не приходил? — было его первым вопросом.

— Нет еще,— отвечала Елена и подала ему последний нумер «Osservatore Triestino»[1], в котором много говорилось о войне, о славянских землях, о княжествах. Инсаров начал читать; она занялась приготовлением для него кофе... Кто-то постучался в дверь.

«Рендич»,— подумали оба, но стучавший проговорил по-русски: «Можно войти?» Елена и Инсаров переглянулись с изумлением, и, не дождавшись их ответа, вошел в комнату щегольски одетый человек, с маленьким, остреньким лицом и бойкими глазками. Он весь сиял, как будто только что выиграл огромные деньги или услышал приятнейшую новость.

Инсаров приподнялся со стула.

— Вы не узнаёте меня,— заговорил незнакомец, развязно подходя к нему и любезно кланяясь Елене.— Лупояров, помните, мы в Москве встретились у Е....х?

— Да, у Е....х,— произнес Инсаров.

— Как же, как же! Прошу вас представить меня вашей супруге. Сударыня, я всегда глубоко уважал Дмитрия Васильевича... (он поправился): Никанора Васильевича и очень счастлив, что имею, наконец, честь с вами познакомиться. Вообразите,— продолжал он, обратившись к Инсарову,— я только вчера вечером узнал, что вы здесь. Я тоже стою в этой гостинице. Что это за город, эта Венеция — поэзия, да и только! Одно ужасно: проклятые австрияки на каждом шагу! Уж эти мне австрияки! Кстати, слышали вы, на Дунае произошло решительное сражение: 300 турецких офицеров убито, Силистрия взята, Сербия уже объявила себя независимою. Не правда ли, вы, как патриот, должны быть в восторге? Во мне самом славянская кровь так и

---

[1] «Триестинского наблюдателя» *(ит.).*

вал головой и раз даже со вздохом шепнул: poveretti! (бедняжки!). После обеда они отправились в театр.

В театре давали оперу Верди, довольно пошлую, сказать по совести, но уже успевшую облететь все европейские сцены, оперу, хорошо известную нам, русским,— «Травиату». Сезон в Венеции минул, и все певцы не возвышались над уровнем посредственности; каждый кричал, во сколько хватало сил. Роль Виолетты исполняла артистка, не имевшая репутации и, судя по холодности к ней публики, мало любимая, но не лишенная дарования. Это была молодая, не очень красивая, черноглазая девушка с не совсем ровным и уже разбитым голосом. Одета она была до наивности пестро и плохо: красная сетка покрывала ее волосы, платье из полинялого голубого атласа давило ей грудь, толстые шведские перчатки восходили до острых локтей; да и где ж было ей, дочери какого-нибудь бергамского пастуха, знать, как одеваются парижские камелии! И держаться на сцене она не умела; но в ее игре было много правды и бесхитростной простоты, и пела она с той особенной страстностью выражения и ритма, которая дается одним италиянцам. Елена и Инсаров сидели вдвоем в темной ложе, возле самой сцены; игривое расположение духа, которое нашло на них в академии delle Belle arti, всё еще не проходило. Когда отец несчастного юноши, попавшего в сети соблазнительницы, появился на сцене в гороховом фраке и взъерошенном белом парике, раскрыл криво рот и, сам заранее смущаясь, выпустил унылое басовое *тремоло*, они чуть оба не прыснули... Но игра Виолетты подействовала на них.

— Этой бедной девушке почти не хлопают,— сказала Елена,— а я в тысячу раз предпочитаю ее какой-нибудь самоуверенной второстепенной знаменитости, которая бы ломалась и кривлялась и все била бы на эффект. Этой как будто самой не до шутки; посмотри, она не замечает публики.

Инсаров припал к краю ложи и пристально посмотрел на Виолетту.

— Да,— промолвил он,— она не шутит: смертью пахнет.

Елена умолкла.

Начался третий акт. Занавес поднялся... Елена дрогнула при виде этой постели, этих завешенных гардин, склянок с лекарством, заслоненной лампы... Вспомнилось ей близкое прошедшее... «А будущее? а настоящее?» — мелькнуло у ней в голове. Как нарочно, в ответ на небеса, и как бы оно ни было лучезарно, она еще озолотит его неувядаемым сиянием.

Гондола, в которой сидели Инсаров и Елена, тихонько минула Riva dei Schiavoni[1], Дворец дожей, Пиаццетту и вошла в Большой канал. С обеих сторон потянулись мраморные дворцы; они, казалось, тихо плыли мимо, едва давая взору обнять и понять все свои красоты. Елена чувствовала себя глубоко счастливою; в лазури ее неба стояло одно темное облачко — и оно удалялось: Инсарову было гораздо лучше в тот день. Они доплыли до крутой арки Риальто и вернулись назад. Елена боялась холода церквей для Инсарова; но она вспомнила об академии delle Belle arti[2] и велела гондольеру ехать туда. Они скоро обошли все залы этого небольшого музея. Не будучи ни знатоками, ни дилетантами, они не останавливались перед каждой картиной, не насиловали себя: какая-то светлая веселость неожиданно нашла на них. Им вдруг все показалось очень забавно. (Детям хорошо известно это чувство.) К великому скандалу трех посетителей англичан, Елена хохотала до слез над святым Марком Тинторета, прыгающим с неба, как лягушка в воду, для спасения истязаемого раба; с своей стороны, Инсаров пришел в восторг от спины и икр того энергического мужа в зеленой хламиде, который стоит на первом плане тициановского «Вознесения» и воздымает руки вослед Мадонны; зато сама Мадонна — прекрасная, сильная женщина, спокойно и величественно стремящаяся в лоно Бога-отца,— поразила и Инсарова и Елену; понравилась им также строгая и святая картина старика Чима да Конельяно. Выходя из академии, они еще раз оглянулись на шедших за ними англичан с длинными, заячьими зубами и висячими бакенбардами — и засмеялись; увидали своего гондольера с куцою курткой и короткими панталонами — и засмеялись; увидали торговку с узелком седых волос на самой вершине головы — и засмеялись пуще прежнего; посмотрели, наконец, друг другу в лицо — и залились смехом, а как только сели в гондолу — крепко, крепко пожали друг другу руку. Они приехали в гостиницу, побежали в свою комнату и велели подать себе обедать. Веселость не покидала их и за столом. Они потчевали друг друга, пили за здоровье московских приятелей, рукоплескали камериеру за вкусное блюдо рыбы и всё требовали от него живых frutti di mare[3], камериере пожимался и шаркал ногами, а выходя от них, покачи-

---

[1] Набережную Скьявони (ит.).
[2] изящных искусств (ит.).
[3] морских плодов (съедобных ракушек)(ит.).

СОДЕРЖАНИЕ

И. С. ТУРГЕНЕВ

СОБРАНИЕ СОЧИНЕНИЙ
В ДВУХ ТОМАХ

Том I

Художественный редактор *Н. Тронза*

Лицензия ЛР № 061013 от 09.04.98 г.

Подписано в печать 25.03.99 г. Объем 13,0 печ. л., 21,84 усл. печ. л.,
формат 84x108 1/32, печать офсетная, тираж 10000 экз.,
1 завод — 5000 экз. Заказ 582

ГУП «Фирма "Полиграфресурсы"»

101429, Москва, Петровка, 26
Отпечатано в ППП «Типография "Наука"»
121099, Москва, Шубинский пер., 6

ГУП «Фирма "Полиграфресурсы"»

В 1999 году

в серии «Б и б л и о т е к а   ш к о л ь н и к а»

выйдут книги

Гоголь Н. В. Поэмы. Повести. Комедии в 2-х томах

Толстой Л. Н. «Война и мир» в 4-х томах

Чехов А. П. Пьесы. Рассказы в 2-х томах

Лермонтов М. Ю. Избранное в 2-х томах

Достоевский Ф. М. «Преступление и наказание» в 4-х томах

Некрасов Н. А. Поэмы в 2-х томах

Горький А. М. «На дне», «Мать» в 3-х томах

Островский А. Н. «Гроза», «Бесприданница» в 2-х томах

Крылов И. А. Басни

Грибоедов А. С. «Горе от ума»

Гончаров И. А. «Обломов»

ISBN 5-87548-012-2